Zentrales Afrika

Wegweiser zur Geschichte

Begründet vom
Militärgeschichtlichen Forschungsamt

Herausgegeben vom
Zentrum für Militärgeschichte und
Sozialwissenschaften der Bundeswehr

Wegweiser zur Geschichte
Zentrales Afrika

Im Auftrag des
Zentrums für Militärgeschichte und
Sozialwissenschaften der Bundeswehr
in Zusammenarbeit mit der
Landesverteidigungsakademie des
Österreichischen Bundesheeres
herausgegeben von

Dieter H. Kollmer, Torsten Konopka und Martin Rink

FERDINAND SCHÖNINGH 2015

Umschlagabbildung:
Markt in Foumban, Kamerun, Aufnahme im Jahr 2014 *(A. Diedrich)*

Bibliografische Information der Deutschen Nationalbibliothek

Die Deutsche Nationalbibliothek verzeichnet diese Publikation in der Deutschen Nationalbibliografie; detaillierte bibliografische Daten sind im Internet über www.dnb.de abrufbar.

Gedruckt auf umweltfreundlichem, chlorfrei gebleichtem und alterungsbeständigem Papier ISO ⊚ 9706

© 2015 Ferdinand Schöningh, Paderborn
(Verlag Ferdinand Schöningh GmbH & Co. KG,
Jühenplatz 1, D-33098 Paderborn)

Internet: www.schoeningh.de

Redaktion und Projektkoordination: Zentrum für Militärgeschichte und Sozialwissenschaften der Bundeswehr, Potsdam, Schriftleitung (0805-02)
  Satz und Layout: Antje Lorenz und Martina Reuter
  Karten und Grafiken: Daniela Heinicke, Yvonn Mechtel,
  Bernd Nogli und Frank Schemmerling
  Bildrechte und Lizenzen: Marina Sandig
  Lektorat: Marcel Kellner (Berlin)
  Koordination: Aleksandar-S. Vuletić

Druck: Druckerei Weidner GmbH

Alle Rechte vorbehalten. Dieses Werk sowie einzelne Teile sind urheberrechtlich geschützt. Jede Verwertung in anderen als den gesetzlich zugelassenen Fällen ist ohne vorherige schriftliche Zustimmung des Verlages nicht zulässig.

Printed in Germany

ISBN 978-3-506-78470-4

Inhalt

Grußwort	8
Vorwort	10
Einleitung	13

I. Historische Entwicklungen

Das Zentrale Afrika bis zur Ankunft der ersten Europäer 21
Loretana de Libero

Das Zentrale Afrika in vorkolonialer Zeit 29
Michael Pesek

Herrschaftssysteme und ihre Dynamik im südöstlichen
Zentralafrika zwischen dem 17. und 19. Jahrhundert 43
Helmut Bley

Der europäische Kolonialismus im Zentralen Afrika 55
Julia Seibert

Kaum mehr als Landschaft – das Afrikabild deutscher
Forschungsreisender im 19. Jahrhundert 69
Thorsten Harbeke

Das Zentrale Afrika und der Erste Weltkrieg 77
Thomas Morlang

Das Zentrale Afrika im Zweiten Weltkrieg 89
Erwin A. Schmidl

Dekolonisierungsprozesse: Wie Staaten entstehen –
Prozesse und Argumente der Dekolonisierung 99
Ulrich van der Heyden

»Das afrikanische Schachspiel« der Supermächte –
Zentralafrika im »Kalten Krieg« von 1947 bis 1990 107
Oliver Bange

Die »Dritte Welle der Demokratisierung« im
Zentralen Afrika 125
Siegmar Schmidt

Die Rolle Frankreichs im Zentralen Afrika 137
Tobias Koepf

Bomben für den Frieden? Neue Ansätze der
Friedenserzwingung durch die Vereinten Nationen   149
Simone Schlindwein

Die sicherheitspolitische Rolle der Europäischen
Union im Zentralen Afrika   159
Gunther Hauser

Der Bürgerkrieg in der Zentralafrikanischen
Republik von 2012 bis 2014   175
Torsten Konopka

II. Strukturen und Lebenswelten

Failing States, regionale Anarchie und Governance   187
Dominic Johnson

Außerstaatliche Konfliktakteure:
Erscheinungsformen und Verflechtungen   203
Marie Theres Beumler

Der Einfluss von Seuchen auf die Sicherheitslage
in Subsahara-Afrika   215
Friedrich Bofinger

Verunsicherte Eliten in der Zentralafrikanischen Republik   227
Andreas Mehler

Kulturelle Vielfalt und nationalstaatliche Begrenzung   235
Gerald Hainzl

Afrikanische Kosmologie, Christentum und Islam
im afrikanischen Kontext – Annäherung an ein
vielschichtiges Verhältnis   249
Marco Moerschbacher

Volkswirtschaften und Entwicklungshilfe
im Zentralen Afrika – zwischen Rohstoffreichtum und
ärmlicher Subsistenzwirtschaft   263
Dieter H. Kollmer

Ressourcenreichtum: »Fluch oder Segen?«   277
Rainer Tetzlaff

Konflikte um natürliche Ressourcen im Zentralen Afrika 　*Michael Brzoska*	287
»Ihr seid elf. Die sind elf.« – Fußball im Zentralen Afrika 　*Thilo Thielke*	299
»Ganz Afrika im Kleinen«: Fort Lamy/N'Djamena, Bangui, Kamerun 　*Martin Rink, Simone Schlindwein, Angelika Diedrich*	309

Anhang

Zeittafel	322
Abkürzungen	369
Literaturverzeichnis	373
Register	398

Grußwort

Afrika und Europa sind nur durch das Mittelmeer voneinander getrennt, und doch wird uns immer wieder bewusst, wie wenig wir über diesen Kontinent wissen. Sehr lange galt er als der »dunkle Erdteil«, dem man eher mit lange tradierten, rassistischen Vorurteilen denn mit seriösem Wissen begegnete. Das hat verschiedene Gründe, obwohl seit Jahrhunderten enge wirtschaftliche Beziehungen bestehen. In den letzten Jahren hat sich darüber hinaus das militärische Engagement der Europäischen Union (EU) in Afrika verstärkt. Aus österreichischer Sicht begann die Teilnahme an internationalen Einsätzen im Jahr 1960 in Afrika mit der Entsendung eines Feldspitals zur Operation der Vereinten Nationen (VN) im Kongo. Auch später beteiligten sich österreichische wie deutsche Soldaten an zahlreichen Einsätzen der VN und der EU in afrikanischen Staaten. Es ist daher folgerichtig, dass der vorliegende Wegweiser zur Geschichte, als erstes konkretes Ergebnis der 2014 vereinbarten engeren Kooperation zwischen der Landesverteidigungsakademie in Wien und dem Zentrum für Militärgeschichte und Sozialwissenschaften der Bundeswehr (ZMSBw) in Potsdam, dem Themenkomplex Afrika gewidmet ist.

Neben externen Wissenschaftlern lieferten Experten beider Institutionen fundierte Beiträge für diesen Band, der den im Zentralen Afrika eingesetzten Soldaten, Polizisten und zivilen Spezialisten ein tieferes Verständnis und die Kenntnis der Zusammenhänge vermitteln will, um so ihren Einsatz besser durchführen zu können. »Cultural Awareness«, ein in diesem Kontext viel strapaziertes Schlagwort der letzten Jahre, basiert auf der Vermittlung kultureller und historischer Hintergründe. Nur wer diese kennt und versteht, kann aktuelle Entwicklungen richtig einordnen, die oft weit zurückliegenden Ursachen aktueller Konflikte berücksichtigen und daraus Ansätze für ein erfolgreiches Krisenmanagement ableiten, kann aber auch unliebsame Missverständnisse vermeiden.

Das Bemühen um eine nachhaltige Stabilisierung von Krisengebieten und den Aufbau neuer Strukturen, der weite Bereich des Peace Building, ist immer ein langfristiges Unterfangen. Hier kann es nicht darum gehen, in kurzer Zeit mit einer Intervention einen Konflikt zu beenden und dann möglichst rasch wieder abzuziehen: Vielmehr braucht es den politischen Willen, sich für lange Zeit zu engagieren, um ein baldiges Aufkommen neuer Konflikte zu verhindern. Das ist in Europa vor allem zu Zeiten knapper Budgets nicht immer populär, aber letztlich eine Investition im Interesse der europäischen Staaten selbst. Denn nur in einem stabilen (sicherheits-)politischen Umfeld – und Afrika gehört eben zur gar nicht so weit entfernten Nachbarschaft Europas – wird es auf lange Zeit möglich sein, den eigenen Wohlstand und die eigene Sicherheit zu erhalten und zu fördern. Daher beschäftigen sich auch die Institute der Landesverteidigungsakademie seit Jahren mit afrikanischen Themen; auch bestehen Kooperationen, etwa mit dem Kofi Annan International Peacekeeping Training Centre in Ghana sowie mit verschiedenen afrikanischen Think Tanks.

Im Bestreben, dieses Ziel der gemeinsamen Sicherheit zu fördern, erfüllt die »blaue Reihe« seit Jahren eine wichtige Aufgabe. Die handlichen Wegweiser stellen eine wichtige Publikationsform dar, um Wissen kompakt zu präsentieren. Den Herausgebern und den Verfassern der Beiträge ist für ihr Engagement und die Teilnahme an diesem Projekt zu danken. Es bleibt der Wunsch, dass auch der vorliegende Band über Zentralafrika wie seine Vorgänger in der Lage sein möge, dem Leser ein Gefühl für die Hintergründe und größeren Zusammenhänge der Geschichte und Kultur in dieser Region zu vermitteln.

Wien, im März 2015
Generalleutnant Mag. Erich Csitkovits
Kommandant der Landesverteidigungsakademie des
Österreichischen Bundesheeres

Vorwort

Wie sein Vorgängerinstitut, das bis 2013 bestehende Militärgeschichtliche Forschungsamt (MGFA), bleibt das Zentrum für Militärgeschichte und Sozialwissenschaften der Bundeswehr (ZMSBw) der Aufgabe verpflichtet, einen fachlich soliden Brückenschlag zwischen akademischer Forschung, dem Bedarf der Streitkräfte und dem Interesse der breiten Öffentlichkeit herzustellen. Einen wichtigen Beitrag hierzu leisten die *Wegweiser zur Geschichte*. Wie auch in den anderen Publikationen kann mit dem *Wegweiser zur Geschichte Zentrales Afrika* keine vollständige Geschichte der Region geboten werden. Vielmehr sollen hier prägende historische Entwicklungen, politische Strukturen und Lebenswelten präsentiert werden, die zum Verständnis der gegenwärtigen humanitären und militärischen Einsätze der internationalen Staatengemeinschaft von Bedeutung sind. Zu Unrecht stehen diese Einsätze im Schatten der öffentlichen Aufmerksamkeit. Gleichwohl zeigen sich hier Paradigmen, mit denen deutsche Sicherheitspolitik im Rahmen der internationalen Staatengemeinschaft konfrontiert ist. Meist entladen sich die Konflikte in einem Umfeld schwacher Staatlichkeit. Dabei hat oft die Kolonialzeit langanhaltenden Folgekonflikten den Weg bereitet. Auch nach dem Ende des Kalten Krieges bewirkte das internationale Engagement in Afrika nicht immer die gewünschten Resultate in Bezug auf die Demokratisierung und die Einhaltung der Menschenrechte.

Diese Fokussierung auf die Geschichte von Konflikten sollte nicht zur Verfestigung althergebrachter Stereotypen über Afrika als angeblich »verlorenem Kontinent« führen. Ungeachtet der Konfliktlagen bestehen Regionen mit ausgesprochener wirtschaftlicher Dynamik, teilweise auch solche mit sich entwickelnder politischer Stabilität. Komplexe Aushandlungsprozesse zwischen vormaligen Gewaltakteuren verweisen zudem darauf, dass die vom »westlichen« normativen Denken gepflegte Zweiteilung in »Krieg« und »Frieden« den komplexen Realitäten oft nicht gerecht wird. Die lange vorherrschende Betrachtung der Welt aus europäischer oder nordatlantischer Sicht sollte uns nicht vergessen lassen, dass die »westliche« Perspektive auch durch eine afrikanische zu ergänzen ist. Ungeachtet der unheilvollen Rolle des europäischen (Neo-)Kolonialismus und indigener Eliten für die afrikanische Geschichte sind bei den vielfältigen Ursachen der gegenwärtigen Konflikte auch regionale, lokale oder biographische Besonderheiten mit einzubeziehen. Die Geschichte unseres Nachbarkontinents sollte nicht auf die der Gewaltkonflikte reduziert werden.

So soll das in diesem Band präsentierte Überblickswissen über die Region des Zentralen Afrika einen Beitrag dazu liefern, die interkulturelle Kompetenz der Leser zu befördern. Als ein Schritt dazu ist auch die breite Urheberschaft dieses Bandes anzusprechen. Die Publikation ist das Ergebnis einer Kooperation des ZMSBw mit der Landesverteidigungsakademie der Republik Österreich. Die Themen werden von einer sehr vielfältigen Autorenschaft präsentiert: von militärischen wie zivilen Angehörigen des Österreichischen Bundesheeres und der Bundeswehr, von Experten der Geschichts- und Afrikawissenschaften sowie weiterer Fachgebiete, genauso wie von erfahrenen Auslandskorrespondenten der »taz. Die Tageszeitung«. Sie alle präsentieren Facetten eines faszinierenden Kontinents – breit gefächert, aber ohne Anspruch auf Vollständigkeit. Zum Schluss danke ich dem Herausgeberteam, Dr. Dieter H. Kollmer, Dr. Martin Rink und Torsten Konopka M.A., sowie dem Lektor Marcel Kellner, ohne deren Fachkenntnisse dieser Wegweiser nicht die Gestalt angenommen hätte, in der er nun vorliegt. Für die gewohnt professionelle Umsetzung des Projektes danke ich dem Bereich Publikationen, insbesondere Antje Lorenz, Martina Reuter, Daniela Heinicke, Yvonn Mechtel, Frank Schemmerling, Dipl.-Phil. Marina Sandig und Dipl.-Ing. Bernd Nogli. In der Schlussphase wurde das Projekt engagiert durch Leonie Ziegler unterstützt.

Ich wünsche dem Band eine interessierte Leserschaft und eine freundliche Aufnahme.

Dr. Hans-Hubertus Mack
Oberst und Kommandeur des Zentrums für Militärgeschichte und Sozialwissenschaften der Bundeswehr

Einleitung

Am 20. Januar 2014 beschloss der Rat der Europäischen Union (EU) die Entsendung einer zeitlich begrenzten Militärmission in die Zentralafrikanische Republik (ZAR). Hier tobte seit Dezember 2012 ein Bürgerkrieg, in dessen Folge der amtierende Präsident François Bozizé gestürzt worden war. Anfang Dezember 2013 eskalierte die Gewalt vollends, es kam zu ethnischen Säuberungen gegenüber der muslimischen Minderheit im Süden und Westen des Landes. Darauf flüchteten zehntausende Menschen in die anliegenden Nachbarstaaten. Mit seiner Resolution 2134 (2014) autorisierte der Sicherheitsrat der Vereinten Nationen (VN) den Einsatz einer europäischen Brückenmission, EUFOR RCA, primär zur Stabilisierung der Hauptstadt Bangui bis zur Übernahme der Aufgaben durch die VN-Mission MISCA zum 15. September 2014. Der offiziell im April 2014 gestartete EU-Militäreinsatz wurde über die ursprünglich geplanten neun Monate hinaus bis zum 15. März 2015 verlängert. An ihm waren rund 750 europäische Soldaten beteiligt, darunter auch Personal der Bundeswehr, das in den Hauptquartieren im griechischen Larissa (Operational Headquarters) und vor Ort in Bangui (Force Headquarters) eingesetzt wurde. Weiterhin stellte die Bundeswehr ein Sanitätsflugzeug bereit. Gleichwohl ist es nicht nur wegen des Bürgerkriegs in der ZAR aus sicherheitspolitischer Sicht sinnvoll, sich näher mit dem Gebiet des Zentralen Afrika zu beschäftigen, sondern auch aufgrund der Ausweitung des Aktionsradius der nigerianischen Terrororganisation »Boko Haram« oder der Piraterie im Golf von Guinea.

Bereits die Definition des Betrachtungsraums birgt gewisse Schwierigkeiten in sich. Wählt man die größerer Perspektive, erstreckt sich das Zentrale Afrika von Kamerun und dem Tschad im Norden bis Angola im Südwesten über die Demokratische Republik Kongo (DR Kongo) im Osten bis nach Mosambik im Südosten. Diese weite Betrachtung gründet darauf, dass die Migrations- und Handelswege bis ins 19. Jahrhunderts sowohl vom Atlantik als auch vom Indischen Ozean mit dem Inneren des Kontinents verknüpft waren. Dieses, also das Kongobecken sowie die nördlich daran angrenzenden Flusssysteme des Oubangi und des Chari waren dagegen wenig besiedelt und sind bis heute infrastrukturell nur schwach erschlossen. In einer enger gefassten Perspektive reduziert sich der zu betrachtende Raum auf das ehemals französische Kolonialgebiet, Französisch-Äquatorialafrika. Dessen Nachfolgestaaten Gabun, die Republik Kongo, Tschad und die ZAR bilden zusammen mit Kamerun sowie der vormals spanischen Kolonie Äquatorialguinea die »Zentralafrikanische Wirtschafts- und Währungsgemeinschaft« (CEMAC). Diese Region steht in vielfacher Verbindung mit der ehemaligen Kolonialmacht Frankreich. Daraus ergeben sich Beziehungen zur EU und mithin zur Bundesrepublik Deutschland, die in den vergangenen Jahren zu wiederholten Stabilisierungsmaßnahmen geführt haben. Vor dem Hintergrund der sicherheitspolitischen Lage (Stand: Mitte 2015) soll in diesem Wegweiser zur Geschichte der Schwerpunkt der Betrachtung auf die sechs CEMAC-Staaten Äquatorialguinea, Gabun, Kamerun, die Republik Kongo, Tschad und die ZAR gelegt werden. Alle hier betrachteten Länder sind direkt oder indirekt vom Bürgerkrieg in der ZAR sowie den Angriffen durch die Terrororganisation »Boko Haram« betroffen. Zudem sind hier in der zweiten Hälfte des Jahres 2015 und für 2016 richtungsweisende Wahlen zu erwarten.

Den überregionalen Konfliktfeldern ist es geschuldet, dass auch die angrenzenden Gebiete der CEMAC-Staaten in ausgewählten Fällen betrachtet werden. So strahlen die Entwicklungen in der DR Kongo immer wieder auf die Nachbarstaaten aus. Zur DR Kongo liegt bereits ein eigener *Wegweiser zur Geschichte* vor (3. Aufl., Paderborn 2008). Die dortigen Aussagen zu historischen Entwicklungen, zu Strukturen und Lebenswelten können auch auf die nördlich angrenzende Region bezogen werden, denen dieser *Wegweiser* gilt. Auch der an die Region anschließende Raum mit Nigeria im Nordwesten, Sudan und seit 2011 Südsudan im Osten (vgl. *Wegweiser zur Geschichte* Sudan, Paderborn 2008) sowie ferner Uganda und Ruanda sind für das Verständnis der Region wichtig und müssen selektiv mitbetrachtet werden. In historischer Perspektive ist auch Angola eng mit dem Kongobecken und der CEMAC-Region verknüpft.

Überlappende Zugehörigkeiten zu verschiedenen politischen und wirtschaftlichen Bündnissen lassen überregionale Strukturen im Zentralen Afrika weniger ausgeprägt erscheinen als etwa in West- oder Südafrika. Zudem fehlt eine bevölkerungs- und wirtschaftsstarke »Lead Nation«, anders als dies bei Nigeria im westlichen und Südafrika im südlichen Afrika der Fall ist. Gleichwohl bestehen wirtschaftliche und (sicherheits-)politische Verknüpfungen des Zentralen Afrika mit den Nachbarregionen. Zusammen mit den sechs CEMAC-Staaten gehören Angola, Burundi, die DR Kongo sowie São Tomé und Príncipe zur »Zentralafrikanischen Wirtschaftsgemeinschaft« (CEEAC), einer Regionalorganisation innerhalb der Afrikanischen Union (AU). Die Republik Kongo, die DR Kongo und die ZAR sind zudem Teil der Konferenz der Großen Seen, die sich seit der Unterzeichnung des gemeinsamen Sicherheits- Stabilitäts- und Entwicklungspaktes von 2006 primär mit sicherheitspolitischen Fragen in der DR Kongo befasst. São Tomé und Príncipe, der Tschad sowie die ZAR sind darüber hinaus Mitglieder des Wirtschaftsbündnisses »Gemeinschaft der Sahel-Sahara-Staaten« und Kamerun, der Tschad und die ZAR Teil der »Tschadsee-Kommission« (LCBC). Einen anderen Weg hat in jüngster Vergangenheit der Tschad gewählt. Sowohl im Zentralen Afrika als auch darüber hinaus tritt dessen Regierung verstärkt auf bilateraler sicherheitspolitischer Basis hervor: so Ende 2012 mit der Intervention in der ZAR, Anfang 2013 im Kampf gegen radikale Islamisten im westafrikanischen Mali und seit Anfang 2015 zur Unterstützung Kameruns gegen die Terrorgruppe »Boko Haram«. Damit etablierte sich der Tschad gerade gegenüber Frankreich als wichtigster afrikanischer sicherheitspolitischer Partner in der Region.

In fast allen der hier untersuchten Länder stehen trotz Ressourcenreichtum eine recht kleine politisch-wirtschaftlich prosperierende und militärisch gestützte Elite einer weitgehend verarmten Bevölkerung gegenüber; zugleich sind aber die formalen Staatsstrukturen schwach ausgeprägt. Spezifische Probleme kommen im Tschad und in der ZAR hinzu, deren fehlende Zugänge zum Ozean die jahrzehntelangen Konflikte mit beeinflusst haben. Der Zusammenhang von politischer Instabilität, wirtschaftlichen Disparitäten, dem »Fluch der Ressourcen« sowie Misswirtschaft und Korruption bildeten und bilden häufig die Ursachenkonstellation für massive, zunächst innerstaatliche Konflikte. Die oft jahrzehntelange personelle Kontinuität an der Staatsspitze kontrastiert mit den häufig nur oberflächlich demokratischen legitimierten Wahlen. Erfolgreiche oder missglückte Staatsstreiche waren in der Vergangenheit daher eher die Regel als die Ausnahme bei Machtwechseln. Infolge der häufig wechselnden Bündnisse zwischen den vielfältigen Politikeliten und Gewaltakteuren ist eine klare Trennung von »Krieg« und »Frieden« oft nur schwer möglich. Ob sie »typisch afrikanisch« zu nennen sind, wäre angesichts ähnlicher Gegebenheiten in der europäischen Geschichte einer eingehenden, eigenen Betrachtung wert. Zumindest ist danach zu fragen, inwieweit die westlich-modernen Analyse- und Beschreibungskategorien dazu geeignet sind, um die Handlungslogik der Akteure in der Region angemessen zu erfassen. Dieses anspruchsvolle Ziel kann in dieser Publikation nur im Ansatz erreicht werden. Vielmehr soll hier ein Umriss von Geschichte, Strukturen und Lebenswelten geboten werden, um das gegenwärtige Engagement der VN und der EU zu verstehen.

Geschichte ist auch eine in die Gegenwart hineinwirkende Ursache gegenwärtiger Konflikte. Hier setzt der vorliegende *Wegweiser zur Geschichte* an. Die historische Belastung bleibt eine wesentliche Ursache für die sicherheitspolitisch fragile Situation: die gewaltsame »Erschließung« durch militärische Expeditionen im späten 19. Jahrhundert, die rücksichtslose wirtschaftliche Ausbeutung und das problematische Erbe der Kolonialzeit haben Folge- und Fernwirkungen hinterlassen, die noch lange nach Erreichen der staatlichen Unabhängigkeit manifest sind. Dieses oft fatale europäische Erbe in Afrika bildet die Grundlage für das wirtschaftliche und sicherheitspolitische Engagement seitens der EU-Staaten, um die historisch bedingten Fehlentwicklungen zu korrigieren; nun auf Grundlage einer proklamierten Gleichrangigkeit auf Augenhöhe. Vor diesem Hintergrund gilt es, das Interesse an der Geschichte des südlichen Nachbarkontinents wachzuhalten.

Im ersten Teil des vorliegenden Bandes werden historische Entwicklungen nachgezeichnet. Aus unterschiedlichen Perspektiven betrachten *Loretana de Libero*, *Michael Pesek* und *Helmut Bley* das Zentrale Afrika vor Ankunft der Europäer. Dabei wird deutlich, wie sehr die bis ins 20. Jahrhundert gepflegte Vorstellung eines angeblich »geschichtslosen Afrika«

auf Ignoranz und rassistischen Stereotypen beruhte. In ihren Beiträgen legen *Julia Seibert* und *Thorsten Harbeke* Ziele und Ergebnisse des europäischen Kolonialismus im Zentralen Afrika dar. *Thomas Morlang* und *Erwin Schmidl* verdeutlichen die Entwicklungen des Zentralen Afrika im Zeitalter der Weltkriege. Dabei fällt auf, dass beide europäischen Großkonflikte auch weitreichende Folgen für das Innere Afrikas besaßen. Die Rolle des Zentralen Afrika in der Dekolonialisierungsphase während des Kalten Krieges erläutern *Ulrich van der Heyden* und *Oliver Bange*. Die Ost-West-Konfrontation wurde dabei von einer Nord-Süd-Auseinandersetzung überlagert, wobei die afrikanischen Akteure oft einer eigenen Agenda folgten. *Siegmar Schmidt* erklärt die sogenannte »Dritte Welle« der Demokratisierung, während *Tobias Koepf* die lange Zeit ungebrochene Kontinuität der französischen (Interventions-)Politik im Zentralen Afrika nach der Dekolonialisierung konstatiert. *Simone Schlindwein* und *Gunther Hauser* zeichnen die Ergebnisse des VN-Peacekeeping sowie der Politik der EU und deren Probleme nach. *Torsten Konopka* beschließt den ersten Teil mit einer detaillierten Untersuchung des Bürgerkriegs in der ZAR.

Der zweite Teil des *Wegweisers zur Geschichte* widmet sich den »Strukturen und Lebenswelten«. *Dominic Johnsons* Überblicksbeitrag gilt dem Themenkomplex von Failing States, regionaler Anarchie und Governance im Zentralen Afrika. Daran anschließend legt *Marie Theres Beumler* die Bandbreite der nichtstaatlichen Konfliktakteure in der Großregion dar. *Friedrich Bofingers* Beitrag über den Einfluss von Seuchen verdeutlicht den Zusammenhang von Epidemien, sozialer Zerrüttung und Konfliktstrukturen. Die Rolle der Eliten bei der Absicherung ihrer wirtschaftlich-gesellschaftlichen Stellung vor dem Hintergrund schwacher Staatlichkeit erklärt *Andreas Mehler*. Dies bietet genauso Nährboden für Konflikte wie die von *Gerald Hainzl* betrachtete kulturelle Vielfalt in der Region. Das komplexe Verhältnis zwischen Christentum, Islam und den originär afrikanischen Religionen beschreibt *Marco Moerschbacher*. *Dieter H. Kollmer*, *Rainer Tetzlaff* und *Michael Brzoska* dokumentieren, warum die Staaten des Zentralen Afrika trotz Rohstoffreichtums und guter Anbindung in die weltweiten Handelsrouten zu den ärmsten Ländern der Welt gehören. Weil nationale und internationale – europäische, amerikanische und chinesische – Akteure wirtschaftliche Eigeninteressen zu Lasten der Menschen vor Ort verfolgen, erweist sich der Rohstoffreichtum in der Region oft mehr als Fluch denn als Segen. Internationale Verflechtungen und das große Geld spielen auch im afrikanischen Fußball eine gewichtige Rolle. *Thilo Thielke* zeichnet die Entwicklung der beliebtesten Sportart des Kontinents nach. Der letzte Textbeitrag portraitiert drei Städte oder Regionen aus recht unterschiedlicher Perspektive: Aus historischer Sicht betrachtet *Martin Rink* die tschadische Hauptstadt N'Djamena als Schöpfung der französischen Kolonialmacht. Als Reporterin aus Krisengebieten schildert *Simone Schlindwein* die Hauptstadt der ZAR, Bangui. *Angelika Diedrich* beschließt den Band mit Reiseeindrücken aus Kamerun. Obwohl sich dieser *Wegweiser zur Geschichte* als Publikation zur zeithistorischen Militärgeschichte versteht, sollte nicht vergessen werden, dass weder die Geschichte Afrikas allgemein noch seiner Zentralregion ausschließlich als ein Abriss von Krisen und Konflikten darzustellen ist.

Die Hauptbeiträge werden durch Informationskästen, Karten und Tabellen ergänzt. Zur Vertiefung finden sich im dritten Teil eine Zeittafel sowie ein Literaturverzeichnis, in dem auch einige weiterführende Internetseiten aufgeführt sind. Insbesondere zur sicherheitspolitischen Entwicklung des Zentralen Afrika existieren bisher nur wenige wissenschaftliche Publikationen. Vielfach basiert die Literatur einzig auf Medien- oder NGO-Berichten. So bleibt noch Raum für weiterführende Forschungen als Ergänzung der hier gebotenen Überblicksdarstellung. Wo es möglich und angebracht erschien, wurde versucht auf die im Deutschen üblichen Bezeichnungen zurückzugreifen. Für das Zentrale Afrika als im Kern frankophones Einflussgebiet besitzt ansonsten die französische Orthographie Vorrang. Für Abkürzungen werden die allgemein gebräuchlichen Kurzformen verwendet.

Die in diesem *Wegweiser zur Geschichte* präsentierten Beiträge sind zahlreicher als die in vergleichbaren Publikationen. Dies ist der Vielfältigkeit der Themen geschuldet. Gleichwohl bleiben Lücken, die in Kauf genommen werden mussten, um den gebotenen Umfang dieser Veröffentlichung nicht vollends zu sprengen. Indessen waren Überschneidungen zwischen den einzelnen Beiträgen oft unvermeidlich. Durch die länderübergreifende Thematik sowie die Vielfältigkeit von Akteuren und Einzelaspekten war es mitunter geboten, dieselbe Thematik aus verschiedenen Perspektiven darzulegen. Zudem ist die Geschichtsschreibung zum Zentralen Afrika noch unter ihren Möglichkeiten geblieben. Die Forschung steht noch am Anfang.

Die Vielfältigkeit betrifft neben der Themenpalette auch die Autorinnen und Autoren dieses *Wegweisers*. Sie stammen aus so unterschiedlichen Tätigkeitsfeldern wie der Afrikawissenschaft, der Feldforschung, der Geschichtswissenschaft, dem Journalismus und der Politikwissenschaft – mit Wirkungsstätten in Deutschland, Österreich, Ägypten, Tansania, Mali und Uganda. Dass zudem Angehörige von Ressortforschungseinrichtungen der Streitkräfte zusammen mit Korrespondentinnen der »taz« publizieren, mag verdeutlichen, dass interkulturelles Verständnis über organisatorische Grenzen hinweg möglich ist. Zudem ist dieser Sammelband in Kooperation zwischen der Landesverteidigungsakademie des Österreichischen Bundesheeres und dem Zentrum für Militärgeschichte und Sozialwissenschaften der Bundeswehr (ZMSBw) entstanden. So ist dieser *Wegweiser zur Geschichte* als ein Beitrag gedacht, um auch in erweitertem Sinn partnerschaftliche Formen und ein gemeinsames Anliegen zu pflegen: ein kritisches Verständnis der sicherheitspolitischen Geschichte unseres Nachbarkontinents zu entwickeln, der unsere Aufmerksamkeit verdient.

Dieter H. Kollmer, Torsten Konopka und Martin Rink

Bis zum Ende des 19. Jahrhunderts war den Europäern das Innere Afrikas weitgehend unbekannt. Insbesondere die Regenwaldzone im Zentralen Afrika wurde bis weit ins 20. Jahrhundert als eine Region voller Mythen wahrgenommen. Gleichwohl existierten seit der Antike kulturelle Austausch- und Handelsbeziehungen vom Mittelmeerraum in das Innere Afrikas, die über die alten Hochkulturen in Ägypten sowie von Libyen auch das Zentrale Afrika um den Tschadsee und die Regenwaldzone berührten. Hier entstanden zeitgleich zur mediterran-europäischen Antike teils mächtige Reiche, deren Bildung sich oft mit intensiven Migrationsbewegungen verknüpfte. Bis zur europäischen Expansion im 19. Jahrhundert blieben sie Endpunkte der Trans-Sahara-Handelsrouten, über die die Mittelmeerwelt und indirekt Europa mit Luxuswaren und Rohstoffen, aber auch mit Sklaven versorgt wurden. Die in der europäischen Vorstellung lange nachwirkende Vorstellung einer »Geschichtslosigkeit Afrikas« gegenüber einer europäischen »Zivilisation« erweist sich damit als unbegründete Verzerrung.

Das Zentrale Afrika bis zur Ankunft der ersten Europäer

Die eigene Welt

Im Herzen Afrikas leben sie, die tropischen Regenwälder sind ihre Heimat: »Waldvölker« nennen sie sich und sie gehören zu den ältesten Bewohnern des Kontinents. Seit 60 000 Jahren ist das Regenwaldgebiet zwischen Kamerun, der Demokratischen Republik Kongo und Ruanda für die Mbenga, die Mbuti oder die Twa ihr Zuhause. Die Welt, »yombo«, teilen diese Völker in zwei Regionen, zum einen den Wald, »ndima«, der ihnen Schutz und Nahrung bietet, und »vulli«, den schattenlosen, offenen Raum. Seit Menschengedenken streifen sie als Jäger und Sammler durch das tropische Grün, sie leben selbstgenügsam im Einklang mit der Natur, die wie ihre einzigartige Kultur heute von globalisiertem Gewinnstreben, von fremder Gier und Geringschätzung bedroht ist. Ihre mündlichen Traditionen, ihre polyphonen Gesänge über ihr Leben, ihren Alltag und ihre Sorgen sind 2003 erstmals dokumentiert und in das immaterielle Weltkulturerbe der UNESCO aufgenommen worden. Die Waldvölker leben im Hier und Jetzt, eine schriftliche Überlieferung besitzen sie nicht. Ihre eigene, uralte Geschichte spiegelt sich daher hauptsächlich, wenn auch oft nur verzerrt, in fremder, zumeist europäischer Wahrnehmung, Erfahrung und auch Erfindung wieder.

Frau der BaAka in Kamerun (2014).

Da die Waldbewohner Zentralafrikas als Folge einer evolutionären Anpassung von geringer Körpergröße sind – meist sind sie nicht größer als 150 cm – haben sie seit dem Altertum die Fantasie der Menschen beflügelt.

Das Bild der Anderen

In der antiken Ethnografie lag das Zentrale Afrika am Ende der Welt. Als »Afrika« bzw. »Libya« wurde streng genommen nur das heutige Nordafrika bezeichnet. Jenseits der Sahara lag für Griechen und Römer »Aithiopia«, das Land der (sonnen-)verbrannten Gesichter. An diesem heißen Ort an den südlichen Rändern des die Erde umfließenden Ozeans verorteten sie viele Fabelvölker, Wunderwesen und Ungeheuer. Zu den Fabelvölkern zählte der griechische Epiker Homer im 8. Jahrhundert v.Chr. auch ein Zwergvolk, das sich jedes Jahr im Herbst einen tödlichen Kampf mit den nach Süden fliegenden Kranichen liefern würde. »Pygmaíoi/Pygmäen« nannte sie der Dichter, »Fäustlinge«, da sie kaum größer gedacht wurden als eine Faust. Dieser

Antike Darstellung eines Kampfes zwischen »Pygmäen« und Kranichen. Ausschnitt des Fußbodenmosaiks in der Casa de Neptuno in der Ausgrabungsstätte der römischen Stadt Italica in Spanien.

Pygmäenkampf war in der antiken bildenden Kunst über viele Jahrhunderte hinweg überaus populär, wie Vasenbilder, Wandmalereien oder Mosaiken belegen. Auch wenn die »Pygmäen« Homers in das Märchenreich zu verbannen sind, was spätere antike Autoren denn auch taten, dürfte bereits im 5. vorchristlichen Jahrhundert ein vages Wissen von den realen Waldvölkern bei zeitgenössischen Schriftstellern vorhanden gewesen sein, da die realen »Erdrandsiedler« von den sagenhaften »Pygmäen« in ihrer Benennung unterschieden wurden: Der Historiker Herodot etwa hörte auf seinen Reisen in Nordafrika von libyschen Abenteurern, welche die Sahara durchquert hätten und in einer fruchtbaren, bewaldeten Ebene auf »kleine Menschen« gestoßen seien. Es scheint, dass die Kenntnis über »kleine Menschen« aus dieser fernen Weltgegend in dieser Zeit hauptsächlich über Erzählungen von Entdeckungsreisenden und Kaufleuten nach Europa drang.

Das Draußen drängt nach Innen

Kaufleute waren es auch, die die lange Geschichte der Kontakte zwischen dem Inneren Afrikas und seiner Mittelmeerküste begründeten. Spuren transsaharischer Handelswege von der Kyrenaika (im heutigen Libyen) bis zum Tschadsee, einst einem der größten Seen Afrikas, lassen sich bereits für das 2. Jahrtausend v.Chr. nachweisen. Die erste Besiedlung dieser Region im heutigen Ländereck Tschad, Kamerun, Niger und Nigeria ist aufgrund archäologischer Funde ebenfalls in diesen Zeitraum zu datieren. Die um 1000 v.Chr. einsetzende Wanderungsbewegungen eisenverarbeitender Volksgruppen, die von der Forschung »Bantu« genannt werden, können Sprachwissenschaftler vom heutigen Kamerun über das Gebiet der äquatorialen Regenwälder bis in das südliche und östliche Afrika hinein nachverfolgen. Teils gingen die Bantu in die einheimischen Völker auf, teils aber unterjochten oder verdrängten sie ihre alteingesessenen Nachbarn, so etwa die Jäger und Sammler der Khoisan-Populationen. Die Bantu siedelten als Stammesgesellschaften in Dörfern am Rand der tropischen Regenwaldzone und betrieben Ackerbau und Viehzucht.

Als lokale Kulturfrüchte haben Archäobotaniker bereits für 500 v.Chr. Perlhirse und Kochbananen ausmachen können. Der Tauschhandel zwischen Wald und offenem Raum florierte, Wildfleisch wurde etwa gegen Eisen eingetauscht. Die Neusiedler heirateten einheimische Frauen, es entstanden enge soziale Bindungen bis hin zu leibeigenen Abhängigkeitsverhältnissen und Ausbeutung. An den unterschiedlichen Lebensweisen, den eigenen Riten und Gebräuchen hielten (und halten) die jeweiligen Völker jedoch fest. Die Sprachfamilie der Bantu setzte sich allerdings immer weiter durch und wurde von vielen Gesellschaften der Waldvölker übernommen. Heute sprechen 200 Mio. Menschen in Afrika unterschiedliche Bantusprachen.

Im Innern: Die Stadt

Im Inneren Afrikas ist bereits für die Epoche vor der Ankunft der ersten Europäer eine bemerkenswerte politische, soziale und kulturelle Vielfalt zu beobachten. Neben den Wildbeutern im Wald und den Bodenbauern am Waldesrand finden wir etwa im 6. Jahrhundert v.Chr. Bewohner von Lehmstädten westlich und südlich des Tschadsees (im heutigen Nord-Kamerun, West-Tschad und im nordöstlichen Nigeria). Auch wenn die ethnische Herkunft dieser »Stadtgründer« in der Forschung umstritten ist, kennen wir ihren Namen: die Sao – so werden sie zumindest später in arabischen Quellen und in der lokalen mündlichen Tradition genannt. Bei den Sao handelte es sich um schriftlose, metallverarbeitende Gemeinschaften, die mehrere tausend Menschen umfassen konnten und zwischen dem 9. und 15. Jahrhundert n.Chr. ihre Blütezeit hatten, bevor sie vom Kanem-Bornu-Reich vereinnahmt wurden. Archäologische Ausgrabungen vor allem in den südlich des Tschadsees gelegenen Großsiedlungen, die in späteren Zeiten befestigt wurden, geben ein Bild von ihrer reichen wie vielfältigen urbanen Zivilisation, die zugleich auch von Handelskontakten mit dem Norden Afrikas profitierte. Zu erkennen ist neben den stadtstaatlichen Strukturen eine gehobene materielle Kultur. Erste, französische Grabungen beförderten in den 1930er-Jahren eine Vielzahl an Bronzeskulpturen, Terrakotta-Figuren, Alltagsgegenständen, Graburnen, Schmuck, reich verzierten Keramiken und Waffenresten ans Tageslicht.

Im Innern: Das Reich

Das Zentrale Afrika hat bis in die neuere Geschichte hinein den Aufstieg und Niedergang mancher Großreiche erlebt. Für die frühe Epoche ist das wohl im 8. Jahrhundert n.Chr. nordöstlich des Tschadsees errichtete Königreich von Kanem, später Kanem-Bornu, von besonderem Interesse. Seine wechselvolle, kriegerische Geschichte fand erst um das Jahr 1900 ihr unwiderrufliches Ende. Phasen eines friedlichen Nebeneinanders mit den Nachbarn wechselten mit Phasen steter Expansion und kriegerischer Auseinandersetzungen.

Die Herrscher des Tschadreiches, zunächst die Zaghawa, anschließend für mehr als 1000 Jahre die Sefuwa, pflegten rege Handelsbeziehungen mit dem Berbervolk der Garamanten, die schon seit frühgriechischer Zeit die Handelsrouten und Wasserstellen durch die Sahara kontrollierten. Um 900 n.Chr. berichtete der arabische Geograph Ahmad al-Ya'qubi (gest. 897) erstmals von dem Nomadenvolk der Zaghawa, das in Kanem leben und Sklaven nach dem Norden verkaufen würde. Hauptsächlich Sklaven, aber auch wilde Tiere und Salz wechselten gegen Olivenöl und Wein von der afrikanischen Mittelmeerküste ihre Besitzer.

Während der Spätantike und im Mittelalter war der Tschadsee als überlebenswichtiges Süßwasserreservoir ein zentraler Verkehrskontenpunkt und Sammelplatz für Karawanen aus dem heutigen Libyen, aus Ägypten und dem Sudan. Die aus dem arabischen Raum eingeführten einhöckrigen Kamele dienten dem Warenverkehr seit dem 3. Jahrhundert n.Chr. als Last- und Nutztiere. Nachdem die Garamanten im Fezzan von den muslimischen Arabern im Zuge ihrer Eroberungen im 7. Jahrhundert n.Chr. besiegt oder vertrieben worden waren, übernahmen arabische Kaufleute die afrikanischen Binnenmärkte.

Gegen Ende des 10. Jahrhunderts erreichten die Lehren des Islam durch den Handel über die Tschadseeregion schließlich das Gebiet des Zentralen Afrika. Die Herrscher von Kanem traten zum muslimischen Glauben über und begannen mit dem Schwert zu missionieren. Im 14. Jahrhundert ging Kanem im Reich von Bornu auf, das sich unter der Dynastie der oben genannten Sefuwa bis in das 19. Jahrhundert hinein auf Teile des heutigen Libyen, Nigeria, Niger und Nord-Kamerun ausdehnte. Das Christentum spielte in dieser Region erst seit den ersten Kolonisationsbestrebungen der Portugiesen im 15. Jahrhundert und der damit einhergehenden Missionierungen im Kongo eine größere Rolle. Zwar wurden die traditionellen Glaubensvorstellungen durch den Islam und später durch das Christentum zurückgedrängt, ein Großteil der Bevölkerung südlich der Sahara blieb aber bis heute den althergebrachten afrikanischen Religionen treu (vgl. Beitrag Moerschbacher).

Die große Unbekannte

Um 90 n.Chr. begleitete der römische Kaufmann Iulius Maternus den König der Garamanten auf einer Strafexpedition gegen die »Aethiopier«. Das Militärunternehmen nahm seinen Ausgang in der Hauptstadt Garama (dem heutigen Germa im südlichen Libyen) und wurde durch die Sahara in das Land »Agisymba«, vermutlich in die Gegend des nördlichen Tschadsees, hineingetragen. Iulius Maternus war sicherlich nicht der erste Europäer, der die Wüste überwand und in das Zentrale Afrika gelangte, aber er war wohl der erste, der so tief in das Landesinnere vorzudringen vermochte, wenigstens soweit die abendländische Überlieferung zu berichten weiß. Sein Reisebericht liegt über Zwischenquellen fragmentarisch vor. Nur wenige folgten seinen Spuren.

Afrika galt den christlichen Seefahrernationen lediglich als Hindernis auf dem Seeweg von Europa nach Indien und China. Die Portugiesen suchten seit 1415 an der Westküste des Kontinents nach einer geeigneten Route. Diogo Cão (um 1450–1486) glaubte die Passage 1482 an der Mündung des Kongo gefunden zu haben und fuhr unter diesem Eindruck den Fluss hinauf in das heutige Nord-Angola. Zwar kam es zu ersten Kontakten mit dem Herrscher eines mächtigen Bantu-Reiches in dessen Hauptstadt Mbanza-Kongo. Das eigentliche Landesinnere Afrikas blieb jedoch für die Europäer bis in das 19. Jahrhundert hinein eine terra incognita. Diese jahrhundertealte Unkenntnis von innerafrikanischen Entwicklungen und Ereignissen konnte auch und vor allem in gelehrten Köpfen Europas zu einer Marginalisierung des Kontinents führen. Der deutsche Philosoph Georg Wilhelm Friedrich Hegel (1770–1831) behauptete in seinen »Vorlesungen über die Philosophie der Geschichte« schlicht eine »Geschichtslosigkeit« Afrikas: »Denn es ist kein geschichtlicher Weltteil, er hat keine Bewegung und Entwicklung aufzuweisen [...]. Was wir eigentlich unter Afrika verstehen, das ist das Geschichtslose und Unaufgeschlossene«.

Die »kleinen Menschen« wurden übrigens von den Europäern erst im 19. Jahrhundert »wiederentdeckt«. Im Jahre 1870 traf der deutsche Botaniker Georg Schweinfurth (1836–1925) im Nordosten der heutigen Demokratischen Republik Kongo überraschend auf einen Aka namens Adimoku aus dem Volk der Mbenga, die er nach dem Vorbild Homers »Pygmäen« nannte. Der Hegelsche Vorwurf eines entwicklungslosen Verharrens fiel zumindest in dieser Hinsicht auf die europäischen Afrikareisenden zurück.

Loretana de Libero

In der Vorstellung vieler Europäer und Nordamerikaner setzte die nachvollziehbare Historie im Zentralen Afrika erst Mitte des 19. Jahrhunderts ein, also mit Beginn der europäischen Kolonisation. Diese »Interpretation« unterschlägt jedoch die lange Geschichte im Inneren des Kontinents vor der Ankunft der Europäer. Zu diesem Zeitpunkt hatten sich bereits alte Herrschaftsbereiche und Staaten etabliert, die vielfach bis heute Einfluss auf die Kultur und das Leben der verschiedenen afrikanischen Gesellschaften nehmen. Im Zentralen Afrika hinkte die Entwicklung staatlicher Strukturen hinter der in anderen Regionen des Kontinents meist deutlich hinterher, da die dichte Vegetation und die Lebensbedingungen die Ausbildung größerer Gemeinschaften erschwerten. Anders war es im nördlich angrenzenden Sahelgebiet, wo sich schon früh mächtige Reiche entwickelten. Der innerafrikanische Sklavenhandel lieferte im späten 19. Jahrhundert einen Vorwand für die europäischen Mächte, sich an der Aufteilung Afrikas zu beteiligen.

Das Zentrale Afrika in vorkolonialer Zeit

Geschichte, so lautet eine alte Weisheit, wiederholt sich. Blickt man aus der Perspektive des 21. Jahrhunderts auf die Geschichte des Zentralen Afrika im 19. Jahrhundert, so scheint vieles bekannt: muslimische Gotteskrieger, die etablierte Staaten hinwegfegen, Warlords, die um den Zugang zu globalen Märkten kämpfen und in der Folge dieser Ereignisse Vertreibungen, Hungersnöte und Epidemien. Heute wie damals schaute Europa mit Entsetzen auf das Geschehen auf dem Nachbarkontinent und entwickelte den Drang, dem vermeintlichen Chaos ein Ende zu setzen. Letztlich brachte das Engagement der Europäer nur neues Leid hervor. Der Kongo-Freistaat, 1885 vom belgischen König Leopold II. unter dem Banner der Bekämpfung des Sklavenhandels gegründet, wurde Anfang des 20. Jahrhunderts zu einem Synonym für Verbrechen gegen die Menschlichkeit.

Historiker streiten bis heute über die Ursachen und Folgen der politischen und gesellschaftlichen Verwerfungen im Zentralen Afrika des 19. Jahrhunderts. Die Region bot dem Betrachter zu Beginn dieser Epoche eine erstaunliche Vielfalt gesellschaftlicher Organisationen und Lebensformen. Stark zentralisierte und militarisierte Königreiche existierten nur wenige hundert Kilometer entfernt von Gemeinwesen von Jägern und Sammlern, deren Ausdehnung kaum über das jeweilige Dorf hinausreichte. Einige dieser Königreiche, wie jene auf den Gebiet der Großen Seen mit dem Kern im heutigen Uganda, Ruanda und Burundi, repräsentierten eine jahrhundertelange dynastische Tradition, andere bildeten sich erst im 19. Jahrhundert heraus und zerfielen so schnell wie sie entstanden waren. Einige Gesellschaften waren seit vielen Jahren in regionale und oft auch globale Handelsnetze eingebunden. Für andere öffnete sich dagegen das Tor zur Welt erst in der Mitte des 19. Jahrhunderts.

Geografie war ein wichtiger Faktor im Leben der Menschen sowie für den Verlauf der Geschichte. Das Zentrale Afrika war einst das grüne Herz Afrikas. Um 1800 war der tropische Regenwald eine natürliche Barriere, die den nördlichen vom südlichen Teil Afrikas trennte. Er schuf einen 1000 Kilometer breiten Korridor, der von den großen Seen im Osten des Kontinents bis zu seiner Westküste reichte. Um 1800 lag hier eines seiner am dünnsten besiedelten Gebiete. Die Lebensbedingungen waren für die Bewohner hart: nur unter großen Anstrengungen konnten sie der Natur das Lebensnotwendige abtrotzen, während die Wälder vielfältige Gefahren bargen.

Die geringe Bevölkerungsdichte ließ eine Herausbildung größerer politischer Strukturen kaum zu. Die Menschen lebten in kleinen Dorfgemeinschaften, die von den Ältesten geführt wurden. Diese Gesellschaften waren dennoch nicht völlig isoliert. Berufsgruppen wie Fischer und Jäger verknüpften ihre Heimatgesellschaften mit den Gemeinschaften jenseits des Regenwaldes. Vor allen an den Rändern des Dschungels gab es Handelsbeziehungen zwischen Jägern und Fischern. Diese versorgten etwa die in der sudanesischen Savanne lebenden Mangbetu mit Fleisch im Tausch gegen Agrarerzeugnisse und interregionale Handelswaren. Immer wieder gab es auch vor dem Jahr 1800 Flüchtlinge, die vor dem Zorn mächtiger Herrscher oder den Sklavenjägern flohen. Migration war einer der wichtigsten Faktoren für den historischen Wandel im vorkolonialen Afrika.

Jäger und Sklavenhändler im Zentralen Afrika

Südlich des Kongo-Flusses, wurde der Regenwald lichter und die Lebensbedingungen für die Menschen deutlich besser. Mit der steigenden Bevölkerungsdichte wuchs die Größe der politischen Gemeinwesen. Eines der größten Reiche war das zwischen dem Kassai- und dem Lulluafluss gelegene Lunda-Reich (vgl. Beitrag Bley). Die ökonomische Basis der Lunda war anfangs der Fischfang sowie der Ackerbau, vor allem der Anbau von Maniok. Die Pflanze stammte ursprünglich aus Lateinamerika und war im 16. Jahrhundert von den Portugiesen nach Afrika gebracht worden. Später wurden auch Tabak, Reis und Hirse eingeführt. Im Laufe des 17. Jahrhunderts begann das Reich nach Süden und Westen zu expandieren, um den Handel mit Salz und Kupfer unter seine Kontrolle zu bringen. Im turbulenten 19. Jahrhundert war das Reich ein Hort der Stabilität. Während anderswo wiederholte Thronwechsel zu Bürgerkrie-

Das Zentrale Afrika in vorkolonialer Zeit

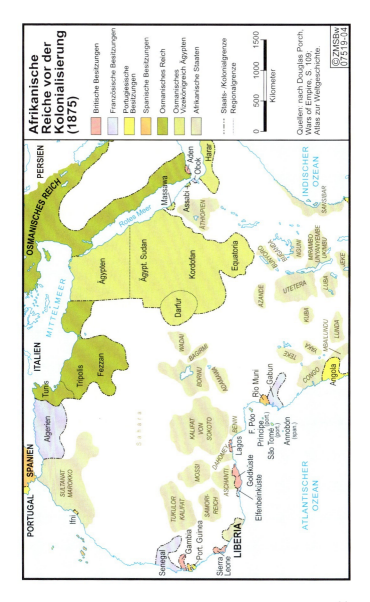

I. Historische Entwicklungen

gen und Sezessionen führten, lag die Herrschaft hier fest in der Hand einer Dynastie. Die Macht der Herrscher basierte auf einer Balance zwischen religiösen Würdenträgern, Beamten des Hofes und Clan-Ältesten. Das Lunda-Reich war bereits früh im transatlantischen Sklavenhandel integriert. Dieser war die wichtigste Quelle ihres Reichtums. Aus der Region kamen bis ins 19. Jahrhundert hinein jährlich etwa 2000 bis 3000 Sklaven an die angolanische Küste, von wo aus sie nach Lateinamerika gebracht wurden. Zu dieser Zeit stiegen die Lunda auch in den Handel mit Elfenbein ein. Sie etablierten Beziehungen mit Händlern und Jägern bis weit hinunter zum Malawisee. Um 1870 geriet das Reich jedoch in eine tiefe Krise. Im Westen, dem heutigen Angola, machten die Chokwe dem Lunda-Reich die Kontrolle über die Handelswege streitig, im Süden und Osten die Yeke. Die Chokwe verdankten ihren Aufstieg vor allem dem Waffenhandel. Mitte des 19. Jahrhunderts wurde Afrika zu einem der größten Abnehmer von ausgemusterten Gewehren aus den Beständen europäischer Armeen. Bis zu 100 000 Feuerwaffen sollen in der zweiten Hälfte des 19. Jahrhunderts ihren Weg nach Afrika gefunden haben, doch diese Zahlen sind nur sehr konservative Schätzungen. Obwohl oft von schlechter Qualität, wurden sie doch zu einem wichtigen Faktor im Kampf um die Vorherrschaft im Zentralen Afrika. Dabei entschieden sie nicht nur über den Ausgang von Gefechten, sondern auch den Erfolg bei der Jagd auf Elefanten und damit den Zugang zu einem der wichtigsten Handelsgüter des 19. Jahrhunderts: Elfenbein. Mit dem Aufstieg der Chokwe im Westen wurden die Lunda von ihren wichtigsten Einnahmequellen, Sklaven und Elfenbein, abgeschnitten. Für die Lunda-Herrscher wurde es immer schwieriger, die Erwartungen ihrer Gefolgsleute zu erfüllen. In den 1870er-Jahren begann der Zerfall des Reiches. Mehrere Fraktionen kämpften um die Kontrolle des verbliebenen Herrschaftsgebietes, bis die Chokwe die Reste des Lunda-Reiches in den 1880ern endgültig zerstörten.

Mit Elfenbein wurde in Afrika seit Jahrhunderten gehandelt. Im 19. Jahrhundert stieg dieses weiße Gold jedoch zu einem globalen Produkt auf, das vor allem beim europäischen Bürgertum heiß begehrt war. Gleichzeitig ermöglichten die Industrialisierungen in Europa kostengünstig Waren für den Absatz in Afrika herzustellen. Die Gewinnmargen lagen oft bei 200 Prozent. Die

Suche nach Elfenbein und Sklaven trieb Händler von der West- und Ostküste immer tiefer in das Herz Afrikas hinein. Im Westen weiteten portugiesische und afrikanische Händler sowie professionelle Elefantenjäger ihren Aktionsradius zunächst nach Norden aus. An der angolanischen Küste und seinem Hinterland gab es nach Jahrzehnten der Elfenbeinjagd kaum noch eine Population der Tiere. Zur gleichen Zeit wurde der Handel mit Sklaven an der angolanischen Küste immer schwieriger. 1818 hatten die Portugiesen nach langem Widerstand den Forderungen der Briten zugestimmt, den Handel mit Sklaven in ihrem Einflussbereich zu verbieten. Weiter im Norden bot die Küste des heutigen Kamerun, der Golf von Biafra, mit seinen unübersichtlichen Flussmündungen und Mangroven jedoch einen idealen Schutz für Sklavenhändler gegen die wenigen britischen Kriegsschiffe, die den Menschenhandel in der Region bekämpften. Die wenig zentralisierten Gesellschaften in der Region konnten den Sklavenjägern kaum Widerstand entgegensetzen. Im Hinterland bestand zudem noch eine beachtliche Population von Elefanten. Die geografische Ausweitung des Sklavenhandels in das Kameruner Grasland trieb viele Bewohner in die tropischen Regenwälder. Das waren vor allem Angehörige aus der Ethnie der Fang, die Mitte des 19. Jahrhunderts in den schwunghaften Handel mit Gewehren für Elfenbein einstiegen.

Die Blüte des Sklavenhandels im Golf von Biafra und seinem Hinterland währte nur wenige Jahrzehnte. Mit der namentlich von Großbritannien betriebenen Durchsetzung des Sklavenhandelsverbots im Atlantischen Raum brach die Nachfrage nach dieser Form von Arbeit ein. Wie auch in den einstigen Hochburgen des Sklavenhandels an der angolanischen Küste und in Westafrika wurde Palmöl zum wichtigsten regionalen Ausfuhrprodukt. Die industrielle Revolution in Nordamerika und Europa steigerte zudem die Nachfrage nach Naturkautschuk. Das Ende des transatlantischen Sklavenhandels führte im Zentralen Afrika allerdings nicht zum Ende der Sklaverei: Anstelle Menschen nach Amerika zu verkaufen, wurden sie nun verstärkt auf den Palmölplantagen und zum Sammeln von Kautschuk eingesetzt.

I. Historische Entwicklungen

Händler und Warlords als Akteure der Globalisierung

Afrika erlebte in der ersten Hälfte des 19. Jahrhunderts einen wirtschaftlichen Aufschwung. Westafrika und Teile der ostafrikanischen Küste wurden zu weltweiten Exporteuren von Palmöl, Erdnüssen und Naturkautschuk. Sansibar stieg zum weltgrößten Produzenten von Nelken auf. Von der Öffnung Afrikas als Markt profitierte vor allem Großbritannien. Allein zwischen 1813 und 1850 verfünfzehnfachte sich der Export britischer Textilien nach Afrika. Zentralafrika lag an der Peripherie dieser Entwicklungen, fungierte aber aufgrund seiner geografischen Lage auch als ein Schnittpunkt der Handelsrouten. Hier trafen sich Handelsnetze, die auf den transatlantischen Raum ausgerichtet waren, mit den kommerziellen Verbindungen zum Indischen Ozean und zum Mittelmeer. Die Öffnung des Zentralen Afrika für diese globalen Märkte erfolgte etwa fünfzig bis hundert Jahre zeitversetzt. Doch einmal in Gang gesetzt, geschah diese Anbindung innerhalb weniger Jahre und war mit tiefgreifenden gesellschaftlichen und politischen Folgen verbunden. Der Kampf um die Kontrolle der Handelswege sollte das 19. Jahrhundert, vor allem seine zweite Hälfte, entscheidend prägen. Mit dem Handel kamen nicht nur neue Waren und Bedürfnisse, sondern auch Konflikte. Sie entluden sich innerhalb von Gesellschaften, zwischen Fremden und lokalen Bewohnern sowie zwischen Herrschern, ihren Untertanen und nach Einfluss strebenden Konkurrenten. Zudem schuf die Vormachtstellung im Handel neue Königreiche und ließ alte untergehen. Neue Formen und Ressourcen der Macht brachten einen neuen Typ von Herrschern hervor, deren Regentschaft nicht mehr auf Traditionen, sondern auf dem Zugang zu globalen und regionalen Märkten, zu importierten Waffen und einer oft sehr heterogenen Gefolgschaft aus professionellen Kriegern und Jägern, (ehemaligen) Sklaven und Flüchtlingen basierte.

Mit den Handelskarawanen verbreiteten sich Epidemien, gegen die viele Gesellschaften im Inneren Afrikas kaum ein Gegenmittel hatten. Zwischen 1870 und 1880, auf dem Höhepunkt des interregionalen Karawanenhandels in Ost- und Zentral-

Das Zentrale Afrika in vorkolonialer Zeit

afrika, suchten mehrere Pocken-Epidemien die Region des Zentralen Afrika heim. Die bis dahin kaum bekannte Schlafkrankheit fand eine feste Heimat in den Gebieten beiderseits des Tanganjikasees. Rinderseuchen dezimierten in der zweiten Hälfte des Jahrhunderts die Viehbestände im Osten des Kongo-Bassins und in der Region der Großen Seen. Es etablierte sich ein tödliches Wechselspiel: Kriege führten zu Hungersnöten und Vertreibung, diese schufen wiederum den idealen Nährboden für Epidemien.

Gemälde des Sklavenhändlers Tippu Tip.

An der Ostküste Afrikas waren es vor allem die Swahili und Sansibari, die das Zentrale Afrika mit dem Welthandel verbanden. Der Sultan von Sansibar Seyyid Said konnte einflussreiche und wohlhabende Handelshäuser aus Bombay für seine Pläne zur Öffnung des Inneren Ostafrikas für den Handel im Indischen Ozean gewinnen. Mit ihrer Hilfe finanzierten sansibarische Händler immer größere Expeditionen auf der Suche nach Elfenbein und Sklaven für die Plantagen auf Sansibar und Madagaskar. Mitte des 19. Jahrhunderts erreichten die ersten Händler die Region westlich des Tanganjikasees. Dort war das Luba-Reich die regionale Großmacht. Die Luba verdankten ihre Position vor 1800 ihrem Monopol auf die Herstellung von Eisen. Im 19. Jahrhundert aber expandierte das Reich, um am Elfenbeinhandel zu partizipieren. Unter der Herrschaft von Ilunga Kalala (um 1840–1870) erreichte es seine größte Ausdehnung. Es kontrollierte weite Teile westlich des Tanganjikasees. Mit der Ankunft der Händler aus Sansibar wurde die Expansion jedoch gestoppt. Sie griffen in die internen Konflikte des Reiches ein und unterstützten ihnen genehme Fraktionen. Das Luba-Reich zerfiel. Innerhalb weniger Jahre stiegen die Sansibaris zu einfluss-

I. Historische Entwicklungen

Das Kalifat von Sokoto

Das Kalifat von Sokoto. Holzschnitt aus »The Countries of the World« von Robert Brown (um 1890).

Im Jahr 1804 etablierte sich Usman dan Fodio (1754–1817) im nördlichsten der Hausa-Staaten als einer der ersten Führer eines Jihads im 19. Jahrhundert. Der aus Gobir stammende Gelehrte hatte seine religiöse Ausbildung in Agadès im heutigen Niger erhalten. Sein Aufstieg war Ausdruck einer tiefen Unzufriedenheit der Hausa-Ethnie mit den etablierten Eliten. Der Widerstand richtete sich gegen soziale Missstände, wie die Versklavung von Muslimen, aber auch die Vermischung des Islam mit lokalen Traditionen. Innerhalb weniger Monate wuchs Usman dan Fodios Anhängerschaft in die Zehntausende und seine Armeen brachten die bedeutendsten Hausa-Staaten unter ihre Kontrolle. Usman dan Fodio profitierte dabei auch von lokalen Aufständen und Jihads, deren Führer sich unter sein Banner stellten. 1817 starb dan Fodio und sein Sohn Ahmadu Bello (oder Mohammed Bello, 1781–1837) übernahm den Titel des Kalifen von Sokoto, des mächtigsten Jihad-Staates im 19. Jahrhundert. Politisches Vorbild war das Kalifat des klassischen Islam. Die Hauptstadt Sokoto war das Zentrum des Kalifats, hier saß das religiöse und politische Oberhaupt. Das Kalifat bestand aus mehreren Emiraten mit einer weitgehenden Autonomie, die aber den Kalifen als ihr Oberhaupt anerkannten und ihm Tribut leisteten. Die Verbreitung des Islam war oberste Staatsräson, es wurde aber auch eine Vielzahl von sozialen, politischen und ökonomischen Reformen eingeleitet. Sokoto wurde zu einem intellektuellen Zentrum islamischer Gelehrsamkeit in der Region. Der Islam wandelte sich von einem Privileg der Oberschichten zu einer Religion eines Großteils der Hausa und Fulbe (auch Fulani/Peul). Damit einher ging eine umfassende Alphabetisierung der ländlichen Bevölkerung. Erst im Jahr 1903 lösten die Briten im Zuge ihrer Eroberung der Region das Kalifat auf. Dessen Wirken ist aber bis heute sichtbar. Erstmals entstand ein einheitliches Staatsgebilde, das die Mehrheit der Hausa und Fulbe einte und ihnen eine gemeinsame Identität gab.

MP

reichen politischen Figuren auf, die über das Schicksal lokaler Herrscher entscheiden konnten. Der bekannteste dieser Händler war Tippu Tip (1837/38–1905), der sich in den 1880er-Jahren ein eigenes Handelsimperium schuf. Er war der Prototyp eines Warlords im 19. Jahrhundert. Sein Ziel war nicht die Gründung eines Staates, sondern die Kontrolle über die Reichtümer des Landes. Seine Gefolgschaft bestand aus Sklaven, Söldnern und lokalen Herrschern. Tippu Tips Macht basierte auf Gewehren und auf seinen Geschäftsbeziehungen zu indischen Händlern auf Sansibar.

Jihadis und Modernisierer nördlich des tropischen Regenwalds

Zu Beginn des 19. Jahrhunderts erfasste eine Welle von lokalen und regionalen Jihads die Region des nordwestlichen Zentralafrika, Gebiete die heute den Norden Nigerias, Kameruns und der ZAR ausmachen. Der Islam hatte eine lange Tradition im subsaharischen Afrika und sollte auch das 19. Jahrhundert entscheidend prägen. Die treibende Kraft dieser Jihads waren muslimische Bruderschaften wie die Tijaniyya und die Sanusiya. Sie waren vor allem von der islamischen Erneuerungsbewegung des Wahabismus auf der arabischen Halbinsel beeinflusst, die eine Rückkehr zum reinen Islam forderten. Die meisten dieser religiösen Führer hatten ihre Lehrjahre in den Zentren islamischer Gelehrsamkeit in Nordafrika und auf der arabischen Halbinsel absolviert. Der berühmteste dieser Jihadis war Usman dan Fodio, der Begründer des Sokoto-Kalifats. Im ersten Jahrzehnt des 19. Jahrhunderts eroberten seine Gotteskrieger große Teile des Hausalandes. Im Osten des neuen Kalifats von Sokoto lag das Reich von Kanem-Bornu, welches durch seine Lage an den transsaharischen Handelsrouten zu Reichtum und Macht gekommen war. Zu Beginn des 19. Jahrhunderts hatte das Reich viel von seinem Einfluss verloren, aber es war immer noch eine Oase der Stabilität in einer Region, die immer wieder von Kriegen heimgesucht wurde. Doch auch Bornu konnte sich dem Einfluss des Jihads nicht entziehen. Mit Muhammad bin Amin bin

I. Historische Entwicklungen

Reiche im mittleren Sudan im 19. Jahrhundert

Der geographische Raum Sudan umfasst im erweiterten Sinne die Großlandschaft zwischen dem Senegalfluss im Westen und dem mittleren und oberen Lauf des Nils im Osten. Bereits lange vor der europäischen Kolonialisierung bestanden dort mächtige Reiche. Hier lagen Knotenpunkte für den Trans-Sahara-Handel mit der Mittelmeerregion, dem Niltal und dem Roten Meer, indirekt auch mit Europa. Gehandelt wurden neben Elfenbein oder Straußenfedern vor allem Sklaven. Nachdem die europäischen Mächte zu Anfang des 19. Jahrhunderts den Menschenhandel geächtet hatten und ihre Marinen – vor allem die britische – den transkontinentalen Sklavenhandel unterbanden, verlagerten sich die Sklavenhandelswege in das Innere Afrikas. Dies wiederum setzte wirtschaftliche und kriegerische Dynamiken in Gang, die bis zum Jahr 1900 alte Herrschaftsstrukturen erschütterten und zur Bildung neuer afrikanischer Reiche führten. Schon seit der Zeit des europäischen Mittelalters diente in einigen Gegenden des nördlichen Subsahara-Afrikas der Islam als Grundlage für ein gemeinsames Rechtsverständnis und zur Legitimation von Herrschern über ethnisch gemischte Reiche. Religiös konnten auch Raubzüge zu den südlichen Völkern, meist schwarze Ackerbauern, gerechtfertigt werden, die meist nicht-muslimischen Religionen anhingen oder erst im Zuge dieser Reichsbildungen islamisiert wurden. Diese instabile Ausgangslage wurde zur Rechtfertigung der gewaltsamen europäischen Durchdringung herangezogen, die sich ab 1880 verstärkte.

Im mittleren Abschnitt der Großlandschaft Sudan bestanden bis zur französischen und britischen Eroberung des Tschad, Nigerias und des anglo-ägyptischen Sudan um das Jahr 1900 die Reiche Kanem-Bornu, Baguirmi und Wadai (Ouaddai). Kanem im Nordosten des Tschadsees entstand um das Jahr 800. Seit dem 11. Jahrhundert herrschte hier die Sefuwa-Dynastie, die das Reich gleichzeitig islamisierte. Infolge dynastischer Auseinandersetzungen verließ der Sefuwa-Herrscher im 14. Jahrhundert sein Land und installierte sich im Reich Bornu westlich des Tschadsees. Von hier aus gelang es Idriss Alooma (1580–1618) Kanem zurückzuerobern, das sich so zum Reich Kanem-Bornu erweiterte. Weiter östlich, zwischen dem Tschadsee und der Darfurregion im heutigen Sudan, bestand das Reich Wadai, südlich hiervon das Reich Baguirmi. Beide stiegen im 16. Jahrhundert zu mächtigen islamisch geprägten Regionalmächten auf. Regelmäßig unternahmen die gut organisierten Truppen beider Reiche Kriegs- und Beutezüge in den Süden zur Verschleppung von Sklaven; ab dem 19. Jahrhundert zunehmend auch mit europäischen Feuerwaffen. Baguirmi wurde in den 1870er-Jahren durch eine Invasion der Truppen Wadais erheblich geschwächt; im Jahr 1893 wurde seine Hauptstadt Massenya durch den Kriegsunternehmer Rabeh (Rabih) az-Zubayr Fadlallah (um 1842/45–1900) als neuen Akteur im Kräftespiel zerstört. Während Baguirmi ab 1897 die Anlehnung an die vordringende französische Kolonialmacht suchte und so zum Protektorat wurde, dauerte die gewaltsame französische Unterwerfung Wadais bis 1910/11.

Eine letzte afrikanische Reichsbildung in den unruhigen Jahrzehnten vor 1900 initiierte Rabeh Fadlallah. Bei Khartum im Sudan geboren, diente er zunächst als Gefolgsmann des sudanesischen Kriegsunternehmers Zubayr az-Zubayr (1830–1913) im Zusammenhang mit der ägyptischen Expansion in den Sudan im oberen Nillauf. Ab den 1870er-Jahren unternahm Rabeh eigenständige Sklavenzüge im Gebiet des heutigen Südsudan und der Zentralafrikanischen Republik. 1893 unterwarf er das Reich Kanem-Bornu, zerstörte die Hauptstadt Kokawa und errichtete südlich des Tschadsees seine neue Hauptstadt in Dikwa (heute Nigeria). Mit seiner gut organisierten, nach europäischem Muster ausgerüsteten Armee unternahm er Kriegszüge nach Wadai und Baguirmi. Seine Militärdiktatur zerstörte etablierte Wirtschaftsstrukturen und damit die Grundlage für Steuereinnahmen und den Fernhandel durch die Sahara, wodurch auch der Nachschub an modernen Waffen unterbrochen wurde. Im Juli 1899 vernichteten Rabehs Truppen eine französische Militärexpedition und schlugen drei Monate später eine weitere zurück. Nach Zusammenziehen ihrer Kräfte quer durch den Kontinent zerschlugen französische Kolonialsoldaten mit ihren afrikanischen Hilfstruppen die Armee und das Herrschaftsgebilde Rabehs am 21. April 1900 in der Schlacht bei Kousseri (heute Kamerun). Dies bedeutete jedoch nicht die vollständige Unterwerfung des heutigen Tschad durch die Franzosen. Erst im Jahr 1913 gelang es Oberst Étienne Largeau (1867–1916) die Oase Faya im nördlichen Tschad einzunehmen. Auch danach blieb die französische Herrschaft im Zentralen Sudan lückenhaft; ungeachtet der gewalttätigen Praxis dieser »Befriedung« unter dem Banner der europäischen »Zivilisation«

MR

I. Historische Entwicklungen

Muhammad al-Kanami (1776–1837) kam hier ein muslimischer Erneuerer an die Macht, dessen Programm in vielen Punkten dem Usman dan Fodios (1754–1817) glich. Mit wechselndem Erfolg auf beiden Seiten rangen Sokoto und Bornu in den 1820er-Jahren um die Herrschaft in der Region. Bornu überlebte diese Periode. In den 1880er-Jahren versuchte ein ehemaliger Offizier des ägyptischen Khediven namens Rabeh az-Zubayr Fadlallah (1842–1900) den Anschluss an die Kalifate in Westafrika herzustellen. Sein Jihad erreichte 1892 das Sultanat Bornu, das er innerhalb weniger Monate eroberte.

Die Jihad-Kriege brachten den transsaharischen Handel nahezu zum Erliegen. Erst Mitte des 19. Jahrhunderts nahm die Anzahl der Karawanen wieder spürbar zu. Das war vor allem das Verdienst der muslimischen Bruderschaft der Sanussiya, die von Tripolis her ihren Einfluss in der Sudan-Region ausdehnen konnte. Ihre Gefolgsleute bedienten sich weniger der Gewalt als des Handels und der Predigt. Erst 1914 sollte die Sanussiya dem Jihad folgen, der nun von den Osmanen (und ihren deutschen Bündnispartnern) ausgerufen wurde.

Anfang des 19. Jahrhunderts stiegen die Azande nördlich des zentralafrikanischen Regenwaldes zu einer Regionalmacht auf. Die mächtigsten Azande-Herrscher gehörten dem Avungara-Klan an, auch wenn das politische System der Azande in mehrere Königreiche zersplittert blieb. Dennoch gelang es den Azande ihr Einflussgebiet immer weiter nach Süden auszudehnen. Mit der Ankunft von Händlern aus Khartum wuchsen den Azande-Herrschern in den 1870er-Jahren allerdings mächtige Konkurrenten heran, derer sie sich nur schwer erwehren konnten. Wie auch anderswo, nutzten die Händler Konflikte zwischen einzelnen politischen Gemeinwesen aus, um die eine oder andere Partei im Austausch für den Zugang zu den Jagdgebieten zu unterstützen. Mit dem Krieg kam der Handel mit Sklaven, der bis dahin in der Region weitestgehend unbekannt war. Die Sklaven bildeten oft das Rekrutierungsreservoir für die wachsenden Privatarmeen der Händler Khartums oder wurden auf ihren Plantagen zur Arbeit gezwungen.

Die sudanesischen Händler waren die Vorboten der Expansion des ägyptischen Khediven Muhammad Ali (1844–1885), der als Vizekönig faktisch nahezu unabhängig von der osmanischen

Das Zentrale Afrika in vorkolonialer Zeit

Oberhoheit agierte. Dieser hatte in den 1820er-Jahren weite Teile des heutigen Nordsudan unter seiner Kontrolle bringen können. 1821 wurde Khartum als Verwaltungssitz der neuen Provinz am Zusammenfluss des Weißen und Blauen Nils gegründet. Die Stadt entwickelte sich schnell zu einem der größten Sklavenmärkte Afrikas und zog Abenteurer und Händler auch aus der Mittelmeerregion und Europa an. Der ägyptische Khedive verstand sich als Modernisierer. Vorbild für die von ihm angestrebten Reformen war Europa, das Ziel ein modernes Staatswesen und vor allem eine moderne Armee. Viele Programmpunkte waren durchaus vergleichbar mit denen des beginnenden europäischen Kolonialismus in Afrika. Doch stießen die Reformen auf den offenen oder passiven Widerstand seiner Untertanen. Für die Bevölkerung am oberen Nil war die ägyptische Expansion nach Süden oft nicht mehr als eine Weiterführung der Ausplünderung des Sudan durch die Händler Khartums. Viele der Geschäftsleute wurden vom khedivischen Staat in Dienst genommen und ihre Privatarmeen Teil der ägyptischen Armee. Der Widerstand der Bevölkerung gegen die Auswüchse dieses ägyptischen Subimperialismus kulminierte im Aufstand der Madhisten im Jahre 1881. Unter ihrem Führer Muhammad Ahmad (1844–1885), dem Mahdi, wurden die Ägypter innerhalb weniger Jahre aus dem Gebiet des Oberen Nils verjagt. Der Aufstand war vor allem von einer Strömung des Islam getragen, die sich auf millenaristische, also endzeitliche Erlösungsvorstellungen, stützte. Die Mangbetu und Azande schlossen sich den Madhisten weniger aus religiösen Gründen an, sondern aufgrund ihrer Ablehnung der Willkürherrschaft der ägyptischen Beamten.

Bevor am Ende des 19. Jahrhunderts die Europäer die politische Landkarte Afrikas veränderten, waren es oft Muslime wie Tippu Tip, die den Wandel in Afrika auslösten. Wenn auch die Verbreitung des Islam nicht sein Ziel war, so trug seine Expansion wesentlich dazu bei. Das große Thema der Geschichte Afrikas des 19. Jahrhunderts war die Anbindung an globale Märkte. Nicht zufällig spielte diese mit der islamischen Welt geteilte Geschichte eine wichtige Rolle. Erst am Ende des 19. Jahrhunderts sollten die Europäer diese Beziehungen Afrikas zur Welt zu ihren Gunsten wenden.

Michael Pesek

Die Etablierung staatlicher Strukturen und Herrschaftssysteme im Zentralen Afrika wurde in der vorkolonialen Zeit vor allem durch die dichte Vegetation des Regenwaldes erschwert. Daraus ergaben sich eine geringe Bevölkerungsdichte und erhebliche Schwierigkeiten, den Raum infrastrukturell zu erschließen. Im Gegensatz zum nördlich angrenzenden Sahelbereich, wo mit Ghana, Mali und Songhay im Westen sowie mit Kanem-Bornu und Baguirmi im Norden bedeutende Großreiche existierten, waren vergleichbare Staatsstrukturen hier weniger stark ausgeprägt. Gleichwohl bestand hier das Kongo-Reich, dessen Könige um 1500 zum christlichen Glauben übertraten und zeitweilig mit Portugal auf gleicher Augenhöhe verkehrten (siehe Bild).

Bereits lange vor Ankunft der ersten Europäer bestanden aber auch in Süd- und in Ostafrika organisierte Staatswesen, von denen phasenweise eine erhebliche Dynamik in den zentralafrikanischen Raum hinein ging. Die daraus resultierenden Kriege und Migrationsströme erreichten auch das Kongobecken. Daher lohnt sich der Blick auf die Entwicklungen in der südlichen Peripherie des Zentralen Afrika.

Herrschaftssysteme und ihre Dynamik im südöstlichen Zentralafrika zwischen dem 17. und 19. Jahrhundert

Der südöstliche Rand der präkolonialen Großregion Zentralafrika umfasst das heutige Sambia, Simbabwe, Botswana und Malawi. Eine wichtige Peripherie dieses Gebiets bildete unter anderem Angola, wo portugiesische Gouverneure schon früh die Kolonialherrschaft für den Sklavenhandel nutzten und das nördlich gelegene Königreich Kongo bedrängten. Im riesigen Flusssystem des Kongo mit seinem am unteren Flusslauf seit dem 15. Jahrhundert erstarkten Königreich, das von portugiesischen Interventionen und dem Sklavenhandel bedroht wurde, waren lediglich die Waldgebiete sowie die Kupfererzgebiete mit dem südöstlichen Zentralafrika verbunden.

Seit dem 17. Jahrhundert entstand in dieser Region ein dynamisches politisches System. Herrschaftszentren bildeten sich an den Knotenpunkten des internen Fernhandels und in fruchtbaren Flussniederungen des Sambesi. Die sieben herausgebildeten zentralisierten dynastischen Herrschaftskerne waren jeweils ungefähr 200 Kilometer voneinander entfernt. Die Expansion ging um das Jahr 1700 von Rundu (auch Lunda genannt) am Oberlauf des Kasaiflusses aus. Zwei Elemente wurden in jenen Jahren wichtig: Warlords expandierten mit ihren Gruppen und errichteten Herrschaftskerne, die meist aus einem Hauptort mit bis zu ca. 10 000 Menschen und einem kontrollierten Umfeld von ca. 60 Kilometern bestanden. Entscheidend für die Herrschaftsbildung war, dass die Königssymbole der Rundu übernommen wurden und sich damit die Legitimation durch tatsächliche oder fiktive Verwandtschaft mit dem königlichen Clan erhöhte. Mitunter wurde ein Tributverhältnis zum Hof in Rundu durch Clans in der Nähe gesucht, um an dieser Anerkennung teilzuhaben. Die bedeutendsten dieser Herrschaftszentren waren das »Lunda Commonwealth« mit Kazembe, Yaka und ihren unterworfenen Völkern. Die weiteste Ausdehnung erfolgte um 1760 bis zum Tanganyikasee. Davon unabhängig bestanden das Luba-Reich, die weniger zentralisierte »Bemba Polity« und das Gebiet der Lozi im heutigen Sambia. Bei diesen Herrschaftskernen ist

I. Historische Entwicklungen

San Paolo de Loanda (Luanda) war nach Brasilien von 1550 bis 1850 das Zentrum des Sklavenhandels. Radierung, London 1890.

schwer zu beurteilen, ob es sich bereits um Staaten mit Bürokratie und Steuereinnahmen handelte oder ob es doch eher »Häuser« mächtiger Clans waren, allerdings ausgestattet mit königlichen Insignien. Handelsrouten verbanden die Herrschaftskerne miteinander. Zwar zahlten die Händler Abgaben, sie bildeten aber trotzdem einen politisch eigenständigen und mobilen Faktor, da die Fürsten und der Adel auf die Prestigegüter zur Versorgung ihres Gefolges und abhängiger Häuser angewiesen waren. Dazu zählten der neu aus Lateinamerika stammende Tabak, Textilien, Kupferbarren sowie Tonwaren und wahrscheinlich auch Gold aus Simbabwe. Die Lunda hatten Anschluss zu den Märkten des Kongo-Systems. Einen ungewöhnlich dichten metallurgischen Komplex bildete der von Rundu kontrollierte Kupfer-Gürtel mit Schwerpunkten im heutigen Sambia und in der Shaba-Region (heutiges Katanga) in der heutigen Demokratischen Republik Kongo. Die Freistellung von Arbeitskräften für die Gewinnung des Kupfererzes und seiner Verarbeitung sowie seine Nutzung als Währung für die Herrscher des Landes wurde durch die umfassende Umstellung der Agrarproduktion seit dem 17. Jahrhunderts mit Schwerpunkt im 18. und 19. Jahrhundert erleichtert. Aus Lateinamerika eingeführte Nutzpflanzen wie Mais, Maniok und Bohnen lösten die heimischen Hirsesorten zwar nicht völlig ab, führten aber zur Produktivitätssteigerung der Ackerwirtschaft. Gleichwohl litt die Konsolidierung der Herrschaftsgebiete trotz aller dynastischen Kontinuitäten durch häufige Erbfolgestreitigkeiten. Dynastische Abspaltungen und Heiratsstrategien führten zu vielfältigen intra-regionalen Beziehungen, aber auch zu Kriegen, die häufig mit der Versklavung der besiegten Gruppen endeten.

Bis zum 19. Jahrhundert bildeten die südöstlichen Ausläufer des Zentralen Afrika ein auf die Region konzentriertes Handelssystem. Hierfür benötigten Händler weiträumige Kontakte, um das Netz regionaler Märkte zu bedienen. Zum Schutz der Handelsgüter integrierten sie sich deshalb in mehrere soziale Gruppen. Heiratsstrategien dienten dem Schutz der Waren. Dabei wurden Polygamie, Blutsbrüderschaft oder auch formalisierte Freundschaftsverträge zum Schutz der Handelskarawanen und der Lagerung der Waren genutzt. Durch dieses System entstanden neue Verwandtschaftsverhältnisse und eine Vernetzung der Region. Wiederholt wurde das politische System durch gewaltsame Zuwanderung verändert. Für die Zeit um ca. 1700 wird von einem »Lunda-Commonwealth« gesprochen. Hier überspannten Tribut- und dynastische Beziehungen einen Raum, der sich in der West-Ost-Richtung über mehr als 1700 km erstreckte, was unsere europäischen Vorstellungen von Territorialität und Grenzen völlig sprengt. Ähnlich großräumig entwickelte sich die Expansion der Chokwe im 19. Jahrhundert.

Zur Bedeutung der portugiesischen Herrschaft in Luanda (Angola)

Eine besondere Belastungsprobe für diese Systeme stellte die Ausweitung der Sklaverei und des Sklavenhandels im 18. und 19. Jahrhundert dar. Die Küstenzonen Angolas bis zu den hochgelegenen Ländereien im Osten des Kongobeckens waren am längsten und schwersten vom atlantischen Sklavenhandel betroffen. Diese sozial belastende Situation verschärfte sich im 19. Jahrhundert und erfasste auch den Osten des Kongo-

I. Historische Entwicklungen

Der Transatlantische Sklavenhandel

Die Herausbildung einer globalen Wirtschaftsordnung und dessen Strukturen entzogen einer dauerhaft gleichgestellten Beziehung zwischen europäischen und afrikanischen Partnern den Boden. Seit der ersten Indienfahrt des Vasco da Gama (1498-1502) und der Entdeckung Brasiliens um die gleiche Zeit (1499/1500) existierte die Grundlage für eine erstmals »weltweit« vernetzte Wirtschaft. Die Sklavenwirtschaften auf São Tomé und später in Brasilien verlangten nach Deckung ihres Arbeitskräftebedarfs. Bis 1550 wurden afrikanische Sklaven aus den Gebieten nördlich der Kongomündung verschleppt, danach aus dem Kongokönigreich und dem südlich davon liegenden Gebiet der Ngola (daher der Name »Angola«). Aus dem afrikanischen Binnenland verschleppten schwarze Zwischenhändler, die »pombeiros«, Sklaven an die Märkte der Küstenstädte. Als gegen 1570 die brasilianische Zuckererzeugung ihren Aufschwung erlebte, entwickelte sich das 1575 gegründete Luanda zum wichtigsten Sklavenmarkt auf der afrikanischen Gegenküste. Nach wie vor blieben die Inseln São Tomé und Fernando Póo (heute Bioko) sowie weitere portugiesische Stützpunkte in West- und Zentralafrika wichtige Umschlagspunkte, wobei sich insbesondere im nördlichen Angola (sowie in Mosambik) eine schwarzafrikanische, portugiesischsprachige Elite herausprägte.

Durch die Lieferung von Sklaven nach Brasilien, die Verschiffung des dort produzierten Zuckers nach Europa und die Belieferung Afrikas mit europäischen Waren entstand ein Dreieckshandel, der sich in seinen Grundstrukturen bis ins 19. Jahrhundert hielt. Die rationalisierte Plantagenbewirtschaftung im Rahmen der weltwirtschaftlichen Arbeitsteilung zu sehr ungleichen Bedingungen erzeugte jedoch einen Sog an menschlicher »Handelsware«, der den Menschen zum »Massenverbrauchsgut« degradierte: Im 16. Jahrhundert wurden jährlich 10 000 bis 15 000, insgesamt also über 100 000 Sklaven nach Brasilien geschafft; im 17. Jahrhundert waren es 600 000. Im 18. Jahrhundert verdoppelte sich diese Zahl auf 1,3 Mio. Menschen, um im 19. Jahrhundert den traurigen Höhepunkt von 1,6 Mio. Menschen zu erreichen. All dies erfolgte trotz der britischen (und teils französischen) Flottenaktivitäten zur Unterbindung des Sklavenhandels und trotz der Koloniegründungen für befreite Sklaven in Freetown (ab 1787), Liberia (ab 1822) und Libreville (ab 1846). In den USA endete die Sklaverei 1865 mit dem Sezessionskrieg, in Brasilien aber erst 1888.

Herrschaftssysteme und ihre Dynamik

> Obwohl die heutigen Staatsgrenzen in der Hochphase des europäischen Imperialismus in den Jahrzehnten vor 1900 gezogen wurden, blieb die portugiesische Expansion von bleibendem Einfluss für die Region. Das gilt nicht nur für die bis in die Gegenwart andauernde enge Verzahnung Angolas mit seinen Nachbarn der Demokratischen Republik Kongo und – über die Exklave Cabinda nördlich des Kongoflusses mit der Republik Kongo. Aus den verbliebenen portugiesischen Handelsstützpunkten entwickelte sich in den 1880er-Jahren die portugiesische Kolonie Angola, wobei das Volk der Bakongo auf das französische, belgische und portugiesische Kolonialgebiet verteilt wurde.
>
> *MR*

Flusssystems, als Sklavenhändler vom Atlantik weit ins Innere vorstießen. Zwar konzentrierte sich der Handel der in Luanda (Angola) etablierten portugiesischen Gouverneure auf die Küstenzone und das Gebiet des unteren Kongo, dennoch trug dies maßgeblich zur Destabilisierung des Kongo-Königreiches bei. Als Folge der geschwächten Zentralgewalt des Königtums lösten sich die Küstenregionen des Kongo aus dessen Herrschaftsbereich. Frühere Vasallen betrieben den Sklavenhandel zunächst direkt mit Portugal und später mit anderen europäischen Sklavenhändlern.

Die Sklavenrekrutierungsgebiete von Lunda im Norden und Benguela im Süden Angolas reichten nicht in die innerste Region des südöstlichen Zentralafrikas, sondern beschränkten sich auf die Gebiete bis zur Kasai-Niederung. Die in diesem Artikel betrachtete Region wurde dadurch nur unwesentlich berührt, wohingegen Fluchtbewegungen aus den betroffenen Gebieten indirekte Auswirkungen hatten. Dennoch war der Anteil versklavter, leibeigener Menschen im südöstlichen Zentralafrika auch ohne Sklavenhandel sehr hoch. In dieser letztlich nur dünn besiedelten Region war die gewaltsame Gewinnung von Menschen für die Arbeit auf den Hof- und Clan-Ländereien weit verbreitet. Es gibt Schätzungen, dass bis zu 50 Prozent der Bevölkerung in den unterschiedlichsten Formen der Abhängigkeit lebten.

I. Historische Entwicklungen

Das Königreich der Kongo

Das Königreich der Kongo (oder Bakongo) war zeitweise das mächtigste Reich südlich des gleichnamigen Stroms. Es erstreckte sich bis weit ins Inland – bis zum Malebo-Pool (früher Stanleypool). Seine Hauptstadt M'banza Kongo befand sich in der Nähe der heutigen Nordgrenze Angolas. Das Reich bildete sich im 14. Jahrhundert aus Fürstentümern, die ihrerseits bereits mindestens seit zwei Jahrhunderten bestanden. Nördlich hiervon lagen die kleineren Reiche Loango und Tio in den heutigen Staaten Gabun und der Republik Kongo. Seine größte Machtausdehnung erlangte das Kongoreich im 15. und 16. Jahrhundert. Sein Herrscher, der »Manikongo«, gebot über etwa eine halbe Million Untertanen, als der portugiesische Seefahrer Diogo Cão in den Jahren 1482/83 die Mündung des Kongostroms »entdeckte« (mit an Bord war der Nürnberger Martin Behaim, von dem der älteste noch erhaltene Globus stammt). Das Gebiet um die Kongomündung war Schauplatz einer kulturellen Begegnung, die sich anfänglich für beide Seiten durchaus positiv begann. Im Jahre 1490 unternahmen die Portugiesen eine Expedition mit dem Ziel der Mission ins Inland. Der Manikongo Nzinga a Nkuwu entpuppte sich zwar nicht als der gesuchte legendäre Priesterkönig Johannes, war jedoch zum Empfang der Taufe bereit. Gleichwohl ergaben sich durch die Missionstätigkeit innere Verwerfungen im Königreich, sodass der Herrscher zum alten Glauben zurückkehrte. Sein Sohn Nzinga Mbemba erlangte dagegen im Jahr 1506 mit dem portugiesischen Namen Afonso I. die Oberhand über die Bakongo und herrschte bis 1542/43. Zwischen ihm und dem portugiesischen König entwickelte sich ein diplomatischer Schriftverkehr. Afonsos Sohn Dom Henrique wurde 1508 nach Portugal gesandt und zehn Jahre später zum Bischof geweiht. Trotz dieser bemerkenswerten Anfänge entwickelten sich bald Asymmetrien zulasten des Kongoreichs. So wie portugiesische Händler von ihrem Stützpunkt auf São Tomé aus den Aufbau einer afrikanischen Seehandelsflotte verhinderten, verwehrte das Kongoreichs diesen den Zugang zum Inland. Insbesondere die Folgen des stetig wachsenden Sklavenhandels zerrütteten diesen afrikanischen Staat. Unter dem Sohn und Nachfolger Afonsos I., Diogo I., wurde die Zusammenarbeit mit den Portugiesen zurückgefahren.

Daraufhin unterstützten diese das Königreich Ndongo im heutigen Angola massiv, sodass dieses das Kongoreich im Jahr 1556 militärisch besiegte und dessen Einfluss an der Küste im Nachfolgejahrzehnt zurückdrängte. Weitere innere und äußere Auseinandersetzungen mit ausländischen Kriegern, den Jaga, schwächten das Kongoreich derart, dass es 1665 zerfiel.

MR

Isolation des südlichen Zentralafrikas von den atlantischen Einflüssen

Der Versuch des zentralisierten Königreichs der Kongo, die Portugiesen zu einer Kooperation zur Modernisierung des Landes zu gewinnen, scheiterte. Der kongolesische König bemühte sich intensiv um Schiffe, Techniker und Fachleute. Außerdem versuchte er den aggressiven Sklavenhandel der Portugiesen einzuschränken und vom Staatskern fernzuhalten. Alvaro II. (Regierungszeit: 1587–1614) ließ sich taufen und versuchte mit der Bitte um die Entsendung eines Bischofs einen Gesandten zum Papst zu schicken. Aber dieser Gesandte wurde in Lissabon drei Jahre gefangen gehalten und verstarb danach. Stattdessen setzen die mächtigen Eigner der Zuckerplantagen auf den Inseln São Tomé und Príncipe ihre Interessen am Sklavenhandel durch. Sie entsandten Bischöfe aus ihren Reihen, die zum Teil in Luanda residierten. Vor allem aber unterbrachen sie die Beziehungen zu Portugal durch Blockaden der Transportmöglichkeiten des Königs. Zudem unterminierten die Plantagenbesitzer dessen Handelsmonopol und schufen sich unabhängige Zugänge zu den Vasallenstaaten des Königs, so dass dessen Reich zerfiel. Entscheidend war dabei, dass der Gouverneur von Luanda die Kaurimuschel-Produktion der Könige – ihre afrikaweit wichtige Währung – an sich riss. Seit 1622 führte die aggressive Siedlungspolitik, die die luso-afrikanische Mittelschicht stützte, zum Krieg, was zu einer massiven Ausweitung des Sklavenhandels führte. Im Jahr 1648 kehrten die von den Niederländern 1641 vertriebenen Portugiesen nach Ende des Dreißigjährigen Krieges in Europa zurück. Durch ihre Vergeltungsfeldzüge wurde der König des Kongoreiches so geschwächt, dass die Einheit seines Staates zerbrach.

Die Staatsbildung in Simbabwe und die Isolierung Zentralafrikas vom Indischen Ozean

Die großen Reiche im südöstlichen Zentralafrika, die seit dem 13. Jahrhundert aufeinander folgten, waren durch ihre Widerstandskraft gegenüber den Portugiesen, die Mosambik seit 1480 durchdrangen, für die Abschottung Zentralafrikas zum Indischen Ozean verantwortlich. Das gilt insbesondere für das Mutapa-Reich mit seinem Zugang zu Goldminen, deren Erträge über die Häfen am Indischen Ozean exportiert wurden. Der Handel lag zunächst in der Hand von Muslimen, die allerdings keine Kontrolle über die Goldproduktion besaßen. Im Austausch für das Gold gelangten Luxusgüter, Textilien, persische Töpferwaren, indisches Glas und chinesisches Porzellan an die afrikanischen Höfe. Eine zweite Quelle des Handels wurde das Elfenbein der Elefanten und Nashörner. Als Mosambik unter portugiesische Kontrolle fiel, wurde der Goldhandel teilweise unterbrochen. Nach Zerstörung des großen Goldhafens Kilwa durch die Portugiesen 1505-1512 wanderten die muslimischen Händlergruppen an die Grenzen des Mutapa-Reiches, um weiterhin am Goldhandel zu partizipieren. Gleichwohl hatte die portugiesische Präsenz zunächst keinen entscheidenden Einfluss auf die politischen Verhältnisse. Allerdings begannen die Portugiesen ab 1540 die muslimischen Märkte am Sambesi durch eigene Orte wie Quelimane, Sena und Tete abzulösen und gelangten damit in unmittelbare Nähe des Herrschaftssitzes der Mutapa. Portugiesische Versuche, militärisch gegen den Hof des Mutapa vorzugehen und das Reich in einen Vasallenstatus einzubinden, misslangen. Spätere portugiesische Versuche, die Goldfelder zu kontrollieren, stießen auf erbitterten lokalen Widerstand. Die Präsenz der portugiesischen Händler wurde allerdings akzeptiert und die Könige mussten nach einer Reihe von Nachfolgekriegen Tribute an Portugal zahlen. Schließlich gelang es einer neuen Dynastie, den Rozwi, nach 1684 vom Landesteil Manyika aus die portugiesischen Herrschaftsansprüche mit militärischen Schlägen zu beenden. Ein prekäres Gleichgewicht zwischen den Rozwi und den Portugiesen war die Folge. Diese Machtbalance führte dazu, dass die Portugiesen vom Kern Zentralafrikas ferngehalten wurden.

Zentralafrika und das ostafrikanische Handelssystem im 19. Jahrhundert

Seit der Mitte des 19. Jahrhunderts erreichte das unter Kontrolle des Oman stehende Fernhandelssystem Sansibars mit seinen Großkarawanen den Kern des südöstlichen Zentralafrikas über eine Landbrücke im Gebiet der Großen Seen. Das Handelssystem war auf der Ausweitung des Sklaven- und des Elfenbeinhandels im Osten des Kongo geprägt. Die Karawanen der Ovimbundu von Benguela und der Imbangala von Luanda im heutigen Angola erreichten auch die südöstliche Kernregion dieses Gebiets. Damit entstand ein transkontinentales Handelssystem vom Atlantik bis zum Indischen Ozean. Im Zuge dieser Entwicklung entstanden die Herrschaftsgebiete zweier bedeutender Warlords, Tippu Tip (1837/38–1905) und Mziri (1830–1891), die von Osten her bis in den Regenwald des Kongosystems reichten. Mziri kontrollierte die Kupfergruben des späteren kongolesischen Shaba (Katanga). Der Sklavenhändler Tippu Tip wich der Schuldenlast gegenüber Sansibar aus und errichtete ein Herrschaftsgebiet im Grenzgebiet zwischen Sambia und dem kongolesischen Regenwald.

Ein weiterer bedeutender Faktor in diesem Handelssystem wurde im 19. Jahrhundert die Jagd nach Elefanten und der Handel mit Elfenbein. Da sich die Elefantenherden ständig zurückzogen, mussten die Jäger neue Jagdgebiete erschließen. Die mobilen Jagdgruppen und Karawanenführer folgten den Herden und destabilisierten die Region. Sich ständig verändernde Interessen-, Macht- und Gewaltverhältnisse waren die Folge. Nach der Anerkennung des Kongo-Freistaates unter der persönlichen

Herrschaft des belgischen Königs Leopold II. (1835–1909) auf der Berliner Kongo-Konferenz 1884/85 kapselte sich der belgische Kolonialstaat vom Südosten Afrikas ab. Der Ost-Kongo verlor somit weitgehend den Kontakt zum südöstlichen Zentralafrika.

Die Langzeitwirkung des historischen Erbes

Eine Betrachtung der Langzeitwirkung des historischen Erbes ist möglich, darf aber nicht die grundlegenden Entwicklungen vernachlässigen, die im Laufe des 20. Jahrhunderts bis heute eingetreten sind. Hierzu zählen vier Grundfaktoren.

Erstens: Alle Gesellschaften sind seit dem 19. Jahrhundert um das zehn- bis zwanzigfache ihrer Bevölkerung gewachsen. Daraus resultierte insbesondere seit den 1930er-Jahren eine starke Urbanisierung, die sich auf wenige Zentren konzentrierte.

Zweitens: Auch wenn die Kolonialherrschaft nur sehr zögerlich eine Tiefenwirkung entfaltete, entstand seit den späten 1930er-Jahren und insbesondere nach dem Zweiten Weltkrieg auch in ländlichen Räumen eine deutlich verstärkte staatliche Präsenz, an die die postkolonialen Staaten anknüpften.

Drittens: Wegen der Instabilität der postkolonialen Staaten verstärkten sich Patronagesysteme. Daran waren auch die alten Eliten aus den Fürsten- und Adelshäusern beteiligt. Sie standen in Konkurrenz zu den neuen Eliten der Staatsbürokratie und der Business-Community. So blieben vorstaatliche Netzwerke bestehen. Eine weitgehend unsichtbare Verbindung zur vorkolonialen Phase liegt im Erbe der internen Sklavenökonomie oder deren verwandten Formen von Schuldknechtschaft und anderen Abhängigkeiten. Die faktische Spaltung des Landrechtes in gesicherten Landbesitz für die Einflussreichen und ungesicherten kommunalen Landverteilungssystemen unter Vorherrschaft der alten Führungsschichten trägt bis heute zur verschärften Abhängigkeit der bäuerlichen und unterbäuerlichen Schichten bei.

Viertens: Obwohl die kleinbäuerliche Landwirtschaft bis in die Gegenwart vorherrschend ist, prägten im südöstlichen Zentralafrika seit der Kolonialzeit große, auf den Export nach Europa und die USA orientierte Plantagen die Ökonomie. Außerdem gab und gibt es große Bergbaukomplexe und eine

Abhängigkeit vom Rohstoffexport, die eine entsprechende Arbeitsmigration nach sich ziehen. Insbesondere die Folgen der Wirtschaftskrisen seit den 1930er-Jahren und der in wiederkehrenden Zyklen einbrechende Kupferpreis führten verstärkt zur grenzüberschreitenden Bewegung von Arbeitskräften. Kriegsbedingte Flüchtlingsströme im 20. Jahrhundert waren ebenfalls bedeutend. Beides hat den bäuerlichen Gesellschaften und den überforderten Verwaltungen in den betroffenen Ländern sehr viel abverlangt. Umso bemerkenswerter sind die Integrationsleistungen der jeweiligen Gesellschaften und die Selbstversorgung der Binnenflüchtlinge. Die Auswirkungen dieser Entwicklungen auf das Zentrale Afrika sind von großer Bedeutung, da insbesondere die Migrationsströme und die (Sklaven-)Handelsrouten die Strukturen und Lebenswelten in diesem Teil des Kontinents grundlegend veränderten.

Helmut Bley

Obwohl die europäischen Schiffe und Händler bereits seit Ende des 15. Jahrhunderts an den Küsten und den Inseln des Golfs von Guinea Präsenz zeigten (im Bild ein portugiesisches Kolonialdenkmal auf der Insel São Tomé), und trotz der zunehmend einseitigen Handelsbeziehungen, zumal in Form des Sklavenhandels, griff der europäische Kolonialismus erst in den letzten beiden Jahrzehnten des 19. Jahrhunderts auf das afrikanische Binnenland über. Dies war besonders im Zentralen Afrika mit der Privatkolonie des belgischen Königs Leopold II. (1835–1909) sowie im französischen Äquatorialafrika und im deutschen Schutzgebiet Kamerun der Fall. Diese Besitznahme war namentlich auf der Berliner Afrikakonferenz 1884/85 durch die europäischen Mächte legitimiert worden; ohne Berücksichtigung afrikanischer Beteiligter und Interessen, doch vermeintlich zur Verbreitung europäischer »Zivilisation«. Bis zum Ersten Weltkrieg, und teils weit bis in die Zwischenkriegszeit hinein, blieb die europäische Herrschaft rudimentär. Sie folgte dem Interesse einer rücksichtslosen wirtschaftlichen Ausbeutung und sah sich wiederholt massiven antikolonialen Widerstandsbewegungen ausgesetzt. Die kaum ein Menschenalter dauernde europäische Kolonialherrschaft hat damit weitreichende Folgen erzeugt, die sich bis in die Gegenwart erstrecken.

Der europäische Kolonialismus im Zentralen Afrika

Kolonialismus in Afrika

Die Grenzen der heutigen afrikanischen Staaten wurden weitgehend von Europäern gezogen: Ende des 19. Jahrhunderts entwarfen europäische Diplomaten, Politiker, Wissenschaftler und Unternehmer vornehmlich im Rahmen der Berliner Kongo-Konferenz von 1884/85 eine neue Landkarte. Auch die heutige Staatenwelt im Zentralen Afrika mit den Ländern Äquatorialguinea, Kamerun, Republik Kongo, Gabun, Tschad und der Zentralafrikanischen Republik ist die Folge dieses historischen Prozesses, der unter dem Schlagwort »Scramble for Africa« in die Geschichtsbücher eingegangen ist. Der Aufteilung folgte eine fast 80 Jahre lang andauernde Herrschaft der Europäer über afrikanisches Land und seine Bewohner.

Die Frage, warum Vertreter der europäischen Nationalstaaten Ende des 19. Jahrhunderts Afrika unter sich aufteilten, beschäftigt die historische Forschung bis heute. Tatsächlich verfügten Frankreich, Großbritannien und Portugal zu dieser Zeit bereits über ausgedehnte Handelsnetzwerke mit vielen Regionen Afrikas, nicht aber Deutschland, Belgien und Italien. Es war ein Bündel von Faktoren, das die Europäer Ende des 19. Jahrhunderts motivierte Afrika zu kolonisieren. Wirtschaftliche Interessen spielten dabei eine große Rolle. So versprachen sich insbesondere die noch jungen europäischen Nationalstaaten durch die Kolonisierung Afrikas einen exklusiven Zugriff auf Rohstoffe und Arbeitskräfte; eine attraktive Perspektive für die sich zunehmend untereinander in Konkurrenz befindenden Nationalökonomien. Auch politisch versprach die Kolonisierung Vorteile: so wurde eine kleine Nation wie Belgien quasi über Nacht zu einem ernstzunehmenden Imperium, das über ein riesiges Gebiet im Zentralen Afrika verfügte. Für die etablierten Imperialstaaten war die Ausübung einer formalen Herrschaft von Interesse, um lokale Eliten in Afrika zum Beispiel an den Küsten, im Handel zu umgehen oder zu entmachten. Im 19. Jahrhundert hatte vielerorts in Afrika ein wirtschaftlicher Aufschwung stattgefunden, denn

I. Historische Entwicklungen

Auf der Berliner Afrika-Konferenz von 1884/85 wurden unter dem Vorsitz des deutschen Reichskanzlers Otto von Bismarck die Aufteilungsrechte der zu kolonisierenden Gebiete festgelegt.

afrikanische Agrarprodukte wie Palmöl und Kautschuk waren auf den globalen Märkten stark nachgefragt. Wirtschaftliche Eliten in West- und Zentralafrika profitierten von diesen lukrativen Märkten und die Preise für Agrarprodukte aus Afrika stiegen. Um diese Handelsplätze stärker zu kontrollieren und an der Nachfrage von Produkten zu profitieren, schien eine formelle Herrschaft über Afrika aus Sicht europäischer Unternehmer vor allem aus wirtschaftlichen Gründen notwendig.

Vor diesem Hintergrund versuchten sich europäische Staatsmänner im späten 19. Jahrhundert über die Kolonisierung Afrikas zu verständigen. Anders als die Eroberung der Neuen Welt durch die Spanier drei Jahrhunderte zuvor sollte die Kolonisierung des Nachbarkontinents »diszipliniert«, »zurückhaltend« und »vorausschauend« gestaltet werden. Trotz der auch später kriegerisch ausgetragenen Rivalitäten, einigten sich die europäischen Mächte zwischen 1884 und 1890 auf zwei internationalen Konferenzen darauf, bei der Kolonialisierung Afrikas gewisse Regeln einzuhalten. Die auf den Konferenzen in Brüssel (September 1876) und in Berlin (November 1884 bis Februar 1885) tagenden europäischen Staatsmänner, Forscher und Unterneh-

Der europäische Kolonialismus

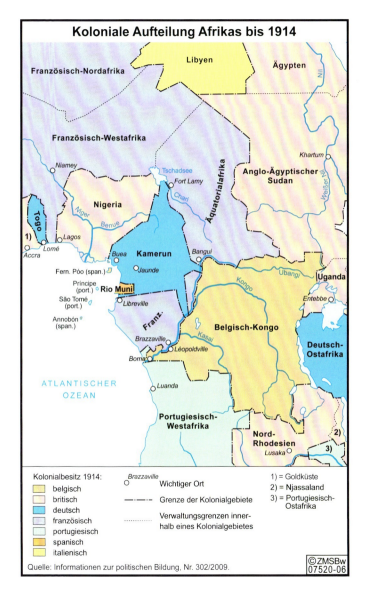

mer sahen sich in der Tradition der Abolitionsbewegung – der Bewegung zur Abschaffung der Sklaverei – und begründeten die Aufteilung Afrikas mit der Notwendigkeit, die indigene Sklaverei abzuschaffen.

Denn obwohl der internationale Sklavenhandel Ende des 19. Jahrhunderts nicht mehr existierte, hatten Formen von Sklaverei auf dem afrikanischen Kontinent zugenommen. Dies stand in direktem Zusammenhang mit der erhöhten Nachfrage nach afrikanischen Produkten wie Palmöl und Kautschuk. Afrikanische »Big Men« im Westen und im Zentrum, die in die Produktion und den Handel mit den gefragten Produkten einstiegen, mobilisierten Arbeitskräfte vielerorts durch die Gefangennahme oder Versklavung von Menschen aus dem Hinterland. Debatten über den direkten Zusammenhang zwischen der Integration Afrikas in die globale Wirtschaft durch die Europäer und der Anstieg von Sklaverei sucht man in den überlieferten Dokumenten der Berliner Konferenz jedoch vergeblich. Stattdessen präsentierten europäische Diplomaten Afrika als einen rückständigen und »unzivilisierten« Kontinent, auf dem Menschen in Elend und Sklaverei lebten und arbeiteten; ein kluger Schachzug der Europäer, die mit diesem Diskurs ein mächtiges Instrument entwickelten und die stets durch Gewalt charakterisierte imperiale Eroberung durch den vorgeschoben Schutz der indigenen Bevölkerung verschleierten. Die anwesenden Vertreter von 14 Nationen, unter ihnen auch Repräsentanten der USA und des Osmanischen Reiches, setzten einen Vertrag auf, der die Schifffahrts- und Handelsrechte in Afrika regelte und sie verpflichtete, »die Erhaltung der eingeborenen Bevölkerung und die Verbesserung ihrer sittlichen und materiellen Lebenslage zu überwachen und an der Unterdrückung der Sklaverei und insbesondere des Negerhandels mitzuwirken.« Auch die neuen kolonialen Herrscher über Zentralafrika nutzten den Zivilisierungsdiskurs, um die gewaltsame Aneignung von Böden, Rohstoffen und Arbeitskräften in den ihnen unterstellten Territorien zu legitimieren. Bevor die europäischen Kolonialmächte die Gebiete aber für sich nutzbar machen konnten, mussten sie eine Vielzahl von Widerständen überwinden.

Herrschaftsmodelle und Wirtschaft im kolonialen Zentralen Afrika

Die Anfänge der Kolonisierung des Zentralen Afrika unterscheidet sich nur wenig von der Kolonisierung anderer Gebiete: Kolonialbeamte, Handelsvertreter, Missionare, Ingenieure und Geographen verließen Europa, um Verwaltungsposten, Faktoreien und Missionsstationen im Inneren des afrikanischen Kontinents zu errichten. Kolonisierung bedeutete in diesem Zusammenhang vor allem die Errichtung von administrativen Institutionen im Mutterland und in der Kolonie – alles mit dem Ziel, die europäische Vorherrschaft in Afrika langfristig zu sichern, die kulturellen und religiösen Normen Europas durchzusetzen, Rohstoffe zu erbeuten und abzutransportieren, neue Märkte zu schaffen und zu beherrschen sowie Menschen als billige Arbeitskräfte zu rekrutieren. Ein solches Projekt war nur mit der Kollaboration oder Unterwerfung der lokalen Bevölkerung zu realisieren, weshalb der Beginn der kolonialen Herrschaft vielerorts von brutaler Gewalt geprägt war.

An der gewaltsamen Inbesitznahme eines ganzen Kontinents durch die Europäer erhob sich bereits Ende des 19. Jahrhunderts Kritik. In den Metropolen verurteilten Intellektuelle, Marxisten und Liberale die Expansionsbestrebungen der Europäer lautstark. Daraufhin rechtfertigten europäische Staatsmänner und Anhänger der kolonialen Idee die Kolonisierung mit dem Argument, es sei ihre Pflicht herrenloses Land zu annektieren, um es nutzbar zu machen und die dort lebenden Menschen zu zivilisieren. Um die europäischen Rechtstraditionen zu wahren, erfanden die einzelnen Staaten rechtliche Instrumente, um der meist durch Waffengewalt herbeigeführten Inbesitznahme afrikanischer Regionen einen formellen Charakter zu geben. Ein solcher Prozess lässt sich auch bei der Kolonisierung Kameruns nachzeichnen. Für diese formell bis 1919 unter deutscher Herrschaft stehende Kolonie wurde die Annexion des Territoriums durch sogenannte Schutzbriefe legitimiert. Diese regelten die Machtverhältnisse in Kamerun neu, in dem sie die Herrschaftsgewalt an Entsandte des Kaiserreichs übertrugen: an Beamte, Militärs, Kaufleute und Abenteurer. Die mit diesen Dokumenten

I. Historische Entwicklungen

Empfang des französischen Entdeckers Pierre Savorgnan de Brazza durch König Iloo I., Herrscher der Batéké im Jahr 1880.

versehen Neuankömmlinge reisten fast immer mit einer Kiste voller Geschenke an und wurden zunächst freundlich willkommen geheißen. Nach dem ersten Kennenlernen und Austauschen auf Augenhöhe unterzeichneten die lokalen Autoritäten die mitgebrachten Schutzverträge, ohne zu wissen, was sie beinhalteten. Da letztere vor allem die Pflichten der lokalen Bevölkerung gegenüber den neuen Kolonialherren regelten, waren die Verordnung von Trägerdiensten, Zwangsarbeit oder die Abgabe von Nahrung an die Kolonialherren oft die unmittelbare Folge. In dieser Situation leisteten viele Bevölkerungsgruppen Widerstand, andere lehnten eine Unterzeichnung von vornherein ab. In Kamerun etwa entstanden in der Folge viele Widerstandsbewegungen. Wenn sie auch auf lange Sicht nicht erfolgreich waren, verlangsamten sie doch die deutsche koloniale Durchdringung. So leisteten die Duala, die lange Zeit als Zwischenhändler zwischen Küste und dem Hinterland fungierten, zunächst erfolgreich Widerstand gegen die zunehmende Einschränkung ihrer politischen und wirtschaftlichen Macht. In den 1890er-Jahren stellte die deutsche Verwaltung eine Polizeitruppe auf, die weitgehend aus freigekauften Sklaven bestand, um den Widerstand der Duala im südlichen Kamerun mit Waffengewalt zu brechen.

Der europäische Kolonialismus

Das Niederhalten lokaler Widerstände und das Einsetzten neuer Machthaber, die sich bereit erklärt hatten, mit dem neuem Kolonialregime zu kooperieren, waren zentrale Voraussetzungen für das Entstehen einer kolonialen Staatlichkeit. So gelang es der deutschen Schutztruppe innerhalb weniger Jahre, die wirtschaftlich bedeutsamste Region im Süden der Kolonie zu unterwerfen. Doch schufen die militärischen Erfolge Inseln der Beherrschung in einem noch nicht gänzlich erschlossenen Territorium.

Die nach Afrika entsandten europäischen Beamten repräsentierten zum einen den neuen Kolonialstaat, zum anderen sammelten sie wichtige Informationen über die unter ihre Herrschaft gelangten Gebiete: Sie zählten die Bevölkerung, schrieben Berichte und fertigten Landkarten an. Koloniale Beamte waren jedoch nicht nur zentrale Akteure in der Produktion von Wissen über den afrikanischen Kontinent, sie verfügten auch über große Handlungsspielräume bei der Verwaltung des Territoriums. Die noch fehlende staatliche Kontrolle und die nur punktuelle koloniale Durchdringung boten Kolonialbeamten die Möglichkeit zum Machtmissbrauch. Vielerorts war die Erschließung der Kolonien in erster Linie eine militärische Operation, bei der es darum ging Gebiete zu erobern und die vorhandenen Machtstrukturen zu zerstören, um neue einzuführen. Wichtige Helfer der Kolonialmächte waren lokal rekrutierte Soldaten, die die kolonialen Beamten und Offiziere auf ihren Missionen begleiteten und Widerstände mit Waffengewalt niederschlugen. Die afrikanischen Soldaten kämpften in der Regel unter europäischem Kommando. Meistens wurden sie aus entfernten Territorien rekrutiert, damit sie keinerlei Loyalität gegenüber den revoltierenden Bevölkerungsgruppen empfanden. Die Schwächung vorhandener politischer Ordnungen trug auch zu einer Veränderung lokaler Machtstrukturen bei. Ein eher schwacher Chef oder König konnte plötzlich mächtiger werden, wenn er den kolonialen Beamten Soldaten und Nahrung lieferte. Lokale Autoritäten, die mit dem neuen Kolonialstaat kollaborierten, bekamen oftmals eine Sonderrolle im neuen Machtgefüge, die sie nutzen konnten, um ihren Einfluss auszubauen. Andere »Big Men« wurden entmachtet oder in ihrem Handeln eingeschränkt. Gerade in dieser frühen Phase der Kolonisierung kam es daher vielerorts zu Brüchen in den sozialen und wirtschaftlichen Ordnungen.

I. Historische Entwicklungen

Pierre de Savorgnan de Brazza

Der Afrikaforscher Pierre Savorgnan de Brazza in einer gestellten Photographie von Paul Nadar, 1889.

Pierre Savorgnan de Brazza (1852–1905) zählt zu einem der wenigen »Kolonialhelden«, die auch in afrikanischen Staaten Ansehen genießen. Der am 26. Januar 1852 in Rom als Angehöriger eines norditalienischen Adelsgeschlechts geborene Brazza diente ab 1870 in der französischen Marine und erlangte vier Jahre später die französische Staatsbürgerschaft. Nach kurzem Dienst in Französisch-Algerien richtete er ein Gesuch an den französischen Marineminister, um eine geografische und ethnologische Entdeckungsreise auf dem Ogoué-Fluss ins Landesinnere des heutigen Gabun unternehmen zu dürfen. Letztlich war diese Expedition auch dazu geeignet, das 1871 durch die verheerende Niederlage gegen das Deutsche Reich erschütterte französische Prestige aufzurichten. Die erste Expedition Brazzas am Ogoué erfolgte von 1875 bis 1878. Das kolonialfreundliche Presseecho und eine umfängliche finanzielle Unterstützung ermöglichten eine zweite Expedition. Nachdem Brazza 1879 den schiffbaren Teil des Ogoué verlassen hatte, schloss er im Landesinnern mit Iloo I., dem König (Makoko de Mbe) der Batéké (Teke) (Regierungszeit 1880–1892), einen Vertrag, der das für Europäer noch weitgehend unbekannte Gebiet unter den Schutz Frankreichs stellte. Aus Sicht des Batéké-Herrschers war dies offenbar von der Erwägung getragen, sich lieber mit dem respektvoll und konziliant auftretenden Brazza zu verbünden als mit dem im Dienst des belgischen Königs Leopold II. (1835–1909) gleichzeitig voranschreitenden walisisch-amerikanischen Entdecker Henry Morton Stanley (1841–1904).

Der europäische Kolonialismus

Brazzas zweite Reise führte ihn bis zum Kongostrom am Malebo-Pool (Stanleypool), wo er beim Ort Nkuna einen Stützpunkt gründete. Dieser Ort avancierte Anfang des 20. Jahrhunderts als Brazzaville zur Hauptstadt Französisch-Äquatorialafrikas. Von hier aus erfolgte per Dampfschiff die Erschließung des französischen Kolonialreichs weiter nordwärts.

Brazza gelangte über den Landweg bis 1881 zurück nach Gabun und dann nach Frankreich, wo ihm 1882 ein triumphaler Empfang bereitet wurde. Zugleich erfolgte ein öffentlicher Zusammenstoß mit Stanley, der seine eigenen, sehr gewaltsamen Expeditionen entlang des Kongos publizistisch ausschlachtete. Nach einer dritten Kongoreise Brazzas wurde dieser im Jahr 1885 zum Generalsekretär des Kongo ernannt, später aber wegen ihm nachgesagter administrativer Schwächen abgelöst. Von seinem Ruhesitz in Algier pflegte Brazza das Bild des friedlichen Eroberers. Die kolonialfreundliche französische Presse feierte seinen einfühlsamen interkulturellen Kontakt mit den afrikanischen Herrschern, den Freikauf von Sklaven und die Verbreitung der französischen »Zivilisation«. Auch das vom »friedlichen Eroberer« Brazza begründete Französisch-Äquatorialafrika wurde aber von ähnlichen Exzessen heimgesucht wie der benachbarte Privatstaat des belgischen Königs. Zu seiner vierten Reise entlang des Kongo wurde Brazza 1905 als Vorsitzender einer Kommission berufen, um die Umstände von willkürlichen Tötungen, Verhaftungen und Verschleppungen zur Zwangsarbeit durch Kolonialbeamte zu untersuchen. Noch auf der Rückreise verstarb Brazza in Dakar im Senegal an tropischem Fieber. Er erhielt ein Staatsbegräbnis, doch wurden die von ihm gerügten Missstände nur zögerlich aufgeklärt.

Als einer der wenigen europäischen Kolonisatoren, deren Namen die Dekolonialisierung überdauerten, wurde Brazza noch ein Jahrhundert nach seinem Ableben vor Ort geehrt. Am 3. Oktober 2006 veranlasste Denis Sassou-Nguesso (geb. 1943), der Staatspräsident der Republik Kongo, die Überführung seiner Asche nach Brazzaville, wo sie in einem Mausoleum erneut bestattet wurde. Dem Präsidenten der Republik Kongo zufolge verkörperte Brazza die Werte von Brüderschaft, Freiheit, des gegenseitigen Verständnisses und der Toleranz zwischen den Völkern.

MR

I. Historische Entwicklungen

Die lokale Bevölkerung in den von den Franzosen kolonisierten Gebieten des Zentralen Afrika, die ab 1910 unter dem Namen Afrique Équatoriale Française (AEF) zusammengefasst wurden und die heutigen Staaten Gabun, Tschad, Republik Kongo und Zentralafrikanische Republik umfassen, hatten bereits im 19. Jahrhundert eine Phase der politischen Instabilität erlebt. Der gewaltsamen Aneignung ihrer Territorien durch die Franzosen konnten sie daher weniger entgegensetzten als die stabileren Königreiche in West- und Ostafrika. Die komplette Erschließung und Nutzbarmachung der zentralafrikanischen Kolonien wurde aber weder von der deutschen noch von der französischen Kolonialverwaltung angestrebt. So blieben die koloniale Infrastruktur und die koloniale Durchdringung im nördlichen Tschad, aber auch in den nördlichen Teilen Kameruns lückenhaft. Die Kolonialmächte waren vor allem dort präsent, wo sie einen direkten wirtschaftlichen Nutzen vermuteten.

Ausbeutung des Zentralen Afrika durch europäische Unternehmer

Auch Unternehmer waren große Befürworter des kolonialen Projektes, da aus ihrer Sicht die Territorialisierung Afrikas durch die Europäer die wichtigste Voraussetzung für eine gewinnbringende Integration afrikanischer Waren und Arbeit in die globale Wirtschaft war. Die europäischen Kolonialmächte gewährten Unternehmen im Zentralen Afrika großzügige Konzessionen, in denen sie exklusiven Zugang zu afrikanischen Ressourcen hatten. Die in der frühen Phase der Kolonisierung entsandten Vertreter von Handelsgesellschaften herrschten über die in ihrem Konzessionsgebiet lebenden Arbeiter und deren Familien wie Könige. Ohne staatliche Kontrolle und ohne Schutzinstrumente wie Arbeitsverträge konnten Handelsunternehmer die Bevölkerung ausbeuten und zur Arbeit zwingen. Das prominenteste Beispiel hierfür bot der Freistaat Kongo, der auf der Berliner Afrikakonferenz unter die Herrschaft des belgischen Königs Leopolds II. gestellt worden war. Dieser vergab die Nutzungsrechte über das riesige Gebiet als Konzessionen an belgische Unternehmen.

Der europäische Kolonialismus

Die von den Unternehmen entsandten Vertreter terrorisierten die dort lebende Bevölkerung, um immer höhere Erntequoten zu erzwingen.

Auch Frankreich vergab Konzessionen an Unternehmen, woraufhin sich eine Raub- und Plünderwirtschaft auf Kosten der lokalen Bevölkerung entwickelte. In Gabun erwirtschafteten französische Handelsfirmen auf diese Weise sehr schnell beträchtliche Gewinne. Das Land verfügte über riesige Waldgebiete mit wertvollen Tropenhölzern. Möbel aus Tropenholz

Karikatur des Kongo-Freistaates im Punch-Magazin vom 28. November 1906. Von 1885 bis 1908 zählte das heutige Gebiet der DR Kongo zum Privatbesitz des belgischen Königs Leopold II. und wurde auf brutale Weise ausgebeutet.

waren in Frankreich und Europa bereits im 19. Jahrhundert gefragte Produkte, sodass französische Unternehmer in den Wäldern Gabuns Faktoreien etablierten. Das Geschäft mit den Tropenhölzern hatte dramatische Konsequenzen für die in den Wäldern ansässige Bevölkerung. Wie im Kongo-Freistaat wurden die Menschen gezwungen die Wälder zu roden und das Holz zur Küste zu transportieren. Ohne die Zwangsrekrutierung von tausenden von Trägern wäre der Export der Hölzer nicht möglich gewesen, denn in der ersten Phase der Kolonisierung existierte im Zentralen Afrika keinerlei Verkehrsinfrastruktur. Eisenbahntrassen oder befestigte Straßen waren noch nicht gebaut, was bedeutete, dass Afrikanern und Afrikanerinnen die von ihnen geernteten oder gesammelten Produkte mit eigener Muskelkraft an die Küste transportieren mussten. In Gabun

I. Historische Entwicklungen

führte diese extreme Ausbeutung von Mensch und Natur 1914 zu einer Hungersnot, die sich in den 1920er-Jahren wiederholte. Auf dem Rücken der dortigen Bevölkerung entwickelte sich Gabun zur wirtschaftlich wichtigsten Kolonie von Französisch-Äquatorialafrika.

Die infrastrukturelle Durchdringung verbesserte sich in fast allen afrikanischen Kolonien erst nach dem Ersten Weltkrieg; und auch hierfür wurden tausende von Afrikanern zwangsrekrutiert. Obwohl sich die europäischen Kolonialmächte seit dem Ende des Ersten Weltkrieges über Reformen insbesondere in der Arbeiterfrage berieten, blieb Zwangsarbeit in vielen Regionen Teil des kolonialen Alltags. Der französische Schriftsteller André Gide (1869–1951) prangerte 1927 in seinem Reisetagebuch »Le voyage au Congo« die brutale Ausbeutung und Erniedrigung der Menschen an. Zurück in Frankreich, wurde er zu einem wichtigen Kritiker der französischen Kolonialpraxis.

Auch bäuerliche Haushalte wurden in den französischen Kolonien für die koloniale Wirtschaft genutzt. Der südliche Tschad wurde zum Zentrum der Baumwollproduktion im französischen Zentralafrika. Seit dem Beginn des 20. Jahrhunderts wurden Bauern dazu gezwungen Baumwolle anzubauen. Für ihre Familien bedeutete die Einführung von Zwangskulturen eine extreme Arbeitsbelastung, die die Zeit zum Anbau von Nahrungsmitteln drastisch verringerte. Die Verarmung ganzer Landstriche war die direkte Folge. Für französische Unternehmen war die Baumwollproduktion im Tschad vor allen deshalb profitabel, weil sie ohne großen technischen Aufwand und externe Kontrolle funktionierte. Kollaborierende Chefs sorgten dafür, dass die Baumwolle in ihren Dörfern angepflanzt und geerntet wurde. Die Ernte wurde von den Bauern und ihren Familien zu der nächsten Sammelstelle getragen und von dort über Schienen oder Straßen zum nächsten Hafen transportiert. Die Preise für das Rohprodukt bestimmten die französische Kolonialverwaltung zusammen mit den privaten Unternehmern.

Für die Bauern blieb oft nichts übrig. Lokale Autoritäten hingegen wurden für ihre Kollaboration großzügig belohnt. In dieser Situation begannen die Bauern den Anbau und Transport gezielt zu sabotieren. Saatgut wurde beschädigt und Pflanzen zerstört. Durch diesen teils auch kollektiven Widerstand wurde die Zwangskultur in manchen Regionen eingestellt. Aber es waren nicht nur die Bauern, die sich den Forderungen des Kolonialstaates entzogen. Auch Plantagen- und Minenarbeiter, die auf den industriellen Inseln der Kolonien lebten und arbeiteten, forderten bessere Arbeits- und Lebensbedingungen und stellten bald grundsätzlich die Legitimität des Kolonialregimes in Frage.

Dekolonisierung

Die meisten Länder im Zentralen Afrika erlangten ihre Unabhängigkeit im Sommer 1960. Seit dem Ende des Zweiten Weltkrieges hatte der Kolonialismus politisch an Legitimität verloren, der Antikolonialismus hingegen auch außerhalb Afrikas viele Anhänger gefunden. Um den immer lauter werdenden Forderungen nach politischer und wirtschaftlicher Mitbestimmung der Afrikaner und Afrikanerinnen zu begegnen, hätte es umfassender Reformen bedurft, die den Kolonialmächten schlicht zu teuer waren. Eine junge afrikanische Elite – viele ihrer Angehörigen waren in Europa ausgebildet worden – begann seit den 1950er-Jahren verstärkt für Selbstbestimmung zu demonstrieren und neue Visionen für die Zukunft Afrikas zu entwerfen. Die Panafrikanische Bewegung, deren Zentrum das seit 1957 unabhängige Ghana war, entfaltete große politische Mobilisierungskraft für zahlreiche afrikanische Unabhängigkeitsbewegungen. Das vielfache Scheitern der einst hoffnungsvollen Visionen kann jedoch auch als Konsequenz des Kolonialismus gesehen werden. Über viele Jahrzehnte waren afrikanische Profite nach Europa gewandert und die Strukturen der Produktion, Infrastruktur und Technologie ausschließlich den Bedürfnissen der kolonialen Wirtschaft – und damit der europäischen Wirtschaft – angepasst worden. In einer solchen Situation wurde der Staat selbst zum wichtigsten Nukleus der Kapitalakkumulation und wurde so dem Gewinnstreben der politischen Klasse ausgeliefert. Die Konsequenzen dieser Strukturen sind in den meisten unabhängigen Staaten des Zentralen Afrika bis heute sichtbar.

Julia Seibert

Obwohl der Nürnberger Martin Behaim (1459–1507) bereits bei der portugiesischen Fahrt des Diogo Cão zum Kongostrom im Jahr 1482 zugegen war, blieb das Innere des Kontinents für europäische, zumal deutsche Reisende für die vier folgenden Jahrhunderte nahezu unbekannt. Erst im Lauf des 19. Jahrhunderts gelangten einige französische, britische und auch deutsche Reisende in das Innere Afrikas. Das Bild zeigt die afrikanische Expedition des Dr. Nachtigal nach Bornu im Jahr 1869. Am Anfang jeder modernen Beschäftigung mit diesen Afrikareisenden und überhaupt mit den »Entdeckungsreisenden« jener Zeit steht die Frage nach ihrer tatsächlichen Bedeutung für die Erweiterung des Wissens über die in Europa zuvor »unbekannten« Gebiete. Die durch die Forschungs- und Entdeckungsreisen zum europäischen und deutschen Publikum gelangenden Informationen waren von sehr unterschiedlicher Qualität. Noch um das Jahr 1900 entstanden Reiseberichte mit teils abenteuerlichen Darstellungen wilder Tiere und vermeintlich »wilder Eingeborener«, die bestehende Stereotype eher bestätigten als aufklärten.

Kaum mehr als Landschaft – das Afrikabild deutscher Forschungsreisender im 19. Jahrhundert

Ziemlich genau in der Mitte des 19. Jahrhunderts wurden erste deutsche Afrikaexpeditionen organisiert, während insbesondere britische »Entdeckungsreisen« schon länger auf dem Kontinent unterwegs waren. Zunächst wurde jedoch das Zentrale Afrika allenfalls gestreift. Noch zogen die Sahara, das aus europäischer Sicht mythisch aufgeladene Timbuktu im heutigen Mali und insbesondere der für lange Zeit unklare Flusslauf des Niger, das Interesse der Europäer auf sich. Heinrich Barth (1821–1865), der von 1849–1855 als Wissenschaftler an einer groß angelegten britischen Expedition teilnehmen konnte, ist hier ebenso zu nennen wie der Bremer Saharaforscher Gerhard Rohlfs (1831–1896), dem nach einigen Reisen in Marokko und Algerien in den Jahren 1865–1867 eine Durchquerung des Kontinents von Tripolis über die Hauptstadt des Bornu-Reichs Kuka in der Nähe des Tschadsees bis zum Golf von Guinea gelang. Während es Barth als zweiter Europäer nach dem Franzosen René Caillié (1799–1838) im Jahr 1853 geschafft hatte, Timbuktu zu erreichen, blieb Rohlfs dieses Ziel verwehrt. Zu dieser ersten Generation von Reisenden sind auch Eduard Vogel (1829–1856), Gustav Nachtigal (1834–1885) und Georg Schweinfurth (1836–1925) zu zählen, die in den 1850er- und 1860er-Jahren Afrika bereisten. Vogel erreichte den Tschadsee schon 1854 und erkundete die Region westlich davon im heutigen Nordosten von Nigeria. Er wendete sich darauf in Richtung Wadai, einem Reich im südlichen Teil des heutigen Tschad, und wurde dort im Auftrag des Sultans Anfang des Jahres 1856 umgebracht. Da das Schicksal Vogels für lange Jahre unklar war, brachen mehrere Expeditionen auf der Suche nach ihm auf. Erst 1873 konnte Gustav Nachtigal die Umstände seines Todes klären.

Ein bedeutsamer Vorstoß in das Zentrale Afrika von Seiten eines deutschen Reisenden ist auch schon für diese Frühphase zu nennen: Der Bremer Ethnologe und spätere Gründungsdirektor des Museums für Völkerkunde in Berlin, Adolf Bastian (1826–1905), erkundete auf seiner Weltreise als Schiffsarzt in den

I. Historische Entwicklungen

Jahren 1851–1859 Teile des Kongo und wurde 1873 Gründer der »Deutschen Gesellschaft zur Erforschung Äquatorial-Afrikas« und als solcher Förderer mehrerer deutscher Forschungsreisen in die Region. Mit Ausnahme von Rohlfs, der zwar ein Medizinstudium begonnen hatte, dann jedoch zunächst zur österreichischen Armee ging, von dort desertierte und sich der Fremdenlegion anschloss, waren alle diese Reisenden ausgebildete, zum Teil promovierte Wissenschaftler. Diese konnten durch ihre unterschiedlichen fachlichen Qualifikationen dem damals spärlichen geografischen und ethnografischen Wissen über Afrika einiges hinzufügen. Wichtigster Vermittler zwischen den Entdeckungsreisenden dieser Generation und dem deutschen Publikum war der Gothaer Geograf August Petermann (1822–1878). In seiner Zeitschrift »Petermanns Geographische Mitteilungen« veröffentlichte er Expeditionsberichte und verarbeitete die geografischen Informationen zu hervorragenden Karten. In einer Nebenreihe von »Petermanns Mitteilungen« erschienen auch die Buchausgaben einiger Reiseberichte. Der international sehr gut vernetzte Forscher erreichte mit seiner Zeitschrift ein vorwiegend bildungsbürgerliches Publikum und beeinflusste damit maßgeblich die Raumvorstellungen sowie das geografische Weltbild seiner Abonnenten. Die Reiseberichte, ob über Petermann oder andernorts veröffentlicht, waren jedoch keine Bestseller wie die Bücher von David Livingstone (1813–1873) oder Henry Morton Stanley (1841–1904). Einzig Gerhard Rohlfs' und Georg Schweinfurths Publikationen erreichten tatsächlich eine größere Leserschaft, während Heinrich Barth für ein wissenschaftliches Publikum schrieb. Rohlfs und auch sein Forscherkollege Alfred Brehm (1829–1884) bestritten ihren Lebensunterhalt in Deutschland in erheblichem Maße über bezahlte Vorträge, gelegentlich organisiert von örtlichen Buchhändlern, die damit ihren Verkauf ankurbelten. Solche öffentlichen Veranstaltungen trugen sicherlich zu einer Popularisierung von Forschungsergebnissen der Reisen bei und prägten so die Vorstellungen ihrer Zuhörer über Geografie und Bevölkerung Afrikas. Die Forscher dieser Epoche reisten in der Regel ebenso wenig allein wie die der nachfolgenden Generation. Ihre Karawanen bestanden aus vielen Personen und einer großen Anzahl von Trägern. Das Expeditionsgeschehen in Afrika war jedoch noch nicht so institutionalisiert

Die Erforschung des Zentralen Afrikas in der Frühphase der Kolonisierung

Ab der Mitte der 1870er-Jahre verlagerte sich das Expeditionsgeschehen allmählich in das Zentrum des Kontinents. Die Ursache hierfür dürfte die Gründung der »Deutschen Afrikanischen Gesellschaft« (DAG) gewesen sein, ein Ableger der im gleichen Jahr auf Initiative des belgischen Königs Leopolds II. (1835-1909) entstandenen »Internationalen Afrikanischen Gesellschaft«. Diese war das Resultat einer internationalen Konferenz in Brüssel von 1876, deren vorgebliches Ziel es war, vorhandenes Wissen über Afrika zu bündeln, neues zu sammeln und den Sklavenhandel abzuschaffen.

Der Holzstich aus dem Jahr 1877 zeigt den walisisch-amerikanischen Journalisten und Afrikareisenden Henry Morton Stanley während seiner Expedition nach Zentralafrika von 1874 bis 1877.

I. Historische Entwicklungen

Leopold II. hatte jedoch deutlich weiterreichende Interessen und verfolgte schon damals kolonialistische Ziele. Die Beauftragung von Henry Morton Stanley mit der Erkundung des Kongo, und damit einhergehend dem Aufkauf großer Landflächen, war nur der Auftakt für die Gründung des Kongo-Freistaates im Jahr 1885. Diese Privatkolonie des belgischen Königs sollte sich in den kommenden Jahren durch die besonders rücksichtslose Ausbeutung der afrikanischen Bevölkerung auszeichnen.

Ausgangspunkt vieler Expeditionen war nun die angolanische Küste, von wo aus beispielsweise die Reisen von Paul Pogge (1838–1884) und Hermann von Wissmann (1853–1905) starteten. Im Auftrag der DAG und ihres Vorsitzenden Nachtigal, der sich nun in der Kolonialbewegung engagierte, führten beide in den Jahren 1880–1882 eine gemeinsame Expedition in die Kongoregion durch. Nach ihrer Trennung in der arabischen Handelsstation Njangwe im Osten der heutigen Demokratischen Republik Kongo gelang Wissmann die erste Durchquerung Zentralafrikas von Westen nach Osten. Auch Otto Henrik Schütt (1843–1938) und Max Buchner (1846–1921) gehören zu diesen Reisenden. Letzterer tat sich in der Beurteilung der afrikanischen Bevölkerung selbst im Vergleich zu seinen Zeitgenossen durch einen besonders abstoßenden Rassismus hervor. Die Zahl der Expeditionen in das Zentrale Afrika nahm in diesen Jahren deutlich zu und nicht alle Reisenden dieser Zeit können hier behandelt werden. Auffällig ist allerdings, dass sich die Erträge dieser Expeditionen im Vergleich zu ihren Vorgängern in wissenschaftlicher Hinsicht meist geringer ausnahmen. Auch bei diesen Reisenden handelte es sich überwiegend um Männer, die ein Hochschulstudium durchlaufen hatten. Im Gegensatz zu Reisenden wie Barth oder Rohlfs war nun das Ziel der Expeditionen deutlich stärker vom Wunsch nach Erweiterung geografischer und geologischer Kenntnisse bestimmt, wobei die einheimische Bevölkerung vorwiegend als Teil der Landschaft, nicht jedoch als Kulturträger wahrgenommen wurde. Entsprechend war das Wissen um afrikanische Gegebenheiten, welches in den 1880er- und 1890er-Jahren produziert wurde, ein vorwiegend geografisches. Doch auch in dieser Hinsicht gab es erhebliche Schwierigkeiten. Zwar erweiterten beispielsweise die Expeditionen Pogges und von Wissmanns sukzessive das Wissen um die topografische

Beschaffenheit des Kongogebiets und des Zentralen Afrika insgesamt. Die Unzulänglichkeiten hinsichtlich der Ausbildung, das für europäische Reisende strapaziöse Klima und die damit verbundenen Krankheiten verminderten den wissenschaftlichen Ertrag vieler Reisen jedoch deutlich. Zwei Sonderfälle sollen hier exemplarisch erwähnt werden. Den ersten stellt der ansonsten weitgehend unbekannte Otto Henrik Schütt dar, der über eine Ausbildung als Ingenieur verfügte und in der Technik der Aufnahme geografischer Daten gut geschult war. Sein Kartograf Richard Kiepert (1846–1915) war so voll des Lobes für den Forschungsreisenden im Dienste der DAG, dass er ihn mit Heinrich Barth verglich. Es stellte sich allerdings schon kurze Zeit nach seiner Rückkehr heraus, dass Schütt den entscheidenden letzten Teil seiner Reise erfunden hatte. Der Skandal um seine Forschungsergebnisse blieb für Schütt selbst wohl folgenlos, da er kurz nach seiner Rückkehr nach Deutschland in den Dienst der japanischen Regierung trat und, soweit bekannt, nie wieder nach Deutschland zurückkehrte. Ein weiterer Sonderfall ist der promovierte Zoologe und spätere Geografieprofessor Eduard Pechuël-Loesche (1840–1913). Dieser erkundete in mehreren Expeditionen die Loango-Küste (heute nördliches Angola bis zur Republik Kongo) und den Unterlauf des Kongo bis in die Region der heutigen Städte Brazzaville und Kinshasa. 1881 wurde er vom belgischen König in der Vorbereitung des bald darauf etablierten Kongo-Freistaates damit

Der Afrikareisende Heinrich Barth aus Hamburg, Holzstich, nach einem Foto (um 1860).

beauftragt, eine neue Route in Richtung Ostküste zu erkunden. Diese Expedition scheiterte jedoch. Darüber hinaus überwarf sich Pechuël-Loesche mit Stanley und kehrte nach Europa zurück. Auch für diesen Afrikaforscher gilt die Erkenntnis, dass er sich bereitwillig in den Dienst kolonialistischer Interessen, hier zunächst noch derjenigen des belgischen Königs, stellte. Nicht wenige der deutschen Afrikaforscher sollten später im Rahmen des deutschen Kolonialprojekts in Afrika zu mehr oder weniger einflussreichen Posten gelangen. So arbeitete Gustav Nachtigal zunächst ab 1882 als Generalkonsul in Tunis und wurde zwei Jahre später zum Reichskommissar in Togo und Kamerun ernannt. Nachdem er zahlreiche Gebiete in dieser Region »unter deutschen Schutz« gestellt hatte, verstarb Nachtigal im Jahr 1885 auf der Rückreise. Hermann von Wissmann wurde später Gouverneur von Deutsch-Ostafrika. Selbst Gerhard Rohlfs hatte in seiner kurzen Zeit als Generalkonsul auf Sansibar noch einen gewissen Anteil an der Gründung der Kolonie Deutsch-Ostafrika.

Afrikabild und Wissenstransfer

Das Afrikabild der deutschen Reisenden und, vermittelt durch diese, auch der deutschen Bevölkerung, wurde durch die Gegebenheiten in Afrika selbst und deren Bewältigung durch die Reisenden bestimmt. Neben der schon angesprochenen Einordnung der indigenen Bevölkerungen in die Geografie – also als Teil der bereisten »Landschaft« – und der damit verbundenen Nichtwahrnehmung vorhandener gesellschaftlicher, politischer und wirtschaftlicher Strukturen, sind noch weitere Hindernisse zu nennen, die für das in Europa reproduzierte Bild von Afrika von Bedeutung sind. Die Sprachbarriere, erstens hinsichtlich des Portugiesischen als der am weitesten verbreiteten europäischen Sprache in dieser Region und zweitens hinsichtlich der indigenen Sprachen, machte die Verpflichtung von Dolmetschern unumgänglich, die wiederum nur sehr bedingt die Sprachen und Dialekte der Reiserouten verstehen konnten. Schon hier wird deutlich, in welchem Maß die Beobachtungen der Reisenden durch Vorannahmen und Missverständnisse geprägt waren, was wiederum den Wissenstransfer in ethnografischer und

Das Afrikabild deutscher Forschungsreisender

ebenso in geografischer Hinsicht prägte. Weiterhin waren es die Gegebenheiten des Reisens selbst, das üblicherweise in großen Karawanen mit über hundert Beteiligten stattfand, die die Art und Weise beeinflussten, wie die deutschen »Entdecker« Land und Leute wahrnahmen. Die Pfade, auf denen sich solch große Karawanen bewegten, waren bereits ausgetreten, denn es handelte sich um die einheimischen Verkehrswege; nur selten schlugen sich Expeditionsleiter mit der Machete den Weg selbst frei. Immer wieder behinderten gravierende Fiebererkrankungen das Fortkommen der Expeditionen, was sowohl die psychische Aufnahmefähigkeit der Reisenden beeinflusste als auch deren generelle Meinung über die bereisten Regionen. Diese wurde wegen der zermürbenden Erkrankungen häufig negativ wahrgenommen. Nicht vergessen werden dürfen darüber hinaus die großen Mengen an Drogen, die von vielen Reisenden teils zur Behandlung von Erkrankungen, teils aus Gewohnheit, eingenommen wurden. Insofern ist die Charakterisierung der Forschungsreisen als »wahnhaft«, die der Anthropologe Johannes Fabian (geb. 1937) nach eingängigem Studium vieler Reiseberichte in das zentrale Afrika vorgenommen hat, nur schwer von der Hand zu weisen. In der Regel überzeugt von einer zivilisationsbringenden Mission, prägten die Reisenden durch ihren Rassismus, durch ihre selektive Wahrnehmung aufgrund der in Europa entwickelten Forschungsziele und durch die geschilderten Widrigkeiten des Reisens selbst ein Bild des afrikanischen Kontinents, das abseits einer rein topografischen Beschreibung nur wenig über die politischen und kulturellen Verhältnisse informierte. Deshalb verwundert es nicht, dass die Reiseberichte selbst als Quellen für die afrikanische Geschichte unter besonders scharfer Kritik stehen, so sie denn überhaupt sinnvollerweise herangezogen werden können. Für die Gesellschaft des 19. Jahrhunderts waren die Reiseberichte, die Medienberichterstattung über die Expeditionen, die Vorträge der Reisenden und die populären Bearbeitungen durch andere Autoren die wesentlichen Informationsquellen. Und selbst heute noch stellt die Erforschungsgeschichte Afrikas ein durchaus erfolgreiches Genre populärwissenschaftlicher Literatur dar, dem eine nur sehr geringe Zahl historisch-wissenschaftlicher Arbeiten gegenübersteht.

Thorsten Harbeke

Auch der afrikanische Kontinent gehörte zu den Schauplätzen des Ersten Weltkrieges. Obwohl in Umfang und Ausmaß ohne große Bedeutung für das Kriegsgeschehen in Europa, waren die Kolonien aufgrund ihrer natürlichen Ressourcen und der Hunderttausenden von (zwangs-) rekrutierten Soldaten und Arbeiter ein nicht zu vernachlässigender strategischer Faktor für die kriegführenden Parteien in Europa. Während in Deutschland vor allem der blutige Feldzug des Generals Paul von Lettow-Vorbeck (1870–1964) in Deutsch-Ostafrika in Erinnerung geblieben ist, sind die Gefechte in der deutschen Kolonie Kamerun weniger bekannt. Zwar war dieser Kriegsschauplatz weder von der Dauer her, noch hinsichtlich der Zahl der Opfer mit jenen in Ostafrika vergleichbar. Die sozialen und politischen Konsequenzen, die aus der deutschen Niederlage entsprangen, bilden aber dennoch eine Zäsur in der Geschichte Kameruns. Zum einen wurden auch hier Tausende von Afrikanern zur Kriegführung herangezogen, zum anderen wurde das Land im Anschluss an den Ersten Weltkrieg zwischen Frankreich und Großbritannien aufgeteilt, was noch heute zu Spannungen zwischen der frankophonen Mehrheit und der anglophonen Minderheit führt. Das Bild zeigt den deutschen Oberarzt Dr. Walter Falb im Kampf gegen französische und britische Soldaten während der Belagerung von Garoua.

Das Zentrale Afrika und der Erste Weltkrieg

Der Erste Weltkrieg, der am 29. Juli 1914 mit der Kriegserklärung Österreich-Ungarns an Serbien begann, war zunächst nur ein regionaler Konflikt in Europa. Durch den Kriegseintritt der Kolonialmächte Frankreich, Großbritannien und dem Deutschen Reich entwickelte sich jedoch sehr schnell eine globale Auseinandersetzung. Von den Mittelmächten besaß allein das Deutsche Reich ein Kolonialgebiet. Neben einigen Besitzungen in der Südsee sowie in China waren dies auf dem afrikanischen Kontinent Deutsch-Südwestafrika (heute Namibia), Deutsch-Ostafrika (heute Tansania, Ruanda und Burundi), Togo sowie Kamerun. Anfangs hoffte die deutsche Regierung, den Krieg auf Europa begrenzen zu können. So schickte der Staatssekretär im Reichskolonialamt, Wilhelm Solf (1862–1936), am 2. August 1914 ein Telegramm an die deutschen Gouverneure in Afrika mit dem Wortlaut: »Schutzgebiete außer Gefahr. Beruhigt Ansiedler.« Anscheinend ging Solf davon aus, dass auch die Alliierten an einer Neutralisierung der afrikanischen Kolonien interessiert waren, wie es die 1885 von 14 Staaten unterzeichnete Kongoakte als Option vorsah. Dieser Passus war in den Vertrag aufgenommen worden, um die Autorität der Kolonialherren nicht durch einen Krieg zwischen denselben zu gefährden. Solf übersah dabei jedoch, dass eine Neutralisierung nicht automatisch in Kraft trat, sondern offiziell angekündigt und vom Gegner akzeptiert werden musste. Zudem sah die Kongoakte nicht die Neutralisierung ganz Afrikas vor, sondern nur eines umfangreichen Gebietes rund um Belgisch-Kongo.

Schon am 5. August 1914 zerschlugen sich diese deutschen Hoffnungen. An diesem Tag traf sich in London das Commitee of Imperial Defence und befahl den sofortigen Angriff auf die deutschen Kolonien durch lokale Streitkräfte. Ziel war es, die kurz vor dem Krieg in allen Überseegebieten errichteten Funkstationen zu zerstören und durch die Besetzung der Küsten potenzielle Versorgungshäfen auszuschalten. Damit sollte die Operationsfähigkeit der auf den Weltmeeren operierenden deutschen Kriegsschiffe eingeschränkt werden, die eine nicht unerhebliche Bedrohung der britischen Seehandelsrouten darstellten. An eine Erweiterung des britischen Kolonialreiches wurde dagegen anfangs nicht gedacht. Der Wunsch nach Annexion deutscher Kolonialgebiete kam erst im Laufe der Jahre auf. Letzte Bedenken schwanden mit dem Bekanntwerden der maßlosen deutschen Kriegsziele im Jahr 1916/17. Demnach sollte eine Voraussetzung für die Aufnahme von Friedensverhandlungen die Abtretung von umfangreichen britischen, belgischen und französischen Kolonialgebieten sein, um aus wirtschaftlichen und machtpolitischen Gründen ein riesiges, zusammenhängendes Deutsch-Mittelafrikanisches Reich zu schaffen.

Ausgerechnet Belgien, dessen Neutralität durch den Einmarsch deutscher Truppen am 3. August 1914 verletzt worden war, unternahm einen Versuch, Zentralafrika vor einem Krieg zu bewahren. Am 7. August ließ die belgische Regierung durch ihre Botschafter in Paris und London Belgisch-Kongo für neutral erklären und versuchte, beide Länder zu einem ähnlichen Schritt für ihre Kolonien zu bewegen. Während Großbritannien den Vorschlag sogleich ablehnte, unterstütze Frankreich ihn zunächst, sprach sich dann aber auf britisches Drängen am 17. August doch gegen eine Neutralisierung aus. Das Deutsche Reich signalisierte den Alliierten erst am 21. August seine Bereitschaft, über eine Neutralisierung der deutschen Kolonien in Afrika zu verhandeln. Weil aber bereits überall gekämpft wurde, gingen diese auf das deutsche Angebot nicht ein.

Die Eroberung Kameruns

Die einzige deutsche Kolonie im Zentralen Afrika war Kamerun. Der Angriff auf Kamerun sollte durch die in den Nachbarkolonien stationierten britischen und französischen Kolonialtruppen erfolgen. Da jedoch weder in Frankreich noch in Großbritannien ausgearbeitete Angriffspläne vorlagen, musste zunächst vor Ort improvisiert werden. Bereits am 6. August 1914 kam es zu den ersten Kämpfen. Auf Initiative des ehrgeizigen Generals Joseph Georges Aymérich (1858–1957), Militärkommandeur von Französisch-Äquatorialafrika, griffen französische Truppen den deutschen Zollposten Bonga im Südosten des Landes an. Zwei

Das Zentrale Afrika und der Erste Weltkrieg

Das Reich der Duala

Zu den Ethnien, die sich bei Ausbruch des Ersten Weltkriegs gegen die deutsche Kolonialmacht stellten, gehörten die Duala. Aufgrund ihres verkehrsgünstig gelegenen Einflussgebietes dominierten sie den Handel vom Landesinneren zur Küste. Dadurch hatten die Duala schon in vorkolonialer Zeit regelmäßig Kontakt zu Europäern. Als Kamerun 1884 zum deutschen Schutzgebiet erklärt wurde, arrangierten sich die Duala zunächst mit den neuen Machthabern. Die Stadt Duala wurde Regierungssitz und entwickelte sich zum wichtigsten Handelszentrum in Kamerun. Dadurch boten sich den Duala viele Arbeitsmöglichkeiten in der Kolonialverwaltung und in deutschen Firmen. Im Jahr 1910 endete das relativ spannungsfreie Verhältnis, als der Gouverneur bestimmte, dass die Duala gegen Zahlung einer minimalen Entschädigung ihre Häuser verlassen und außerhalb der Stadt neu angesiedelt werden sollten. Die Umzugspläne waren sowohl rassistisch (strikte Trennung zwischen afrikanischen und europäischen Vierteln) als auch wirtschaftlich (Bedarf an günstigem Bauland für den Ausbau des Hafens und der Eisenbahn) motiviert. Die Duala nahmen ihre Vertreibung, die gegen einen Passus in dem am 14. Juli 1884 mit dem Deutschen Reich abgeschlossenen »Schutzvertrag« verstieß, jedoch nicht widerspruchslos hin. Unter Führung ihres Oberhaupts Rudolf Duala Manga Bell (1873–1914), der in Deutschland ein Gymnasium in Ulm besucht hatte und später als Jurist in Kamerun arbeitete, versuchten sie ihre Umsiedlung durch Petitionen an das Gouvernement und den Reichstag zu verhindern. Trotz des Widerstands begannen die Kolonialherren 1912 mit der gewaltsamen Durchführung des Projekts. Zwar gelang es den Duala zwei Jahre später durch die Kontaktaufnahme mit deutschen Oppositionspolitikern, die Umsiedlung zu stoppen, doch das Auftauchen eines Briefes, in dem Manga Bell angeblich andere Herrscher in Kamerun zum Aufstand gegen die Kolonialmacht aufrief, führte zur Wiederaufnahme der Vertreibung. Rudolf Duala Manga Bell wurde unter Anklage des Hochverrats verhaftet und in einem Schauprozess am 7. August 1914 zum Tode verurteilt und trotz zahlreicher Proteste bereits einen Tag später gehenkt. Die Kolonialmacht erhoffte sich von dem harten Urteil eine abschreckende Wirkung, die jedoch ausblieb. Viele Duala unterstützten in der Folge bereitwillig die alliierten Truppen als Scouts sowie durch Lebensmittellieferungen und begrüßten nach der Eroberung der Stadt Duala am 27. September 1914 die britischen und französischen Soldaten als Befreier. Rudolf Duala Manga Bell wird heute in Kamerun als Nationalheld verehrt. *TM*

I. Historische Entwicklungen

Tage später trafen sich hochrangige britische und französische Militärs, um über ein gemeinsames Vorgehen zu sprechen, was jedoch an den unterschiedlichen Interessen beider Mächte scheiterte. Während Frankreich zunächst möglichst schnell seine 1911 infolge der Marokkokrise an Deutschland verlorenen umfangreichen Gebiete – das sogenannte »Neukamerun« – zurückgewinnen wollte, hatte für die Briten die Ausschaltung der Hafenanlagen und der einzigen Funkstation in Duala Vorrang.

Der Ausbruch des Krieges traf die Menschen im Zentralen Afrika völlig unvorbereitet. Sie verstanden nicht, warum die Europäer plötzlich gegeneinander kämpften; letztendlich interessierte sie es aber auch nicht, denn es war nicht ihr Krieg. Nur wenige Afrikaner entwickelten so etwas wie ein Loyalitätsgefühl gegenüber ihrer Kolonialmacht. Die meisten hatten kein Problem damit, die Seiten zu wechseln, wenn es Vorteile versprach, wie es beispielsweise der im Nordosten Nigerias gebore-

Angehörige der deutschen Schutztruppe in einem Schützengraben in Kamerun, um 1914/16.

ne Chari Maigumeri (um 1893–1953) tat. 1913 war er als Soldat in die deutsche Kaiserliche Schutztruppe in Kamerun eingetreten. Zwei Jahre später geriet Maigumeri in britische Gefangenschaft. 1917 kämpfte er auf britischer Seite gegen die Deutschen in Ostafrika und machte nach dem Krieg Karriere in der britischen Royal West African Frontier Force.

Um überhaupt Krieg führen zu können, waren beide Seiten auf den Einsatz einer großen Zahl von Afrikanern als Soldaten, Träger und Arbeiter angewiesen. Deshalb versuchte man ihre Unterstützung durch das Versprechen auf bessere Behandlung und mehr politische Rechte nach dem Krieg zu gewinnen. Davon ließ sich jedoch nur eine Minderheit überzeugen und meldete sich freiwillig. Deshalb griffen die Deutschen und die Alliierten schon bald zu Zwangsrekrutierungen. Viele Afrikaner entzogen sich dem durch Flucht oder Selbstverstümmelung, immer wieder aber auch durch gewaltsamen Widerstand, was Strafaktionen zur Folge hatte.

Obwohl die alliierten Truppen den Deutschen zahlenmäßig überlegen waren, kamen die von allen Seiten angreifenden Verbände in den ersten Monaten nicht recht voran. Erst Ende September 1914 gelang einem britisch-französischen Expeditionskorps die Einnahme der Hafenstadt Duala. Die deutsche Schutztruppe zog sich nun hinhaltend kämpfend in das Landesinnere zurück, wo sie so lange wie möglich aushalten wollte, um bei einem etwaigen Friedensschluss den Herrschaftsanspruch über Kamerun zu demonstrieren. Dort waren die Deutschen im Vorteil. Der dichte Regenwald, das tropische Klima und die kaum vorhandene Infrastruktur begünstigte eine Verteidigung. Im Juli 1915 hielten die Deutschen immerhin noch ein Gebiet von der Größe Irlands zwischen Río Muni im Süden, Kribi im Westen, Dschang im Norden und Dume im Osten.

Auf einer Konferenz in Duala am 25. August 1915 konnten sich die Alliierten endlich auf ein koordiniertes Vorgehen einigen. Als Hauptziele wurden die Einnahme der provisorischen Hauptstadt Jaunde und die Verhinderung eines Rückzugs der Schutztruppe nach Spanisch-Guinea festgelegt. Die Offensive begann am 5. Oktober 1915. Die einsetzende Regenzeit und der hartnäckige deutsche Widerstand verlangsamten den Vormarsch jedoch, sodass Jaunde erst am 1. Januar 1916 erobert werden konnte. Da Munition und Verpflegung knapp wurden, entschied sich der deutsche Kommandeur Carl Zimmermann (1864–1949) Anfang Februar für eine Internierung seiner Truppe in Río Muni, dem Festland Spanisch-Guineas, um die weitgehend intakte Kolonialtruppe als Machtfaktor zu erhalten. Der Krieg in Kamerun endete am 18. Februar 1916 mit der Kapitulation des Stützpunktes Mora im äußersten Norden Kameruns. Die eroberten Gebiete wurden provisorisch zwischen Frankreich und Großbritannien aufgeteilt. Die endgültige Festlegung der neuen Grenzen erfolgte 1919 durch den Versailler Vertrag, ehe der Völkerbund die Teilung Kameruns durch die europäischen Staaten 1922 international legitimierte.

Der fast zwei Jahre dauernde Krieg hinterließ ein weitgehend verwüstetes Land. In vielen Regionen waren fast alle Nahrungsmittel von den Kriegsparteien requiriert worden, was zu Hungersnöten in den betroffenen Gegenden führte. Die Mangelernährung sorgte für eine erhöhte Kindersterblichkeit und eine verstärkte Anfälligkeit für Krankheiten. Erst nach einiger Zeit und mit Mühe gelang es den neuen Machthabern, die Nahrungsmittelproduktion zumindest einigermaßen wieder in Gang zu bringen. Das anfängliche Fehlen einer effektiven Verwaltung nach der Eroberung Kameruns förderte in einigen Regionen die Entstehung rechtsfreier Räume. Lokale Fehden zwischen verschiedenen ethnischen Gruppen flammten wieder auf und die Kriminalität nahm so überhand, dass viele afrikanische Chefs eigene Polizisten einstellten, um die Ordnung in ihrem Machtbereich halbwegs sicherzustellen.

Druck von beiden Seiten: das neutrale Spanisch-Guinea

Da Spanien im Verlauf des Ersten Weltkriegs neutral blieb, war Spanisch-Guinea, bestehend aus dem Festlandgebiet Río Muni sowie der vor Kamerun gelegenen Insel Fernando Póo (heute Bioko), das einzige Gebiet im Zentralen Afrika, welches nicht von einer kriegführenden Macht beherrscht wurde. Das war besonders für die deutsche Kriegführung von Vorteil. So durften

Das Zentrale Afrika und der Erste Weltkrieg

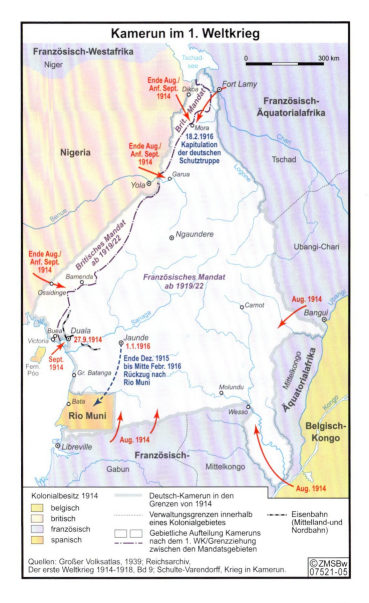

I. Historische Entwicklungen

die Deutschen die auf Fernando Póo vorhandene Funkstation für den Nachrichtenverkehr nach Deutschland nutzen. Zudem duldeten die spanischen Behörden, dass die Schutztruppe sich über Río Muni mit Lebensmitteln und vermutlich auch Gewehrmunition versorgte. Als die Alliierten davon erfuhren, versuchten sie den Nachschub zu behindern, indem sie spanische Handelsschiffe auf ihre Ladung kontrollierten und den Landtransport durch Geheimoperationen auf spanischem Gebiet störten.

Die Internierung der Schutztruppe in Spanisch-Guinea sorgte für neue Spannungen zwischen Spanien und den Alliierten. Mitte Februar 1916 hatte die aus rund 500 deutschen und 5900 afrikanischen Soldaten bestehende Schutztruppe sowie zahlreichen Angehörigen die Grenze überschritten und sich entwaffnen lassen. Um eine Rückkehr der Deutschen nach Kamerun auszuschließen, verlangten die Alliierten von der spanischen Regierung eine sichere Unterbringung der afrikanischen Soldaten und eine Verlegung aller Deutschen nach Spanien. Die spanische Regierung ließ daraufhin Mitte März mit der Ausnahme von 80 Personen alle Deutschen per Schiff nach Spanien bringen und überführte die Afrikaner nach Fernando Póo, wo sie für die Dauer des Krieges interniert werden sollten.

Als Lagerplatz wiesen die Spanier den Deutschen eine brachliegende Kakaofarm in der Nähe der Hauptstadt Santa Isabel (heute Malabo) zu. Dort errichteten die Neuankömmlinge zunächst Unterkünfte und Lagereinrichtungen. Nach der Fertigstellung des Lagers exerzierten die afrikanischen Soldaten jeden Tag ohne Waffen oder erhielten Unterricht in verschiedenen Fächern. Zudem mussten sie auf Anweisung der spanischen Behörden Arbeitsdienst leisten. Da der monatliche Sold der Männer weiter von Deutschland bezahlt wurde, entstanden auf diese Weise ohne Kosten für Spanien riesige gerodete Flächen, die von spanischen Pflanzern für den Anbau von Kakao genutzt wurden.

Trotz der Internierung auf Fernando Póo fürchteten die Alliierten weiterhin einen Angriff der Deutschen auf Kamerun. Um ein heimliches Übersetzen auszuschließen, richteten sie eine ständige Überwachung Fernando Póos durch Kriegsschiffe ein. Schließlich plante die spanische Regierung im Mai 1916 auf alliierten Wunsch, alle afrikanischen Soldaten samt Angehörigen nach Kamerun abzuschieben. Da die Deutschen aber erwarteten, dass viele der militärisch erfahrenen Soldaten sofort nach ihrer Rückkehr in die alliierten Kolonialarmeen eintreten würden und darüber hinaus die Präsenz der Schutztruppe eine nicht unerhebliche Zahl alliierter Truppen und Schiffe band, übte die deutsche Regierung solange diplomatischen Druck auf Spanien aus, bis die Pläne zur vorzeitigen Repatriierung zu den Akten gelegt wurden.

Erst im August 1919 begann der Rücktransport der Internierten nach Kamerun. Ende Oktober erreichten die letzten Afrikaner das Festland. Die kurze, aber intensive Präsenz der Deutschen auf der Insel wirkt bis heute nach. So existieren auf Bioko Orte mit deutschen Namen wie beispielsweise Frauendorf. Außerdem gibt es Äquatorialguineer mit deutschen Vorfahren und deutschen Familiennamen.

Zentralafrika als Reservoir für Menschen und Rohstoffe

Auch nach der Beendigung der Kämpfe in Kamerun hatte der Krieg noch Auswirkungen auf das Zentrale Afrika. So lieferte die Region zahlreiche Nahrungsmittel und Rohstoffe nach Europa, die für die alliierte Kriegführung nicht unwichtig waren. Zudem stellte Zentralafrika ab 1915 eine gewaltige Zahl von Soldaten, Trägern und Arbeitern für die Kriegsschauplätze in Europa, in Afrika und im Mittleren Osten. Während Großbritannien Afrikaner nur auf außereuropäischen Kriegsschauplätzen einsetzte (so über zehntausend Nigerianer in Deutsch-Ostafrika und in Mesopotamien), verschiffte Frankreich rund 135 000 Männer aus West- und Zentralafrika nach Europa. Insgesamt, so schätzt der US-amerikanische Historiker Melvin E. Page, leisteten rund zwei Millionen Schwarzafrikaner in irgendeiner Form Kriegsdienst für eine europäische Kolonialmacht. Zwischen 200 000 bis 250 000 von ihnen bezahlten ihren Einsatz mit dem Leben. Weitere 2,2 Mio. Menschen fielen der zweiten Welle der Spanischen Grippe zum Opfer, die zwischen Mitte August und Ende September 1918 ganz Afrika südlich der Sahara erfasste. Im Zentralen Afrika wurde Kamerun am schlimmsten betroffen.

I. Historische Entwicklungen

Dort starben über fünf Prozent der auf rund 4,5 Mio. Menschen geschätzten Gesamtbevölkerung an der Pandemie.

Am einfachsten waren junge Afrikaner noch für den Soldatenberuf zu begeistern, der eine gewisse Anziehungskraft ausübte, bot er doch die Aussicht auf ein regelmäßiges, verhältnismäßig gutes Einkommen und damit verbunden einem hohen Ansehen in den afrikanischen Gesellschaften. Zudem lockte die Aussicht auf Reisen in unbekannte Länder und die Möglichkeit, den traditionellen Sozialstrukturen in den Heimatregionen zu entfliehen. Doch die Zahl der Freiwilligen war viel zu gering. Von 40 000 zwischen 1915 und 1916 für die französische Kolonialarmee rekrutierten Männern hatten sich nur sieben bis acht Prozent freiwillig gemeldet. Um den riesigen Bedarf an Soldaten zu decken, mussten die Kolonialmächte andere Wege beschreiten. So bedienten sich die britischen und französischen Behörden häufig der afrikanischen Chefs. Diese mussten regelmäßig eine gewisse Anzahl von Rekruten stellen. Weigerten sie sich, drohte ihnen eine Gefängnisstrafe oder die Niederbrennung ihres Wohnortes. Viele Chefs kooperierten jedoch bereitwillig mit den Kolonialherren, die sie im Gegenzug mit Geldzahlungen oder mit Machtzuwachs belohnten.

Während vor allem Sklaven und Männer mit niedrigem sozialem Status in der Regel nicht wagten, sich den Befehlen ihrer Chefs zu widersetzen, unternahmen viele Afrikaner alles, um sich den Rekrutierungen zu entziehen. Manche Männer versteckten sich in unzugänglichen Gebieten oder fügten sich selbst Verletzungen zu, um nicht eingezogen zu werden. Einige emigrierten in benachbarte Kolonien. Ein Teil kehrte zurück, sobald die Anwerbungen abgeschlossen waren, andere blieben für längere Zeit oder für immer im Ausland. Selbst bereits eingezogene Soldaten, Träger oder Arbeiter entflohen ihrem erzwungenen Einsatz häufig durch Desertion, obwohl ihnen ihm Falle des Wiederaufgreifens schwere Strafen drohten. Die Zwangsrekrutierungen sorgten für Unzufriedenheit in der Bevölkerung, die sich immer wieder im gewaltsamen Widerstand gegen die Kolonialmächte entlud. Zwar gab es im Zentralen Afrika keine großen Aufstände wie in West- oder Nordafrika, kleinere Unruhen erforderten aber auch hier mehrfach den Einsatz von Kolonialtruppen. In Nordnigeria kamen bei einer derartigen Bestrafungsaktion beispielsweise über 200 Afrikaner ums Leben.

Die zeitlich begrenzte Migration so vieler Afrikaner blieb nicht ohne Auswirkungen auf Zentralafrika. Als bei Kriegsende im November 1918 Tausende von Soldaten und Arbeitern in ihre meist ländlichen Heimatregionen entlassen wurden, hatte das tiefgreifende soziale und politische Veränderungen zur Folge. So schwanden Macht und Einfluss traditioneller afrikanischer Eliten, weil viele Veteranen, die als vergleichsweise wohlhabende Männer und mit gesteigertem Selbstbewusstsein zurückkehrten, die Autorität der Eliten nicht mehr bedingungslos anerkannten. Auch zahlreiche Sklaven, die während ihres Militärdienstes gleichberechtigt neben freien Afrikanern gekämpft hatten, verlangten nach einer Änderung ihres sozialen Status. Andere Veteranen konnten sich nicht mehr in ihre Dorfgesellschaften integrieren und verließen ihre Heimatregionen, um sich in den wenigen Städten eine neue Existenz aufzubauen.

Durch den Krieg änderte sich auch die Einstellung vieler Afrikaner zu ihren Kolonialherren. Ein Teil von ihnen, vor allem die in Europa gekämpft hatten, waren von der militärischen Stärke der Alliierten und den technischen Errungenschaften des Westens beeindruckt. Diese Männer entwickelten eine enge Bindung zu ihrer Kolonialmacht, die durch die bevorzugte Versorgung Einzelner mit Posten in der Kolonialverwaltung gefördert wurde. Bei der Mehrheit der Rückkehrer überwog jedoch die Enttäuschung, als sie feststellen mussten, dass viele der von den Kolonialherren gemachte Versprechungen nicht eingehalten wurden. Zugesagte Beförderungen unterblieben, Abfindungen fielen geringer aus als gedacht, die Dankbarkeit der Weißen für die Beteiligung so vieler Afrikaner am Krieg hielt sich in Grenzen und die Versprechungen auf eine rechtliche Besserstellung waren schnell vergessen. Die Folge war, dass Zweifel und Kritik an den Kolonialherren bei vielen Afrikanern wuchsen und erste Überlegungen über eine mögliche Unabhängigkeit von den Europäern aufkamen.

Thomas Morlang

Obwohl kein Schauplatz größerer Kampfhandlungen, spielte das Zentrale Afrika politisch und strategisch eine bedeutende Rolle im Zweiten Weltkrieg. Zum einen erklärten sich hier die ersten französischen Kolonien für das »Freie Frankreich«, das damit von einer abstrakten Vorstellung zu einem konkreten Territorium wurde – im Bild General Charles de Gaulle bei der Auszeichnung des Gouverneurs des Tschad und später Französisch-Äquatorialafrikas, Félix Éboué, für seine 1940 demonstrierte Loyalität. Zum anderen konnten die Briten eine Luft-Versorgungsroute von Takoradi im heutigen Ghana über den Tschad in den Nahen Osten einrichten, die wesentlich zum alliierten Erfolg in Nordafrika beitrug. Später war sie ein wichtiges Element der Luft-Versorgungsroute zwischen den Kontinenten. All das wäre ohne die frühe Etablierung der Alliierten in Französisch-Äquatorialafrika nicht möglich gewesen.

Das Zentrale Afrika im Zweiten Weltkrieg

Die Etablierung des »Freien Frankreichs« in Afrika und die politische Bedeutung des Zentralen Afrika für den Zweiten Weltkrieg hängen vor allem mit dem Namen Félix Éboué (1884–1944) zusammen. Dieser war einer der ersten schwarzen höheren Beamten in der französischen Kolonialverwaltung. Er stammte aus der Kolonie Französisch-Guayana in Lateinamerika. Seine Großeltern waren noch Sklaven gewesen. Als Gouverneur des Tschad (seit 1939) weigerte er sich im Juni 1940, den in Europa geschlossenen deutsch-französischen Waffenstillstand anzuerkennen, und erklärte am 26. August seine Loyalität für General Charles de Gaulle (1890–1970).

Gleichzeitig entsandte de Gaulle René Pleven (1901–1993; später französischer Premier- und Verteidigungsminister sowie 1950 Schöpfer des nach ihm benannten Plans einer europäischen Armee) und einen seiner fähigsten Offiziere, Philippe de Hautecloque (1902–1947), nach Afrika. Hautecloque war im Westfeldzug 1940 als Hauptmann verwundet worden, konnte aber der deutschen Kriegsgefangenschaft entkommen und nach England fliehen. Zum Schutz seiner in Frankreich verbliebenen Familie nannte er sich »François Leclerc«. In der Nacht zum 27. August 1940 – zeitgleich

Der französische General Leclerc (eigentlich Philippe de Hautecloque) bei einem Zwischenstopp in Bangui, April/Mai 1941.

mit Eboués Erklärung – fuhr Leclerc per Schiff mit 23 Soldaten von Britisch-Nigeria nach Tiko in die französisch verwaltete ehemalige deutsche Kolonie Kamerun, die sich daraufhin dem Freien Frankreich anschloss. Auch in den französischen Kolonien Kongo (heute Republik Kongo) und Oubangui-Chari (heute Zentralafrikanische Republik) setzten sich binnen weniger Tage die Anhänger de Gaulles durch. General Louis Husson (1878–1963) übergab in Brazzaville unter Protest die Führung der Kolonie an Oberst Edgar de Larminat (1895–1962). Die drei

I. Historische Entwicklungen

Tage vom 27. bis 29. August gelten als die »Trois Glorieuses«, die »drei glorreichen Tage«, ähnlich wie die Tage der bürgerlichen Revolution vom 27. bis 29. Juli 1830 in Frankreich.

Lediglich in Gabun, das aufgrund des Hafens der Hauptstadt Libreville eine Schlüsselrolle für das französische Zentralafrika spielte, erklärte sich Gouverneur Georges Pierre Masson, der sich zunächst für das »Freie Frankreich« erklärt hatte, loyal zur pro-deutschen Regierung in Vichy unter Marschall Henri Philippe Pétain (1856–1951). Erst nach einem kurzen Feldzug, der vom 27. Oktober bis 12. November 1940 dauerte, kapitulierten die Vichy-treuen Truppen. Masson beging Selbstmord und seine von General Marcel Têtu (1888–1983) geführten Soldaten wurden interniert. Damit hatte de Gaulle eine territoriale Basis für sein »Freies Frankreich« etabliert. Am 13. November bestellte er Éboué (inzwischen von der Regierung in Vichy in Abwesenheit zum Tod verurteilt) zum Gouverneur von ganz Französisch-Äquatorialafrika.

Französisch-Westafrika – mit der Hauptstadt Dakar – und Französisch-Nordafrika erkannten allerdings weiterhin Vichy als die legitime französische Regierung an. De Gaulles Versuch, am 24. September 1940 mit einer britisch-frei-französischen Flotte Dakar zum Übertritt zu bewegen, war von den Truppen Vichy-Frankreichs gewaltsam zurückgeschlagen worden. Vor allem die französische Marine war – nach ihrer Beschießung durch die Briten bei Mers-el-Kébir am 3. Juli 1940, mit 1297 Toten, einem gesunkenen Schlachtschiff und mehreren beschädigten Schiffen – auf die einstigen Verbündeten nicht gut zu sprechen.

Mit der Etablierung der frei-französischen Kräfte in Zentralafrika wurde die Hauptstadt der heutigen Republik Kongo, Brazzaville, de facto bis 1944 die Hauptstadt des Freien Frankreich. Am 27. Oktober 1940 proklamierte de Gaulle hier das Conseil de Défense de l'Empire als führendes Organ des Freien Frankreich. Damit bot sich aber auch die Möglichkeit einer engeren Kooperation mit den Briten. Für sie war der Nahe Osten wegen des Suezkanals stets mehr als ein Nebenkriegsschauplatz. Ägypten – als Königreich unter britischer Kontrolle – musste sowohl gegen einen direkten Angriff aus Libyen entlang der Küstenstraße (wie ihn die Italiener im September 1940 tatsächlich versuchten) geschützt werden, als auch gegen einen möglichen Vorstoß aus dem südlichen Libyen ins Niltal. Eine Schlüsselrolle spielte dabei die Oasengruppe von Kufra in Südlibyen: Dort kreuzte sich die Karawanen-Route zum Nil mit der Nord-Süd-Verbindung vom Mittelmeer in den Tschad und den Niger.

Um einen möglichen italienischen Vorstoß von Kufra aus ins Niltal oder auch in den Tschad beziehungsweise nach Nigeria zu vereiteln, sollten britische und frei-französische Streitkräfte gemeinsam Stützpunkte im südlichen Libyen etablieren. Diese Aktionen waren die ersten Einsätze der Fernaufklärer der britischen Long Range Desert Group (LRDG), die von den legendären »Wüstenfahrern« der Zwischenkriegszeit wie Ralph A. Bagnold (1896–1990), Guy L. Prendergast (1895–1951) oder László von Almásy (1901/02–1986) inspiriert war – letzterer gab der Figur im Roman und Film »Der englische Patient« den Namen, obwohl der echte Almásy mit der Romanfigur wenig gemeinsam hatte. Am 21. September 1940 stieß eine erste LRDG-Patrouille bis Tekro im Norden des Tschad vor. Der Kommandeur der LRDG, Oberstleutnant Ralph Bagnold, flog am 31. Oktober 1940 nach Fort Lamy (1973 umbenannt in N'Djamena), um mit Éboué über künftige gemeinsame Aktionen zu verhandeln.

Allerdings umfassten die frei-französischen Truppen im nördlichen Tschad nur knapp 1000 Mann – drei Kompanien und dazu zwei mit Kamelen berittene kompanie-starke »Groupes Nomades«, bei denen nur die Offiziere, ein Teil der Unteroffiziere und die Funker Franzosen waren – und neun zweimotorige »Blenheim«-Bomber, deren Besatzungen aber nicht für Einsätze in der Wüste ausgebildet waren. Daher vereinbarten Éboué und Bagnold einen britischen Überfall, um von Ägypten aus die italienische Garnison Murzuk im südlichen Libyen anzugreifen. Zwei Patrouillen der LRDG (zusammen 76 Mann in 23 Fahrzeugen) verließen am 26. Dezember 1940 Kairo und erreichten am 4. Januar 1941 den Treffpunkt mit der französischen Gruppe nördlich von Kayugi, am Fuße des Tibesti-Gebirges an der Grenze zwischen Tschad und Libyen. Der folgende Vorstoß traf die kleine italienische Garnison von Murzuk völlig überraschend; das Fort wurde beschädigt, Depots und drei Flugzeuge auf dem Landestreifen zerstört. Anschließend beschoss die Gruppe noch kleinere italienische Stützpunkte, bevor sie sich in den Tschad zurückzog. Dort übernahm der inzwischen eingetroffene Oberst Leclerc das Kommando für den Überfall auf Kufra. Zu diesem Zeitpunkt allerdings waren die Italiener wachsam – die alliierte Gruppe wurde am 31. Januar 1941 südlich von Kufra angegriffen und musste sich zurückziehen. Im Februar rückte Leclerc mit einer kleinen Kolonne von rund 400 Mann und rund 50 Fahrzeugen erneut nach Norden vor und nahm das Oasenfort nach mehrtägiger Belagerung am 1. März 1941 ein. Die Italiener unternahmen nichts, um Kufra zurückzugewinnen, da ihre Kräfte durch die Kämpfe gegen den britischen Gegenschlag aus Ägypten bis weit nach Libyen hinein gebunden waren. Diese Aktionen der Alliierten im südlichen Libyen erfolgten ziemlich zeitgleich mit dem Eintreffen der ersten Elemente des künftigen deutschen Afrika-Korps unter Generalleutnant Erwin Rommel (1891–1944) in Tripolis ab dem 14. Februar 1941.

Aus frei-französischer Sicht war die Einnahme von Kufra ein wichtiger Prestigegewinn. Nach der Einnahme des Forts am 2. März 1941, schwor Leclerc, die Waffen erst dann niederzulegen, wenn die französische Flagge vom Münster in Straßburg wehten, was als »Schwur von Kufra« bekannt wurde. Die frei-französische 2. Panzer-Division erreichte Straßburg schließlich am 23. November 1944. Über Kufra wehte in der Folge die Trikolore, obwohl die Garnison nicht aus dem Tschad, sondern von der (britisch geführten) »Sudan Defence Force« (SDF) gestellt wurde. Auch die Versorgung erfolgte aus dem Osten, von Wadi Halfa im Niltal. Aus britischer Sicht war Kufra, wie ein Bericht im September 1941 betonte, essentiell um die Verbindungslinien im Niltal aufrechtzuerhalten. Dementsprechend wurde es trotz der schwierigen Transportroute von über 2000 Kilometern durch die Wüste besetzt gehalten – die sudanesischen LKW-Kolonnen benötigten für die Fahrt zwei bis drei Wochen.

Die Takoradi-Versorgungsroute

Mit diesen Aktionen war die alliierte Position im Tschad und im angrenzenden zentralafrikanischen Raum ab Anfang 1941 gesichert. Gleichzeitig rückte der Nahe Osten ins Visier der Planer beider Seiten: Mit den italienischen Angriffen auf Ägypten Ende

Das Zentrale Afrika im Zweiten Weltkrieg

1940 und auf Griechenland Anfang 1941, die beide ein deutsches Eingreifen nach sich zogen, hatte der Zweite Weltkrieg zwei neue Kriegsschauplätze erhalten. Im Mai 1941 kam es im Irak zu einem Putsch gegen die pro-britische Regierung, der aber von den Briten rasch niedergeschlagen wurde und in der Folge zur Beendigung der bis dahin Vichy-treuen französischen Herrschaft in Syrien führte. Mit dem deutschen Überfall auf die Sowjetunion im Juni 1941 veränderten sich die bisherigen Allianzen dieses Krieges – britische und sowjetische Streitkräfte besetzten den Iran von Süden beziehungsweise von Norden.

Unter diesen Umständen gewann der zentralafrikanische Raum eine neue Bedeutung. Denn über den Tschad war es möglich, eine strategische Luft-Versorgungsroute von Westafrika über Fort Lamy in den Sudan und weiter bis in den Nahen Osten zu etablieren. Damit ersparte man sich die von Westafrika aus rund 10 000 Kilometer lange Seeroute um das Kap der Guten Hoffnung. Die Überfahrt dauerte fast einen Monat und war der Bedrohung durch deutsche und (ab Ende 1941) japanische U-Boote ausgesetzt.

Schon 1936 hatten die britischen »Imperial Airways« wöchentliche Linienflüge von Lagos in Nigeria nach Khartum im Sudan betrieben – als Nebenroute zu den Flugboot-Diensten von Southampton nach Südafrika. Im Juli 1940 begann die Vorbereitung für eine kriegsmäßige Nutzung dieser Route. In der Hafenstadt Takoradi in der britischen Kolonie Goldküste (heutiges Ghana) entstand ein Montagewerk für britische »Hawker Hurricane«-Jagdflugzeuge und »Blenheim«-Bomber. Sie erhielten dort Sandfilter und andere Zusatzausrüstung für den Einsatz in der Wüste. Die Maschinen flogen von Takoradi nach Lagos in Nigeria. Der kurzen Küste der französischen Kolonie Dahomey – heute Benin, damals noch zum Einflussbereich von Vichy gehörig – wurde über See ausgewichen. Von dort verlief die Route über Kano in Nordnigeria nach Fort Lamy sowie weiter nach Khartum und Kairo. Insgesamt war dies eine Flugstrecke von rund 5700 Kilometern. Die Reichweiten der Flugzeuge wurden durch Zusatztanks erhöht.

Die ersten Flugzeuge verließen Takoradi am 20. September 1940. Trotz häufiger technischer Pannen und der Behinderungen durch das tropische Wetter flogen bereits Mitte 1941 rund 200

Maschinen pro Monat aus der Hafenstadt an der Goldküste in Richtung Nordosten. Zwanzig Transportflugzeuge wurden allein dafür eingesetzt, um die Piloten nach den Überstellungen von Ägypten nach Takoradi zurückzubringen. Bis Ende Oktober 1943 wurden über 5000 Flugzeuge auf dieser Route befördert, von denen 4500 in Takoradi zusammengebaut worden waren.

Die »Takoradi Air Route« war zunächst ein britisches Unternehmen, um schneller Flugzeuge und Personal in den Nahen Osten zu verlegen. US-Präsident Franklin D. Roosevelt (1882–1945) erkannte aber schon früh ihre darüber hinausgehende strategische Bedeutung. Ab Frühjahr 1941 wurden Flugplätze in der Karibik ausgebaut, um von Florida aus nach Brasilien und von dort über die britische Atlantikinsel Ascension nach Westafrika zu fliegen. Unter geschickter Umgehung des US-amerikanischen Neutralitätsgesetzes erhielten die Briten im Juni 1941 die ersten zwanzig Transportflugzeuge über diese Route, ehe im November 1941 regelmäßige Nachschubflüge begannen.

Mit dem US-amerikanischen Kriegseintritt im Dezember 1941 fielen die letzten gesetzlichen Beschränkungen und bis 1944 übernahm die U.S. Army Air Force (USAAF) offiziell den Betrieb des Flughafens in Accra (der Hauptstadt der Goldküste). 1943 waren nicht weniger als 8000 US-Soldaten in Britisch-Westafrika stationiert, die meisten davon in Accra und im nigerianischen Kano. 1942/43 übertraf die Bedeutung der Takoradi-Verbindung alle anderen Transportrouten. Die Entfernung von Florida über die Karibik und Britisch-Guyana, Brasilien und Ascension nach Liberia, dann weiter nach Takoradi und von dort entlang der britischen Route in den Sudan oder nach Kairo, und weiter über Indien bis Kunming in China betrug rund 23 000 Kilometer. Einer der Organisatoren war Oberst William Henry Tunner (1906–1983) – in Deutschland vor allem durch die spätere »Berliner Luftbrücke« von 1948/49 bekannt.

Eine Landverbindung durch Afrika?

Im September 1942 erwogen britische Planer, analog zur Luftverbindung über den Tschad auch eine Landroute quer durch Afrika, verwarfen dies aber schnell aufgrund des großen Aufwandes. Im Tschad rechnete man beispielsweise damit, dass 1000 Tonnen an Treibstoff und Ersatzteilen erforderlich waren, um 100 Tonnen Güter an die Front zu bringen.

Wohl aber bestand ab April 1942 eine Versorgungsroute durch die belgische Kolonie Kongo. Das »H.Q. 70 L. of C.« (= lines of communication) lag im ugandischen Kampala und trug nach der Telegrammanschrift die Bezeichnung AFLOC für »(Trans-)African Lines of Communication«. In kurzer Zeit entstand eine Verbindung, die von den Häfen von Matadi (heute Demokratische Republik Kongo) und Pointe Noire (heute Republik Kongo) nahe der Mündung des Kongo-Flusses über rund 7200 Kilometer bis nach Kairo reichte. Zwischen Mitte 1942 und Ende 1943 wurden so 75 000 Tonnen Güter und 7000 Fahrzeuge befördert – fast ein Zehntel der im Nahen Osten benötigten Gesamtmenge. Diese Bilanz war umso eindrucksvoller, wenn man bedenkt, dass die Güter unterwegs nicht weniger als achtmal zwischen Schiff, Straße und Bahn umgeladen werden mussten. Auch hier waren (zwangs-)rekrutierte afrikanische Arbeiter in großer Zahl im Einsatz.

In Yambinga in Belgisch-Kongo entstand für diese Transporte ein neuer Hafen. Die Bahn wurde von dort bis in den Norden der Kolonie verlängert und auch die Bahnverbindungen im Sudan ausgebaut. Neue Montagewerke dienten dem Zusammenbau von Fahrzeugen. Bald übertrafen die Rohstoffe und Verpflegung, die aus Zentralafrika sowohl in den Nahen Osten als auch Großbritannien gebracht wurden, den Nachschub für die britischen Truppen im Nahen Osten. Auch Südafrika war ein wesentliches Zentrum der alliierten Kriegslogistik in Afrika. Holz aus dem Kongo wurde nach Südafrika verschifft, und Kohle aus Südafrika zum Betrieb der Bahn nach Zentralafrika. Der Sudan exportierte Baumwolle, und in Léopoldville (heute Kinshasa) in Belgisch-Kongo entstand eine eigene Fabrik für britische Khakiuniformen für den Nahen Osten. Metalle und Rohstoffe aus dem Kongo gelangten über diese Route in den Westen – so war es dann auch Uran aus dem Kongo, das den Bau der ersten US-amerikanischen Atombomben ermöglichte.

I. Historische Entwicklungen

Deutsche Unternehmungen Richtung Tschad

Dass es Transportrouten von Westafrika in den Nahen Osten gab, war den Deutschen nicht völlig verborgen geblieben. Am 20. April 1942 hielt das Kriegstagebuch des Oberkommandos der Wehrmacht (OKW) fest: »Vom Gegner ist der Bau von zwei strategischen Straßen quer durch Afrika von Kamerun bis zum Sudan begonnen worden. Nach einer französischen Meldung ist es möglich, auf diesen Straßen [...] Verstärkungen und Nachschub von England und den USA nach Ägypten zu führen.« Dahinter steckte wohl eine falsche – oder falsch interpretierte – Information, die sich vielleicht auf die Einrichtung der AFLOC-Route bezog. Zwar geisterte die Vorstellung einer Nachschubstraße quer durch Afrika auch immer wieder durch die Nachkriegsliteratur, eine solche Straße gab es jedoch nie. Der vermeintliche Auftrag, diese zu unterbrechen, wird oft fälschlich in Zusammenhang mit dem deutschen »Sonderkommando Dora« genannt, das im Januar 1942 aufgestellt wurde, um mögliche Vormarschrouten der Alliierten vom Tschad aus ins südliche Libyen zu erkunden. Tatsächlich unternahm Leclerc Anfang 1942 Vorstöße über Kufra hinaus im südlichen Libyen; ein Jahr später stieß die »Kolonne Leclerc« auf diesem Wege zu den alliierten Truppen in Tunesien und Algerien.

Noch vor diesem Unternehmen, Ende Januar 1942, unternahm die 1. (Fern-) Aufklärungs-Staffel der Aufklärungs-Gruppe 121 von den Stützpunkten in Hon (bzw. Hun, rund 600 km südlich von Tripolis) und Sebha (400 km weiter südlich) aus Aufklärungsflüge über der libyschen Wüste und einmal sogar mit einer He 111 einen Flug bis Fort Lamy, wo sie den Flughafen angriff und einige Treibstofflager in Brand setzte. Knapp zwei Monate später, am 19. März 1942, flog eine italienische Savoia Marchetti SM. 83 von Gatrun aus einen Aufklärungsflug nach Fort Lamy.

Schluss

Üblicherweise widmet sich die Kriegsgeschichte mehr den Operationen als der Logistik. Das vorliegende Beispiel aber zeigt deren Bedeutung für die Kriegführung. War die Erklärung Französisch-Äquatorialafrikas für das »Freie Frankreich« 1940 politisch von wesentlicher Bedeutung, so stellte die Errichtung und der Betrieb der »Takoradi Air Route« eine logistische Meisterleistung und ein strategisch bedeutsames Unternehmen dar, das den Kriegsverlauf im Nahen Osten, aber auch bis in die Sowjetunion und nach China beeinflusste. Auch die insgesamt weniger wichtige AFLOC-Route belegt das Geschick der alliierten Kriegführung im Bereich der Versorgung und Logistik.

Neben den Auswirkungen auf den Verlauf des Zweiten Weltkrieges hatte diese Versorgungsroute aber auch Folgen für die Bevölkerung dieser Region: Betriebe wurden errichtet, Straßen, Eisenbahnen und Flughäfen ausgebaut, Infrastruktur jeder Art geschaffen. Im Tschad verdreifachte sich beispielsweise die Baumwollproduktion zwischen 1939 und 1945. All das hatte – positive wie negative – langfristige Auswirkungen; es entstanden neue Arbeitsmärkte und Abhängigkeiten. In den britischen wie den französischen Kolonien in Afrika wurden Zivilisten angeheuert oder durch die lokalen Autoritäten aufgetragene Arbeiterquoten zwangsverpflichtet, um auf den Flugplätzen und in anderen Bereichen zur Unterstützung der Kriegswirtschaft zu arbeiten. Für die Goldküste werden Zahlen von rund 70 000 zum Militärdienst eingezogenen Männern genannt und für die vier heutigen Staaten des ehemaligen Französisch-Äquatorialafrikas fast 23 000 rekrutierte Männer. Für die Entstehung eines neuen afrikanischen Selbstbewusstseins trugen beide Weltkriege enorm bei; der Zweite Weltkrieg bildete daher trotz der gravierenden sozialen und ökonomischen Einschnitte in die Belange der lokalen Bevölkerung eine Vorstufe zur Dekolonisierung der 1950er- und 1960er-Jahre.

Ein tschadischer Soldat der französischen Tirailleurs Sénégalais mit erbeuteten italienischen Flaggen.

Erwin A. Schmidl

Seit der sogenannten Berliner Afrikakonferenz von 1884/85 war der afrikanische Kontinent südlich der Sahara mit wenigen Ausnahmen vollständig den europäischen Mächten zur Kolonisierung zugeteilt. Während Deutschland seine Kolonien ab 1919 an die europäischen Siegermächte des Ersten Weltkriegs abtreten musste, kamen vor allem die etablierten Kolonialstaaten Frankreich, Großbritannien und Portugal mit dem Ende des Zweiten Weltkriegs unter immer größeren Druck, politische und wirtschaftliche Reformen in den von ihnen verwalteten Gebieten durchzuführen. Insbesondere die wirtschaftlichen Engpässe der Nachkriegszeit in Europa zwangen die Kolonialmächte dazu, ihren vorher gemachten Versprechungen – wie von Charles de Gaulle bei seiner 1944 in Brazzaville gehaltenen Rede – und den generellen Forderungen der lokalen Bevölkerung nach Veränderungen nachzukommen. Die Mehrheit der frankophonen Staaten erlangte ihre Unabhängigkeit im Jahr 1960. Anders als in Algerien oder den portugiesischen Kolonien, lief der Prozess im Zentralen Afrika überwiegend friedlich ab, mit Ausnahme von Kamerun. Vielerorts brachte die Dekolonialisierung aber nur den formellen Bruch mit der europäischen, meist französischen politischen Verwaltung, nicht aber mit der wirtschaftlichen Fremdbestimmung.

Dekolonisierungsprozesse: Wie Staaten entstehen – Prozesse und Argumente der Dekolonisierung

Nach dem Ende des Zweiten Weltkrieges waren die nach mehr Selbstbestimmung und Unabhängigkeit verlangenden Stimmen der indigenen Bevölkerungen in fast allen europäisch beherrschten Territorien in Asien und Afrika nicht mehr zu überhören. Die mit dem Ende des Zweiten Weltkriegs unter den afrikanischen Menschen zu beobachtende Politisierung und die damit verbundene Formierung breiter Bevölkerungsschichten in verschiedensten Verbänden und Gewerkschaften nahmen beständig zu. Einheimische Politiker, Gewerkschaftsführer und einige Kirchenführer forderten die Einhaltung der Versprechungen ihrer Kolonialherren wie zum Beispiel eine größere politische Selbstbestimmung als Gegenleistung für die Kriegsbeteiligung afrikanischer Truppen, die die Alliierten während des Krieges unterstützt hatten. In den französischen Kolonien bezogen sich diese Forderungen auf die Anfang des Jahres 1944 in Brazzaville gegebenen Versprechungen, die Charles de Gaulle (1890–1970) als Führer des Freien Frankreichs den Afrikanern gegeben hatte. Demnach sollte im französisch beherrschten Kolonialreich eine Neuorganisation der politischen, sozialen und ökonomischen Rahmenbedingungen nach Beendigung des Krieges erfolgen. Die Franzosen sahen solche Reformen, die die politische Unabhängigkeit bedeuteten, aber keinesfalls schon als Zugeständnis an die Afrikaner an. Denn nur eine Minderheit der französischen Kolonien hatte sich nach der Kapitulation Frankreichs vor der deutschen Wehrmacht im Juni 1940 dem Freien Frankreich de Gaulles angeschlossen: Französisch-Äquatorialafrika, nicht aber Französisch-Westafrika und die nordafrikanischen Besitzungen. Die Konferenz von Brazzaville vom 30. Januar bis zum 8. Februar 1944 erörterte die Umwandlung der Gebiete mit kolonialem Status in eine Französische Union (Union Française). Damit sollte die Bevölkerung in den Kolonien stärker in den Kampf um die Befreiung Frankreichs von der deutschen Besatzung eingebunden werden. Das war ein wichtiger, für eine Kolonialmacht bis dahin ungewöhnlicher Schritt. Das machte de Gaulle in seiner

I. Historische Entwicklungen

Eröffnungsrede in der heutigen Hauptstadt der Republik Kongo deutlich: »Mäße man die Vorhaben unserer Zeit an den Irrtümern der Vergangenheit, dann wäre die Entscheidung der französischen Regierung, diese afrikanische Konferenz einzuberufen, in der Tat erstaunlich.« In der verabschiedeten Deklaration von Brazzaville wurden unter anderem folgende Maßnahmen festgeschrieben: Die Beibehaltung der sich aus der Kolonialzeit herausgebildeten Beziehungen zwischen dem »Mutterland« und den Kolonialgebieten, die Entsendung von Vertretern aus den überseeischen Gebieten in die nach Beendigung des Krieges einzurichtende verfassungsgebende Versammlung sowie in das französische Parlament sowie die Abschaffung der Zwangsarbeit. Nicht alle afrikanischen Vertreter waren mit diesen Zugeständnissen einverstanden, sie gingen ihnen nicht weit genug. Dennoch beriefen sich später viele afrikanische Politiker auf diese Deklaration.

Die meisten der afrikanischen politischen Führer, die in der Regel aus den lokalen Eliten stammten und zum großen Teil niedere Funktionen in den Kolonialverwaltungen besetzten, gaben sich zwar traditionell, stützten sich jedoch auf »westliche« Ideologien und erlangten somit nicht nur unter ihren Bevölkerungen, sondern auch unter den Menschen in Europa und Nordamerika Aufmerksamkeit und Unterstützung. Die ersten Hilfsleistungen in Afrika erfolgten jedoch vor allem durch die Sowjetunion und die mit ihr verbündeten Staaten des Ostblocks. Sie erkannten die Möglichkeit, ihre sich aus den ideologischen Traditionen der Arbeiterbewegung ergebende antikoloniale Haltung in die Praxis umzusetzen. Das hatte für die sozialistischen Staaten den geopolitischen Effekt, den Einfluss des Marxismus/Leninismus auszuweiten und somit dem Ziel der weltweiten Verbreitung einer klassenlosen Gesellschaft näher zu kommen. Insbesondere in internationalen Organisationen, vor allem in den Vereinten Nationen (VN), sprachen sie sich für die Dekolonisierung aller kolonial geprägten Staaten aus.

Aufgrund des zunehmenden inneren und äußeren Drucks sah sich vor allem die Regierung in Paris genötigt, im Jahre 1960 den Großteil ihrer Kolonien beziehungsweise jene »Treuhandgebiete« der VN in die Unabhängigkeit zu entlassen. Dies lag auch daran, dass der antikoloniale Befreiungskampf sich Ende der

Dekolonisierungsprozesse im Zentralen Afrika

1950er-Jahre auf Afrika konzentrierte und dort ein gewaltiger Wille zur Unabhängigkeit, auch mit gewaltsamen Methoden, freigesetzt hatte; so in der Demokratischen Republik Kongo unter der Führung von Patrice Lumumba (1925–1961) gegen die belgische Kolonialmacht, so in Kamerun, wo sich zehntausende Guerillakämpfer unter Führung der Union

Der kongolesische Premierminister Patrice Lumumba (r.) am 17. Juli 1960 im Gespräch mit Joseph Mobutu (l.), dem neuen Chef des Generalstabs und späteren Präsidenten.

des Populations du Cameroun (UPC) gegen die französische Kolonialherrschaft erhoben. Wollte man sich nicht auf kostspielige Kolonialkriege einlassen, blieb den europäischen Mächten nur der Rückzug aus den Kolonien. Dennoch bestanden innerhalb der europäischen Regierungen und Parlamente große Hemmnisse, fürchteten diese doch den Verlust der »Überseegebiete« nicht nur aus wirtschaftlichen, sondern auch aus strategischen Gründen. Ein hochrangiger Vertreter der Afrika-Abteilung des US-Außenministeriums hatte schon 1957 erkannt: »Dieser herrliche Kontinent hat Lebensbedeutung für den Westen; nicht nur wegen seiner strategischen Lage und dem Überfluss an Rohstoffen, sondern auch weil er unsere letzte Grenze darstellt. Der größte Teil Asiens ist verloren, Afrika bleibt. Aber Afrika liegt wie ein Vakuum da – die reichste Beute auf der Welt.« Die strategische Bedeutung Afrikas südlich der Sahara hatte auch der damalige Vizepräsident der USA, Richard Nixon (1919–1994), erkannt. In einer Rede formulierte er 1958, dass Afrika im nächsten Vierteljahrhundert »ein entscheidendes Schlachtfeld zwischen dem Osten und dem Westen sein« werde.

Ebenso wichtig waren die Rohstoffe Afrikas und die dort produzierten landwirtschaftlichen Erzeugnisse, die den Kolonialmächten hohe Gewinne gebracht hatten. Diese Profite riefen jedoch auch staatliche Konkurrenten auf den Plan, die über keine Kolonien verfügten und nicht zuletzt deshalb für eine

I. Historische Entwicklungen

rasche Dekolonisierung eintraten. Immerhin lieferte der afrikanische Kontinent Ende der 1950er-Jahre 98 Prozent der weltweit geförderten Diamanten, 81 Prozent des Kobalts, 59 Prozent des Goldes, 40 Prozent des Chromerzes, 42 Prozent des Antimon, 36 Prozent des Manganerzes, 32 Prozent der Phosphate und 26 Prozent des Kupfers. Ferner wurden vier Fünftel des von westlichen Ländern benötigten Uranerzes in Afrika gefördert. Die hieraus erzielten Gewinne flossen zum überwiegenden Teil in die Wirtschaften der kolonisierenden Länder, ebenso die Gewinne aus der Erzeugung landwirtschaftlicher Rohstoffe, die vom »schwarzen Kontinent« stammten, nämlich Palmkerne zu 75 Prozent, Kakaobohnen zu 61 Prozent, Palmöl zu 64 Prozent und Sisal zu 58 Prozent. Nach den offiziellen Statistiken der Zentralbank von Belgisch-Kongo hatten 366 Gesellschaften in den ersten zehn Monaten des Jahres 1957 Gewinne von zirka elf Milliarden belgischen Franc erzielt.

Mit dem steigenden Gewinn aus der kolonialen Ausbeutung verstärkte sich die Armut der einheimischen Bevölkerung, insbesondere ab Ende der 1940er-Jahre. Das Durchschnittseinkommen eines in den belgischen Kolonien lebenden Europäers betrug im Verhältnis zu dem Einkommen eines dortigen Afrikaners 64 zu eins. In den meisten anderen Regionen des kolonialen Afrika sahen die Wohlstandsunterschiede ähnlich aus. Nicht unbeachtet darf jedoch die Tatsache bleiben, dass die Aufrechterhaltung der kolonialen Ordnungen auch zu starken volkswirtschaftlichen Belastungen der europäischen Länder führte. Dieses Argument wurde von den Kolonialkritikern und selbst von afrikanischen Politikern ins Feld geführt. Die Führer der antikolonialen Befreiungsbewegungen im Zentralen Afrika stammten, wie auch in anderen Regionen des afrikanischen Kontinents, hauptsächlich aus dem Umkreis von in bestimmten Ethnien herrschender Familienclans; oft waren sie auf christlichen Missionsschulen zur Bildung gelangt. Ihnen war durchaus bewusst, dass mit der Erlangung der staatlichen Unabhängigkeit nicht das Problem des sozialen Ungleichgewichts beseitigt werden konnte. Doch, so der spätere Präsident der schon 1958 unabhängig gewordenen Republik Guinea, Sékou Touré (1922–1984): »Wir ziehen die Armut in Freiheit dem Reichtum in Sklaverei vor.«

Dekolonisierungsprozesse im Zentralen Afrika

Probleme auf dem Weg in die Unabhängigkeit

In der Fachliteratur findet man oftmals Bezeichnungen wie »die Unabhängigkeit erstreiten«, »in die Unabhängigkeit entlassen«, »die Unabhängigkeit erlangen« oder die »Unabhängigkeit erkämpfen«. Diese Formulierungen implizieren, dass die meisten afrikanischen Kolonien ihre Unabhängigkeit auf mehr oder weniger einvernehmliche Weise erlangten. Allerdings war die Beendigung der europäischen Kolonialherrschaft in Afrika in einigen Fällen – vor allem in den portugiesischen Kolonien – auch mit Waffengewalt erreicht worden. Vor allem aber übten die erstarkenden Unabhängigkeitsbewegungen politischen Druck auf die kolonialen Administrationen aus. Das konnte durch Streiks, Massenunruhen und in der Regel gewaltlose Proteste geschehen. Die Politisierung der Unabhängigkeitsbewegungen kam vor allem durch die Entstehung von Parteien und die Bildung von Gewerkschaften zum Ausdruck; so gut wie alle forderten die Loslösung ihrer Länder von den kolonialen Mutterländern.

Am 25. Mai 1963 gründen die Staatschefs der unabhängigen afrikanischen Staaten auf ihrem Gipfeltreffen im äthiopischen Addis Abeba die Organisation für Afrikanische Einheit (AOU).

I. Historische Entwicklungen

Neben dem Willen und der damit verbundenen Euphorie zur Erlangung der Unabhängigkeit verhallten mäßigende Stimmen. Denn bereits in jener Zeit wurden die Grundlagen für spätere, bis heute andauernde Konflikte gelegt. Die Befreiungsbewegungen bestanden stets aus verschiedenen Fraktionen, die gegeneinander im Wettbewerb um die Macht standen. Oftmals bildeten sich mehrere bewaffnete Organisationen, die nicht nur die europäischen Kolonialherren bekämpften, sondern sich auch gegenseitig blutige Auseinandersetzungen lieferten. Die konkreten Interessen der verschiedenen Befreiungsorganisationen sind auch heute oftmals nicht einfach zu erkennen. Denn neben Kolonisierenden und Kolonisierten traten auch andere Akteure wie internationale Organisationen, Medien, Rüstungslobbyisten, privat wirtschaftliche (multinationale) Unternehmen, benachbarte Staaten, Religionsgemeinschaften, ideologische Bündnispartner und anderweitige Solidargruppen auf den Plan. Bei der Auswahl der Partner im beginnenden Dekolonisierungsprozess waren die Kolonialherren darauf bedacht, von ihnen akzeptierte Afrikaner zu fördern und deren Parteien und Organisationen an der Spitze der Macht zu etablieren. Diese Haltung ist insbesondere in den ehemaligen französischen Kolonien zu beobachten.

Die sich schon Ende des 19. Jahrhunderts herausgebildete panafrikanische Ideologie, also die Idee von der Einheit aller afrikanischer Menschen, gewann in der Phase der Dekolonisation eine praxisrelevante Komponente. Zunächst erhielt die vom ghanaischen Staatschef Kwame Nkrumah (1909–1972) verfolgte Politik größere Relevanz, als im Jahre 1963 die Organisation der Afrikanischen Einheit (OAU) gegründet wurde. Diese verfolgte im Wesentlichen zwei Ziele: zum einen die Fortführung und Beendigung der Dekolonisierung und zum anderen die Verhinderung von regionalen Konflikten, die durch die kolonialen Grenzziehungen verursacht werden konnten. Auch sollten die afrikanischen Staatssysteme neu geordnet werden. Ursprünglich war vorgesehen, den ganzen Kontinent zu einem Bundesstaat, nach dem Vorbild der USA, zu vereinen. Diese Idee scheiterte an der vehementen Ablehnung einiger Verhandlungsteilnehmer, die ihre staatliche Souveränität nicht aufgeben wollten.

Ergebnisse der Dekolonisierung

Dreißig Jahre nach der staatlichen Unabhängigkeit musste konstatiert werden, dass oftmals eine politische, jedoch vor allem eine ökonomische Abhängigkeit der ehemaligen Kolonien zu ihren Mutterländern fortbestand und besteht, was einige Theoretiker, Politiker und Ökonomen als »Neokolonialismus« bezeichnen. Bis heute existieren vielfältige Hierarchien und Abhängigkeitsverhältnisse in vielen afrikanischen Ländern. In einigen Fällen ist die so vehement verfolgte staatliche Souveränität unvollständig, denn zahlreiche Staaten könnten etwa im Konfliktfall ihr Territorium nicht mit eigenen militärischen Mitteln schützen, ganz davon abgesehen, dass gravierende soziale Unterschiede die wirtschaftliche Situation prägen. Einige Staaten wären sogar ohne Transferzahlungen von außen wirtschaftlich nicht lebensfähig. In der afrikabezogenen Politikwissenschaft werden Staaten wie Kamerun oder Gabun als »Fassadendemokratien« oder »Demokraturen« bezeichnet. Dennoch bestehen nach der Dekolonisation in der heutigen Welt nun nicht mehr jene offen zelebrierten Herrschaftsstrukturen zwischen sich kulturell fremd gegenüberstehenden Gesellschaften, die man mit den Begriffen »Metropole« und »Kolonie« bezeichnet.

Besaßen noch zu Beginn des Ersten Weltkrieges große Flächen des Erdballes den Status als Besitz einer fremden Macht, waren bis 1976 die europäischen Kolonien von den Landkarten weitgehend verschwunden. Von den mehr als 665 Millionen Menschen, die 1945 unter einer kolonialen Fremdherrschaft lebten, befanden sich 1966 nur noch etwa 35 Millionen unter kolonialer Herrschaft. Zum Ausdruck kam diese weltweite Zustimmung zur Dekolonisation in der Resolution 1514 der Vereinten Nationen: »Alle Völker haben das Recht auf Selbstbestimmung; kraft dieses Rechts bestimmen sie frei ihren politischen Status und verfolgen frei ihre wirtschaftliche, soziale und kulturelle Entwicklung.« Zugleich wurde »die Unterwerfung von Völkern unter fremde Unterjochung, Herrschaft und Ausbeutung« zu Verbrechen gegen das Völkerrecht erklärt. Kolonialismus ist heute moralisch und völkerrechtlich diskreditiert.

Ulrich van der Heyden

»Kalter Krieg« und »Ost-West-Konflikt« bezeichnen den weltumspannenden Gegensatz von liberal-kapitalistischen und sozialistischen Gesellschaftsordnungen zwischen 1945 und 1991. Auch wenn die Menschen und Staaten des Afrikanischen Kontinents davon betroffen waren, erscheinen beide Oberbegriffe fragwürdig: Zum einen blieben viele Konflikte hier keineswegs »kalt« wie in Europa, zum anderen wurde der Ost-West-Gegensatz von postkolonialen Divergenzen zwischen »Nord« und »Süd« und regionalen Handlungslogiken überspielt. Die afrikanischen Machthaber der Zeit wandten sich – oft abwechselnd – der einen oder anderen Seite zu, verfolgten aber stets eigene Interessen und Ziele.

Die Abbildung zeigt die Krönungszeremonie des »Kaisers« Jean-Bédel Bokassa am 4. Dezember 1977 in Bangui. Die Krönungsfeierlichkeiten wurden im Stil seines Vorbilds Napoleon I. abgehalten und größtenteils von Frankreich finanziert, was die Bewunderung Bokassas für die Französische Republik ausdrückte. Gleichwohl blieb auch die Haltung im »Zentralafrikanischen Kaiserreich« gegenüber dem europäischen Westen ambivalent – zwischen Anlehnung und exzentrischen Zeichen der Selbstständigkeit.

»Das afrikanische Schachspiel« der Supermächte – Zentralafrika im »Kalten Krieg« von 1947 bis 1990

Auf den ersten Blick mag es überraschen: Ein ganzer Kontinent erschien erst mit ein bis zwei Jahrzehnten Verspätung auf der Weltkarte des doch scheinbar alles umfassenden »Kalten Krieges«. Dies gilt in besonderem Maße für das Zentrale Afrika. Für die Beziehungen der sogenannten »Supermächte«, den Vereinigten Staaten von Amerika (USA) und der Sowjetunion (UdSSR), blieb die zentralafrikanische Region bis Anfang der 1990er-Jahre von untergeordneter Bedeutung. Dennoch hinterließ der ideologische Wettstreit der Großmächte und ihrer Bündnisse der Nordhalbkugel auch hier deutliche, wenn auch nach dem Lagerprinzip des »Ost-West-Konflikts« oft nur schwer einzuordnende Spuren.

Für die meisten der lokalen Akteure in Afrika war der Konflikt zwischen Washington und Moskau, zwischen Liberalismus und Kommunismus, sicherlich nicht das beherrschende Leitmotiv ihrer Politik. Stattdessen beherrschten zunächst der Kampf gegen die Kolonialherren und nach der – oft nur formalen – Unabhängigkeit die Emanzipationsversuche gegen deren postkoloniale Wirtschafts- und Militärstrukturen das politische Denken in allen Staaten der Region. Dies gilt nicht nur für die 1950er- und 1960er-Jahre, in denen die heutigen Staaten im Zentralen Afrika in schneller Folge ihre Unabhängigkeit erlangten, sondern für die gesamte hier angesprochene Periode. Gerade weil die Querverbindungen zum globalen »Kalten Krieg« nur schwer erkennbar und noch viel schwieriger zu deuten sind, gibt es kaum nennenswerte historiographische Forschungen dazu.

Allerdings zeigen sich – sowohl das Engagement der Supermächte als auch die historische Literatur betreffend – einige Ausnahmen in Zentralafrika und dessen Nachbarregionen: Im Osten erhielt Tansania mehr Unterstützung aus China als jedes andere afrikanische Land. Im ehemaligen Belgisch-Kongo stürzte ein vom US-amerikanischen und belgischen Geheimdienst koordinierter Militärputsch nur wenige Monate nach Erlangung der Unabhängigkeit die gewählte Regierung. Der 1965 endgültig

I. Historische Entwicklungen

an die Macht gekommene Diktator Joseph-Désiré Mobutu Sese Seko (1930–1997) erreichte als »Amerikas Tyrann« bald eine zweifelhafte Berühmtheit und wurde von Washington und Paris bis 1997 unterstützt. Weiter südlich, in Angola, löste die späte Unabhängigkeit von Portugal einen Bürgerkrieg unter Beteiligung der beiden Supermächte, Kubas, Zaïres (Demokratische Republik Kongo) und Südafrikas aus, der von 1975 bis 2002 andauerte. Noch weiter im Süden und Osten liegen mit Namibia, Südafrika, Rhodesien/Simbabwe und Mosambik jene Länder, in denen sich die Macht- und Ideologiekonflikte der Supermächte mit dem Ringen um die Bewahrung bzw. Abschaffung eines staatlich institutionalisierten Rassismus auf oft undurchsichtige Weise vermischten. Eine ähnlich explosive Situation ergab sich ganz im Osten am Horn von Afrika durch die Verknüpfung jahrhundertealter ethnischer und religiöser Konflikte, willkürlich gezogener postkolonialer Staatsgrenzen und der langfristig angelegten Einflussnahme der USA und der UdSSR aufgrund der geostrategischen Schlüssellage der Region.

Gerade im Vergleich zu den letztgenannten Regionen oder auch zu den Ereignissen in den arabischen Ländern nördlich der Sahara mag es geradezu unwirklich erscheinen, wie wenig die Staaten des Zentralen Afrika in diese viele Jahrzehnte andauernde globale Machtprobe hineingezogen wurden. Eine Erklärung hierfür könnte bereits in den verwendeten Begriffen liegen: Was macht – zeithistorisch – das »Zentrale Afrika« aus, was den »Kalten Krieg« oder den »Ost-West-Konflikt«?

Begriff und Bedeutung des »Kalten Kriegs«

Bereits die einige Jahre andauernde Spannungsperiode vor dem Ausbruch des Ersten Weltkriegs wurde von Zeitgenossen als »kalter Krieg« umschrieben. Erst 1947 wurde der Begriff auch auf den sich abzeichnenden Konflikt zwischen den offenbar unvereinbaren Gesellschaftsvorstellungen des libertär-kapitalistischen Westens und des kommunistischen Ostens übertragen. Im anbrechenden Nuklearzeitalter definierten Politikwissenschaftler den »Kalten Krieg« als eine Art Aggregatszustand der internationalen Beziehungen: Eine Situation, die den Frieden zwar ausschloss, in der Krieg aber keine (Überlebens-)Option darstellte. Allerdings veränderten sich die politischen, gesellschaftlichen, ökonomischen, militärischen und nuklearen Rahmenbedingungen dieses Konflikts in den 45 Jahren seines Bestehens mehrmals grundlegend.

Das Gleichgewicht des Schreckens auf der Nordhalbkugel erwies sich aber als ein entscheidender Faktor für die Ausweitung des Konflikts in die sogenannte »Dritte Welt«. Hier waren aufgrund der Abwesenheit von Nuklearwaffen außer in Südafrika nach wie vor auch militärische Austragungen des Konflikts – meist ohne Eskalationsgefahr – regional möglich. Der »Kalte Krieg« Europas erwies sich, mit ethnischen und religiösen Konflikten angereichert, vor allem in Afrika als Ansammlung langer und blutiger »heißer Kriege«. Die nukleare Parität in Europa und die ernüchternden Erfahrungen der Berlin- und Kubakrisen ließen beide Seiten in Europa nach neuen, weniger konfrontativen und nicht-militärischen Formen des Konfliktaustrages suchen. In den 1970er-Jahren verschwand der »Kalte Krieg« daher auch aus dem öffentlichen Vokabular und wurde mit dem allgemeineren Begriff des »Ost-West-Konflikts« ersetzt. Dies änderte sich mit der Verschlechterung der Supermachtbeziehungen gegen Ende des Jahrzehnts und mit Beginn der Ära Ronald Reagans (1911–2004) in den USA. Der »Kalte Krieg« war wieder in aller Munde, nicht zuletzt um Reagans Politik der militärischen Stärke zu legitimieren. Für die sogenannten Stellvertreterkriege in Afrika – soweit sie dies überhaupt waren – blieben die Austragungsbedingungen des Ost-West-Konflikts in Europa jedoch meist ohne Folgen. Erst nach dem Ende des ideologischen Gegensatzes und nach der Auflösung der Sowjetunion und des Warschauer Paktes wurden auch die afrikanischen Staaten aus den bipolaren Lagerzwängen entlassen – was nicht selten zur Brutalisierung der Konfliktaustragung führte.

In ihren Umrissen und nicht zuletzt seinem Selbstverständnis ist »Zentralafrika« eine von seiner kolonialen Vergangenheit geprägte Region. Aus der kleinen Küstenkolonie Spanisch-Guinea wurde 1968 der seither durchgängig von Diktatoren regierte Staat Äquatorialguinea. Aus der britischen Kolonie Sudan wurde 1956 eine zwar unabhängige, aber von religiösen und ethnischen Konflikten zerrissene Republik, deren autoritäre Herrscher zwischen der UdSSR, Libyen und den USA oszillierten. Die portugiesische Kolonie Angola wurde 1975 unabhängig. Das Land wird in der Literatur zwar häufig zur zentralafrikanischen Region hinzugezählt, soll im vorliegenden Band aber nicht weiter betrachtet werden. Die Demokratische Republik Kongo (von 1971 bis 1997 Zaïre) entstand 1960 aus der belgischen Kolonie, die ob ihres besonders grausamen Kolonialregimes international berüchtigt war. Die deutsche Kolonie Kamerun wurde nach 1918 in ein französisches und ein britisches Mandatsgebiet geteilt und später teilweise wiedervereinigt. Ab 1960/61 hieß das Land Bundesrepublik Kamerun – bis 1972 im Zeichen der zentralistisch ausgerichteten Diktatur Ahmadou Ahidjos (1924–1989) die Vereinigte Republik Kamerun ausgerufen wurde, die schließlich im Zuge der Demokratisierung zu Beginn der 1990er-Jahre zur Republik Kamerun wurde.

Die Nachfolgestaaten Französisch-Äquatorialafrikas

Der Tschad, die Zentralafrikanische Republik (ZAR), Gabun und die Republik Kongo waren vor ihrer Unabhängigkeit im Jahre 1960 Teil von Französisch-Äquatorialafrika. Ihre bis heute gültigen Grenzen wurden noch 1958 durch die französische Regierung als Vorbereitung auf die bevorstehende Unabhängigkeit festgelegt. In vielen dieser Staaten war die postkoloniale Wirklichkeit keineswegs nur von »kalten« Kriegen gekennzeichnet: Im Tschad tobte schon bald nach der Unabhängigkeit ein nicht enden wollender Bürgerkrieg zwischen dem arabisch-islamischen Norden und dem christlich-afrikanischen Süden. Ab 1966 waren hier auf der einen Seite auch französische und auf der anderen libysche, algerische und sudanesische Truppen beteiligt. Als der muslimische Staatschef Goukouni Oueddei (Weddeye) (geb. 1944) 1981 zusammen mit Muammar al-Gaddafi (1942–2011) die Vereinigung des Tschad mit Libyen vorbereitete, erhielt sein Konkurrent, der Verteidigungs- und spätere Premierminister Hissène Habré (geb. 1942), Hilfe aus den USA, dem Sudan und Ägypten. Auf französischen Druck musste Gaddafi seine Trup-

Der »Toyota-Krieg«

Pick-up-Trucks mit lafettierten Maschinengewehren oder Flugabwehrgeschützen sind zu einer Art Symbol der Aufstandsbewegungen in Nordafrika und im Nahen Osten geworden. Einen ihrer ersten großen Erfolge feierten die heute als »Technicals« bekannten Allradfahrzeuge im tschadisch-libyschen Grenzkrieg 1986/87, der rückwirkend »Toyota-Krieg« getauft wurde. Seit den 1970er-Jahren beanspruchte der ehemalige libysche Machthaber Muammar al-Gaddafi den angeblich uranreichen Aouzou-Streifen im Norden des Tschad. 1973 ließ er das Wüstengebiet und später weite Teile des nördlichen Tschad mit Truppen besetzen und annektierte das umstrittene Territorium. In der Folge kam es wiederholt zu Gefechten zwischen libyschen und tschadischen Truppen, zeitgleich zum tschadischen Bürgerkrieg. Erst nach der 1982 erfolgten Machtübernahme des Rebellenführers Hissène Habré begann im Dezember 1986 die Rückeroberung der von Libyen besetzten Gebiete. Unterstützt durch US-amerikanische und französische Waffenlieferungen erlangten Habrés Truppen mit ihren rund 400 neu gelieferten, geländegängigen Toyota-Pick-ups zahlreiche Siege gegen die zahlenmäßig überlegenen, aber auf dem Gefechtsfeld schwerfälligeren libyschen Streitkräfte. Die »Toyota-Armee« unter Kommando von Hassan Djamous (gest. 1989) und Ahmed Gorou drängte die Besatzer bis zum Sommer 1987 nicht nur aus allen Gebieten südlich des Aouzou-Streifens, sondern griff später im Jahr auch Stellungen in Libyen an. Allein in den Schlachten um Fada und Wadi Doum im nördlichen Tschad sollen tausende libysche Soldaten gefallen sein. Dank der von Frankreich gelieferten MILAN-Panzerabwehrraketen wurden angeblich mehrere hundert Panzer und andere Fahrzeuge zerstört. Die großen Verluste und der internationale Druck von Seiten der OAU, Frankreich und den USA führten am 11. September 1987 zu einem brüchigen Waffenstillstandsabkommen. 1994 bestätigte der Internationale Gerichtshof den tschadischen Besitz des Aouzou-Streifens. *TK*

Ein französischer Soldat instruiert im Jahr 1986 einen tschadischen Soldaten im Umgang mit einer MILAN-Panzerabwehrrakete.

pen weitgehend aus dem Norden des Tschad abziehen. Erst 1986/87 gelang es tschadischen Soldaten und französischen Verbänden in einer großen Offensive die Einheit des Landes wiederherzustellen.

Auch in Gabun versuchte dessen langjährig herrschender Diktator Albert (Omar) Bongo (1935–2009) in enger Anlehnung an Gaddafis Libyen einen eigenständigen Weg zwischen Kapitalismus und Sozialismus zu finden. Bongo, der 1967 an die Macht gelangt war und über viele Jahrzehnte mit Hilfe einer von ihm gegründeten Einheitspartei regierte, ließ erst 1990 einen Demokratisierungsprozess zu. Als dieser kurz vor den ersten Wahlen im September 1990 in einem Chaos aus Gewalt zu enden schien, garantierten einmal mehr Soldaten der ehemaligen französischen Kolonialmacht die innere Sicherheit. Paris unterstützte Bongo auch weiterhin bis zu seinem Tod im Jahr 2009.

Nikolai W. Podgorny, Mitglied des Obersten Sowjets, begrüßt am 1. April 1975 den kongolesischen Präsidenten Marien Ngouabi in Moskau.

In der Republik Kongo wurde der erste Präsident Fulbert Youlou (1917–1972), ein katholischer Priester, bereits nach wenigen Jahren gestürzt. Der von den Militärs eingesetzte Präsident Alphonse Massemba-Débat (1921–1977) führte das Land innerhalb weniger Monate ins kommunistische Lager. Anfang 1964 wurden diplomatische Beziehungen zu China und zur UdSSR aufgenommen und 1966 nach sowjetischem Vorbild sowohl eine Einheitspartei als auch eine Nationale Volksarmee gegründet. Sein ebenfalls durch einen Militärputsch an die Macht gekommener Nachfolger Marien Ngouabi (1938–1977) lehnte sich noch enger an die Sowjetunion an. Aus dieser Zeit stammt auch die Umbenennung des Landes in eine Volksrepublik, was erst 1991 rückgängig gemacht wurde. Ngouabi wurde 1977 ermordet und 1979 erfolgte die Einsetzung von Denis Sassou-Nguesso (ebenfalls ein Oberst der Volksarmee, geb. 1943) als Präsident. Dieser wurde zwar dem linksdoktrinären Flügel der Regierungspartei zugeordnet, bemühte sich aber bald, in Zeiten fallender Öl- und Rohstoffpreise, um bessere Beziehungen zu Frankreich und anderen Ländern des »Westens«. Sassou-Nguesso verlor zwar die freien Wahlen von 1992, eroberte aber mit seinen Milizen sowie der Unterstützung aus Angola und Frankreich 1997 die Hauptstadt und ist seitdem wieder Präsident des Landes.

Ein »Kalter Krieg« in der Mitte Afrikas? Kamerun und die Republik Kongo

Die eindeutige Positionierung der (Volks-)Republik Kongo im kommunistischen Lager führte von 1963 bis 1973 schnell zu einem kleinen »Kalten Krieg« mit dem Nachbarstaat Kamerun. Den Hintergrund dieses Konfliktes, der nur scheinbar den ideologischen Paradigmen der Nordhalbkugel folgte, bildete jedoch die späte Kolonial- und Postkolonialgeschichte Kameruns.

In Douala, im französisch verwalteten Teil des Landes, war bereits 1944 ein erster Gewerkschaftsverband, der USCC, mit engen Kontakten zum französischen Gewerkschaftsbund CCT gegründet worden. Dessen erster großer Streik endete ein Jahr später in einer förmlichen Treibjagd von mit Gewehren bewaffneter weißer Siedler auf schwarze Protestler, wobei laut offiziellen Angaben über achtzig Menschen starben. 1947 wurde Ruben Um Nyobé (1913–1958) Generalsekretär des USCC und 1948 Vorsitzender der aus dieser linksdemokratischen Gewerkschaftsbewegung entstandenen ersten Massenpartei des Landes (»Union der Völker Kameruns« – UPC). 1953 gründete ein konservativer französischer Missionar eine Partei zur Bekämpfung der UPC, die tatsächlich 1955 verboten wurde. 1957 wurden UPC-Kandidaten erst wenige Tage vor den ersten freien Wahlen durch ein Amnestiegesetz der französischen Nationalversammlung in Paris zugelassen, was die UPC als Wahlmanipulation betrachtete. Gleichzeitig kam es zum bewaffneten Widerstand.

Kurz vor der Unabhängigkeit Kameruns sicherte sich die französische Regierung durch einen bilateralen Vertrag auch weiterhin einen entscheidenden Einfluss über die Geschicke des Landes. Als Mann Frankreichs wurde Ahmadou Ahidjo (1924–1989) – nachdem gemäßigtere Politiker ausgeschaltet worden waren – zunächst Minister- und dann Staatspräsident. Unterstützt von ultrarechten französischen Kreisen und »Beratern« aus der ehemaligen Kolonialmacht errichtete er mit Hilfe der von ihm gegründeten Einheitspartei UNC ein brutales Regime. Der Vorsitzende der UPC, Ruben Um Nyobé, wurde 1958 ermordet, wenige Jahre vor der formalen Unabhängigkeit des Landes von 1960/61. Mitglieder, Führungspersonal und Guerillakämpfer der UPC zogen sich angesichts der zunehmenden Verfolgung nach Südosten an die Grenze zur Republik Kongo zurück. Dort wurden sie von den sich an der Sowjetunion orientierenden Regierungen Massemba-Débats und Ngouabis unterstützt, konnten sichere Operationsbasen auf kongolesischem Gebiet unterhalten und Operationen nach Kamerun hinein gegen Ahidjo unternehmen. Zwischen den beiden Staaten kam es darüber zwar zu diplomatischen Spannungen, aber nie zu einem Krieg. Zwischen 1964 und 1967 ließen die Regierungen wiederholt Bürger oder sogar Offizielle des anderen Landes in der Grenzregion verhaften. Die Republik Kongo übergab Protestnoten gegen militärische Tief- und Aufklärungsflüge aus Kamerun. Kamerun konterte mit Verbalnoten über die Gefährdung seiner Bürger und Diplomaten durch UPC-Anhänger im Kongo. Der schwerste Grenzzwischenfall ereignete sich im Dezember

1967, als kamerunische Gendarmerie-Rekruten am Fluss Lelé in Grenznähe unter Feuer gerieten und zwei von ihnen getötet wurden. Die Regierung Kameruns ließ daraufhin unter westlichen Diplomaten das Gerücht verbreiten, dass nun auch chinesische und kubanische Kommunisten auf Seiten der UPC-Rebellen kämpfen würden.

Tatsächlich bemühten sich aber sowohl die Diktaturen in Kameruns Hauptstadt Yaounde als auch im kongolesischen Brazzaville um eine Eingrenzung des Konflikts. 1968, als in Europa Truppen des Warschauer Pakts in der Tschechoslowakei einmarschierten und die Supermächte zugleich erste Entspannungsschritte unternahmen, wurde im westlichen Zentralafrika eine bilaterale Kommission »zur Verbesserung der Beziehungen« eingesetzt. Die konnte den besonderen »Kalten Krieg« zwischen den Ländern zwar nicht beenden, ihre Verhandlungen über die Ausweisung der UPC-Führungsriege aus der Republik Kongo trugen aber entscheidend zur Entschärfung der militärischen Situation bei.

Blutige Konflikte am Rande der Region: Südsudan und DR Kongo

Demgegenüber führte die Verknüpfung älterer regionaler Konflikte mit der postkolonialen Einflussnahme aus Europa und der globalen Rivalität der Supermächte in anderen angrenzenden Regionen zu langanhaltenden, blutigen und oft erst nach dem Ende des »Kalten Kriegs« in Gewaltexzessen mündenden Konflikten. Die Konflikte im Südsudan und in der Demokratischen Republik Kongo (DR Kongo) verdienen wegen ihrer Nähe zur hier vorgestellten Region eine kurze Erwähnung. Im Sudan verwalteten bereits die britischen Kolonialherren die südlichen Provinzen getrennt vom Rest des Landes. Anders als im arabischsprachigen Norden war und blieb Englisch daher im Süden die Amtssprache. Die damit verbundene kulturell, sprachlich und religiös unterschiedliche Ausrichtung führte nach der Unabhängigkeit zu zwei langen, grausamen Sezessionskriegen – von 1955 bis 1972 und von 1983 bis 2005. Die 1971 ausgehandelte

I. Historische Entwicklungen

Teilautonomie des Südens wurde nicht zuletzt durch die noch im gleichen Jahrzehnt begonnene Erdölförderung in den drei Südprovinzen untergraben. Zu groß schienen zugleich die Begehrlichkeiten der Regierung in Khartum und die globalstrategische Bedeutung der Ölvorräte. Khartum selbst steuerte in den Jahrzehnten des »Kalten Kriegs« einen Schlingerkurs zwischen arabischem Nationalismus, Sozialismus und pragmatischer Kooperation mit den USA in den 1980er-Jahren.

In der DR Kongo verblieb die militärische Führung auch nach der Unabhängigkeit im Juni 1960 in belgischen Händen. Aus dem Ende der belgischen Verwaltung resultierten in dem großen Land regionale Machtvakua und politische Instabilität. Der gewählte Premierminister Patrice Lumumba (1925–1961) bat zunächst die USA um Hilfe, galt dort aber bereits als fanatischer Nationalist und Sozialist. Als sich Lumumba an Moskau wandte, um Hilfe gegen die belgischen Truppen in der abtrünnigen Bergbauprovinz Katanga zu erhalten, bestätigte dies nur die Einschätzung Washingtons. Auf höchster Ebene beschlossen die Regierenden in Washington und Brüssel, Lumumba umbringen zu lassen. Die vielen, unterschiedlich motivierten Aufstände im Land wurden mit Hilfe belgischer, US-amerikanischer und französischer Soldaten oft grausam bekämpft. Begründet wurde all dies damit, dass ansonsten die Kommunisten im Kongo »eine freie Hand« erhalten würden. Tatsächlich bedrohten Lumumbas Pläne zur Verstaatlichung der sehr einträglichen Bergbau- und Plantagengesellschaften westliche Wirtschaftsinteressen. Am Ende der blutigen Wirren stand ein Geschäft auf Gegenseitigkeit zwischen dem neuen Diktator Joseph-Désiré Mobutu und den USA: Die Ausbeutung der Bodenschätze wurde vornehmlich US-amerikanischen Unternehmen überlassen, Mobutu garantierte die zuverlässige Gefolgschaft seines Landes gegenüber Washington und wurde im Gegenzug trotz der weltweit bekannten Menschenrechtsverletzungen von allen US-amerikanischen Regierungen bis 1997 gestützt. Belgien war damit zu Beginn der 1970er-Jahre praktisch aus dem Kongo verdrängt worden.

Bokassas Kaiserreich zwischen französischer Dominanz und Deutschlandpolitik

Im Gegensatz zu letztgenannten Staaten scheint der ideologische und geostrategische Konflikt in der Geschichte der Zentralafrikanischen Republik (ZAR) von 1945 bis 1990 keine Rolle gespielt oder bestenfalls für eher grotesk anmutende Anekdoten gesorgt zu haben. Die Schlüsselfigur des nationalen Erwachens in der ZAR war zweifelsohne der katholische Priester Barthélemy Boganda (1910–1959). Er wurde 1946 erster gewählter Vertreter seiner Heimatregion in der französischen Nationalversammlung. Er gründete eine Partei mit dem programmatischen Titel »Bewegung für die soziale Entwicklung des Schwarzen Afrika« (MESAN) und wurde, in Folge der Teilautonomie von Oubangui-Chari (so der Name der ZAR vor der Unabhängigkeit), 1958 nach erfolgreichen Wahlen Ministerpräsident. Boganda hoffte, aus den vier Territorien Französisch-Äquatorialafrikas (Tschad, Gabun, Kongo, Oubangui-Chari) nach der Unabhängigkeit eine einzige große afrikanische Nation zu gründen. Erst als die Vertreter der anderen Territorien dies ablehnten, akzeptierte auch Boganda die von Paris angebotenen Konditionen.

Nachdem Boganda 1959 bei einem Flugzeugabsturz den Tod fand, wurde David Dacko (1930–2003) – ein Verwandter Bogandas – 1960 zum Präsidenten der nun unabhängigen ZAR gewählt. Dackos Regierungsstil war bald gekennzeichnet durch umfassende Repressionen. 1962 wurde auf sein Geheiß MESAN zur einzigen zugelassenen Partei, in der alle Bürger Mitglied zu sein hatten. Ende Dezember 1965 putschte sich der Oberkommandierende der Armee, Jean-Bédel Bokassa (1921–1996), ein Neffe Bogandas und Cousin Dackos, an die Macht. Die Verfassung wurde endgültig außer Kraft gesetzt. Mit der Unterstützung Frankreichs versuchte sich Bokassa an umfassenden Wirtschaftsreformen (Operation »Bokassa«). Die Größe der durch Verstaatlichung entstandenen Agrar- und Industriebetriebe wurde nur noch durch den Umfang der so entstandenen Finanzlöcher übertroffen. Einzige Ausnahme blieb der von französischen Konsortien betriebene Diamantenabbau, dessen Gewinne in Bokassas Taschen flossen. Überhaupt blieb die ZAR auch nach ihrer for-

I. Historische Entwicklungen

malen Unabhängigkeit für Frankreich von großer strategischer Bedeutung: Neben dem Diamantengeschäft interessierten Paris vor allem die Lagerstätten von Uran, die zur Versorgung von Frankreichs Atomstreitmacht abgebaut werden sollten. Die in der Hauptstadt Bangui offiziell zur Unterstützung der ZAR-Regierung stationierte französische Eingreiftruppe konnte von dort aus aber auch schnell in die Unruheherde Tschad und Kamerun oder in den Norden der DR Kongo/Zaïre und den Sudan verlegt werden.

Für die beiden deutschen Staaten war die ZAR in den 1960er- und frühen 1970er-Jahren vornehmlich von deutschlandpolitischer Bedeutung. Nennenswerte wirtschaftliche oder geopolitische Interessen gab es nicht. Im Rahmen der Hallstein-Doktrin galt es für die Bundesregierung, diplomatische Beziehungen zwischen Bangui und Ostberlin zu verhindern, während die SED-Führung dies naturgemäß anstrebte. Westdeutsche Botschafter wie Dietrich von Kyaw (geb. 1934) oder Walter L. Gröner (geb. 1930) griffen vor Ort deshalb auch gerne auf diverse Kniffe zurück: Kyaw polierte in seiner Übersetzung ein eigentlich nichtssagendes Schreiben von Bundeskanzler Kurt Georg Kiesinger (1904–1988) zu einer Lobeseloge auf Bokassa auf; Gröner legte zum Antrittsbesuch auch seine Orden aus dem Zweiten Weltkrieg an – und erhielt dafür das Offiziersehrenwort Bokassas zur Nichtanerkennung der DDR. Dieses hielt jedoch nur ein knappes Jahr: 1970 nahm Bokassa nach sudanesischer Vermittlung einen persönlichen Barscheck aus Ostberlin und 1,5 Mio. Mark Entwicklungshilfe an und erlaubte die Installierung eines DDR-Botschafters, der den programmatischen Familiennamen Deutschland trug. Ausgerechnet die sozialdemokratisch-liberale Regierung unter Willy Brandt (1913–1992) und Walter Scheel (geb. 1919), die eine Überwindung der Hallstein-Doktrin und ein neues Verhältnis zum anderen deutschen Staat anstrebte, musste nun mit »technischer Hilfe« im Umfang von 1,8 Mio. D-Mark kontern, um eine weltweite oder auch nur regional-afrikanische Anerkennung der DDR vor Abschluss und Ratifizierung des deutsch-deutschen Grundlagenvertrages im Sommer 1973 zu verhindern: Die Beziehungen der ZAR zur DDR wurden Mitte 1971 wieder abgebrochen und in den Verhandlungen zwischen den Staatssekretären Egon Bahr (geb. 1922) und Michael Kohl

»Das afrikanische Schachspiel« der Supermächte

Der »letzte Kaiser« von Afrika

Jean-Bédel Bokassa war einer der exzentrischsten Diktatoren im postkolonialen Afrika. 1921 in der heutigen Zentralafrikanischen Republik (ZAR) geboren, kämpfte er im Zweiten Weltkrieg als Freiwilliger für Frankreich in Europa und später in Indochina sowie Algerien. Vielfach dekoriert, erreichte er 1961 den Rang eines Hauptmanns, bevor er in die Armee seiner unabhängig gewordenen Heimat eintrat. 1963 ernannte ihn sein Cousin, der amtierende Präsident David Dacko (1930-2003), zum Chef des Stabes der Streitkräfte. Als Dacko die Wirtschaftsmonopole der ehemaligen französischen Kolonialmacht antastete, Beziehungen zu China aufnahm und Pläne über die baldige Machtübernahme durch den Kommandeur der Gendarmerie Oberst Jean-Henri Izamo (gest. 1966) kursierten, putschte sich Bokassa in der Nacht zum 1. Januar 1966 an die Macht. In der Folge ließ er eine Reihe potentieller Rivalen eliminieren, die laut nie bestätigter Gerüchte teilweise an Krokodile und Löwen verfüttert worden sein sollen. Seine Position festigte er durch den sofortigen Abbruch der politischen Verbindungen zu China und die Anlehnung an Frankreich, dessen späterer Präsident Valéry Giscard d'Estaing (geb. 1926) mit Einladungen zum Jagdurlaub und Diamanten hofiert wurde. Im Jahr 1972 ließ sich »Papa Bok« zum Präsident auf Lebenszeiten wählen. Vier Jahre später rief er das »Zentralafrikanische Kaiserreich« aus. Der bizarre Höhepunkt der Megalomanie Bokassas wurde die am 4. Dezember 1977 stattfindende Krönungszeremonie. Sie wurde ganz im Stil seines Vorbilds Napoleon, mit Dienern in Kürassieruniformen, einem goldenen Thron und einer von acht Schimmeln gezogenen Kutsche abgehalten.

Die ehemaligen Präsidenten Idi Amin von Uganda (l.) und Jean-Bédel Bokassa (r.) zählten zu den exzentrischsten afrikanischen Machthabern ihrer Zeit.

I. Historische Entwicklungen

Gehüllt in eine zwölf Meter lange Schleppe aus Samt und Hermelin, setzte sich Bokassa die mit hunderten Diamanten besetzte Krone selbst auf und erklärte sich zum »Kaiser Bokassa I.«

Nachdem der immer repressiver regierende Diktator im bankrotten Staat Schülerproteste niederschlagen ließ und sich verstärkt an den libyschen Machthaber Muammar al-Gaddafi (1942–2011) anlehnte, besetzten französische Fallschirmjäger in der Nacht zum 21. September 1979 Bokassas Palast (Operation »Barracuda«) und ermöglichten Dackos Rückkehr. Bokassa, der sich zu Gesprächen in Libyen aufhielt, wurde abgesetzt. Nach verschiedenen Stationen im Exil in Abwesenheit zum Tode verurteilt und in der Heimat später zur Zwangsarbeit interniert, starb der »letzte« afrikanische Kaiser am 3. November 1996 als freier Mann, nachdem er 1993 durch eine Generalamnestie begnadigt worden war. Zum 50. Jahrestag der Unabhängigkeit ließ ihn der damalige Präsident François Bozizé (geb. 1946) posthum rehabilitieren. *TK*

(1929–1981) blieb die Aufhebung der internationalen Isolation der DDR ein wichtiges Verhandlungspfand Bonns.

Nachdem seine Reformversuche gescheitert und die Wirtschaft des Landes völlig zerrüttet waren, nahm Bokassa als großer Bewunderer Napoleons und de Gaulles Ende 1976 den »Kaiser«-Titel an und ließ sich ein Jahr später in einer kostspieligen und weitgehend von Frankreich finanzierten Zeremonie krönen. Bei der Krönungsparade kamen 200 BMW-Motorräder und einige 600er Mercedes-Limousinen zur Geltung. Natürlich wurde auch der Landesname geändert – in »Zentralafrikanisches Kaiserreich«. Anfang 1979 kam es zu großen Studenten- und Schülerunruhen, die Bokassas Soldaten zusammen mit militärischer Hilfe aus Mobutus Zaïre blutig niederschlugen. Damit hatten die von Paris und Washington unterstützen Diktatoren zwar bewiesen, dass sie zu einem Schulterschluss nach den Regeln des Ost-West-Konflikts fähig waren. Doch Bokassas persönliches Verhalten in dieser Krise entsprach dann doch den Regeln der afrikanischen Machtpolitik. Seine – in Anlehnung an Napoleons Alte Garde – sogenannte »Garde impériale« massakrierte Hunderte von Schulkindern, wobei Bokassa sich an den brutalen Folterungen auch persönlich beteiligt haben soll.

Bokassas Verhältnis zu Frankreich erscheint in der Außensicht geradezu als schizophren. Maßlose Bewunderung und unbändiger Hass wechselten sich nicht nur ab, sondern verbanden sich zu einer persönlichen wie für das postkoloniale Afrika geradezu exemplarischen Tragödie. Bokassa wurde als Sohn eines Dorf-Chefs geboren. Sein Heimatdorf litt unter den Ausbeutungsmethoden einer französischen Kautschukgesellschaft und sein Vater wurde im Gefängnis von einem Milizsoldaten erschlagen. Der Sohn besuchte Missionsschulen in Bangui und Brazzaville und diente ab 1939 in der französischen Armee. Als Unteroffizier der »Freien Französischen Streitkräfte« nahm er 1944 an der Befreiung Südfrankreichs teil, als Offizier kämpfte er für Frankreich in Indochina (Vietnam). Gegenüber de Gaulle war er voller Bewunderung, titulierte ihn in bester afrikanischer Tradition mit »Papa« – und antwortete, als der um eine andere Anrede bat, nur: »Oui, papa«. Für Bokassa, der ganz in der Tradition Bogandas sein Land und Afrika gern auf Augenhöhe mit der ehemaligen Kolonialmacht gesehen hätte, musste die sogar noch zunehmende ökonomische, politische und militärische Abhängigkeit eine schier unerträgliche Demütigung bedeuten. Mit zunehmender Dauer seiner Regentschaft erschien ihm denn auch immer häufiger der »Geist« seines Vaters, um ihn vor den Franzosen zu warnen. Ob dessen vermeintlicher Rat auch immer die politischen Realitäten der ZAR berücksichtigte, darf allerdings bezweifelt werden.

Nachdem die exzessiven Hinrichtungen und Folterungen 1979 öffentlich wurden, war Bokassa selbst nach den Maßstäben französischer Afrikapolitik für Paris nicht mehr zu halten. Während Bokassa im September 1979 zu einem Staatsbesuch in Libyen weilte, führten französische Fallschirmjäger in Bangui einen Putsch durch. Der Kaiser wurde abgesetzt, die Republik wieder proklamiert. Der Nachfolger war der Vorgänger, David Dacko. Auch die mit seiner Person verbundenen Probleme kehrten zurück. Im Herbst 1981 wurde Dacko – wiederum mit französischer Unterstützung – von General André Kolingba (1936–2010), dem neuen Präsidenten der ZAR, gestürzt. Erst 1993 stellte sich Kolingba freien Wahlen, die er verlor. Die dramatischen Folgen jahrzehntelanger Misswirtschaft im doppelten Windschatten der ehemaligen Kolonialmacht und des bipolaren »Kalten Krieges« zeigten sich in vollem Umfang also erst in den 1990er-Jahren.

Wieviel »Kalten Krieg« gab es im »Zentralen Afrika«?

Anhand der vorgestellten Staatenstudien könnte formuliert werden, dass sich die gefundenen Einflüsse und Auswirkungen des Ost-West-Konflikts sukzessive verringerten, je mehr der Umfang dessen eingeschränkt wird, was unter »Zentrales Afrika« verstanden wird. Die Nachfolgestaaten des ehemaligen Französisch-Äquatorialafrika einschließlich Kameruns waren deutlich weniger und zeitlich begrenzter von ideologisch unterfütterten und von den Supermächten entscheidend bestimmten Konflikten betroffen, als dies etwa in Angola, im Sudan oder in der DR Kongo (Zaïre) der Fall war. Dies heißt hingegen nicht, dass der Ost-West-Konflikt ohne Auswirkungen auf Politik, Wirtschaft und Gesellschaften geblieben wäre. In allen diesen Ländern besaß Frankreich nach eigener Ansicht auch nach der Beendigung der Kolonialherrschaft wichtige Interessen, sodass oft umfangreiches ziviles und militärisches Personal vor Ort blieb. Zusammen mit der relativen geographischen Isolation der Region und ihrer geringen ökonomischen Bedeutung – jeweils aus Sicht der liberalen und kommunistischen Länder der Nordhalbkugel! – scheint auch die französische Präsenz die Staaten der Region zwar in unterschiedlichem, letztlich aber erkennbarem Ausmaß vor der Dynamik des bipolaren Konflikts der Supermächte abgeschirmt zu haben.

Ob die Begriffe »Kalter Krieg« und »Ost-West-Konflikt« für die Region im engeren oder weiteren Sinne tatsächlich zutreffend sind, darf bezweifelt werden. »Kalt« waren oder blieben die Konflikte im Zentralen Afrika selten. Und wo sie dann doch nicht in umfangreichere militärische Operationen ausgeweitet wurden, war dies – wie im Fall von Kamerun und der Republik Kongo oder auch der Zusammenarbeit der Diktatoren von Zaïre und der ZAR – offenbar nicht auf Konfliktvermeidungsstrategien der Supermächte und ihrer Militärblöcke zurückzuführen. Vielmehr ging es um die Wahrung regionaler Interessen und vor allem um die Lösung der mit dem eigenen internen Machterhalt verbundenen Probleme. Als ähnlich unpassend erscheint denn auch der Begriff des »Ost-West-Konflikts«; zu gemischt und vor dem Hintergrund regionaler Konflikte auch ideologisch uneindeutig erscheinen hier die Konfliktlinien. Wenn die Staaten und ihre vielen Ethnien in dieser Periode überhaupt etwas zu verbinden scheint, dann ist es das schier endlose Ringen um eine intellektuelle, ökonomische, politische und militärische Emanzipation von den ehemaligen Kolonialmächten. Erst deren partieller und manchmal auch nur temporärer Rückzug aus der Region nach dem Ende des »Kalten Krieges« schuf jenes Machtvakuum, das die zu Beginn der 1960er-Jahre durch die Etablierung und Unterstützung neuer staatlicher Zentralgewalten letztlich nur aufgeschobene Austragung ethnischer und religiöser Konflikte ermöglichte. Statt des Ost-West-Gegensatzes dominierten vielmehr postkoloniale Divergenzen zwischen »Nord« und »Süd« sowie die regional geprägten Handlungslogiken.

Oliver Bange

Beginnend mit der portugiesischen »Nelkenrevolution« von 1974 unternahmen zahlreiche Staaten seit Ende der 1980er-Jahre Liberalisierungs- und Demokratisierungsversuche. Die weltweite Tendenz zu mehr Partizipation und Bürgerrechten wurde vom US-amerikanischen Politikwissenschaftler Samuel Huntington (1927–2008) als »Dritte Welle der Demokratisierung« bezeichnet. Diese Veränderungen erreichten vor allem Anfang der 1990er-Jahre auch den afrikanischen Kontinent. Ausgehend vom westafrikanischen Benin fanden in fast allen subsaharischen Staaten, die zu einem Großteil von (Militär-)Diktaturen und/oder Einparteienregimen beherrscht wurden, mehr oder minder demokratische Wahlen statt, aus denen immerhin ein Dutzend demokratisch legitimierte Staaten hervorgingen. Nur einer dieser von demokratischen Grundzügen gezeichneten Staaten liegt im Zentralen Afrika: São Tomé und Príncipe. Alle größeren Staaten der Region sind trotz regelmäßiger Präsidentschafts- und Parlamentswahlen – wie auf dem Bild von 2011 im Tschad – aufgrund autokratischer Regierungen keine funktionierenden Demokratien nach westlichem Maßstab. Ihre in den 1990er-Jahren eingeleiteten »Demokratisierungsprozesse« gelten als gescheitert.

Die »Dritte Welle der Demokratisierung« im Zentralen Afrika

Zur Analyse von Systemwechseln etablierte sich seit Ende der 1980er die Transitionsforschung. Deren Ziel war es, die Ursachen, aber stärker noch die Abläufe der sehr unterschiedlichen autoritären Systemauflösungen zu erklären, wie sie seit Mitte der 1970er-Jahre in Südeuropa, später in Lateinamerika und in den 1990er-Jahren in Osteuropa zu beobachten waren. Charakteristisch hierfür waren häufig die zwischen herrschenden Eliten des alten Systems und Systemgegnern ausgehandelte Übergänge, die weitgehend gewaltfrei verliefen, zum Beispiel in der DDR oder Ungarn. Politikwissenschaftler entwickelten daraufhin idealtypische Verlaufsmodelle solcher Transitionen. Der Analysefokus richtete sich vor allem auf die jeweiligen Akteure, ihre Motivationen, Präferenzen und Strategien. Eine Annahme bestand darin, die Systemwechsel in die drei Phasen der Liberalisierung, der Demokratisierung und der Konsolidierung einzuteilen. In der Liberalisierung findet die »Öffnung« des autoritären Regimes statt: Neue gesellschaftliche Freiräume oder begrenzte Reformen wie beispielsweise die Rücknahme unpopulärer Gesetze sind taktisch motiviert, um internem oder externem Druck zu begegnen. Dominierend sind noch die alten Eliten, die versuchen, eine voranschreitende Entwicklung in ihrem Sinne zu steuern und einen Regimewechsel zu verhindern. Die Demokratisierungsphase bedeutet die Institutionalisierung von demokratischen Spielregeln. Die politische Macht wird zunehmend an Institutionen und Normen gebunden und obliegt nicht mehr der Willkür der Exekutive oder einzelner Personen. Häufig werden in dieser Phase die Spielregeln des neuen Systems zwischen moderaten Kräften des autoritären Regimes und kompromissbereiten Oppositionellen ausgehandelt. Die Konsolidierungsphase beginnt in der Regel mit der Verabschiedung einer neuen Verfassung.

Die Konsolidierung einer Demokratie ist ein mehrdimensionaler Prozess auf unterschiedlichen Ebenen. Er umfasst beispielsweise funktionierende demokratische Institutionen, ein verfassungskonformes Verhalten der Eliten und die Existenz einer demokratischen politischen Kultur. Wie die politischen Entwicklungen im Zentralen Afrika zeigen, besteht keineswegs ein Automatismus in der Abfolge dieser Phasen. Die Anfang der 1990er-Jahre begonnen Prozesse sind regelrecht »steckengeblieben« oder schlichtweg gescheitert; oder gewaltsame Staatszerfallsprozesse haben die Grundvoraussetzung für jeden Systemwechsel – die Existenz des Staates – in Frage gestellt.

Autoritäre Systeme und der demokratische Aufbruch im Zentralen Afrika

Mit Ausnahme von São Tomé und Príncipe sowie Äquatorialguinea und dem einst belgischen Kongo sind alle Staaten des Zentralen Afrika ehemalige Kolonien Frankreichs. Die Dekolonialisation wurde zwar ab 1956 durch ein Rahmengesetz (Loi-cadre Defferre) eingeleitet, doch waren die Kolonien nur unzureichend auf ihre Unabhängigkeit vorbereitet. Angesichts schwacher Verwaltungsstrukturen, gering qualifizierter, einheimischer Beamter und der von außen geleisteten Finanzierung blieb die Abhängigkeit von Frankreich größtenteils bestehen. In der Zentralafrikanischen Republik (ZAR) verwalteten französische Experten den unabhängigen Staat noch jahrzehntelang. Alle französischen Regierungen verstanden weite Teile Subsahara-Afrikas als französische Einflusszone. Das Interesse an sowie das politische und finanzielle Engagement in Afrika speisten sich aus wirtschaftlichen, strategischen und machtpolitischen Interessen. Darüber hinaus bot Afrika für Frankreich die Gelegenheit, sich als Weltmacht zu präsentieren. Der »Gendarm Afrikas« strebte nach der Bewahrung des innenpolitischen Status Quo in dessen Ländern und verfügte über eine Reihe von Militärbasen. Französische Regierungen schlossen Sicherheitsabkommen und intervenierten wiederholt, um befreundete Regime zu stabilisieren (vgl. Beitrag Koepf). Vor diesem Hintergrund war die Überraschung umso größer, als Präsident François Mitterrand (1916–1996) am 20. Juni 1990 in einer vielbeachteten Rede beim Franco-Afrika-Gipfel in La Baule ankündigte, die französische Hilfe fortan an die Beachtung von Menschenrechten und Demo-

Die »Dritte Welle der Demokratisierung«

Der französische Präsident François Mitterrand mit seinem ruandischen (l.) und togolesischen (r.) Amtskollegen anlässlich des französisch-afrikanischen Gipfels 1985 in Paris.

kratie zu knüpfen. Dies war jedoch nicht der Beginn einer neuen französischen Afrikapolitik. Frankreich setzte nur in wenigen Fällen auf die Konditionierung seiner Hilfe und unterstützte die im Amt befindlichen Machthaber weiter. Seit Mitte der 1980er-Jahre hatte sich die wirtschaftliche Krise im frankophonen Afrika jedoch zugespitzt: Zurückgehende Rohstoffpreise, wachsender Bevölkerungsdruck und vom Internationalen Währungsfonds entworfene Strukturanpassungsprogramme, die staatliche Leistungen reduzierten und dadurch Schuldenrückzahlungen ermöglichen sollten, hatten für zunehmend prekäre soziale Verhältnisse gesorgt und die Unzufriedenheit in weiten Teilen der zentralafrikanischen Bevölkerungen erhöht. Die über die Medien vermittelten Umstürze in Osteuropa (und 1990 in Benin) gaben demokratischen Ideen Rückhalt, während durch das politische Klima sowie die Geberstaaten regionale demokratische Bewegungen weiter gestärkt wurden.

Der Präsident Äquatorialguineas, Teodoro Obiang Nguema Mbasogo (geb. 1942), war 2015 der am längsten amtierende Präsident eines zentralafrikanischen Staates. Sein Onkel hatte das Land zuvor seit der Unabhängigkeit zwischen 1968 und 1979 regiert. Seine von Frankreich vor allem aufgrund von Wirtschaftsinteressen unterstützte Herrschaft gilt als extrem korrupt und

I. Historische Entwicklungen

autoritär mit fortgesetzten Menschenrechtsverletzungen. Die seit den 1990er-Jahren abgehaltenen Wahlen mit jeweils über 90 Prozent Zustimmung sind weder frei noch fair. Bisher unternahm das Land keine ernstzunehmenden Demokratisierungsanstrengungen. 2014 begann ein vorsichtiger Liberalisierungsprozess mit der Freilassung politischer Häftlinge; zum wiederholten Male wurde ein nationaler Dialog ausgerufen. Vor dem Hintergrund der Erfahrungen der letzten Jahrzehnte ist eine Demokratisierung sehr unwahrscheinlich.

Fast ohne jegliche Vorbereitung entließ die belgische Kolonialmacht die heutige Demokratische Republik Kongo (DR Kongo) 1960 in die Unabhängigkeit. Der Beginn der Eigenstaatlichkeit verlief chaotisch: Nach der Ermordung des ersten sozialistischen Ministerpräsidenten Patrice Lumumba (1925–1961) begannen die sogenannten Kongo-Wirren, in deren Verlauf verschiedene Sezessionsversuche niedergeschlagen wurden – auch mit Hilfe der Vereinten Nationen (VN). Der 1965 erfolgte Militärputsch Joseph-Désiré Mobutus (1930–1997) stieß daher auf Wohlwollen im Westen und leitete eine Periode der oberflächlichen Stabilität ein. Allerdings war das politische System autokratisch: Die gesamte Macht im Staat übten Mobutu und seine Entourage aus. Mit einer Mischung aus systematischer Ausplünderung der Rohstoffe, einem ausgeklügelten Patronagesystem, brutaler Repression und einer »divide et impera«-Politik gegenüber verschiedenen Ethnien gelang es Mobutu, sich 32 Jahre lang an der Macht zu halten. Unterstützung erhielt er auch von Westeuropa und Nordamerika, da sich der Diktator im Kalten Krieg als treuer Verbündeter der westlichen Staatengemeinschaft inszenierte (vgl. Beitrag Bange). Im Zuge seiner Politik der »Authenticité« benannte er das Land 1971 in Zaïre um und legte sich den Namen Mobutu Sese Seko zu. Zudem verfügte er, dass jeder Einwohner automatisch Mitglied der Regierungspartei wurde. Mobutu verstaatlichte Rohstoffunternehmen, um direkten Zugriff auf deren Exportgewinne zu erhalten. Ende der 1980er-Jahre geriet seine Politik aufgrund einer massiven Wirtschaftskrise, der grassierenden Korruption sowie durch Menschenrechtsvergehen bei seinen Verbündeten in die Kritik. Im April 1990 kündigte der Präsident Liberalisierungsmaßnahmen an: Parteien und Vereinigungsfreiheit wurden zugelassen, die Partei vom Staat getrennt und sozialistische Institutionen abgeschafft. Der Druck der Opposition hielt an, obwohl Mobutu unter anderem durch Pseudoparteien Verwirrung schuf und Ende 1991 eine Nationalkonferenz zuließ. Die Wahl des Oppositionsführers Étienne Tshisekedis (geb. 1932) durch die Nationalkonferenz – das afrikanische Pendant zu den Runden Tischen Osteuropas – blieb weitgehend folgenlos. Denn der Einsatz der Präsidentengarde, Gewalt durch meuternde Soldaten und aufbrechende Konflikte schufen ein Chaos, in dem letztlich Mobutu die Oberhand behielt. Im Juni 1994 wählte das Übergangsparlament einen neuen Ministerpräsidenten, der sich aber letztlich nicht gegen den Präsidenten durchsetzen konnte. Die Demokratiebewegung verlor ihre Dynamik. Gestürzt wurde Mobutu 1997 von außen, als eine von Nachbarstaaten gestützte Rebellenbewegung unter Führung von Laurent-Désiré Kabila (1939–2001) in Kinshasa einmarschierte. Nach weiteren Kriegen, an denen verschiedene Nachbarstaaten beteiligt waren, zerfiel der in Demokratische Republik Kongo umbenannte Staat fast vollständig. Den Kampfhandlungen, dem Hunger und mangelnder ärztlicher Versorgung fielen schätzungsweise vier Millionen Menschen zum Opfer. Vor allem der Osten des Landes ist nach wie vor instabil, während der gesamte Staat trotz wiederholter, aber weder freier noch fairer Wahlen eine Autokratie geblieben ist.

In Gabun stellte Staatspräsident Omar Bongo (1935–2009) mit seiner fast 42 Jahre andauernden Amtszeit von 1967 bis 2009 einen Rekord für die längste Regierungszeit in Afrika auf. Wie in den anderen Ländern auch, wurde das Regime aber Anfang der 1990er-Jahre durch innen- und außenpolitischen Druck zu Liberalisierungsmaßnahmen in Form der Einführung eines Mehrparteiensystems und durch Ankündigung von Wahlen gedrängt. Frankreichs Intervention bewahrte Bongo 1990 vor dem Sturz durch gewaltsame Demonstranten, nachdem der bekannte Oppositionspolitiker Joseph Rendjambé (gest. 1990) unter mysteriösen Umständen zu Tode gekommen war. Unter anderem durch die Einberufung einer Nationalkonferenz hatte sich Omar Bongo zuvor selbst an die Spitze des Demokratisierungsprozesses gesetzt. Die Wahlen von 1993 gewann er knapp mit 51 Prozent der Stimmen. Die folgenden regelmäßig abgehaltenen Wahlen ließen der Opposition keine Chance. Die guten Beziehungen des Dik-

I. Historische Entwicklungen

tators zu Frankreich sicherten seiner Herrschaft die notwendige (außenpolitische) Unterstützung, die erst mit seinem Tod 2009 endete. Ihm folgte sein Sohn Ali Bongo Ondimba (geb. 1959), der trotz gewaltsamer Proteste der Opposition aus den folgenden Wahlen knapp als Gewinner hervorging und bis heute autokratisch regiert.

Als Kamerun seine Unabhängigkeit im Jahre 1960 erlangte, verfügte es über ein vergleichsweise gutes Entwicklungspotential. Im Jahr 1961 verschmolzen die zuvor politisch getrennten Gebiete Britisch- und Französisch–Kamerun zum heutigen Staat. Sein Zusammenhalt mit über 200 Ethnien war die zentrale politische Herausforderung für den ersten Präsidenten Ahmadou Ahidjo (1924–1989). Die Stabilisierung des Landes gelang ihm einerseits durch die soziale und ökonomische Entwicklung, andererseits durch die geschickte Einbindung verschiedener politischer Kräfte und Regionen mittels der Vergabe von Ämtern. Die Schattenseite dieser »personal rule« war die Etablierung eines autoritären Systems mit der Beschneidung von Freiheits- und Partizipationsrechten. Nach seinem Rücktritt 1982 setzte sein Nachfolger Paul Biya (geb. 1933) den autoritären Kurs im Einparteienstaat fort und versuchte gleichzeitig mit liberalen Reformen die zunehmenden wirtschaftlichen Probleme in den Griff zu bekommen. Hinzu kamen die wachsende Korruption, eine massive Patronagepolitik und ethnisch-regionale Konflikte, die durch Bevorzugung der kleinen Bulu-Ethnie des Präsidenten ausgelöst wurden. Unter Druck von Massendemonstrationen ließ der Präsident Ende 1990 andere politische Parteien zu. Die Opposition in Kamerun bestand Anfang der 1990er-Jahre aus nur zum Teil in zivilgesellschaftlichen Gruppen organisierten Studenten und Professoren, Selbständigen wie Journalisten und Anwälten sowie Arbeitern. Präsident Biya weigerte sich erfolgreich, eine Nationalkonferenz zuzulassen, da er wohl zu Recht fürchtete seine Macht zu verlieren. Die ersten Mehrparteienwahlen nach 30 Jahren wurden 1992 manipuliert und der Kandidat der Oppositionspartei Social Democratic Front (SDF), John Fru Ndi (geb. 1941), um den Sieg gebracht. Die SDF wird vor allem von englischsprechenden Kamerunern im Nordwesten des Landes unterstützt. Kamerun blieb somit in der Liberalisierungsphase stecken und substantielle demokratische Reformen

Die »Dritte Welle der Demokratisierung«

stehen bis heute aus. Dafür gibt es eine Vielzahl von Gründen: Erstens sabotierten Präsident Biya und die ihn stützenden Kräfte aus Militär und Verwaltung die Demokratisierungsbemühungen durch Repression mittels der Steuerung des Medienbereichs und durch die Verhängung des Kriegsrechts. Zweitens wurden Reformen verschleppt und Oppositionelle gezielt ins Patronagesystem aufgenommen. Begünstigt wurde Biyas Vorgehen drittens durch die Handlungsunfähigkeit der gespaltenen Opposition. Per Verfassungsänderungen wurde die Amtszeit des Präsidenten immer wieder verlängert und die Amtszeitlimitierung für den Präsidenten 2008 vom Parlament ganz aufgehoben. Die Herrschaft Biyas, die von Frankreich wohlwollend unterstützt wird, führte zu einer Stagnation in der Entwicklung des Landes und zu Perspektivlosigkeit und Apathie besonders für die Jugend. Inwieweit die uneinige und wenig überzeugende Opposition das Land im Falle des Todes des mittlerweile 82-Jährigen stabil halten kann, bleibt abzuwarten.

Unmittelbar nach ihrer Unabhängigkeit von 1960 begann die Republik Kongo (Kongo-Brazzaville) instabil zu werden. Mangelhafte Vorbereitung der Dekolonialisierung, ethnische und regionale Rivalitäten, machtgierige Eliten sowie Armut und Korruption führten zu häufigen gewaltsamen Regierungswechseln. Erst mit der 1979 erfolgten Machtübernahme durch Oberst Denis Sassou-Nguesso (geb. 1943), der der marxistischen kongolesischen Arbeiterpartei nahestand, kehrte kurzfristig Stabilität ein.

Cobra-Milizen des Generals Denis Sassou-Nguesso patrouillieren im Oktober 1997 in der Hauptstadt Brazzaville.

I. Historische Entwicklungen

Vor dem Hintergrund einer durch den Verfall des Ölpreises in den 1980er-Jahren verursachten Wirtschaftskrise verstärkte sich der Druck auf das Regime. Die politische Liberalisierung begann 1990 mit der Aufgabe der marxistischen Doktrin, der Zulassung von Parteien und der Einberufung einer Nationalkonferenz im Folgejahr. Letztere erarbeitete eine neue Verfassung. Die Wahlen 1992/1993 gewann der vormalige Premierminister Pascal Lissouba (geb. 1931), dessen instabile Parteienkoalition aber bald zerbrach. Im anschließenden mit unterschiedlicher Intensität und wechselnden Konfliktparteien ausgetragenen Bürgerkrieg herrschten Gewalt und Plünderungen. Im Oktober 1997 gelangte Sassou-Nguesso mit militärischer Unterstützung Angolas und politischer Zustimmung Frankreichs erneut an die Macht. Die Verabschiedung einer neuen Verfassung festigte seine Machtfülle, die 2002 durch manipulierte Wahlen bestätigt wurde. Das Eingreifen Frankreichs und die mehr oder minder große Akzeptanz des korrupten und undemokratischen Regimes zeigt, dass eine wie auch immer geartete Stabilität zum Ziel der französischen und, in geringerem Maße, auch der internationalen Politik geworden war. Bis heute regieren Sassou-Nguesso und seine Familie mithilfe des Militärs. Angesichts einer gespaltenen Opposition und Zivilgesellschaft, die ihre Glaubwürdigkeit durch Anlehnung an Parteien verloren hat sowie wegen der passiven Haltung der internationalen Geber sind politische Veränderungen derzeit nicht erkennbar.

Nach fast 30 Jahren Bürgerkrieg seit der Unabhängigkeit des Tschad im Jahr 1960 eroberten Rebellen unter Führung des ehemaligen Generals Idriss Déby Itno (geb. 1952) im Dezember 1990 die Macht. Unter politischem Druck Frankreichs und von einer internen Opposition aus einer informellen Allianz zivilgesellschaftlicher Gruppen, die eine neue Verfassung und Wahlen forderte, begann die Regierung einen Liberalisierungsprozess: Parteien wurden zugelassen und ein Übergangsparlament erarbeitete eine neue Verfassung. Inwieweit die 1990 und 1996 abgehaltenen Präsidentschafts- und die Parlamentswahlen 1990 und 1997 frei und fair waren, ist zweifelhaft. Alle folgenden Wahlen wiesen jedoch gravierende Mängel auf und gelten als nicht demokratisch. 2004 hob das Parlament die in der Verfassung auf zwei Wahlperioden begrenzte Amtszeitlimitierung für den Präsidenten auf, wodurch die 1990 eingeleitete Reformprozesse einen weiteren Rückschlag erlitten. Die demokratischen Institutionen des Tschad wurden zur Fassade für ein autoritäres und korruptes Regime, dass sich der Unterstützung Frankreichs sowie den USA im Kampf gegen den Terrorismus gewiss sein konnte.

Die Herrschaft André Kolingbas (1936–2010) über die ZAR, dessen autoritäres System sich vor allem auf seine Ethnie der Yakoma stützte, geriet 1990 durch eine breite Allianz aus Gewerkschaften, Intellektuellen, Studenten und Parteien unter Druck. Die zivilgesellschaftliche Allianz forderte die Rücknahme der autoritären Verfassung von 1981 und freie Wahlen. Die relativ fairen und demokratischen Wahlen von 1993 gewann der frühere Premierminister Ange-Félix Patassé (1937–2011). Frankreich und Deutschland hatten zuvor massiven Druck auf Kolingba ausgeübt, das Wahlergebnis zu akzeptieren. Angesichts der politischen, finanziellen militärischen Abhängigkeit von Frankreich besaß er aber auch keine Alternative. 1995 wurde eine neue Verfassung per Referendum angenommen. Trotzdem spielten die politischen Institutionen in den Folgejahren eine weit geringere Rolle als die miteinander konkurrierenden Eliten (vgl. Beitrag Mehler). Die Entwicklung verlief vor dem Hintergrund einer tiefen sozialen und politischen Krise: Militärmeutereien, Putschversuche und gewaltsame soziale Auseinandersetzungen erschütterten das Regime. Der Anlass für die drei Meutereien von 1996 war die Nichtauszahlung des Soldes an die Militärangehörigen; die tiefere Ursache der gewaltsamen Proteste lag aber in der Bevorzugung von Patassés Anhängern und dem Ausschluss der alten Eliten. Mit Frankreichs (militärischer) Unterstützung und unter internationaler Vermittlung gelang es, Abkommen zu unterzeichnen, die Vertretern der bisher ausgeschlossenen Gruppen Regierungsposten zusichern sollten. Die Mitte der 1990er-Jahre begonnene Militarisierung der Politik und ein Übergreifen von Konflikten aus den Nachbarländern Sudan und Tschad führten zu einem graduellen Zerfall des Staates, der 2012 schließlich im Bürgerkrieg versank. Trotz internationaler Hilfstruppen und bevorstehender Wahlen ist die Lage auch gegenwärtig fragil.

I. Historische Entwicklungen

Zusammenfassung: Die Ursachen des Scheiterns

Auch wenn die Ursachen des Scheiterns der Demokratisierungsversuche immer auch länderspezifisch sind, lassen sich doch einige Gemeinsamkeiten erkennen. Zunächst ist festzuhalten, dass die Rahmenbedingungen der Transitionen ungünstig waren: Kein Land verfügte über Erfahrungen mit demokratischen Strukturen. Den dominierenden Präsidenten mit ihrer übergroßen Machtfülle und autoritären Einparteiensystemen standen keine wirklichen »Checks and Balances« gegenüber.

Nur vor dem Hintergrund einer wirtschaftlichen und sozialen Krise seit Mitte der 1980er-Jahre und inspiriert durch erfolgreiche Transitionen in anderen Ländern, entstanden vor allem in den Städten heterogene Demokratiebewegungen, die Forderungen nach einer neuen politischen Ordnung mit Bürgerrechen und Mehrparteiensystemen erhoben. In allen Fällen reagierten die Regime mit einer Liberalisierung der Politik, doch blieben demokratische Fortschritte fragil oder wurden zurückgenommen. Auch neue Verfassungen änderten wenig an den realen Machtverhältnissen. Es gelang den oft jahrzehntelang herrschenden Diktatoren durch eine Mischung aus Unterdrückung und Manipulation die Entwicklung zu bremsen und die Opposition zu spalten oder ins System zu integrieren. Die eigentliche Machtbasis der Regime wie das Militär, die Regierungspartei und die Beamten blieben durch ein umfassendes Patronagesystem dem Präsidenten verbunden. Wie die sozialwissenschaftliche Afrikaforschung oftmals betont, erschwert der neopatrimoniale Charakter der meisten afrikanischen Staaten eine wirkliche Transition. Politik ist in solchen Regimen stark informell und politische Institutionen sind oftmals Fassade. Wahlen ließen sich unter diesen Bedingungen leicht manipulieren. Die Verfügungsgewalt über mineralische Ressourcen sowie Entwicklungsgelder finanzierten gerade in Zentralafrika die Klientelsysteme und die Sicherheitsapparate, die für das Überleben der Regime zentral waren und sind. Der »Fluch der Ressourcen« ist damit in den meisten Ländern der Region ein Faktor, der die Transitionen erschwerte.

Die Träger der Demokratiebewegungen – breite Oppositionsbündnisse sehr unterschiedlicher Gruppierungen – konnten sich nicht gegen die systemloyalen Akteure durchsetzen. Dies liegt auch an der Unterstützung vor allem Frankreichs für die jeweils amtierenden Präsidenten und an der zumeist passiven Haltung anderer einflussreicher Staaten. Nach den Erfahrungen mit Gewaltexzessen wie in Ruanda oder der DR Kongo war die Demokratisierung ab Mitte der 1990er-Jahre zu einem zweitrangigen Interesse der Geberstaaten geworden; sie wurde sogar mitverantwortlich für die politische Instabilität und das Chaos in vielen Ländern gemacht.

Das Transitionsparadigma wurde in vielen Fällen von politischen Akteuren durch ein »Stabilitätsparadigma« ersetzt. Durch die faktische Anerkennung offensichtlich manipulierter Wahlen hat die Gebergemeinschaft oft neue Diktaturen unter den gleichen Köpfen an der Spitze legitimiert und die Opposition entmutigt. Wie die Entwicklungen in der ZAR und in der Republik Kongo demonstrierten, ist aber auch eine Machtübernahme von Rebellen oder ziviler Opposition keinesfalls automatisch ein Fortschritt in Richtung Demokratie. Häufig verstießen auch die neuen Herrscher gegen demokratische Prinzipien. Die gegenwärtige Situation im Zentralen Afrika gibt wenig Anlass zur Hoffnung auf baldige Veränderungen, auch wenn in den letzten 25 Jahren Prozesse einer gewissen Pluralisierung der politischen Akteure stattgefunden haben und eine Zivilgesellschaft existiert.

Siegmar Schmidt

Nach mehreren Jahrzehnten post-kolonialer Einflussnahme sah es zu Beginn des 21. Jahrhunderts für einige Zeit danach aus, als würde sich Frankreich komplett aus seinen ehemaligen Kolonien im Zentralen Afrika zurückziehen. Während die Region für die französische Wirtschaft weiter an Bedeutung verliert, kehrte sich dieser Trend auf sicherheitspolitischer Ebene in den letzten Jahren jedoch radikal um. Mit seiner Militärpräsenz im Tschad (seit 2014 im Rahmen der regionübergreifenden Militäroperation »Barkhane«) und der Operation »Sangaris« in der Zentralafrikanischen Republik (ZAR seit 2013), ist Frankreich heute in der Region präsenter als je zuvor.

Das Bild zeigt den ehemaligen französischen Präsidenten Nicolas Sarkozy (geb. 1955) im Jahr 2010 anlässlich eines Banketts zur Feier des 50. Jubiläums der Unabhängigkeit von 13 afrikanischen Staaten. Neben ihm sitzen der Langzeitpräsident von Kamerun, Paul Biya (geb. 1933, links) und der engste und wichtigste sicherheitspolitische Partner Frankreichs im Zentralen Afrika, Idriss Déby Itno (geb. 1952), aus dem Tschad.

▄▄▄ Die Rolle Frankreichs im Zentralen Afrika

Die aus dem ehemaligen französischen Kolonialreich hervorgegangenen Staaten im Zentralen Afrika blieben – ebenso wie die Ex-Kolonien in Westafrika und im Indischen Ozean – auch nach dem Ende der Kolonialzeit um 1960 Teil des Einflussbereiches Frankreichs auf dem Kontinent, dem sogenannten »pré-carré francophone« (frankophoner Hinterhof). Hier verfolgte Paris weiterhin eine status-quo-orientierte Politik und kooperierte eng mit den vor Ort herrschenden Eliten. Frankreich garantierte den afrikanischen Staatschefs Unterstützung gegen Umsturzversuche von innen und außen. Im Gegenzug gewährten die afrikanischen Machthaber der ehemaligen Kolonialmacht ein gewichtiges Mitspracherecht bei der Gestaltung der politischen Machtverhältnisse in den von ihnen regierten Staaten, wirtschaftliche Dominanz sowie die Fortsetzung des kulturellen Einflusses im Rahmen der Frankophonie. Leitmotiv dieser post-kolonialen Politik war die Wahrung einer exklusiven Einflusszone auf dem afrikanischen Kontinent. Im Kontext des Kalten Krieges suchte die Regierung in Paris hierdurch den Selbstanspruch als weltpolitische »dritte Kraft« neben den Supermächten USA und Sowjetunion zu bekräftigen.

Unter diesem übergeordneten Ziel verfolgte Frankreich in den einzelnen Staaten des Zentralen Afrika unterschiedliche Interessen. Während in den erdölreichen Küstenstaaten Kamerun, Gabun und der Republik Kongo (Kongo-Brazzaville) die Aufrechterhaltung des wirtschaftlichen Einflusses Frankreichs überwog, waren der Tschad und die Zentralafrikanische Republik (ZAR), beide relativ arm an Rohstoffen, für Paris vor allem von militärstrategischer Bedeutung. Da die beiden Staaten am Rand des französischen Einflussgebiets lagen, war die Gefahr einer Einmischung von außen dort besonders groß, was Paris als Gefahr für die Stabilität des gesamten pré-carré ansah. Neben einem weiteren Truppenstützpunkt in der gabunischen Hauptstadt Libreville hatte die französische Armee daher sowohl in der ZAR als auch im Tschad dauerhaft Truppen stationiert. Die rechtliche Grundlage für die Militärpräsenz in Gabun und der

ZAR bildeten bilaterale Verteidigungsabkommen, die Paris 1960 mit den beiden Staaten abgeschlossen hatte.

Zwischen 1960 und 1990 intervenierte Frankreich mehrmals in der Region, meist zum Schutz der amtierenden Machthaber gegen Angriffe von inner- oder außerhalb des Landes. In Kamerun eilte Paris 1960 Präsident Ahmadou Ahidjo (1924–1989) gegen eine bewaffnete Rebellion zu Hilfe. In die Republik Kongo entsandte Paris im August 1963 Truppen, um den amtierenden Präsidenten Fulbert Youlou (1917–1972) gegen einem Angriff bewaffneter Oppositioneller zu unterstützen, ließ ihn letztendlich aber doch zu Gunsten des Oppositionsführers Alphonse Massamba-Débat (1921–1977) fallen. In Gabun befreiten französische Fallschirmjäger 1964 den gabunischen Präsidenten Léon M'ba (1902–1967), der von einer Gruppe Putschisten entführt worden war. Und bei den mehrfachen Interventionen im Tschad (1968–1972, 1978–1980, 1983/84) stand die Eindämmung des libyschen Einflusses im Mittelpunkt.

Einmal beteiligte sich Paris auch aktiv an der Absetzung eines abtrünnig gewordenen Verbündeten. So entschloss sich der damalige französische Präsident Valéry Giscard d'Estaing (geb. 1926) im Dezember 1979, das zentralafrikanische Staatsoberhaupt Jean-Bédel Bokassa (1921–1996), in einer Nacht- und Nebel-Militäraktion abzusetzen (Operation »Barracuda«). Der extravagante Herrscher, bekannt für seinen ausgeprägten Hang zum Luxusleben und seit Dezember 1977 selbstgekrönter Kaiser Bokassa I. des »Zentralafrikanischen Kaiserreiches«, ließ Anfang 1979 hunderte Schüler in Folge friedlicher Demonstrationen foltern und ermorden, was in Frankreich auf scharfe Kritik stieß. Letztendlich bewog vor allem Bokassas Reaktion auf französische Sanktionsmaßnahmen (das Einfrieren der französischen Entwicklungs- und Militärhilfe) die Regierung in Paris zu dessen gewaltsamer Absetzung. Bokassa hatte zur Kompensierung der französischen Hilfsgelder den libyschen Machthaber Muammar al-Gaddafi (1944–2011) um Unterstützung gebeten, was ihn aus französischer Sicht aufgrund des Konfliktes zwischen Paris und Tripolis über die Vormachtstellung im Tschad unhaltbar machte.

Rückzug in den 1990er-Jahren

Nach dem Ende des Kalten Krieges ging das strategische Interesse Frankreichs am Zentralen Afrika wie auch am gesamten pré-carré zurück. Durch das Wegfallen der Blockkonfrontation zwischen Ost und West konnte Paris seine Rolle als »dritte Kraft« zwischen den Supermächten nicht mehr wie gewohnt ausspielen. Das Auftreten neuer Konkurrenten in Afrika – zunächst insbesondere durch die westlichen Verbündeten USA und Großbritannien – bewirkte, dass Paris seine wirtschaftliche Vorreiterrolle in seinen zentralafrikanischen Klientelstaaten verlor. Insbesondere die Öffnung der Energiemärkte in den Staaten am Golf von Guinea zu Gunsten anderer Unternehmen und der damit verbundene Verlust der Monopolstellung des französischen Ölkonzerns Elf-Aquitaine (heute: TOTAL) schmerzte Paris. Letztendlich konnte die französische Regierung diese Entwicklung jedoch nicht verhindern.

Auch die Zahl der französischen Militärinterventionen in der Region ging in den 1990er-Jahren deutlich zurück. Maßgeblich dafür war neben dem Bedeutungsrückgang der Region in der französischen Außenpolitik die problematische Rolle Frankreichs in Ruanda. Vor dem Völkermord von 1994 unterstützte Paris das Hutu-Regime des ruandischen Präsidenten Juvénal Habyarimana (1937–1994) sowohl politisch als auch militärisch. Als in Folge der Ermordung Habyarimanas im April 1994 Hutu-Milizen den Genozid an den Tutsi und an moderaten Hutu verübten, sah sich Frankreich heftiger Kritik und dem Vorwurf der Komplizenschaft ausgesetzt. Letzteres bewog die französischen Entscheidungsträger dazu, ihre vormalige interventionistische Politik grundlegend auf den Prüfstand zu stellen.

Im Jahre 1996 kehrten die alten Muster der französischen Politik kurzzeitig wieder. Paris hatte sich dazu entschlossen, den in der ZAR von einer Rebellion bedrohten Präsidenten Ange-Félix Patassé (1937–2011) militärisch zu unterstützen (Operation »Almandin«). Letztendlich resultierte daraus aber zunächst keine langfristige Rückkehr zu den Praktiken vergangener Tage. Der Tod zweier französischer Soldaten Anfang 1997 führte nicht nur zu einem recht schnellen Ende der französischen Intervention, sondern letztlich zu einem kompletten Truppenabzug. Trotz des scharfen Protests Patassés verließen die rund 1500 stationierten Soldaten bis Mitte 1998 das Land.

Militärisches Comeback seit Anfang des 21. Jahrhunderts

Wirtschaftlich hielt der Trend eines französischen Rückzuges aus den Staaten des Zentralen Afrika auch nach der Jahrtausendwende weiter an. Statt wieder an Stärke in seinen ehemaligen Kolonien zu gewinnen, verlor Paris insbesondere durch den rasanten Aufstieg der Volksrepublik China als wirtschaftlichem Akteur in Afrika, aber auch durch das steigende Interesse anderer Staaten an der rohstoffreichen Region, an Einfluss. Vor allem in der Republik Kongo ist Peking seit 2010 zum wichtigsten Handelspartner geworden. Frankreich belegt hinter China und den USA nur noch den dritten Rang in der Liste der Handelspartner des Küstenstaates.

Militärisch kehrte Paris nur wenige Jahre nach den Ankündigungen seines Rückzuges zum Ende der 1990er-Jahre jedoch zurück. Paris entschied sich Ende 2002, ein kleines Kontingent von Soldaten in die ZAR zu entsenden (Operation »Boali«), um eine von der zentralafrikanischen Regionalorganisation (CEMAC) aufgestellte Friedenstruppe logistisch zu unterstützen und die zentralafrikanischen Streitkräfte zu beraten. Ende 2006 leistete Paris dem drei Jahre zuvor in einem Militärputsch an die Macht gekommenen Präsidenten der ZAR, François Bozizé (geb. 1946), militärische Hilfe. Rebellen hatten einen Vorstoß auf die strategisch wichtige Stadt Birao im Nordosten des Landes gewagt und wurden mit Hilfe französischer Kampfjets und Fallschirmjäger erfolgreich zurückgedrängt.

Im Tschad, wo Paris zwar seit 1986 ständig präsent war, jedoch nicht mehr direkt interveniert hatte, griffen französische Truppen ebenfalls erneut in landesinterne Machtkämpfe ein. Im April 2006 und Anfang Februar 2008 unterstützten Soldaten des Epervier-Kontingents den tschadischen Präsidenten Idriss Déby beim Zurückschlagen von Rebellenangriffen aus dem Osten des Landes. Hinzu kam im selben Zeitraum das Drängen Frank-

Ausgewählte unilateriale französische Militärinterventionen in der heutigen CEMAC-Region

Jahr	Land	Kurzbeschreibung
1960 – 1964	Kamerun	Soldaten und Ausrüstung zur Unterstützung der kamerunischen Regierung gegen die UPC-Rebellen.
1960	Tschad	Unterstützung der Regierung von François Tombalbaye.
1962	Republik Kongo	Militäreinsatz während der Unruhen in Brazzaville.
1963	Republik Kongo	Militäreinsatz während des Putsches gegen Präsident Fulbert Youlou. Keine Hilfe für die Regierung.
1964	Gabun	Fallschirmjägereinsatz zur Wiedereinsetzung von Präsident Léon M'ba nach einem Putsch, anschließend permanente Stationierung in Libreville.
1967 – 1970	ZAR	Fallschirmjägereinsatz auf Anfrage von Präsident Jean-Bédel Bokassa zum Schutz vor Putschversuchen.
1968 – 1972	Tschad	Militäreinsatz zum Schutz von Präsident Tombalbaye und zur Unterdrückung der Tubu-Revolte in der Region Borkou, Ennedi und Tibesti (BET) sowie Operation »Limousin« gegen die FROLINAT-Rebellen.
1978 – 1980	Tschad	Operation »Tacaud« gegen die FROLINAT-Rebellen.
1979 – 1981	ZAR	Operation »Barracuda« zur Absetzung von »Kaiser« Bokassa und zur Einsetzung David Dackos.
1981 – 1998	ZAR	»Eléments français d'assistance opérationnelle« (EFAO).
1983/84	Tschad	Operation »Manta« zur militärischen Hilfe für Präsident Hissène Habré gegen Rebellen.
1986 – 2014	Tschad	Operation »Épervier« zur militärischen Hilfe Habrés gegen eine libysche Invasion; anschließend permanente Stationierung in N'Djamena; später (indirekte) Unterstützung von Idris Déby Itno 2006 und 2008.
1990	Gabun	Operation »Requin« mit Fallschirmjägern zum Schutz der Regierung und Evakuierung französischer Staatsangehöriger während der Unruhen in Libreville und Port Gentil.
seit 1990	Golf von Guinea	Operation »Corymbe« als Anti-Pirateneinsatz .
1992	Gabun	Militäreinsatz »Férule« zum Schutz der Regierung.
1996 – 1998	ZAR	u.a. Operation »Almandin I, II und III« zum Schutz der Regierung und Evakuierung französischer Staatsbürger während der Niederschlagung diverser Militärmeutereien.
1996 – 2007	Kamerun	Operation »Aramis« zur Unterstützung Kameruns im Konflikt mit Nigeria um die Bakassi-Halbinsel.
1997	Republik Kongo	Operation »Pélican« zur Evakuierung französischer und internationaler Staatsbürger während des Bürgerkriegs.
2002 – 2013	ZAR	Operation »Boali« zum Schutz französischer Bürger während des Bürgerkriegs und anschließende permanente Stationierung in Bangui.
seit 2013	ZAR	Operation »Sangaris« zur humanitären Hilfe und Stabilisierung des Staates während des Bürgerkriegs.
seit 2014	Sahelzone (Hauptquartier im Tschad)	Operation »Barkhane« gegen internationalen Terrorismus und organisierte Kriminalität in der Sahelzone.

Quellen: Adaptiert und ergänzt auf Grundlage von John Chipman: French Power in Africa, Oxford 1989, S. 124; Victor T. Le Vine: Politics in Francophone Africa, Boulder / London 2004, S. 380ff; Bruno Charbonneau: France and the New Imperialism, Aldershot 2008, S. 68 – 72; Olivier Fourt: 1960 – 2010, 50 ans d'interventions militaires françaises en Afrique, in: RFI, vom 16. August 2010, unter: http://www.rfi.fr/afrique/20100714-1960-2010-50-ans-interventionsmilitaires-francaises-afrique/, [06.02.2015]; Peter Baxter: France in Centrafrique, Solihull 2011, S. 62.

©ZMSBw
07525-09

I. Historische Entwicklungen

reichs auf eine Militäroperation der Europäischen Union im Osten des Tschad und dem Nordosten der ZAR (EUFOR Tschad/RCA, März 2008 bis März 2009). Das Ziel der EU-Operation, bei deren Durchführung Frankreich den Oberbefehlshaber sowie den Großteil der vor Ort eingesetzten Soldaten stellte, war der Schutz mehrerer Lager für Flüchtlinge aus der sudanesischen Krisenprovinz Darfur (vgl. Beitrag Hauser).

Stärker noch als im ersten Jahrzehnt des 21. Jahrhunderts stehen der Tschad und die ZAR seit Ende 2012 im Mittelpunkt des französischen Interesses. In der ZAR ist Frankreich seit Dezember 2013 mit etwa 2000 Soldaten präsent (Operation »Sangaris«). Deren Ziel ist es, den stark ethnoreligiös aufgeladenen Konflikt zwischen den Séléka-Rebellen und den Anti-Balaka-Milizen einzudämmen. Die Séléka-Rebellen – eine eher lose Ansammlung mehrerer Gruppen aus dem vorwiegend muslimischen Norden des Landes – hatten im März 2013 François Bozizé entmachtet, woraufhin die von ehemaligen Vertrauten Bozizés gesteuerten Anti-Balaka-Milizen die christliche Bevölkerungsmehrheit gegen die muslimische Minderheit aufhetzten (vgl. Beiträge Konopka und Beumler).

Im Tschad lancierte Paris anders als in der ZAR keine erneute Militärintervention. Doch seit August 2014 ist die tschadische Hauptstadt N'Djamena Sitz des Hauptquartiers der neuen, die gesamte Sahelregion (Burkina Faso, Mali, Mauretanien, Niger, Tschad) umspannenden Militäroperation Barkhane. Diese umfasst auch die Truppen der Ende Juli 2014 beendeten Operation »Épervier«. Ziel der Operation war, die seit etwa 2007 in der Region aktiven Terrorgruppen »Al-Qaeda im Islamischen Maghreb« (AQIM) und »Mouvement pour l'unicité et le jihad en Afrique de l'Ouest« (MUJAO) zu zerschlagen. Bis dato blieb

Frankreich nutzte im Januar 2013 seine im Tschad stationierten Kampfflugzeuge vom Typ Rafale, um Luftangriffe in Mali durchzuführen.

der Tschad von Anschlägen oder Entführungen, wie sie beide Gruppen in anderen Sahel-Staaten, vor allem in Mali regelmäßig durchführen, verschont. Durch die Beteiligung tschadischer Truppen am Anti-Terror-Kampf in Mali geriet das Land jedoch ins Visier radikaler Islamisten, die dem Regime Idriss Débys mehrfach mit Vergeltungsschlägen drohten.

Gründe für die militärische Rückkehr in die Region

Die militärische Rückkehr Frankreichs in den Tschad und die ZAR nach der Jahrtausendwende lässt sich nicht eindimensional erklären. Insbesondere die beiden jüngst lancierten Operationen »Sangaris« und »Barkhane« folgen sehr unterschiedlichen Zielen. Während bei der Entscheidung für Sangaris humanitäre Gründe eine zentrale Rolle spielten, standen bei Barkhane sicherheitspolitische Interessen im Vordergrund. Humanitäre Erwägungen waren auch im Vorfeld der von Frankreich angestoßenen EUFOR-Operation im Tschad und der ZAR (2008–2009) von Bedeutung. Den jüngsten Aktionismus Frankreichs in der Region als bloße Rückkehr zu postkolonialen Praktiken zu erklären, greift somit eindeutig zu kurz. Gleichwohl weckten die punktuellen Rettungsaktionen für die Machthaber Déby und Bozizé zwischen 2006 und 2008 zweifellos Erinnerungen an die französische Einflusspolitik alter Tage.

Ein neues wirtschaftliches Interesse an der Region, von Kritikern zuweilen als Grund für das wieder aufkeimende militärische Engagement Frankreichs im Tschad und der ZAR angeführt, kann als Erklärung weitgehend ausgeschlossen werden. Wirtschaftlich sind die beiden bevölkerungsarmen Staaten im Herzen des afrikanischen Kontinents für Frankreich weiterhin von nachrangiger Bedeutung. Der Tschad wurde durch den Beginn der Erdölförderung im Jahre 2003 zwar zu einem interessanteren Investitionsstandort. Die Förderung übernahmen jedoch von Beginn an vor allem Unternehmen aus China, den USA und Kanada, was sich auch nach den französischen Interventionen nicht änderte. In der ZAR setzte der französische

I. Historische Entwicklungen

Nuklearkonzern AREVA vor einigen Jahren Hoffnungen in eine Uranmine in Bakouma im Südosten des Landes, die AREVA im Jahr 2007 von einem kanadischen Konzern übernommen hatte. Angesichts der chronisch instabilen Lage in der ZAR und des fallenden Uranpreises nach dem Atomunfall in Fukushima legte AREVA bereits im September 2012 seine Förderpläne für die Mine wieder auf Eis.

Eine Erklärung für die sogenannte fortwährende Interventionsfreudigkeit Frankreichs im Tschad und der ZAR bietet die »historische Pfadabhängigkeit«. Aufgrund der intimen Kenntnis der beiden Staaten und einer militärischen Infrastruktur stehen Paris im Falle von auftretenden Krisen besonders schnell militärische Optionen zur Verfügung. Es ist kein Geheimnis, dass das französische Militär ein großes Interesse an der Aufrechterhaltung seiner Präsenz in der Region hat. Die Stützpunkte im Tschad, insbesondere die Basis in N'Djamena, nutzt die französische Luftwaffe als eine Art »Flugzeugträger« für Einsätze in anderen Teilen Afrikas, aber auch zu Übungszwecken.

»Boko Haram« – Terror aus Nigeria

Mit geschätzten 15 000 Toten, die bei Anschlägen oder Kämpfen zwischen 2009 und 2015 ums Leben kamen, ist die islamistische Terrorgruppe »Boko Haram« das größte Sicherheitsrisiko im Nordwesten des Zentralen Afrika. Obwohl sie überwiegend im muslimisch dominierten Nordosten Nigerias operiert, kam es seit Anfang 2014 wiederholt zu Überfällen im Norden Kameruns und vereinzelt in Niger und Tschad. Der Name der Gruppe setzt sich aus dem Hausa-Wort »boko« (im übertragenen Sinne »nicht-islamische Bildung/Tradition/Kultur«) und dem arabischen Wort »haram« (etwa »verboten« oder »sündhaft«) zusammen und wird im deutschen Sprachgebrauch meist sinngemäß mit »westliche Bildung/Kultur ist verboten/Sünde« übersetzt. Hierbei handelt es sich jedoch um eine Fremdbezeichnung durch Teile der nigerianischen Bevölkerung und die Medien. Selbst nennt sich die Gruppe seit ihrer Loyalitätsbekundung zur syrisch-irakischen Terrorgruppe IS im März 2015 offenbar »Wilayat Gharb Afriqiyah« was im Englischen mit »Islamic State of West Africa Province« übersetzt wird. Ihr erklärtes Ziel ist die Schaffung eines islamischen Staates auf alleiniger Basis des Korans und der Hadithen sowie einer radikalen Auslegung der Scharia-Gesetzgebung.

Die Rolle Frankreichs im Zentralen Afrika

Die genauen Umstände zur Bildung der sunnitischen Terrorgruppe sind umstritten. Spätestens seit Ende der 1990er-Jahre etablierte sich eine (radikal-)islamische Bewegung im Norden Nigerias, die sich für die Einführung und vollständige Umsetzung der Scharia stark machte. Die eigentliche Gründung von »Boko Haram« als Ableger der schon bestehenden islamischen Gruppierungen wird um das Jahr 2002 vermutet. Zu dieser Zeit predigte der charismatische Korangelehrte Mohammed Yusuf (1970–2009) in der Stadt Maiduguri, in Nigerias nordöstlichstem Bundesstaat Borno, über die Hinwendung zu den reinen Lehren des Islam. Angesichts der hohen Armutsrate, der hohen (Jugend-)Arbeitslosigkeit sowie der grassierenden Korruption, sollte eine Abkehr von der korrumpierten »westlichen« Lebensweise und eine Besinnung auf die ursprünglichen Werte des Islam zur Verbesserung des Lebens der nigerianischen Muslime erfolgen. Yusufs Anhänger erhielten Unterricht, medizinische Versorgung und Unterkünfte. Ab 2003 kam es zu mehreren gewaltsamen Disputen zwischen radikalisierten Gruppierungen und der Polizei. Die nicht minder brutalen Gegenmaßnahmen der Sicherheitskräfte mündeten im Juli 2009 in einem kurzlebigen Aufstand von Yusufs Anhängern mit über 800 Toten, bei dem dieser selbst im Polizeigewahrsam ums Leben kam.

Nach Yusufs Tod übernahm offiziell sein angeblich vormaliger Stellvertreter Abubakar Shekau (geb. um 1969) die Führung. Unter ihm erfolgte seit Mitte 2010 eine Terrorkampagne mit Anschlägen auf Polizeigebäude, Kasernen oder Kirchen. Opfer wurden dabei nicht nur Repräsentanten des Staates und bekennende Christen, sondern auch Muslime, die mit den Staatsorganen kooperierten. Die Finanzmittel für ihre Terrorkampagne stammten überwiegend aus Banküberfällen, Erpressungen und Entführungen, ein Großteil der Waffen wohl aus nigerianischen Armeebeständen. Zudem soll es einen moderaten Austausch von Erfahrungen und Waffen mit den vor allem in Algerien und Mali operierenden islamistischen Gruppen gegeben haben. Trotz der Loyalitätsbekundung zur Terrorgruppe IS ist der Fokus von »Boko Haram« eindeutig regional. Obwohl Armut und Arbeitslosigkeit wichtige Rekrutierungshintergründe sind, soll »Boko Haram« auch von Anhängern bessergestellter sozialer Schichten unterstützt werden.

Insgesamt könnte die Gruppe laut US-Angaben bis zu 6000 Kernmitglieder umfassen. Vor allem die Führungsspitze um Shekau soll sich aber mehrheitlich aus der Kanuri-Ethnie rekrutieren. Diese macht zwar nur rund vier Prozent der nigerianischen Gesamtbevölkerung aus, sie konzentriert sich aber vor allem im Nordosten Nigerias und hat Angehörige in den Nachbarstaaten, was die Rekrutierung über Landesgrenzen, vor allem in Kamerun, erleichtern könnte.

Zwischen Mitte 2014 und Frühjahr 2015 ließ sich ein Strategiewechsel der »Boko Haram«-Angriffe hin zu einer verstärkt konventionellen Kriegführung beobachten. Der Vormarsch gipfelte im August 2014 in der Ausrufung eines Kalifats in der Stadt Gwoza. Die Geländegewinne wurden jedoch zum Großteil durch die Offensive der nigerianischen, kamerunischen, nigrischen und tschadischen Streitkräfte bis Ende März 2015 nivelliert, was zu einem erneuten Anstieg der Anschläge führte.

Auch wenn Shekau, der sich lediglich per Videobotschaften zu Wort meldet, medial als Führer von »Boko Haram« gesehen wird, agieren innerhalb der Bewegung wohl verschiedene Zellen mit jeweils eigenen Führungskräften und Interessen. Es ist nicht einmal sicher, ob Shekau überhaupt noch lebt oder nur durch Doppelgänger imitiert wird. »Boko Haram« als terroristische Bewegung ist in erster Linie ein sozioökonomisches sowie politisches und kein militärisches oder gar religiöses Problem, da der Islam primär als Mobilisationsfaktor und Legitimationsgrund des Terrors genutzt wird. Die Kernprobleme des Konfliktes sind die vorhandenen gesellschaftlichen und politischen Missstände: Korruption der Elite, die mangelhafte Entwicklung trotz Öleinnahmen in Milliardenhöhe und das oft unverhältnismäßige Vorgehen von Sicherheitskräften gegen Zivilisten. Die Nachhaltigkeit der militärischen Erfolge durch die seit Anfang 2015 laufenden Operation von Nigerias Armee und den Nachbarstaaten ist daher ohne wirtschaftliche und soziale Reformen sehr fraglich. *TK*

Die Entführung von 276 Mädchen aus einem nigerianischen Internat durch »Boko Haram« rief eine Welle der Solidarität hervor – in Nigeria und weltweit (2014).

Ausblick

Für die kommenden Jahre ist davon auszugehen, dass sich der Trend eines graduellen Bedeutungsrückgangs der Staaten des Zentralen Afrika für die französische Außenwirtschaftspolitik fortsetzen wird, während die militärische Präsenz Frankreichs auch weiterhin bestehen bleibt. Insbesondere die steigende Terrorgefahr in der Region könnte dabei zur zentralen Legitimationsgrundlage für eine Fortführung des französischen Engagements werden. Neben den Androhungen der in der Sahelzone beheimateten Gruppierungen, ihre Aktivitäten auf den Tschad auszuweiten, dehnte zuletzt auch die nigerianische Terrorgruppe »Boko Haram« ihren Aktionsradius auf mehrere Staaten des Zentralen Afrika, insbesondere den Tschad und Kamerun, aus (vgl. Beitrag Beumler). Auch die ZAR gilt aufgrund ihrer durchlässigen Grenzen zum Tschad und zu Kamerun potenziell als von »Boko Haram« gefährdet. Paris führte bis heute (Stand: August 2015) noch keine direkten Militäraktionen gegen die Terroristen aus Nigeria durch. Auch ist eine Ausdehnung des geographischen Zuständigkeitsbereichs der Operation »Barkhane« noch nicht konkret geplant. Allerdings unterstützt Frankreich eine im Aufbau befindliche regionale afrikanische Eingreiftruppe gegen »Boko Haram« und kooperiert eng mit der tschadischen und kamerunischen Regierung.

Die historischen Prägekräfte der militärischen Präsenz Frankreichs in der Region, vor allem im Tschad und der ZAR, haben sich somit als wesentlich nachhaltiger erwiesen, als dies viele Beobachter noch in den 1990er-Jahren erwartet hatten. Spätestens mit dem Anstieg der terroristischen Bedrohung hat die französische Außen- und Sicherheitspolitik die Region wiederentdeckt. Für sein schnelles Eingreifen in der ZAR erntete Paris Ende 2013 ebenso internationale Anerkennung wie für sein robustes Vorgehen gegen die Terrorgruppen in der Sahelzone. Der Anspruch, als global agierender Spieler auftreten zu können, prägte seit jeher die französische Außenpolitik. Dies gilt auch heute noch und umso mehr in einer Zeit, in der Frankreich innenpolitisch mit großen Problemen wie Konjunkturschwäche, Arbeitslosigkeit und dem Aufstieg der rechtsextremen Partei »Front National« zu kämpfen hat.

Tobias Koepf

Die Demokratische Republik Kongo (DR Kongo) ist derzeit Testgebiet für ein neues Konzept der Vereinten Nationen (VN): der sogenannten Friedenserzwingung. VN-Kampfhubschrauber attackieren Rebellenpositionen, Blauhelmsoldaten erhalten Schießbefehle. Nach über 20 Jahren Bürgerkrieg und über fünf Millionen Toten führen die VN im Osten der DR Kongo jetzt Krieg gegen mehr als 40 Rebellengruppen. Doch dieser Feldversuch birgt auch Risiken und bewegt sich in einer juristischen Grauzone. Es ist ein »Trial and Error«-Verfahren.

Das Mandat des VN-Sicherheitsrates »zur gewaltsamen Neutralisierung der bewaffneten Gruppen« in der DR Kongo wurde im Frühjahr 2013 beschlossen (Resolution 2098). Es ist die Konsequenz aus einer Reihe von Entwicklungen, die den VN endgültig vor Augen geführt haben, dass es im Osten des Landes keinen Frieden gibt, den man »halten« könnte, wie es das ursprüngliche »Peacekeeping«-Mandat der seit Ende 1999 im Land stehenden Friedenstruppen vorsah. Die humanitäre Intervention führt zu Paradoxien, die nur schwer lösbar sind.

Bomben für den Frieden?
Neue Ansätze der Friedenserzwingung durch die Vereinten Nationen

Die VN-Mission in der DR Kongo MONUSCO ist mit einem Jahresbudget von rund 1,5 Mrd. US-Dollar und rund 20 000 Blauhelmsoldaten der teuerste und aufwendigste Einsatz weltweit. Ihre Vorgängermission MONUC wurde effektiv im Frühjahr 2000 mit dem Mandat etabliert, das Waffenstillstandsabkommen zu überwachen, welches am 10. Juli 1999 in Sambias Hauptstadt Lusaka von den Regierungschefs der DR Kongo, Angola, Namibia, Ruanda, Sambia, Simbabwe und Uganda unterzeichnet worden war. Es sah die Entsendung einer VN-Mission sowie die Entwaffnung und Repatriierung aller ausländischen Milizen vor. 2009 wurde dieses Mandat leicht abgeändert und 2010 die MONUSCO als Stabilisierungs-Mission etabliert. Doch von Stabilisierung konnte weiter keine Rede sein, eher im Gegenteil.

Im November 2012 marschierten die Rebellen der M23 (»Mouvement du 23 mars«) von Norden kommend auf die Millionenstadt Goma in der Provinz Nord-Kivu zu. Die Provinzhauptstadt ist der Handelsknotenpunkt im Ostkongo sowie das östliche Hauptquartier der VN-Mission. Zuvor hatte die M23-Führung monatelang gedroht Goma einzunehmen. Die MONUSCO hatte in Zusammenarbeit mit der kongolesischen Regierungsarmee FARDC einen Verteidigungsplan ausgearbeitet, Truppen rund um die Stadt stationiert und sich für den Ernstfall gewappnet. Doch als die M23 schließlich mit rund 2000 gut ausgebildeten

Kämpfer der M23-Miliz im Osten der DR Kongo, November 2012.

I. Historische Entwicklungen

Kämpfern vor den Toren der Stadt auftauchte, rannten die FARDC-Soldaten davon. Die MONUSCO-Führung steckte in einem Dilemma: Die Blauhelme durften laut ihrem Mandat lediglich die kongolesische Armee im Kampf unterstützen – doch diese war geflohen. Sie hätten nur aktiv eingreifen dürfen, wenn die M23 die Bevölkerung angegriffen hätten. Doch dies war nicht der Fall. So marschierten die M23-Rebellen winkend und lachend an den VN-Panzern vorbei. Auf deren Kanonenrohren prangten noch die Schutzabdeckungen. Die VN-Truppen feuerten keinen einzigen Schuss ab. Sie evakuierten ihre zivilen Mitarbeiter in ihre Lager am Kivu-See. Als Kämpfer der M23 aus Spaß an das Eingangstor zum VN-Hauptquartier klopfte, brach zwischen den Containern Panik aus. Es war eine Blamage ohnegleichen.

Kongos Armee hatte sich unterdessen in die 40 Kilometer südlich gelegene Stadt Minova zurückgezogen. Ungeordnet und demoralisiert schlugen dort tausende Soldaten ihr Quartier auf, plünderten Geschäfte auf der Suche nach Alkohol und vergewaltigten über hundert Frauen. Die Offiziere hatten die Befehlsgewalt über die Truppen verloren und versteckten sich vor ihren eigenen Soldaten. Die Armeeführung aus Kinshasa musste einfliegen, um nach Tagen des Saufgelages die Ordnung wieder herzustellen. Der M23 gelang es mit der Einnahme von Goma den nötigen Druck aufzubauen, um die Regierung an den Verhandlungstisch zu zwingen. Eine gefährliche Dynamik setzte ein. Die FARDC hatte eine verheerende Niederlage erlitten und musste gründlich reformiert werden. Zeitgleich sprossen im Hinterland zur Durchsetzung ihrer eigenen Interessen Dutzende neue und alte Selbstverteidigungs- und Rebellengruppen aus dem Boden, um das territoriale Vakuum auszufüllen, das die geschlagene Regierungsarmee hinterlassen hatte. Im Jahr 2013 zählte die Liste über 50 verschiedene bewaffnete Gruppen. Im Dschungel herrschte totale Anarchie. Stabilisierung? – Fehlanzeige.

Im VN-Sicherheitsrat wurde allen Akteuren vor Augen geführt, dass in der DR Kongo ganz neue Lösungsansätze angewandt werden müssen, um das Land im Herzen Afrikas zu befrieden. Die ganze Region drohte erneut in den Kongo-Krieg hineingezogen zu werden. VN-Experten beschuldigten Ruanda und Uganda, die M23 zu unterstützen. Der Kontinent war zutiefst gespalten: Die Regionalinstitution der Anrainerstaaten der Region der Großen Seen ICGLR half unter Federführung von Uganda bei den Verhandlungen mit der M23. Die südafrikanische Entwicklungsgemeinschaft SADC stand auf der Seite des kongolesischen Präsidenten Joseph Kabila (geb. 1971). Tansania, Mitglied in beiden Institutionen, wandte sich gegen seine Nachbarn und vor allem gegen Ruanda. Die Ostafrikanische Union EAC drohte zu zerfallen. Parallel dazu bahnten sich in den Nachbarländern der DR Kongo, der Zentralafrikanischen Republik (ZAR) und Südsudan, Bürgerkriege an. Auch dort hatten die jeweiligen Peacekeeping-Missionen keinen anhaltenden Frieden etablieren können.

So verabschiedete der VN-Sicherheitsrat im Februar 2013 die Resolution 2098: Sie sah die Entsendung einer speziellen Eingreiftruppe, der FIB vor, welche die Aufgabe hatte, alle in der DR Kongo operierenden bewaffneten Gruppen zur Not auch mit Gewalt zu neutralisieren und zu entwaffnen. Als Truppensteller für die rund 3000 Soldaten starke FIB boten sich Südafrika, Tansania und Malawi an. Sie entsendeten im Juli des gleichen Jahres Kontingente: Leichte Infanterie, Scharfschützen, schwere Waffen und Kampfhubschrauber. Der VN-Sicherheitsrat erlaubte zum ersten Mal in der Geschichte den Einsatz von unbewaffneten Aufklärungsdrohnen, um die unzugänglichen Gebiete im Dschungel und in den Bergen zu überwachen. Die MONUSCO erhielt zeitgleich eine neue Führung: der deutsche Diplomat Martin Kobler (geb. 1953) sollte die Mission in dieser neuen Konstellation anführen. Militärisch wurde er vom brasilianischen General Carlos dos Santos Cruz (geb. 1952) unterstützt. Es wehte ein ganz neuer Wind durch den Dschungel. Plötzlich schlug die MONUSCO aggressive Töne gegenüber den Milizen an. Gemeinsam mit Spezialeinheiten der reformierten kongolesischen Armee gingen sie gegen die M23 vor. Nach nur wenige Wochen andauernden Gefechten zog sich die Mehrheit der Rebellen im November 2013 geschlagen nach Uganda zurück. Das Konzept der Friedenserzwingung schien für einen Moment aufzugehen.

Doch dieser Moment des Siegestaumels hielt nur eine kurze Weile. Zwischen der MONUSCO und der kongolesischen Armee herrschte Uneinigkeit über die Frage, welche Rebellengruppe als nächstes bekämpft werden sollte. Klar war: Die ausländischen Milizen müssen zuerst entwaffnet werden. Die ugandische Re-

I. Historische Entwicklungen

bellenformation ADF hatte sich im Ruwenzori-Gebirge entlang der Grenze zu Uganda verschanzt. Sie betrieb Handel mit allerlei Waren, vor allem mit Holz, und hatte in jüngster Vergangenheit zunehmend gewaltsam Kongolesen rekrutiert. Im Dezember 2014 begingen sie brutale Massaker an der Bevölkerung und vertrieben systematisch Menschen aus ihren Dörfern.

Im Dschungel kontrollierte nach wie vor die ruandische Hutu-Miliz FDLR ein gewaltiges Gebiet und die Handelswege für die wertvollen Rohstoffe im Osten des Landes. Ihre Drahtzieher werden beschuldigt, 1994 den Völkermord in Ruanda begangen zu haben. Die FDLR ist in ihrer Struktur die kleine Blaupause von Ruandas ehemaliger Armee FAR, die nach dem Genozid in den Ostkongo geflohen war und sich dort neu gegen das Tutsi-Regime in Kigali gerüstet hatte. Die politischen Führer, FDLR-Präsident Ignace Murwanashyaka (geb. 1963) und dessen Vize Straton Musoni (geb. 1964), lebten als anerkannte Flüchtlinge in Deutschland und wurden 2009 in Baden-Württemberg verhaftet. Sie stehen seit 2011 vor dem Oberlandesgericht Stuttgart: angeklagt wegen Kriegsverbrechen, Verbrechen gegen die Menschlichkeit und Rädelsführerschaft in einer terroristischen Vereinigung. Ihr Militärführer im Kongo, General Sylvestre Mudacumura (geb. um 1954), ist in den 1980er-Jahren an der Hamburger Führungsakademie der Bundeswehr ausgebildet worden. Die FDLR-Kämpfer gelten als höchst diszipliniert und in ihrer rassistischen, zutiefst religiös fundamentalistischen Ideologie als extremistisch. Die FDLR-Führung hat eine Vorliebe für Deutschland. Ihr Vorbild ist die Wehrmacht, sie verfolgen die Fußballbundesliga und wetteten während der Fußballweltmeisterschaft 2014 auf den Sieg der deutschen Nationalelf.

Die FDLR gilt als die Hauptursache für die seit 20 Jahre andauernden Konflikte in der Region der Großen Seen. Sie zu zerschlagen ist eine Grundvoraussetzung, um die gesamte Region zu stabilisieren. Doch zuerst wandten sich die kongolesische Armee und MONUSCO gegen die ADF, die eine zunehmende Bedrohung für die Bevölkerung darstellte. Die im Dezember 2013 vorbereitete Operation »Sukola I.« begann am 16. Januar 2014 in der Region rund um Beni, am Fuße des Ruwenzori-Gebirges. Die brutale Ermordung des Frontkommandeurs Oberst Mamadou Ndala (1978–2014), der seit seinem Sieg über die M23 als Volksheld gefeiert wurde, sowie das anschließende Verfahren vor dem Militärgericht in Beni zeigten, dass ein Teil der Armee zutiefst mit den ADF-Rebellen verbandelt ist. Im September und Oktober 2014 kam es zu brutalen Massakern in den Dörfern rund um Beni. Bis zu 300 Menschen wurden an verschiedenen Orten mit Macheten regelrecht abgeschlachtet. Die MONUSCO reagierte spät. Ein Blauhelmkonvoi wurde beschossen. Erst als die MONUSCO-Soldaten auch nachts verstärkt Patrouillen fuhren und mit den Aufklärungsdrohnen die Wälder rund um Beni überwachen ließen, haben die Massaker nachgelassen.

Die Operation gegen die ADF konstatierte ein Dilemma, welches das Konzept der Friedenserzwingung in reale Grenzen weist: Die Zusammenarbeit mit der kongolesischen Armee, deren Truppen und Kommandanten selbst Kriegs- und Menschenrechtsverbrechen begehen oder begangen haben. Zudem ist die FARDC in ihrer Befehlskette zutiefst gespalten und somit desorganisiert. Die wirtschaftlichen Verflechtungen mit der ADF und die damit verbundenen persönlichen Beziehungen von einigen lokalen Armeeoffizieren ist ein weiteres Problem.

Die MONUSCO hat ein sogenanntes »Due Diligence«-Verfahren entwickelt, um die Hintergründe derjenigen Kommandanten und Einheiten zu recherchieren, mit welchen sie zusammenarbeitet. Wie in einem Ampel-Verfahren erhalten die FARDC-Offiziere rote, gelbe oder grüne »Hüte«. Dieses »Profiling-Verfahren« ist zwar in der Theorie nützlich, in der Praxis daraus jedoch reale Konsequenzen zu ziehen, ist politisch und militärisch nur schwer umzusetzen. Solange die FARDC-Führung auf dieses Verfahren keine Rücksicht nimmt hat die MONUSCO lediglich zwei Optionen: Die Unterstützung für die FARDC einzustellen, wenn sie es mit einem Kommandeur mit einem »roten Hut« zu tun bekommt, oder die Hilfe ungeachtet der moralisch-rechtlichen Vorgaben fortzuführen. »Grüne« Hüte in der FARDC zu finden ist und bleibt ein Ding der Unmöglichkeit. Die MONUSCO unterstützte »Sukola I.« mit Lebensmittelrationen, Benzin und anderen Versorgungsgütern. FIB- und FARDC-Einheiten unternahmen lediglich gemeinsam Patrouillen. Die MONUSCO hatte zu Beginn 2015 eine gemeinsame Operation mit FARDC gegen die ruandische Hutu-Miliz FDLR geplant, doch auch diese konnte bislang nicht durchgeführt werden, weil die

I. Historische Entwicklungen

dafür abgestellten FARDC-Offiziere eine lange Liste von mutmaßlichen Fehltaten aufwiesen. Die MONUSCO musste jegliche Kooperation verneinen. Die Idee eines aggressiven Angriffsmandats scheiterte an der Wirklichkeit.

Gleichzeitig hatte sich der juristische Status der MONUSCO im Kontext der internationalen Rechtsprechung verändert. Laut eines Berichts des »International Peace Institute« (IPI) über die rechtlichen Folgen des Mandats 2098 ist die MONUSCO als Ganzes – und nicht nur die FIB – eine aktive Kriegspartei und ihre Mitarbeiter, auch die zivilen wohlgemerkt, nicht mehr durch internationales Recht geschützt. Die MONUSCO riskiert damit, dass alle ihre Lager, Fahrzeuge und Fluggeräte zu Angriffszielen werden. Auch die M23-Rebellenführung äußerte dieses Dilemma im Gespräch. Für sie war während der Gefechte nicht zu unterscheiden, welche Teile der VN »aggressiv in Kampfhandlungen verwickelt waren« und welche nicht.

Diese Entwicklung stellte zudem für die humanitären VN-Agenturen wie das VN-Flüchtlingshilfswerk UNHCR, das Welternährungsprogramm WFP oder gar unabhängige Nichtregierungsorganisationen (NGOs) wie Ärzte ohne Grenzen eine große Herausforderung dar: Sie alle fahren in den von Rebellen kontrollierten Gebieten zumeist weiße Geländewagen, die von regulären VN-Fahrzeugen nur schwer zu unterscheiden sind. Einige NGOs wie zum Beispiel das Dänische Flüchtlingswerk haben mittlerweile ihre Wagen in anderen, markanten Farben lackiert, um sich von den VN-Fahrzeugen abzuheben.

MONUSCO-Chef Kobler rief jüngst die Hilfswerke und NGOs auf, die anlaufenden Operationen gegen die FDLR zu unterstützen. Die MONUSCO hatte in den vergangenen Monaten einen gemeinsamen Operationsplan gegen die ruandische Rebellengruppe ausgearbeitet. Dabei stießen die Strategen auf das Problem, dass sich die FDLR-Kommandanten und -Kämpfer zwischen ihren Frauen und Kindern bewegen und diese als menschliche Schutzschilde missbrauchen. UNHCR und das VN-Demobilisierungsprogramm (DDRRR) senden Radiobotschaften, um die Zivilisten innerhalb der FDLR zu warnen. Sie wollen die Kinder und Frauen aus dem Busch locken, um sie in ihre Heimat Ruanda zurück zu bringen. Dabei ist es das Ziel, das Risiko von Kollateralschäden zu minimieren, sollten die Operationen gegen die FDLR tatsächlich beginnen. Seitdem hat die FDLR-Führung auch die zivilen VN-Abteilungen zum Feind erklärt.

Die geplanten Operationen gegen die FDLR stellen die MONUSCO vor ganz neue Herausforderungen und Risiken. Nicht nur moralische Fragen, sondern auch juristische sind nach wie vor ungeklärt. Darf und kann die VN das Risiko eingehen, in ihren aggressiven Kampfeinsätzen Zivilisten zu gefährden? Selbst wenn sie nicht als Kriegsziele betrachtet werden, so führt jede Kampfhandlung automatisch zu Vertreibungen und menschlicher Not. Die VN-Hilfswerke haben im Vorfeld einen Notfallplan ausgearbeitet, um gerüstet zu sein. Im Ernstfall rechnen sie mit fast einer halben Million Vertriebenen. Für all diese Menschen muss gesorgt werden: Lebensmittel, Zelte, Haushaltswaren – das ist teuer und aufwendig. Und wer trägt die Verantwortung für die Kollateralschäden? Wie wird die VN damit umgehen, wenn sie tatsächlich einmal aus Versehen Zivilisten trifft? Bereits bei den Operationen gegen die M23 haben VN-Hubschrauber zivile Einrichtungen getroffen. Eine Schule entlang der Frontlinie wurde durch eine Rakete zerstört. Sie war zum Glück geschlossen. Trotzdem gab es Gerüchte über Verletzte und Tote. Gegenüber Journalisten, die den Fall recherchierten, wurden keine Kommentare abgegeben oder die Anschuldigungen abgestritten. Die MONUSCO ist im Zuge ihres robusten Mandats auch gegenüber den Medien zu einer Kriegspartei mutiert.

Die vorbereiteten VN-Operationen gegen die FDLR stellen derzeit auch die Beziehungen zwischen der Weltorganisation und der kongolesischen Regierung auf eine harte Probe. Laut Mandat des Sicherheitsrates darf die MONUSCO auch unilateral gegen die Rebellen vorgehen. Doch die MONUSCO-Führung ist sich bewusst, dass dies politisch und militärisch schwierig wird: Immerhin ist die DR Kongo ein souveräner Staat, daher sollte die Armee in Operationen auf ihrem Territorium zumindest als Partner einbezogen werden. Zudem kennen kongolesische Soldaten das schwierige Gelände besser und sind für das Überleben hier ausgebildet. Auch wissen sie um die Taktiken der FDLR, immerhin haben sie in den vergangenen Kongo-Kriegen gemeinsam gekämpft.

Doch für die kongolesische Armeeführung – so sagen FARDC-Offiziere – ist es schwierig, in eine Operation nach VN-

I. Historische Entwicklungen

Vorstellungen hineingedrängt zu werden. Dies sei schlecht für die Kampfmoral. »Wir kämpfen nur und allein für unser Land und nicht für die UNO«, sagte ein Oberst. Damit stand unabweisbar die Frage der staatlichen Souveränität im Raum. So entschied der kongolesische Stabschef im Januar 2015 auf Geheiß von Präsident Joseph Kabila einen eigenen Operationsplan auszuarbeiten und die MONUSCO auf den zweiten Platz zu verbannen. Aus den »gemeinsamen« Operationen Schulter an Schulter wurde somit eine FARDC-Operation, die von der MONUSCO lediglich »unterstützt«, also finanziert werden sollte. Der Stabschef der Streitkräfte des Kongo entsandte zwei neue Kommandanten in den Osten, die beide auf der »roten Liste« der MONUSCO standen. Das Dilemma war perfekt. Dies war ein klares Signal, wer hier im Land das Sagen hat. Das Konzept der Friedenserzwingung wurde somit in enge Schranken verwiesen – und scheint in der DR Kongo zum Scheitern verurteilt.

Unterdessen rüstet sich die Afrikanische Union (AU), um in Zukunft die Konflikte auf dem Kontinent selbst zu meistern. Der AU-Sicherheitsrat hatte bereits 2001 beschlossen, eine afrikanische Eingreiftruppe ASF aufzubauen. Die Umsetzung dieses Beschlusses dauerte lange. Erst kürzlich haben Ruanda und Uganda erklärt, dass zumindest die ostafrikanische Eingreiftruppe innerhalb von 14 Tagen bereit sei, einzugreifen, sollte in der Region ein Konflikt ausbrechen. Ugandas und Ruandas Armeen gelten als professionell und gut ausgerüstet. Sie spielen eine wichtige Rolle in der Region. Ugandas Spezialkräfte bekämpfen

Kongolesische Soldaten bereiten sich im Juli 2012 auf eine Offensive im Ostkongo vor.

im Rahmen eines AU-Mandats die islamistische al-Shabaab-Miliz in Somalia und sie verteidigten das südsudanesische Regime von Präsident Salva Kiir Mayardit (geb. 1951), als im Dezember 2013 ein Großteil der dortigen Streitkräfte rebellierte. Ruandas Armee engagiert sich in der ZAR als einer der größten afrikanischen Truppensteller.

Als Ende 2012 der Bürgerkrieg in der ZAR ausbrach, stellte die AU die Engreiftruppe MISCA mit 6000 Soldaten auf, um die Bürgerkriegsparteien zu entwaffnen. Sie wurde durch die VN-Resolution 2127 im Dezember 2013 legitimiert. Rund 2000 französische Soldaten der Mission »Sangaris«, die vor allem den Flughafen in der Hauptstadt Bangui sicherten, unterstützten die afrikanischen Peacekeeping-Truppen. Doch von Anfang an gab es Koordinationsprobleme. Die bunt zusammengewürfelten AU-Truppen waren in einer logistisch desolaten Situation. Es mangelte an Benzin, Fahrzeugen und Lebensmitteln. Die Mission drohte zu scheitern. Im September 2014 übernahmen die VN das Kommando, die afrikanischen Truppensteller tauschten ihre grünen Helme in blaue. Doch die Friedenssicherung ist auch in der ZAR nicht garantiert, solange die dortigen Konfliktparteien nicht entwaffnet sind – und dazu bedarf es eventuell eines robusten Mandats, die Rebellen zur Not auch aktiv bekämpfen zu dürfen. Doch auch dort stellen sich dieselben Herausforderungen wie im großen Nachbarland. Das Konzept der Friedenserzwingung scheitert derzeit faktisch an der Einsatzrealität in der DR Kongo selbst sowie an seinem inneren Widerspruch: Mit Gewalt lässt sich hier kein Frieden erzwingen.

Simone Schlindwein

Wie eng die Europäische Union (EU) zumindest geographisch mit ihrem Nachbarkontinent verbunden ist, verdeutlichen spätestens seit Oktober 2013 die fast wöchentlich veröffentlichten Schreckensmeldungen über ertrunkene Flüchtlinge auf ihrem Weg von Nordafrika nach Europa. Auch im Hinblick auf eine noch stärkere wirtschaftliche Vernetzung, die im Interesse beider Kontinente liegt, ist die Stabilisierung des »großen« Nachbarn aus ökonomischer und sicherheitspolitischer Sicht ein Kernanliegen der europäischen Politik. Neben politischer und wirtschaftlicher Unterstützung engagiert sich die EU seit über einem Jahrzehnt daher auch militärisch in Afrika. Im Zentrum ihrer Bemühungen lag und liegt dabei vor allem das Zentrale Afrika. Neben dem offensichtlichen Anliegen der Stabilisierung dieser von diversen Kriegen heimgesuchten Region nutzt die EU die fernen Konflikte aber auch, um ihre politischen und militärischen Fähigkeiten unter Beweis zu stellen und sich im Rahmen der Gemeinsamen Sicherheits- und Verteidigungspolitik (GSVP) vor allem unter französischer Führung als überregional agierender Akteur zu beweisen. Im Bild: Georgische Soldaten der Mission EUFOR RCA.

Die sicherheitspolitische Rolle der Europäischen Union im Zentralen Afrika

Die Europäische Union (EU) hat sich seit längerem zum Ziel gesetzt, ihre Beziehungen mit Afrika über die reine Entwicklungszusammenarbeit hinaus auch auf Themen wie Handel, Migration, Klimawandel sowie Frieden und Sicherheit auszuweiten. Grundlage hierfür ist die Gemeinsame Strategie Afrika-EU, die im Dezember 2007 in Lissabon verabschiedet wurde. Im Bereich der Sicherheit setzt sich die EU für die Stärkung der Afrikanischen Friedens- und Sicherheitsarchitektur und der dafür mitverantwortlichen Organisationen wie die Afrikanische Union (AU) und deren Regionalorganisationen ein. Diese sollen in die Lage versetzt werden, eigenständig für Frieden und Sicherheit auf dem afrikanischen Kontinent einzustehen.

Seit 2004 verfolgt die EU durch die Afrikanische Friedensfazilität (APF) grundsätzlich drei Prinzipien: Afrikanische Lösungen für afrikanische Probleme (African Ownership), Solidarität und Partnerschaft. Die APF wurde auf AU-Ersuchen von der EU 2004 ins Leben gerufen. Sie soll durch gezielte Unterstützung in den Bereichen Konfliktprävention, Krisen- und Konfliktmanagement bei der Wahrung des Friedens und der Stabilität auf dem afrikanischen Kontinent beitragen. Seit 2004 hat die EU über 1,1 Mrd. Euro für die APF aufgebracht und diverse AU-Missionen in Somalia, Sudan oder der Zentralafrikanischen Republik mitfinanziert. Die APF wird durch den Europäischen Entwicklungsfonds (EEF) und somit direkt von den einzelnen EU-Mitgliedstaaten finanziert, da die Europäische Union gemäß dem EU-Vertrag von Lissabon keine Militäreinsätze bezuschussen darf. Grundsätzlich widmen sich APF-Fonds dem Fähigkeitenaufbau für eine Afrikanische Friedens- und Sicherheitsarchitektur (APSA). Letztere besteht aus dem AU-Friedens- und Sicherheitsrat (PSC), dem zentralen Entscheidungsgremium der AU, einem kontinentalen Frühwarnsystem (CEWS) sowie einem »Rat der Weisen« (Panel of the Wise) – fünf respektable Persönlichkeiten aus unterschiedlichen Gesellschaftsschichten, mit einem Mandat vor allem im Bereich der Konfliktprävention. Afrikanische Regionalorganisationen sind die Träger der Sicherheitsarchitektur, regio-

I. Historische Entwicklungen

nale Komponenten die Kernelemente des CEWS und der African Standby Forces (ASF). Letztere sollen der AU in Zukunft bei friedensunterstützenden Einsätzen zur Verfügung stehen und militärische, polizeiliche und zivile Fähigkeiten besitzen.

Der Aufbau sicherheitspolitischer Strukturen in Afrika ist auch in den EU-Strategien für die Sahelzone (März 2011) und für das Horn von Afrika (November 2011) sowie in der Gemeinsame Strategie Afrika-EU verankert. Letztere wurde im Dezember 2007 anlässlich des zweiten EU-Afrika-Gipfels in Lissabon von 80 afrikanischen und europäischen Staats- und Regierungschefs beschlossen. Sie enthält unter anderem Absichten zur Unterstützung von Frieden und Sicherheit, demokratischer Regierungsführung, Menschenrechten sowie Handel, die Förderung und den Ausbau regionaler Integrationsprozesse und von Infrastruktur in Afrika. Für die Gemeinsame Strategie Afrika-EU hatte die Europäische Kommission zwischen 2007 und 2013 den Betrag von 24,4 Mrd. Euro bereitgestellt. Über den Europäischen Entwicklungsfonds unterstützt die EU die afrikanischen Staaten auch im Gesundheitswesen, bei Dienstleistungen und der Schulausbildung. Was die Kooperation mit den Vereinten Nationen (VN) betrifft, wurde 2003/04 ein Konsultationsmechanismus eingerichtet. Der Europäische Rat hatte zuvor am 15. Oktober 2001 seine volle Unterstützung für das am 10. Juli 1999 in Lusaka getroffen Waffenstillstandsabkommen für den Konflikt in der Demokratischen Republik Kongo (DR Kongo) zum Ausdruck gebracht und beschlossen, die dortige VN-Mission MONUC durch den Zugang zum EU-Satellitenzentrum zu unterstützen. Mit der AU hat die EU die Partnerschaft durch die Ernennung eines langfristigen militärischen Verbindungsoffiziers aus dem EU-Militärstab weiterentwickelt. Diese Partnerschaft beinhaltete zwischen 2005 und 2007 auch die Unterstützung der AU bei der Lösung des Konfliktes in Darfur (Sudan) auf politischer Ebene und in Form personeller, technischer und logistischer Hilfe.

Die Einsätze der EU im Zentralen Afrika

Seit 2003 engagiert sich die EU in verschiedenen sicherheitspolitischen Konstellationen in der DR Kongo. Zur Unterstützung des im Dezember 2002 abgeschlossenen Friedensvertrages, der die Beendigung des seit mehreren Jahren andauernden Krieges und den Aufbau einer Übergangsregierung bis zu den ersten freien Wahlen seit vier Jahrzehnten garantieren sollte, führt(e) die europäische Gemeinschaft sowohl zivil-militärische als auch rein militärische Missionen in der DR Kongo durch: 2003 Operation »Artemis«, 2006 EUFOR RD Congo, seit 2005 EUSEC RD Congo und zwischen 2007 sowie 2014 EUPOL RD Congo. Überhaupt fand mit EUFOR Artemis zwischen Juni und September 2003 der allererste eigenständige EU-Militäreinsatz im Zentralen Afrika – in der Provinz Ituri im Nordosten der DR Kongo – statt. Dieser erfolgte auf Anfrage der VN unter französischer Führung und hatte mit rund 1500 meist französischen Soldaten die Stabilisierung der Sicherheitslage und die Verbesserung der humanitären Situation in Bunia (Distrikt Ituri) sowie die Sicherung des dortigen Flughafens und der Vertriebenencamps zum Ziel. Die rechtliche Grundlage hierfür war die VN-Resolution 1484 vom 30. Mai 2003. Den Hintergrund der Mission bildeten die zwischen 1999 und Sommer 2003 anhaltenden Auseinandersetzungen zwischen rivalisierenden Milizen im Osten der DR Kongo, der Zusammenbruch jeglicher staatlicher Kontrolle und dem darauf hauptsächlich in Bunia folgenden interethnischen Konflikt zwischen den Hema und den Lendu. Etwa 50 000 Menschen, meist Zivilisten, kamen ums Leben, bis zu 500 000 wurden vertrieben. Trotz logistischer Herausforderungen demonstrierte die EU vor allem auf Betreiben Frankreichs mit der zeitlich und vom Mandat her klar begrenzten Mission ihre Handlungsbereitschaft unter dem Mantel einer gemeinsamen EU-Sicherheits- und Verteidigungspolitik, nachdem der US-geführte Krieg gegen Saddam Husseins (1937–2006) Irak zuvor zu schweren Verwerfungen vor allem zwischen Frankreich und Deutschland auf der einen und den USA auf der anderen Seite geführt hatte. Am 1. September 2003 wurde die in kürzester Zeit realisierte Mission EUFOR Artemis nach dem Zurückschlagen der Rebellen aus Bunia von der ca. 4000 Soldaten umfassenden

I. Historische Entwicklungen

Instrumente und Ergebnisse regionaler Konfliktlösung

Mit neun Peacekeeping-Einsätzen auf dem afrikanischen Kontinent – davon zwei im Zentralen Afrika – spielen die Vereinten Nationen (VN) auch im Jahr 2015 eine bedeutende Rolle bei der Lösung afrikanischer Konflikte. Seit dem Ende des Kalten Krieges werden die VN-Missionen aber immer häufiger durch die personelle Beteiligung afrikanischer Staaten getragen, die wiederum auch immer öfter unter dem Banner der Afrikanischen Union (AU) oder einer ihrer Regionalorganisationen in Konflikten intervenieren. Von den zwölf internationalen Militäroperationen in der CEMAC-Region seit 1981 sind vier von Regionalorganisationen und drei von der AU beziehungsweise ihrer Vorgängerorganisation OAU durchgeführt worden. Ihr militärischer Erfolg ist jedoch überschaubar.

Im Zentralen Afrika kollidieren die Interessen mehrerer Regionalorganisationen. Neben der Economic Community of Central African States (ECCAS) zählen sich einige Staaten dieses Raumes auch zur Southern African Development Community (SADC), zur Community of Sahel-Saharan States (CEN-SAD), zu den Regionalorganisationen Central African Economic and Monetary Community (CEMAC), International Conference on the Great Lakes Region (ICGLR) sowie zur Lake Chad Basin Commission (LCBC). Diese politische Überlappung erschwert die Ausbildung fester regionaler Strukturen, wie auch eine geeinte regionale Sicherheitspolitik.

Mit der Neutral Force/Inter-African Force (IAF) versuchte die OAU Ende 1981 erst- und letztmalig mit einem militärischen Großaufgebot in einen innerafrikanischen Konflikt, den tschadischen Bürgerkrieg, einzugreifen, obwohl die Nichteinmischung in interne Probleme der Mitgliedsstaaten ein Grundprinzip der OAU-Charta darstellte. Das Mandat und der genaue Auftrag der Truppen blieben daher schwammig. Ungeklärte Fragen nach logistischer und finanzieller Hilfe ließen nur Nigeria, Senegal und Zaïre (heute DR Kongo) Truppen entsenden, die als »neutrale Peacekeeper« zusahen, wie im Juni 1982 die Rebellen um Hissène Habré (geb. 1942) die international anerkannte tschadische Übergangsregierung stürzten.

Einen ähnlichen Verlauf nahmen die CEMAC- und ECCAS-Interventionen in der Zentralafrikanischen Republik (ZAR), deren Soldaten 2003 beziehungsweise 2013 nicht verhinderten, dass Rebellen die amtierenden Präsidenten stürzten. Weitere ständige Begleiter der Missionen im Zentralen Afrika sind die logistische und vor allem die finanzielle Abhängigkeit von externen Akteuren. Die CEMAC-Operation wurde zwischen 2002 und 2004 zum größtenteils von Frankreich, ab 2004 von der EU finanziert, während logistische und militärische Unterstützung weiter von Frankreich geleistet wurde. Ähnliches galt für die Nachfolgemission der ECCAS. Die jeweiligen politischen Ziele – Unterstützung bei demokratischen Wahlen, Konsolidierung des Friedens, Verteidigung von Menschenrechten oder Unterstützung der Sicherheitssektorreform – entsprachen somit keineswegs den zur Verfügung gestellten personellen und materiellen Ressourcen. Individuelle Interessen der truppenstellenden Staaten minderten zudem die gemeinsame Handlungsfähigkeit. Unabhängig von der großen Leistung der MISCA-Truppen beim Schutz der Zivilbevölkerung in der ZAR wurde dem tschadischen Kontingent nachgesagt, die Séléka-Rebellen zu unterstützen und unverhältnismäßige Gewalt gegen Zivilisten anzuwenden. Fehlende Erlaubnis seitens der nigerianischen Regierung zur Operation auf ihrem Territorium sowie mangelnde Kommunikation zwischen den Truppenstellern erschwerten zudem den Einsatz der Multinational Joint Task Force (MNJTF) gegen »Boko Haram«.

Mit großer internationaler Unterstützung ist auch die von der AU autorisierte, eigentlich auf 5000 Soldaten ausgelegte Regional Task Force (RTF) gegen die Lord's Resistance Army (LRA) ausgestattet. In diesem Fall ist die außerafrikanische »Lead Nation« die USA, die die vier beteiligten Staaten (DR Kongo, Südsudan, Uganda, ZAR) bei der Jagd nach Joseph Kony (geb. 1961) nachrichtendienstlich, mit Beratern und mit Ausrüstung und Ausbildung unterstützten. Bis Anfang 2013 führte der Einsatz laut VN zur Reduzierung der LRA-Übergriffe und zur Aufgabe einiger der noch verbliebenen ca. 150−200 Kämpfer. Neben finanzieller, logistischer und personellen Unterversorgung – die beteiligten Staaten kamen nur durch Ugandas 2000 Soldaten bis Anfang 2013 auf rund 3350 – erfuhr die Mission seit 2013 deutliche Einschränkungen durch die Bürgerkriege in der ZAR und im Südsudan.

I. Historische Entwicklungen

In der ZAR stellte die Koalition ihre Operation aufgrund des Séléka-Vormarsches im April 2013 kurzzeitig ein, ehe es im Juni 2014 zu einem Feuergefecht im Osten der ZAR zwischen ugandischen Truppen und Séléka-Kämpfern kam. Aufgrund des Konfliktes im Südsudan wurden zudem insgesamt rund 1000 ugandische und südsudanesische Soldaten zurückbeordert, sodass die Eliminierung der LRA auf der Agenda der beteiligten Staaten in den Hintergrund trat.

Neben der politischen Interventionsbereitschaft sind die Machthaber im Zentralen Afrika auch bereit, einen teilweise sehr hohen Blutzoll zu leisten: bei MISCA in der ZAR starben über 30 Soldaten in nur neun Monaten, während Tschad nach eigenen Angaben 71 Gefallene in den ersten zwei Monaten der Kampagne gegen »Boko Haram« zu verzeichnen hatte. Missmanagement, logistische und finanzielle Beschränkungen von Seiten der Regierungen für die Streitkräfte sowie divergierende Interessen der betroffenen Staaten verhindern aber eine konsequente und realistische Zielsetzung und deren Umsetzung.

TK

Ituri-Brigade der VN abgelöst. Beobachter kritisierten jedoch die militärische Limitierung der EU-Mission. Zwar wurde Bunia gesichert, die Rebellen aber weder entwaffnet noch zerschlagen, sondern lediglich vertrieben und ihre Aktivitäten auf andere Teile Ituris verlagert.

Zwischen April 2005 und Juni 2007 erfolgte die EUPOL Kinshasa, die erste zivile EU-Mission in Afrika. Sie hatte den Auftrag, die kongolesische »Integrierte Polizeieinheit« (IPU) in die Lage zu versetzen, Institutionen und Regierungsbehörden der damaligen Übergangsregierung zu schützen und während der Wahlen im Juli und Oktober 2006 zur Aufrechterhaltung der öffentlichen Sicherheit in der Hauptstadt beizutragen. Parallel dazu wurde mit der EUSEC RD Congo am 8. Juni 2005 eine Beratungs- und Unterstützungsmission im Zusammenhang mit der Reform des kongolesischen Sicherheitssektors eingerichtet. Diese soll mit nur einigen Dutzend Soldaten zur erfolgreichen Neustrukturierung der nationalen Armee beitragen. Dabei konzentrierte sie sich vor allem auf die Effektivitätssteigerung der Militärverwaltung und auf die Einführung eines neuen, von der

Die sicherheitspolitische Rolle der EU

militärischen Hierarchie unabhängigen Entlohnungssystems, dem Projekt »Bezahlungskette« – »Chaîne de paiement«.

UN-Blauhelmsoldaten aus Uruguay im Rahmen der UN-Mission MONUSCO im Osten der DR Kongo (August 2012).

Im Sommer und Herbst 2006 wurde unter deutsch-französischer Führung die EUFOR RD Congo durchgeführt. Insgesamt beteiligten sich daran bis zu 2400 Soldaten aus 18 Ländern, davon 780 aus Deutschland, 1090 aus Frankreich sowie unter anderem auch Truppen aus der Schweiz und der Türkei. Der Militäreinsatz erfolgte auf Grundlage der VN-Resolution 1671 vom 25. April 2006. Die EU-Operation hatte zwischen dem 30. Juli und dem 30. November 2006 auf Bitten der VN das Ziel, die Parlaments- und Präsidentschaftswahlen in der DR Kongo abzusichern. Hierzu zählte die Unterstützung der ca. 16 000 Soldaten der VN-Mission MONUC während der Wahlphase, der Schutz des internationalen Flughafens in Kinshasa, der Schutz von Zivilisten bei unmittelbar körperlicher Gefahr sowie begrenzte Evakuierungseinsätze im Fall von Unruhen. Nur 400 bis 450 europäische Soldaten waren in Kinshasa, der Großteil im benachbarten Gabun stationiert. Der deutsche Generalleutnant Karlheinz Viereck (geb. 1951) führte als Befehlshaber die EUFOR RD Congo aus dem erstmals für eine Mission aktivierten militärisch-strategischen »Operational Headquarters« (OHQ) bei Potsdam. In der DR Kongo wurden »Force Headquarters« (FHQ) unter der Führung des französischen Generalmajors Christian Damay (geb. 1951) eingerichtet, der für die unmittelbare Durchführung der Operation im Einsatzgebiet verantwortlich war. Insgesamt trug EUFOR RD Congo zur friedlichen Durchführung der Wahlen bei. Als Mitte August 2006 eine Eskalation zwischen den Lagern der Präsidentschaftskandidaten drohte, konnte die Lage dank des Eingreifens der europäischen und MONUC-Kräfte frühzei-

I. Historische Entwicklungen

EU-Missionen im Zentralen Afrika 2003–2015

Mission	Zeitraum	Truppenstärke	Ziel
Artemis RD Congo	12. Juni – 1. Sept. 2003	ca. 1 500	Überbrückungsoperation für die VN in Bunia
EUPOL Kinshasa	30. April 2005 – 30. Juni 2007	ca. 31	Polizeireform und Ausbildung
EUSEC RD Congo	seit 8. Juni 2005	derzeit 31	Sicherheitssektorreform (SSR) Armee
EUFOR RD Congo	30. Juli – 30. Nov. 2006	ca. 2 400	Kurzzeitige Unterstützung für MONUC
EUPOL RD Congo	1. Juli 2007 – 30. Sept. 2014	ca. 31	Polizeireform und Ausbildung
EUFOR Chad/RCA	28. Jan. 2008 – 15. März 2009	ca. 3 420	Überbrückungsmission für die VN
EUFOR RCA	1. April 2014 – 15. März 2015	ca. 750	Überbrückungsmission für die VN in Bangui
EUMAM RCA	seit 16. März 2015	bis zu 60	Beratungsmission zur Sicherheitssektorreform (SSR) der Armee

Quellen: Adaptiert und erweitert auf Grundlage von Malte Brosig: EU Peacekeeping in Africa: From Functional Niches to Interlocking Security, in: International Peacekeeping, Vol. 21, Nr. 1 (2014), S. 74–90, hier S. 84; Paul D. Williams, War & Conflict in Africa, Cambridge 2012, S. 192; SIPRI Multilateral Peace Operations Database und Angaben aus <http://www.eeas.europa.eu/csdp/missions-and-operations/completed/index_en.htm.> (letzter Zugriff am 6.3.2015).

tig unterbunden werden. Letztendlich unterstrich die Mission sowohl die Stellung der EU als internationaler sicherheitspolitischer Akteur als auch das deutsch-französische Verhältnis.

Die EUPOL RD Congo (EU Police Mission for the DRC) hatte zwischen dem 1. Juli 2007 und dem 30. September 2014 zum Ziel, die Polizeireform in der DR Kongo zu unterstützen, sie folgte direkt auf EUPOL Kinshasa. 31 Polizei- und Strafrechtsexperten sowie zivile Experten im Bereich der Sicherheitssektorreform (SSR) aus sieben EU-Mitgliedstaaten nahmen daran teil. Letzteres beinhaltete Menschenrechte, den Dialog mit der Zivilgesellschaft, den Schutz von Kindern in bewaffneten Konflikten, Geschlechterverhältnisse und den Kampf gegen sexuelle Ausbeutung. EUPOL RD Congo arbeitete eng mit EUSEC RD Congo sowie mit der MONUSCO, der VN-Nachfolgemission von MONUC, zusammen. Sie sorgte für die strategische Beratung des Generalkommissariats der kongolesischen Polizei in Hinblick auf die sich in der Umsetzung befindlichen Reform. In weiterer Folge wurde ein Generaldirektorat für Schulen und Ausbildung innerhalb der kongolesischen Polizei geschaffen. Durch die 2007 eingerichtete »Inspection Générale de la Police Nationale Congolaise« sollen Verstöße der Polizei in den Bereichen Strafrecht, Administration und Finanzen behandelt werden. Unterstützung und Ausbildung gelten der Justizwache (Police judiciaire) und der Technisch-wissenschaftlichen Polizei (Police technique et scientifique) in Kinshasa sowie in den östlichen Provinzen Nord- und Südkivu. Hier unterstützt die EU auch die für die Bekämpfung von sexueller und genderbasierten Gewalt vorgesehenen Spezialpolizei (PSPE-F). Diese Arbeit erfolgt in enger Abstimmung mit Deutschland, dem VN-Entwicklungsprogramm UNDP sowie MONUSCO.

Neben den Einsätzen in der DR Kongo leitete die EU mit der EUFOR Tchad/RCA zwischen 2008 und 2009 auch eine militärische Überbrückungsmission im Osten des Tschad und im Nordosten der ZAR. Auf der Basis der Resolution 1778 vom 25. September 2007 hatte der VN-Sicherheitsrat die Etablierung einer VN-Mission im Tschad und in der ZAR (MINURCAT) genehmigt und die EU autorisiert, bis zur hinreichenden Aufstellung der VN-Einheiten eigene Truppen in diese Länder zu verlegen. Das Mandat lief über einen Zeitraum von zwölf Monaten ab Beginn der ersten Operationsfähigkeit und war auf 3700 Soldaten ausgelegt. Der Auftrag der Operation war vor allem der Schutz von Flüchtlingen und Zivilisten im tschadisch-sudanesischen Grenzgebiet sowie von humanitären Helfern und sollte den Rahmen für die Rückkehr der tausenden von Binnenvertriebenen legen. Bei EUFOR Tchad/RCA kamen zwischen Januar 2008 und März 2009 auch bis zu 160 österreichische Soldaten zum Einsatz. Österreich war auch für mehrere Monate mit der Führung aller Spezialeinsatzkräfte betraut. Die bis dahin größte und logistisch wohl ambitionierteste EU-Mission in Afrika besaß zwar mit Generalleutnant Patrick Nash einen irischen Oberbefehlshaber (Operational Commander), ging jedoch erneut auf die Initiative der französischen Regierung zurück und wurde von den Operational Headquarters (OHQ) am Mont Valérien bei Paris befehligt. Die französische Armee stellte auch mehr als die Hälfte des Personals für EUFOR Tchad/RCA. Frankreichs Politiker kollidierten beim EU-Entscheidungsprozess insbesondere aufgrund ihrer eigenen Interessen in der Region (vgl. Beitrag Koepf) und der Frage nach der Finanzierung vor allem mit der deutschen und der britischen Regierung. Deutschland und

I. Historische Entwicklungen

Großbritannien stimmten zwar politisch für den Einsatz, stellten jedoch keine Bodentruppen. Schließlich diente der erneut zeitlich und vom Mandat her klar umrissene Einsatz wohl eher der Imagepflege einer geeinten EU-Außenpolitik. Der vor größte logistische Herausforderungen gestellte, für die Größe des Operationsgebietes unterbesetzte Militäreinsatz konnte die sicherheitspolitische Situation im Tschad und in der ZAR nur bedingt beeinflussen, was durch das begrenzte politische Mandat weder möglich noch politisch gewollt war. Darüber hinaus gestaltete sich der Übergang von EU- zu VN-Mission holprig. Um die EU-Mandatsfrist von zwölf Monaten einzuhalten, musste ein Großteil der europäischen Soldaten ihre Kopfbedeckung auf hellblau wechseln, da im März 2009 erst ein Bruchteil der nachfolgenden VN-Soldaten vor Ort war.

Am 1. April 2014 leitete der EU-Rat auf Grundlage der VN-Resolution 2134 eine weitere Brückenmission (EUFOR RCA) in der ZAR ein. Das Ziel der EU war zunächst die Entlastung der AU-Mission MISCA und deren Bestreben, Stabilität und Sicherheit in der vom Bürgerkrieg getroffenen Hauptstadt Bangui wiederherzustellen. Die EU stellte MISCA im Jahr 2014 125 Millionen Euro aus Mitteln der »Afrikanischen Friedensfazilität« (APF) zur Verfügung. Im Übrigen hatte die EU bereits die regionalen Vorgängermissionen MICOPAX und FOMAC mit 90 Millionen Euro unterstützt. Mit diesen Geldern wurden operative Kosten wie Transport, Kommunikation und medizinische Unterstützung sowie Gehälter des zivilen MISCA-Personals finanziert. Als größter humanitärer Geber engagiert sich die EU auch bei Hilfs- und Entwicklungsprojekten, zu denen die Einführung eines funktionierenden Strafrechtssystems sowie der Aufbau funktionierender Polizei- und Gendarmeriefähigkeiten gehören. Durch das EU-Instrument für Stabilität und Frieden unterstützt die europäische Gemeinschaft zudem den Aufbau eines Netzwerks von unabhängigen Radiosendern in den Provinzen. Die EU zielt auch auf die Förderung des interreligiösen Dialoges zwischen Muslimen und Christen sowie auf die Deeskalation der Konfliktparteien. Am 30. April 2014 übernahm die EUFOR RCA die Verantwortung für die Sicherheit und den Schutz des Flughafens von Bangui und löste die dortigen französischen Soldaten der Operation »Sangaris« ab. Zudem setzte sich die EU zum Ziel,

Internationale Militärinterventionen im Gebiet der heutigen CEMAC

Land	Organisation	Mission	Dauer	Geschätzte maximale militärische Stärke	Hauptaufgabe
Tschad	OAU	Neutral Force/Inter-African Force (IAF)	1981/82	ca. 3 200	Peacekeeping
ZAR	Ad-hoc-Koalition	Mission interafricaine de surveillance des Accords de Bangui (MISAB)	1997/98	750 – 1 100	Peacekeeping
ZAR	VN	United Nations Mission in the Central African Republic (MINURCA)	1998 – 2000	Mandatsgrenze 1 350	Peacekeeping
ZAR	CEN-SAD	CEN-SAD Operation	2001/02	ca. 300	Peacekeeping
ZAR	CEMAC	Force multinationale de l'Afrique Centrale (FOMAC/FOMUC)	2002 – 2008	ca. 380	Peacekeeping
Tschad, ZAR	VN	United Nations Mission in the Central African Republic and Chad (MINURCAT)	2007 – 2010	3 814	Schutz der Zivilbevölkerung, humanitäre Unterstützung
Tschad, ZAR	EU	European Union Forces Tschad/République Centrafricaine (EUFOR Chad/RCA)	2008/09	ca. 3 420	Überbrückungsmission für VN
ZAR	ECCAS	Mission de consolidation de la paix en Centrafrique (MICOPAX)	2008 – 2013	über 2 200	Peacekeeping
DRK, Uganda, Südsudan ZAR	AU-autorisiert	African Union Regional Task Force	seit 2012	ca. 2 284 (November 2014) (massive Aufstockung erst seit 2013)	Peace enforcement
ZAR	AU	Mission internationale de soutien à la Centrafrique sous conduite africaine (MISCA)	2013/14	ca. 5 400	Schutz der Zivilbevölkerung/ Peacekeeping
ZAR	EU	European Union Forces République Centrafricaine (EUFOR RCA)	2014	ca. 750	Überbrückungsmission für VN
ZAR	VN	Multidimensional Integrated Stabilisation Mission in the Central African Republic (MINUSCA)	seit 2014	Mandatsgrenze 10 750	Schutz der Zivilbevölkerung/ Peacekeeping
Nigeria, Kamerun, Niger, Tschad	Lake Chad Basin Commission + Benin AU-mandatiert	Multinational Joint Task Force (MNJTF)	Planung Anfang 2015	Obergrenze 10 000	Peace enforcement

Quellen: Adaptiert und erweitert u.a. auf Grundlage von Paul D. Williams, War & Conflict in Africa, Cambridge 2012, S. 186 – 189; United Nations Peacekeeping, SIPRI Multilateral Peace Operations Database.

I. Historische Entwicklungen

Gaddafis Libyen in Zentralafrika

Bis zum Tod des »Revolutionsführers« Muammar al Gaddafi am 20. Oktober 2011 gehörte auch Libyen zu den wichtigsten Playern im Zentralen Afrika. In Europa und den USA vor allem als brutaler Diktator und exzentrischer »Terrorpate« verachtet, gilt Gaddafi bei vielen afrikanischen Politikern als Vorreiter einer afrikanischen Einheit und als Patron der Afrikanischen Union (AU). Libyen zählte kontinuierlich zu den größten Beitragsgebern der AU und bereitete 1999 auf dem Gipfeltreffen im libyschen Sirte den Grundstein für die reformierte afrikanische Organisation. Im Zentralen Afrika war die libysche Außenpolitik bis 2011 vor allem durch diverse Militärinterventionen geprägt. Bereits im Jahr 1971 förderte der sich am 1. September 1969 selbst an die Macht geputschte Gaddafi nicht nur einen Umsturzversuch im Tschad, sondern unterstützte auch aktiv die bewaffnete Opposition FROLINAT gegen den tschadischen Präsidenten François Tombalbaye (1918-1975). Zwei Jahre später besetzten libysche Truppen nach geheimer Absprache mit Tombalbaye den angeblich rohstoffreichen Aouzou-Streifen im Norden des Tschad. Im Gegenzug erklärte Gaddafi, er werde FROLINAT nicht weiter unterstützen. Nach Tombalbayes Ermordung 1975 und der Aufkündigung der Vereinbarung durch den neuen Präsidenten Félix Malloum (1932-2009), unterstützte Libyen den Vormarsch des Rebellenführers Goukouni Oueddei (geb. 1944) mit eigenen Bodentruppen, Panzern und Kampfflugzeugen. Im Aouzou-Streifen ließ Gaddafi derweil die libysche Währung einführen und das Gebiet annektieren. Um eine libyenfeindliche Regierung im Tschad zu verhindern, beteiligte sich Gaddafi im Dezember 1980 maßgeblich bei Goukounis Rückeroberung der tschadischen Hauptstadt N'Djamena, indem er bis zu 5000 Soldaten und 200 T-55-Panzer schickte. Zwar scheiterten Gaddafis Pläne für einen Zusammenschluss der beiden Länder zu einem großen islamischen Staat, der Aouzou-Streifen blieb hingegen bis 1994 von Libyen besetzt. Auf dem Höhepunkt der militärischen Operationen im August 1987 standen fast 15 000 Soldaten und Kämpfer der sogenannten Islamischen Legion im Tschad. Vor allem die katastrophalen Verluste von mehreren tausend Soldaten durch die tschadische Offensive 1986/87 und die parallel durch den niedrigen Ölpreis angespannte Wirtschaftslage zwangen Gaddafi jedoch von seinen Expansionsplänen Abstand zu nehmen.

Der Krieg wurde durch die Einschaltung des Internationalen Gerichtshofes 1989 beendet. Dass durch Unterstützung von diversen Putschversuchen, Rebellenbewegungen und Terroristen in den 1980er und 1990er-Jahren international isolierte Libyen versuchte in der Folge seine Außenpolitik auf die Einheit des afrikanischen Kontinents zu lenken und investierte Milliarden von US-Dollar in Infrastrukturprojekte in kleineren und ärmeren afrikanischen Ländern. 1998 wurde auf Gaddafis Bestrebungen die auf wirtschaftliche Zusammenarbeit ausgelegte Gemeinschaft der Sahel-Sahara-Staaten (CEN-SAD) ins Leben gerufen. Mittlerweile besitzt die CEN-SAD als offizielle regionale Wirtschaftsgemeinschaft der AU 29 Mitglieder. Im Zuge dieser Imagepflege intervenierte Gaddafi auch nicht aktiv im Kongokrieg, wo zwischen 1998 und 2003 acht afrikanische Staaten kämpften. Stattdessen gewährleistete er nur den Lufttransport von rund 1000 tschadischen Soldaten zur Unterstützung des kongolesischen Präsidenten Laurent-Désiré Kabila (1939-2001) und organisierte im April 1999 eine letztlich gescheiterte Friedenskonferenz in Sirte. Als die Zentralafrikanische Republik (ZAR) im Mai 2001 durch einen Putschversuch destabilisiert wurde, führte Libyen zur Sicherung der Hauptstadt Bangui eine 300 Soldaten starke Peacekeeping-Mission der CEN-SAD mit Unterstützung von Dschibuti und Sudan an. Die rund 100 libyschen Soldaten leisteten im Oktober 2002 auch einen entscheidenden Beitrag zur vorläufigen Verteidigung Banguis gegen die Rebellen des ehemaligen Chefs des Stabes der Streitkräfte, François Bozizé (geb. 1946). 2007 vermittelte Gaddafi ein Power-Sharing-Agreement zwischen dem mittlerweile an die Macht gekommenen Bozizé und einer neuen Rebellengruppe. Im Jahr zuvor hatte Gaddafi bereits die Gespräche zur Einstellung der Rebellion im Tschad sowie zur Beendigung des Grenzkonfliktes zwischen Tschad und dem Sudan geleitet, auch wenn Libyen aufgrund der angeblichen Unterstützung sudanesischer Rebellen international kaum als neutrale Partei wahrgenommen wurde.

Die Motive, weshalb Gaddafi wiederholt im Zentralen Afrika militärisch intervenierte, sind komplex. Im Tschad ging es zunächst darum, libyschen Dissidenten einen Rückzugsort zu nehmen. Ferner strebte er die Sicherung einer rohstoffreichen Region, die Schaffung eines islamischen Großreiches und eine größere Einflussnahme in Zentralafrika an. Letzteres rückte vor allem in den Fokus, nachdem die libyschen

I. Historische Entwicklungen

Ambitionen im arabischen Raum 1979 durch den Friedensvertrag zwischen Ägypten und Israel erschwert worden waren. Zum anderen wollte Gaddafi seine Armee seit den 1980er-Jahren aus Angst vor einem Putsch beschäftigt und weit entfernt von der Hauptstadt Tripolis wissen. Der drohende Prestigeverlust im Falle einer Niederlage im Tschad erklärt Gaddafis Bereitschaft, tausende libysche Soldaten zu opfern. Die Interventionen in der ZAR, aber auch sämtliche finanzielle Unterstützungen für kleinere Staaten spiegeln dagegen nicht nur den Versuch wider, sich aus der Umklammerung der internationalen Isolation zu befreien und den Einfluss des »westlichen Imperialismus« sowie Israels auf dem afrikanischen Kontinent zu begrenzen. Gleichzeitig versuchte Gaddafi auch dem Anspruch Libyens als Regional- und Kontinentalmacht gerecht zu werden. Durch seine Ermordung hat der afrikanische Kontinent einen Kriegstreiber, aber zugleich auch einen panafrikanischen Vordenker verloren.

TK

den dritten und fünften Bezirk der Hauptstadt zu sichern. Am 15. Juni 2014 erreichte die EUFOR RCA ihre volle Operationsfähigkeit. Den Großteil der rund 800 Soldaten und deren Führung stellte erneut Frankreich. Das Hauptquartier der Mission befand sich im griechischen Larissa. Mit EUFOR RCA konnte in Bangui und der nahen Umgebung ein für die Bevölkerung überwiegend sichereres Umfeld etabliert werden. Zahlreiche Märkte wurden wiedereröffnet und bis Mitte Februar reduzierte sich die Zahl der Flüchtlinge von 200 000 auf 18 000. Im Landesinneren gelang es aber weder den französischen Sangaris-Kräften noch der AU, die Konfliktparteien zur Einstellung aller Gewalttaten zu bewegen. Im September 2014 lösten die VN die Mission der AU mit einem eigenen Einsatz MINUSCA ab, und übernahmen bis zum 15. März 2015 alle Aufgaben der EUFOR RCA. Seit dem 16. März 2015 nahm die europäische Nachfolgemission EUMAM RCA die Arbeit auf. Hierbei handelt es sich um eine militärische Beratungsmission zur Reform des nationalen Sicherheitssektors. Unter französischer Leitung sollen die ZAR-Streitkräfte in die Lage versetzt werden, ihre Organisation und Ausbildung in Hinblick auf eine multiethnische, professionelle und demokratische

Streitmacht anzupassen. Für die bis zu 60 Personen umfassende Beratungsmission sind bis Anfang 2016 knapp acht Millionen Euro vorgesehen.

Bewertung und Ausblick

Die militärischen Einsätze der EU in der Region des Zentralen Afrika, die mit ihren stark begrenzten Mandaten nur als mehrmonatige Überbrückungseinsätze konzipiert waren, haben in der Kürze ihrer Dauer insgesamt zur punktuellen Stabilisierung des jeweiligen Umfeldes beigetragen, aber die Instabilitäten in den (ehemaligen) Einsatzregionen kaum nachhaltig eindämmen können. Vielfach bleibt der Eindruck, dass die Missionen in erster Linie zur Stärkung einer vom französischen Willen dominierten, geeinten EU-Außenpolitik dienen sollen und weniger den sicherheitspolitischen Notwendigkeiten der jeweiligen Einsatzgebiete entsprachen. Auf zivil-militärischer Ebene versucht die EU afrikanische Staaten beim Aufbau von Sicherheitsstrukturen zu unterstützen. Es bleibt jedoch fraglich, ob sich diese Bemühungen auch in Hinblick auf die mittelfristige Umsetzung von »good governance« auszahlen wird. Prinzipiell gilt für die EU das Motto »Hilfe zur Selbsthilfe«, damit die AU künftig in der Lage ist, Stabilisierungseinsätze selbstständig durchzuführen. Hier liegt es im Interesse der EU, gemeinsam mit der AU und anderen relevanten Partnern wie den USA, China, aber auch Indien oder der Türkei, langfristige Stabilisierungsmaßnahmen auf dem afrikanischen Nachbarkontinent einzuleiten. Letzteres ist ausschließlich unter Miteinbeziehung aller in Afrika agierender nationaler und internationaler Akteure und nur in Kooperation mit den afrikanischen Staaten möglich.

Gunther Hauser

pa/AP/Jerome Delay

Im jüngsten Konflikt in der Zentralafrikanischen Republik sind eine Vielzahl nationaler und internationaler Akteure in Erscheinung getreten, deren Konfliktmotive politischer, wirtschaftlicher, ethnischer und religiöser Natur sind. Sie alle operieren laut der International Crisis Group im Territorium eines »Phantomstaats«, der nach seiner Unabhängigkeit von 1960 drei erfolgreiche Staatsstreiche sowie zahlreiche Rebellionen erlebte und dessen staatliche Strukturen inklusive funktionierender Streitkräfte größtenteils nur auf dem Papier bestehen. Als Hauptgründe für den 2012 begonnenen Krieg sind die ungleiche oder fehlende Entwicklung des Landes, die Verteilung der Einnahmen aus dem Abbau von Diamanten und Edelhölzern sowie die grassierende Korruption und der vorherrschende Nepotismus unter Langzeitpräsident François Bozizé (Amtszeit 2003–2013) zu nennen. Gleichwohl wurden vor allem die religiöse Dimension und die daraus resultierende Gewalt – wie hier im Bild in Bangui – in der (europäischen) medialen Berichterstattung herausgestellt.

Der Bürgerkrieg in der Zentralafrikanischen Republik von 2012 bis 2014

Der Ende 2012 ausgebrochene Bürgerkrieg in der Zentralafrikanischen Republik (ZAR) ging auf den Zusammenschluss von mehreren bereits bestehenden Rebellengruppen im Nordosten des Landes und neu aus dem Tschad sowie dem Sudan (Darfur) angeworbenen Söldnern zurück. Diese Gruppen einte die ablehnende Haltung gegenüber der Politik des 2003 selbst durch eine Rebellion an die Macht gekommenen Präsidenten François Bozizé (geb. 1946) und die Aussicht auf persönliche Bereicherung. Das von ehemaligen Staatsdienern, Geschäftsleuten und Warlords geführte Zweckbündnis unter dem Namen »Séléka« (»Koalition« in der Landessprache Sango) warf Bozizé offiziell vor, die nach den vorangegangenen Rebellionen 2007 und 2008 geschlossenen Friedensverträge nicht umgesetzt und den Nordosten des Landes marginalisiert zu haben. Weil sich die Mehrheit ihrer Kämpfer zum Islam bekannte und viele von ihnen nur arabisch sprachen, entstand das Bild einer muslimischen Rebellion gegen die christliche Regierung des Südens. Nachdruck erhielt diese (mediale) Darstellung dadurch, dass Muslime mit lediglich 15 Prozent der Gesamtbevölkerung eine eindeutige Minderheit

Ex-Präsident François Bozizé und Séléka-Rebellenführer Michel Djotodia bei den Friedensverhandlungen in Libreville (ZAR) im Januar 2013.

gegenüber den rund 50 Prozent Christen stellten. Nach anfänglichen Scharmützeln mit den Regierungstruppen (»Forces Armées Centrafriquaine«, FACA) im Spätherbst 2012, startete die Séléka am 10. Dezember 2012 eine Großoffensive im Nordosten des Landes und stand innerhalb von nur zwei Wochen 160 Kilometer vor der Hauptstadt Bangui. Einzig mit Hilfe von bis zu 2000 tschadischen Soldaten und der bereits im Land stationierten Peacekeeping-Truppen der zentralafrikanischen Wirtschaftsgemeinschaft »Communauté Économique des États de l'Afrique Centrale« (CEEAC/ECCAS) konnte der Vormarsch der Séléka Anfang 2013 durch Verhandlungen gestoppt werden. Am 11. Januar 2013 vereinbarten Präsident Bozizé und die Rebellen in der gabunischen Hauptstadt Libreville eine Machtteilung. Obwohl unter anderem mit Michel Djotodia Am-Nondroko (geb. 1949) als Verteidigungsminister und stellvertretendem Premierminister sowie mit dem selbsternannten »General« Moussa Mohamed Dhaffane als Minister für Wasser, Wald, Jagd, Fischerei, Umwelt und Ökonomie auch Séléka-Führer an der neuen Übergangsregierung beteiligt wurden, begannen die Kämpfe im März 2013 erneut. Der militärische Séléka-Flügel um die »Generale« Aubin Issa Issaka und Nourredine Adam bezichtigte Bozizé, die getroffenen Vereinbarungen, insbesondere die Freilassung von Gefangenen und den Abzug der in Bangui stationierten südafrikanischen Soldaten, zu verschleppen und startete die finale Offensive auf Bangui. Abgesehen von heftigen Kämpfen mit den südafrikanischen Truppen in Damara und Bangui, bei denen mindestens 13 südafrikanische Soldaten ums Leben kamen, konnten die rund 5000 Séléka-Rebellen die Hauptstadt nach Bozizés Flucht ins benachbarte Kamerun am 24. März schnell einnehmen. Weder die im Land befindlichen französischen noch die afrikanischen Peacekeeping-Soldaten verhinderten die Machtübernahme.

Chaos und Anarchie in der ZAR

Noch während sich Michel Djotodia – ein aus der kleinen Goula-(Gula)-Ethnie im Norden der ZAR stammender, in der UdSSR ausgebildeter, ehemaliger Konsul im Sudan (Darfur) – selbst zum ersten gebürtig muslimischen Präsidenten des Landes erklärte, begannen Séléka-Kämpfer und Teile der Bevölkerung mit der systematischen Plünderung von Regierungs- und Privatbesitz. Sie ermordeten hunderte von Zivilisten, einige davon gezielt aus der Gbaya-Ethnie von Bozizé, vergewaltigten Frauen und verfolgten ehemalige Regierungssoldaten, die sich, wenn

Der Bürgerkrieg in der Zentralafrikanischen Republik

nicht bereits beim Séléka-Vormarsch desertiert, ihrer Uniformen entledigten oder nach Kamerun flohen. Unkontrolliert wuchs die Stärke der Séléka kurzfristig auf rund 20 000, da die Anhängerschaft bei den neuen Machthabern materielle Bereicherung versprach. Schutzlos den Plünderungen ausgeliefert, flohen Hunderttausende aus ihren Dörfern und Zehntausende in die Nachbarländer. Gleichzeitig bröckelte die Séléka-Koalition. Unstimmigkeiten über die Verteilung der Macht und Rivalitäten zwischen den Séléka-Einheiten führten zu bewaffneten Auseinandersetzungen und der (vorübergehenden) Vertreibung einiger Anführer.

In diesem anarchischen Umfeld unterstützten Kreise um den gestürzten Präsidenten Bozizé zwischen Ende August und Anfang September 2013 den Zusammenschluss ehemaliger Soldaten, Bozizé-Anhängern und existierenden Selbstverteidi-

Die »Anti-Balaka«

Das Wort »Balaka« aus der Nationalsprache Sango wird im Englischen und Deutschen häufig mit »Machete« übersetzt, weshalb für »Anti-Balaka« größtenteils die Übersetzung »Anti-Machete« oder »gegen die Machete« genutzt wird. Der Name soll aber auch auf die von den Kämpfern getragenen Fetische (gris-gris) anspielen, die ihren Trägern Unverwundbarkeit, insbesondere gegen Kugeln des Schnellfeuergewehrs Kalaschnikow AK-47, versprechen. Eine andere Übersetzung im Französischen lautet daher

Anti-Balaka-Kämpfer auf Patrouille im Südosten der ZAR, Februar 2014.

»Anti-balles AK«. Die Ursprünge der Miliz gehen zurück auf die seit den 1990er-Jahren im Grenzgebiet zu Kamerun und dem Tschad operierenden Banditen (zaraguinas/coupeurs de route). Zum Schutz der lokalen Gemeinden gründeten sich mit Speeren, Macheten und Jagdgewehren bewaffnete Selbstverteidigungsgruppen.

I. Historische Entwicklungen

Im September 2013 koordinierten Offiziere der ehemaligen Armee deren bessere Bewaffnung und ihren losen Zusammenschluss zur Anti-Balaka-Bewegung. Ihre Mitglieder, deren Zahl sich laut VN-Experten auf mehrere Tausend belaufen soll, sind überwiegend Anhänger des Christentums oder Animisten. Zu ihren selbsterklärten politischen Führern etablierten sich Ende 2013 vor allem Pierre-(Patrice) Édouard Ngaïssona (geb. 1968), ein ehemaliger Minister unter Ex-Präsident François Bozizé und der Ingenieur Sébastien Wénézoui (geb. 1981). Im April 2015 brachte sich auch Ex-Präsident Bozizé durch die Unterzeichnung eines Vertrages mit Ex-Präsident Djotodia in Nairobi zurück auf die Verhandlungsbühne. Als die einflussreichsten militärischen Führer galten Ende 2014 die weniger bekannten Thierry Lébéné alias »Colonel 12 Puissances«, ein ehemaliger FACA-Soldat und Rodrigue Ngaïbona alias »General Andilo« (Andjio). Letzterer wurde im Januar 2015 von VN-Soldaten festgenommen. Aufgrund ihrer unterschiedlichen Interessen, ist der Einfluss der genannten Anführer auf die verschiedenen Anti-Balaka-Gruppen stark begrenzt.

TK

gungsgruppen im Süden und Westen des Landes zur »Anti-Balaka«-Miliz. Nur leicht bewaffnet und ohne einheitliche Führung begann die Anti-Balaka die Plünderungen der Séléka-Kämpfer zu rächen. Das führte zur Vertreibung und Ermordung von Angehörigen der muslimischen Minderheit im Süden und Westen des Landes. Die Motivation ihrer Kämpfer reichte dabei vom Schutz der eigenen Gemeinde, über die individuelle Bereicherung durch Plünderungen und Rache an der muslimischen Bevölkerung, bis zum Sturz Djotodias und der Rückkehr Bozizés. Obwohl Djotodia zur Erlangung internationaler Akzeptanz die Séléka im September 2013 offiziell auflöste, entwickelte sich eine Spirale der Gewalt: Séléka-Kämpfer gingen gegen christliche Zivilisten und Anti-Balaka-Anhänger gegen Muslime vor. Der eigentlich macht- und wirtschaftspolitische Konflikt bekam so den Anschein eines Konfessionskrieges. Dabei wurden die Religionen primär als Mobilisierungsfaktor und als Trennungsmerkmal zwischen »Freund« und »Feind« missbraucht.

Nachdem der Sonderberater des Generalsekretärs der Vereinten Nationen (VN) für die Verhütung von Völkermord,

Der Bürgerkrieg in der Zentralafrikanischen Republik

Adama Dieng (geb. 1950), vor einem Genozid gewarnt und die VN am 5. Dezember 2013 eine Intervention der Afrikanischen Union (AU) und Frankreichs autorisiert hatten, griffen Anti-Balaka-Gruppen in einer zuvor nicht gekannten Koordination die Hauptstadt Bangui und Bossangoa, die größte Stadt in der Heimatpräfektur von Ex-Präsident Bozizé, an. Mit der Offensive, bei der über 700 Menschen starben, begann die systematische Vertreibung zehntausender Muslime aus Bangui, von denen viele nur durch die Evakuierung von tschadischen Soldaten in das nördliche Nachbarland gerettet werden konnten.

Vom Übergang zum Übergang

Die Vertreibung der muslimischen Minderheit sowie die anhaltende Gewalt führte zur Isolation Djotodias. Angesichts von knapp 250 000 Flüchtlingen und fast einer Millionen Binnenvertriebener trat Djotodia am 10. Januar 2014 auf Druck des tschadischen Präsidenten Idriss Déby Itno (geb. 1952) bei einer außer-

Aufgrund der anhaltenden Gewalt in der ZAR flüchteten zehntausende Menschen in die Nachbarländer, April 2014.

planmäßigen Sitzung der Übergangsregierung in der Hauptstadt des Tschad zurück und ging nach Benin ins Exil. Ihm folgte mit Catherine Samba-Panza (geb. 1954), die unter Djotodia zur Bürgermeisterin von Bangui ernannt worden war, die erste Präsidentin der ZAR. Ihre stark begrenzte Autorität blieb jedoch von den internationalen Truppen abhängig. Zwar konnte die Gewalt ab Mai 2014 deutlich eingedämmt und Bangui abgesehen von einigen Zwischenfällen Anfang Oktober 2014 weitgehend stabilisiert werden. Die faktische Teilung des Landes in einen von der ehemaligen Séléka besetzten Nordosten mit einer größeren muslimischen Bevölkerung und einen von den Anti-Balaka besetzten Südwesten, aus dem fast alle Muslime vertrieben wurden, konnte aber nicht verhindert werden. Obwohl am 23. Juli 2014 ein Waffenstillstandsabkommen und am 10. Mai 2015 eine Vereinbarung über die Einstellung aller Gefechte und zur Entwaffnung zwischen Séléka-Führern, selbsternannten Vertretern der Anti-Balaka, der Regierung sowie anderen Interessensgruppen geschlossen wurde, verhinderten interne Grabenkämpfe in den Konfliktparteien sowie sozioökonomische Dispute in der Bevölkerung ein Ende der Gewalt. Vor allem im Zentrum des Landes kam es durch alle Konfliktparteien unter völliger Straflosigkeit weiter zu kriminellen Übergriffen, Massakern und Vertreibungen von muslimischen wie christlichen Zivilisten. Aufgrund divergierender Macht- und Wirtschaftsinteressen waren Mitte 2015 nicht nur die Anti-Balaka ohne klare Führung. Auch die wenigen Tausend Ex-Séléka-Anhänger teilten sich in mindestens drei Gruppen, darunter die FPRC um Djotodia und Adam. Einige der Ex-Séléka-Fraktionen lehnten die Zusammenarbeit mit der Übergangsregierung weiterhin ab.

Internationale Dimension des Konflikts

Von Beginn an beteiligten sich auch internationale Akteure am Konflikt. Laut Expertengruppe der VN könnte ein Großteil der ursprünglichen Séléka-Kämpfer aus dem Tschad und dem Sudan gestammt haben. Das grenzübergreifende Agieren von Gewaltakteuren ist dabei nichts Neues. Zum einen zirkulieren vor allem im Dreiländereck ZAR-Tschad-Sudan (Darfur) unzählige Kleinwaffen und Kriminelle wie Wilderer und Banditen. Zum anderen bestand bereits Bozizés Rebellion, die ihn 2003 an

Der Bürgerkrieg in der Zentralafrikanischen Republik

die Macht brachte, mehrheitlich aus tschadischen Söldnern, weil er 2001 aufgrund einer angeblichen Putschbeteiligung in den Tschad geflohen war und dort weitreichende Kontakte geknüpft hatte. Selbst als amtierender Präsident stützte er sich bis 2012 auf reguläre tschadische Soldaten als Leibwache.

Die Interessen des Tschad sind ambivalent. Zum einen sieht Präsident Idriss Déby Itno sein Land nach dem Tod des libyschen Staatsoberhaupts Muammar al-Gaddafi (1942–2011) als regionale Ordnungsmacht. Militäroperationen, vor allem mit französischer Zustimmung wie in Mali oder der ZAR, dienen der internationalen Aufwertung seines autoritären Regimes. Zum anderen verfolgt Déby geostrategische Interessen in der ZAR. Durch die Unterstützung einer ihm freundlich gesinnten Regierung sollte die Schaffung von Rückzugsgebieten für tschadische Rebellen verhindert und die südliche Grenze gesichert werden. Weil jedoch Bozizés innenpolitische Position ab Mitte 2012 immer schwächer wurde, die Anfang der 2000er-Jahre im Tschad gefundenen Ölvorkommen im Grenzgebiet zur ZAR die Begehrlichkeiten beider Präsidenten weckte und Bozizé zur Reduzierung des tschadischen Einflusses offen mit der südafrikanischen Regierung als neuer Schutzmacht kokettierte, kam es zum Bruch zwischen den Nachbarstaaten. Zwar ließ Déby im Dezember 2012 Truppen in die ZAR entsenden, jedoch stehen diese im Verdacht, den Angriff der Séléka unterstützt zu haben.

Südafrikas Präsident Jacob Zuma (geb. 1942), dessen Außenpolitik auf die Stärkung des südafrikanischen Profils im französischen Einflussbereich und die Absicherung von Rohstoffzugängen ausgelegt war, unterzeichnete 2007 eine Vereinbarung mit Bozizé über die Entsendung von bis zu 200 Soldaten, die das Training von Bozizés Leibwache und die Ausbildung der FACA übernehmen sollten. Obwohl Zuma das Kontingent im Januar 2013 formell auf 400 aufstockte, waren die südafrikanischen Soldaten der Übermacht der Séléka unterlegen. Die daraufhin von der südafrikanischen Opposition und dem Militär geäußerte Kritik, Zuma habe durch den Militäreinsatz nur geheime Wirtschaftsinteressen der Regierungspartei ANC durchsetzen wollen, führten zur vorläufigen Einstellung aller südafrikanischen Aktivitäten in der ZAR.

I. Historische Entwicklungen

Frankreich wiederum hatte aufgrund des 2002 in der ZAR herrschenden Konflikts bis zu 450 dauerhaft in der Nähe des Flughafens von Bangui stationierte Soldaten (Operation »Boali«), um diese jederzeit zur Evakuierung der rund 1200 französischen Staatsbürger und zum Schutz französischer Interessen in der Region einsetzen zu können. Dabei fielen nicht nur die französische Selbstsicht als Ordnungsmacht ins Gewicht, sondern auch regionale, primär im Energiesektor liegende Wirtschaftsinteressen. Diese gerieten Ende 2013 immer stärker in Gefahr, da die Flüchtlingsströme aus der ZAR und die Grenzübergriffe der Séléka nach Kamerun zu einem territorialen Flächenbrand auszuarten drohten. Zudem schien der interne Konflikt geeignet, einen Nährboden für radikale Islamisten zu schaffen. Entscheidend für eine Intervention war zudem die veränderte politische Situation. Im März 2013 hatte der französische Präsident François Hollande (geb. 1954) einen Einsatz zum Schutz Bozizés, wohl auch aus Verärgerung über den zunehmenden Einfluss Südafrikas, noch kategorisch abgelehnt. Mit dem national und international als Erfolg gefeierten Mali-Einsatz im Rücken, sollte die Operation »Sangaris« mit bis zu 2000 Soldaten in der ZAR zur Verbesserung des französischen Images in Afrika und der Welt beitragen. Im Gegensatz zu früheren Interventionen sollte der Einsatz keinen Politiker stützen oder stürzen und wurde sowohl vom Übergangspräsident Djotodia als auch von der AU begrüßt. Zwar trugen Frankreichs Soldaten dazu bei, ein größeres Maß an Gewalt zu verhindern, in Teilen der muslimischen Bevölkerung erweckten sie jedoch starke Ablehnung, da sie bezichtigt wurden, in erster Linie die Séléka zu entwaffnen und muslimische Familien wehrlos den Angriffen der Anti-Balaka zu überlassen. Weiteren Schaden nahm das französische Ansehen im Frühjahr 2015, als Vorwürfe des sexuellen Missbrauchs von Minderjährigen durch französische Soldaten publik wurden.

Währenddessen rief der Flüchtlingsexodus auch die AU und die Regionalorganisationen CEMAC und ECCAS auf den Plan. Letztere hatten zur Unterstützung der staatlichen Strukturen seit 2002 beziehungsweise 2008 eigene Peacekeeping-Soldaten in der ZAR. Fehlende Ressourcen und divergierende Interessen der Mitgliedsländer verhinderten jedoch ein zielgerichtetes Vorgehen. Ähnliche Probleme begleiteten den Einsatz der AU

Der Bürgerkrieg in der Zentralafrikanischen Republik

MISCA, der auf dem Höhepunkt der Plünderungen in Bangui im Frühsommer 2013 beschlossen worden war und im März 2014 über rund 5400 Soldaten verfügte. Mit etwa 30 toten Peacekeeping-Soldaten in nur neun Monaten zahlte die AU jedoch einen hohen Preis für den Versuch die Gewalt zu kontrollieren. Interne Spannungen, wie Gefechte zwischen tschadischen und burundischen Soldaten im Dezember 2013 bei der Entwaffnung von Séléka-Kämpfern, oder ein angeblicher Fall von Selbstjustiz durch kongolesische Soldaten an zwei Anti-Balaka-Führern nach der Ermordung eines kongolesischen Soldaten, überschatteten die Mission. Weil das tschadische Kontingent wiederholt beschuldigt wurde, Séléka-Kämpfer zu unterstützen und Gewalt gegen Zivilisten anzuwenden, wurde es erst von der AU aus Bangui und nach weiteren Anschuldigungen im April 2014 ganz vom tschadischen Präsidenten Déby aus der ZAR abgezogen. Ungeachtet dieser offensichtlicher Mängel verhinderten die afrikanischen Peacekeeping-Truppen den Tod hunderter, wenn nicht sogar tausender Menschen.

In das entstandene Machtvakuum, das die 833 tschadischen Soldaten hinterließen, stieß Ende April 2014 der auf zunächst neun Monate ausgelegte Einsatz der Europäischen Union (EUFOR RCA). Diese am 28. Januar vom VN-Sicherheitsrat autorisierte Überbrückungsmission sollte mit etwa 750 Soldaten die öffentliche Sicherheit und die humanitäre Versorgung in Teilen Banguis sowie den reibungslosen Übergang von MISCA zur neuen VN-Mission (MINUSCA) zum 15. September 2014 gewährleisten. Initiator der bis zum 15. März 2015 verlängerten EU-Mission war die Regierung Frankreichs, die sich wohl vor allem in finanzieller Hinsicht eine deutliche Entlastung und größere Unterstützung von der französischen Bevölkerung für ihren eigenen Einsatz versprach. Ein schnelleres und umfassenderes europäisches Engagement, das letzten Endes dem Versuch glich, den Anschein einer gemeinsamen europäischen Außenpolitik zu wahren, wurde durch den ausbrechenden Ukraine-Konflikt verhindert. Dass gleich drei internationale Operationen (»Sangaris«, MISCA, EUFOR RCA) in der ZAR zum Einsatz kamen, zeugte von mangelnder Koordination und Kommunikation zwischen europäischen und afrikanischen Partnern. Dass die ruandischen und burundischen Soldaten nur mit logistischer Hilfe der USA zeitnah in der ZAR zum Einsatz kommen konnten, legte zudem die mangelhaften logistischen Möglichkeiten vieler afrikanischer Streitkräfte offen.

Ausblick und Perspektiven

Die volatile Sicherheitslage, die zunehmende Kriminalität und die Hunderttausenden von vertriebenen bilden kaum einen Rahmen für faire und freie Wahlen Ende 2015. Auch Mitte dieses Jahres existierten nur rudimentäre staatliche Strukturen und keine einsatzbereite Armee. Die im September 2014 begonnene VN-Mission mit rund 12 000 Uniformierten wird mit ihrem robusten Mandat eine langjährige Sicherheitsverantwortung übernehmen müssen. Gleiches gilt für die Finanzierung des bankrotten Staatswesens, die Entwaffnung, Demobilisierung und Reintegration der Kombattanten, die rechtliche Aufarbeitung der Gräueltaten sowie die Ausbildung neuer, rechtsstaatlicher Sicherheitskräfte. Die Regionalorganisation CEEAC/ECCAS ist weder finanziell noch politisch dazu in der Lage und auch die AU stößt an ihre Grenzen. Die Entscheidung zur Aufstellung der EU-Beratermission in der ZAR (EUMAM RCA) ist ein positiver Schritt zur Unterstützung bei der Reformierung des Sicherheitssektors. Dessen angepeilte Dauer von zwölf Monaten wird jedoch unzureichend sein. Eine umfassendere Ausbildungsmission nach Art der Europäischen Mission in Mali (EUTM) wäre eher vorstellbar. Zwar wurden die seit Anfang 2015 auf lokaler Ebene laufenden Konsultationsgespräche mit der Zivilbevölkerung sehr positiv aufgenommen. Doch wird die Rückkehr der Flüchtlinge und die Aussöhnung der Konfessionsgruppen wohl noch Jahre in Anspruch nehmen – vorausgesetzt, es besteht überhaupt der politische Wille aller rivalisierenden Akteure hierzu. Letztere ringen schlicht um ihren individuellen Machterhalt, politische Ämter und die Aufteilung der Rohstoffressourcen; dies kommt auch in den verschiedenen Vereinbarungen zum Ausdruck – etwa im April 2015 zwischen Bozizé und Djotodia in Nairobi ohne Berücksichtigung der Übergangsregierung Samba-Panzas. Auch wenn die Integration ehemaliger Konfliktakteure in eine neue Regierung kurzfristig die einzige Möglich-

Der Bürgerkrieg in der Zentralafrikanischen Republik

Straßenbanditen – »Coupeurs de route« – »Zaraguinas«

Seit Ende der 1990er-Jahre gehören Straßenräuber zu einem Sicherheitsrisiko im Grenzgebiet der Zentralafrikanischen Republik (ZAR) und ihren Nachbarn Kamerun, Sudan und Tschad. Die kleinen, hochmobilen Gruppen – Zaraguinas in der Nationalsprache Sango – sind Ausdruck eines fehlenden staatlichen Gewaltmonopols. Die teils schwerbewaffneten Räuber errichten Straßenblockaden und plündern Fahrzeuge. Weitere kriminelle Aktivitäten sind Überfälle auf Viehherden und Dörfer sowie Geiselnahmen und Lösegeldforderungen. Im Falle einer Strafaktion der jeweiligen staatlichen Sicherheitskräfte ziehen sich die Täter einfach auf die andere Seite der durchlässigen Staatsgrenzen zurück. Die Banditen kommen nicht nur aus der ZAR, sondern auch aus Kamerun, dem Tschad oder Niger. Teilweise handelt es sich bei ihnen aber auch um Sicherheitskräfte, die ihre Dienstwaffen zweckentfremden. In den vergangenen Jahrzehnten haben diverse Staatsstreiche und Rebellionen die Region nicht nur mit Kleinwaffen überschwemmt, sondern auch mit erfahrenen, vor allem aus dem Tschad stammenden Kämpfern, die so ihren Lebensunterhalt zu bestreiten suchen. Selbst bewaffnete Viehhirten sollen das fehlende Gewaltmonopol im Grenzgebiet zu Plünderungen und Raubzügen nutzen. Zwar ist das Phänomen der Straßenräuber auch aufgrund der Etablierung von Selbstverteidigungsgruppen oder der Kontrolle verschiedener Rebellengruppen in den letzten Jahren rückläufig gewesen. Die seit Ende 2012 ausgebrochenen Unruhen in der ZAR könnten aber zu einem erneut verstärkten Auftreten krimineller Elemente im Grenzgebiet führen.

TK

keit zur Beilegung des Konfliktes zu sein scheint, birgt sie die Gefahr, Aufstände als Mittel des Macht- und Einflussgewinns zu legitimieren und neuen Rebellionen Tür und Tor zu öffnen. Eine Zweistaatenlösung wird es dagegen weder mit der AU noch mit den VN geben, da dies die (Sezessions-)Konflikte in Libyen, Mali oder dem Sudan zusätzlich anheizen könnte.

Torsten Konopka

Die Konfliktdynamiken der zentralafrikanischen Länder können nicht in Isolation verstanden werden. Gesellschaftliche und politische Entwicklungen waren und sind im Herzen Afrikas immer grenzüberschreitend. Die meisten politisch-militärischen Akteure agieren in mehreren Ländern, und die Staatsgrenzen auf der Landkarte stellen weder für bewaffnete Gruppen noch für die Zivilbevölkerung mentale oder physische Barrieren dar. Dennoch handelt es sich bei fast allen Konflikten der Region um die gewaltsame Austragung von Rivalitäten um die politische Macht im Staat. Hierfür werden sämtliche soziale und ökonomische Ressourcen mobilisiert. Dies führt oft zu hunderttausenden Binnenvertriebenen und nicht enden wollenden Flüchtlingsströmen in die Nachbarländer – wie oben im Bild im Osten der Demokratischen Republik Kongo – die zur Destabilisierung ganzer Regionen führen können.

Failing States, regionale Anarchie und Governance

Was ist das Zentrale Afrika? Es gibt keine allgemein anerkannte Definition dieses geographischen Raumes. Im englischen Sprachgebrauch wurde »Central Africa« lange Zeit für die Gebiete südlich des Kongo-Flussbeckens verwendet: Die kurzlebige »Central African Federation« gegen Ende der kolonialen Ära in den 1950er- und 1960er-Jahren umfasste die heutigen Staaten Malawi, Sambia und Simbabwe. Diese Bezeichnung diente zur Unterscheidung der Savannenregion vom »südlichen Afrika« um Südafrika und »Ostafrika« um Kenia. Sie hat sich allerdings seit Ende der Kolonialzeit nicht weiter gehalten. Heute bezeichnet der Begriff »Zentralafrika« allgemein die Wälder und Savannen nördlich des Kongo bis hin zur Saharawüste. Im französischen Sprachgebrauch der Kolonialzeit bezeichnete »Afrique Centrale« beziehungsweise »Afrique Équatoriale« das Kolonialterritorium »Afrique Équatoriale Française« (AEF) mit der Hauptstadt Brazzaville, das die heutigen Staaten Gabun, Republik Kongo (Kongo-Brazzaville), Tschad und die Zentralafrikanische Republik (ZAR) umfasste. Daraus, erweitert um Kamerun und später um Äquatorialguinea, entstand nach der Unabhängigkeit in den 1960er-Jahren die bis heute existierende Wirtschafts- und Währungsgemeinschaft »Communauté Économique et Monétaire des États de l'Afrique Centrale« (CEMAC). Ihre Mitglieder verfügen über eine in Kamerun angesiedelte Zentralbank (BEAC) und eine gemeinsame Währung, den aus Paris verwalteten und an den Euro gekoppelten zentralafrikanischen CFA-Franc.

Die CEMAC ist nicht zu verwechseln mit der loseren »Communauté Économique des États d'Afrique Centrale/Economic Community of Central African States« (CEEAC/ECCAS), die mit Sitz in Gabun den CEMAC-Raum um Angola, die Demokratische Republik Kongo (DR Kongo), Burundi und Ruanda (bis 2007) erweitert und einen eher politischen Staatenverbund im Rahmen der Afrikanischen Union (AU) darstellt. Im Sport, beispielsweise im Fußball, steht »Zentralafrika« für den engeren CEMAC-Raum plus die DR Kongo sowie den sonst immer ignorierten Inselstaat São Tomé und Príncipe, dessen Fußball-

II. Strukturen und Lebenswelten

nationalmannschaft in ihrer 29-jährigen Aktivität aber lediglich vier Länderspiele gewonnen hat. Durch diese zwischenstaatlichen Organisationen und Bindungen hat sich die französische Definition Zentralafrikas im Wesentlichen bewahrt. Damit wird die prägende Rolle der französischen Kolonialzeit für die gegenwärtige Politik in der Region deutlich. Die gemeinsame Währung, die vom Atlantischen Ozean bis an die libysche Grenze gilt, verbindet die Länder enger als die nach wie vor miserablen grenzüberschreitenden Verkehrsverbindungen. Bei Krisen in der ZAR spielen die Hauptstädte Libreville (Gabun) und Brazzaville (Republik Kongo) als Verhandlungsorte eine wichtige Rolle, der Tschad ist wiederum ein bedeutender militärischer Regionalakteur.

Doch diese engen Beziehungen erklären kaum, warum es überhaupt zu Krisen kommt und was die Gründe für die fragile Staatlichkeit und extreme Instabilität in weiten Teilen der Region sind. Ebenso wie die Geschichte der einzelnen Länder ist auch die Geschichte und Gegenwart des ehemaligen französischen Äquatorialafrika nur im Zusammenspiel mit seinen Nachbarn zu verstehen: von Nigeria bis zum Sudan und von Libyen bis zur DR Kongo. Was wir heute das Zentrale Afrika nennen, ist im Wesentlichen der Teil Afrikas, der den Europäern zu Beginn der kolonialen Eroberung im späten 19. Jahrhundert komplett unbekannt war – also das Afrika jenseits der an den Küsten gelegenen Gebiete, mit denen bereits politische oder wirtschaftliche Beziehungen bestanden. Es handelt sich um ein riesiges Gebiet, das im Süden vom regenwaldbedeckten Bereich des Kongo-Flussbeckens, im Norden von der Sahara, im Osten von den Sümpfen des Nil-Flussbeckens, und im Westen von den Zubringern des Tschadsees beziehungsweise der Wasserscheide zum Niger-Flusssystem begrenzt wird. Das war damals – und ist in weiten Teilen noch immer – ein Teil von Afrika, der nur zu Fuß begehbar war, dessen Wasserläufe meist nur saisonal nutzbar waren und auch dann nie durchgängig bis zum Meer. Es war ein Afrika, wohin die Europäer nicht Händler und Diplomaten entsandten, sondern Entdeckungsreisende und später Soldaten; ein Afrika, das nicht als politischer und wirtschaftlicher Partner oder Gegner gesehen wurde, sondern als Hort des Fremden, Gefährlichen und vermeintlich Minderwertigen.

Failing States, regionale Anarchie und Governance

Die afrikanische Bevölkerung dieser Region wurde nach der europäischen Eroberung zu einem großen Teil vertrieben oder getötet, ihre politischen und sozialen Strukturen sowie ihre ökonomischen Überlebensgrundlagen zerstört. Als auf die koloniale Eroberung die Einrichtung großer Plantagen für Kautschuk, Kaffee oder Baumwolle folgte, wurden in manchen Regionen alle Dörfer niedergebrannt und deren Bewohner als Zwangsarbeiter verschleppt. Die Wirkung der kolonialen Landnahme ist für Zentralafrika nur vergleichbar mit der mittelalterlichen Pest in Europa. Die Bevölkerung dieser Region war um die Mitte des 20. Jahrhunderts kaum größer als 300 Jahre vorher, teilweise wurde sie während der Kolonialzeit deutlich reduziert. Die europäischen Kolonisatoren sahen die Afrikaner als Untermenschen, als Primitive und Wilde. Zu eigener produktiver Aktivität galten sie als unfähig. Die einzige Möglichkeit zum sozialen Aufstieg waren die lokalen Milizen, die als verlängerter Arm der Kolonialmacht die Bevölkerung in Schach hielten, da eine ständige Präsenz europäischer Sicherheitskräfte weder finanziell noch klimatisch möglich war. So dienten im kolonialen Brazzaville aus dem Tschad und der heutigen ZAR rekrutierte »auxiliaires indigènes« als Nachbarschaftspolizei und Wachposten vor öffentlichen Gebäuden, während lokale Truppen koloniale Plantagen und Wirtschaftseinrichtungen sicherten. Daraus ergab sich vor allem im Zweiten Weltkrieg die Möglichkeit, für die französischen Streitkräfte zu kämpfen, was einer ganzen Generation ausgebildeter Soldaten einen uneinholbaren Vorsprung gegenüber der Zivilbevölkerung bescherte. Die »einheimischen Hilfskräfte« wurden in den unabhängigen Staaten zum Stammpersonal der Gendarmerie, der paramilitärischen Polizeieinheiten nach französischem Muster. Dies ist eine wichtige Wurzel für den Primat des Militärischen in der postkolonialen Politik dieser Region.

Zivile Einheimische wurden von den Franzosen erst relativ spät als Lehrer und niedere Verwaltungsangestellte eingesetzt; ansonsten bot einzig die katholische Kirche Möglichkeiten für Bildung und politischen Aktivismus. Außerhalb Brazzavilles entfaltete sich in diesem Teil des französischen Kolonialgebiets weder höhere Bildung noch städtisches Leben. Brazzaville lag an der Peripherie, das gesamte Gebiet wurde aus der Ferne regiert.

II. Strukturen und Lebenswelten

Die Kolonialmacht blieb stärker als irgendwo sonst in Afrika eine entrückte Besatzungsmacht, die mit Terrormethoden arbeitete. Zwischen Lagos jenseits des Niger (Nigeria), Brazzaville sowie Léopoldville (heute Kinshasa) am Kongo und Khartum am Nil (Sudan) gab es zu Kolonialzeiten keine einzige formelle politische Hauptstadt. Das kleine Yaoundé im kamerunischen Hochland sei hiervon ausgenommen, wobei Kamerun als ehemaliges deutsches Schutzgebiet ohnehin einen Sonderfall darstellte. Die Verstädterung zwischen den kolonialen Verwaltungszentren blieb auf vereinzelte Militärposten beschränkt, durchgehende Verkehrsverbindungen gab es ebenso wenig wie eine flächendeckende Territorialverwaltung.

Die realen Lebenswelten der einheimischen Bevölkerung spielten weder im kolonialen noch im postkolonialen Ordnungssystem eine Rolle. Seit Jahrtausenden gibt es etablierte Fernhandelsrouten vom Nil im Sudan bis zu den Sultanaten des heutigen Nigeria, die aber durch die kolonialen Grenzen gekappt und in den Untergrund gedrängt wurden. Die französischen Eroberer präsentierten ihr Tun gern als aufklärerische Gegenoffensive gegen die Ausbreitung des Islam und des arabischen Sklavenhandels, waren aber nicht weniger ignorant gegenüber den Lebensverhältnissen der Bevölkerung vor Ort. Ein großer Teil der Wirren der Gegenwart kann als Wiederauferstehung präkolonialer gesellschaftlicher und ökonomischer Zusammenhänge in einem politisch und militärisch künstlich aufgeteilten geographischen Raum gesehen werden.

Schwierigkeiten der Staatenbildung

Die düstere Geschichte macht deutlich, wieso nach der Unabhängigkeit in Zentralafrika entweder neokoloniale oder instabile Staatswesen entstanden – oder beides zugleich. In der heutigen ZAR, damals Oubangui-Chari, versuchte der führende Unabhängigkeitskämpfer Barthélemy Boganda (1910–1959) die Pariser Pläne für den Zerfall Französisch-Äquatorialafrikas zu verhindern. Boganda starb jedoch bei einem nie vollständig aufgeklärten Flugzeugunglück im März 1959, und mit ihm sein Traum eines geeinten äquatorial-afrikanischen Staates. Die vier

Failing States, regionale Anarchie und Governance

unabhängigen Länder, die auf das französische Kolonialgebiet folgten, waren allein nicht überlebensfähig und ihre Regierungen allesamt enger mit Paris verbandelt als mit den eigenen Bevölkerungen. Französische Berater beeinflussten ihre Politik, französische Unternehmen dominierten die Wirtschaft, französisches Militär blieb außer in Brazzaville überall stationiert.

Die Biographien der politischen Führer der ersten postkolonialen Jahre sprechen eine deutliche Sprache. Tschads erster Präsident François (Ngarta) Tombalbaye (1918–1975) hatte in

Die zukünftigen Präsidenten David Dacko (Zentralafrikanische Republik), Fulbert Youlou (Republik Kongo), François Tombalbaye (Tschad) und Leon M'Ba (Gabun), nach einem Treffen mit dem französischen Präsidenten Charles de Gaulle im Élysée-Palast im Januar 1960.

Brazzaville studiert, weil im eigenen Land keine Studienmöglichkeit bestand, und war dann Lehrer geworden. Der Unabhängigkeitsführer in der späteren ZAR Boganda war katholischer Seminarist; der erste Präsident des Landes, David Dacko (geb. 1930), Pädagoge und Grundschullehrer. Gabuns erster Präsident Léon M'ba (1902–1967), katholisch erzogen, war erst als Menschenrechtsaktivist in die heutige ZAR exiliert und arbeitete dann in Brazzaville im Staatsdienst, bevor er als Politiker in seiner Heimat aktiv wurde. In der Republik Kongo war der erste Präsident Fulbert Youlou (1917–1972) ein radikaler katholischer Priester. Kirchenmänner und Pädagogen bildeten weder ein Gegengewicht zur real fortdauernden französischen Macht noch zum anderen internen Machtfaktor: dem Militär. Dieses ging aus den kolonialen Ordnungskräften hervor, wobei dessen Führungsriege über Kampferfahrung aus dem Zweiten Weltkrieg, dem Indochina- und Algerien-Krieg verfügte. Alle genannten Präsidenten wurden durch Militärputsche gestürzt, wobei sich lediglich Léon M'ba durch eine französische Intervention im Amt halten konnte und danach als »Präsident der Franzosen« galt.

II. Strukturen und Lebenswelten

Außer in Gabun, wo der Tod des amtierenden Präsidenten M'ba 1967 die bis heute regierende und bedingungslos frankophile Familie Bongo an die Macht brachte, führten die Putschregime die anderen Länder in lang andauernde Instabilität, unterbrochen durch mehr oder weniger lange und heftige Perioden von Terror und Gewalt. Die Namen Jean-Bédel Bokassa (1921–1996, Herrscher in der ZAR von 1966 bis 1979) und Hissène Habré (geb. 1942, Präsident des Tschad von 1982 bis 1990) stehen noch heute in ihren Ländern für ihre Schreckensherrschaften. Der »wissenschaftliche Sozialismus« von Denis Sassou-Nguesso (geb. 1942, Präsident der Republik Kongo von 1979 bis 1992 und erneut seit 1997) war ebenso ein mehr oder weniger verbrämtes Unterdrückungsregime wie die Familiendiktaturen von Omar Bongo (1935–2009, Präsident von Gabun von 1967 bis 2009, gefolgt von seinem Sohn Ali, geb. 1959), und Francisco Macías Nguema (1924–1979, Präsident von Äquatorialguinea von 1968 bis 1979), gefolgt von seinem an die Macht geputschten Neffen Teodoro Obiang Nguema Mbasogo (geb. 1942), der bis heute regiert. Die Langzeitherrscher von Gabun und der Republik Kongo, die ihre Macht auf den Einnahmen aus dem Ölexport unter führender Rolle des französischen Staatskonzerns Elf Aquitaine (heute Total) gründeten, verbandelten sich sogar privat, als Sassou-Nguesso 1990 Omar Bongos Tochter Édith Lucie Bongo (1964–2009) heiratete.

Aber die Politik in diesen Ländern, ebenso wie die in Kamerun, hat mit dem geographischen Raum des Zentralen Afrika nur wenig zu tun; sie ist Teil der afrikanischen Ölökonomien entlang der Atlantikküste. Jedoch strahlt sie auf die beiden Staaten der Binnenregionen, den Tschad und die ZAR, aus, in deren Konflikten bis vor wenigen Jahren immer französische Zirkel in Paris entschieden, wer der Sieger sein würde.

Der Tschad als französischer Brückenkopf

Wer den Tschad kontrolliert, kontrolliert die Handelsrouten vom östlichen in den westlichen Sahel und die alten Karawanenwege zwischen dem Nil und Westafrika. Die Kontrolle des Tschad ist daher strategisch von zentraler Bedeutung, um einen mutmaßlichen, arabisch-islamistischen Griff auf den Rest Afrikas aufzuhalten. Seit der Unabhängigkeit hält sich jeder Präsident des Tschad dadurch an der Macht, dass er als Bollwerk Frankreichs und in minderem Maße der USA gegen wechselnde Feinde aus dem arabischen Raum auftritt – und jeder ist von Rebellen gestürzt worden, die Unterstützung aus dem arabischen Raum erhielten. Tschadische Dissidenten fanden sowohl vor als auch nach der Unabhängigkeit von 1960 Zuflucht bei den östlichen und nördlichen Nachbarn Sudan und Libyen. Nach Ende der Kolonialzeit war der Tschad, gemeinsam mit der ZAR, jahrzehntelang ein strategischer Brückenkopf des französischen Militärs. In der ZAR befand sich die Luftwaffenbasis Bouar, eine Art Flugzeugträger im Wald mit großen Landebahnen. Aus N'Djamena über Bouar und von Bangui über Kisangani in der heutigen DR Kongo wurde eine Militärintervention nach der anderen organisiert – am berüchtigtsten ist die Operation Turquoise während des Völkermordes 1994 in Ruanda, die eine humanitäre Schutzzone errichtete, aber gleichzeitig den flüchtigen Tätern ermöglichten ins westliche Zaire zu entkommen, der heutigen DR Kongo. Diese Achse war das Rückgrat der französischen Präsenz in ganz Zentralafrika, bis in Zaire der Diktator Mobutu Sese Seko (1930–1997) gestürzt wurde und ein Dominoeffekt in die entgegengesetzte Richtung einsetzte. Die strategische Bedeutung des Tschad reichte auch in Richtung der arabischen Welt. Dass die französische Kolonisierung quer durch die Sahelzone überhaupt so weit nach Osten vorgedrungen war, lag daran, dass Frankreich Ende des 19. Jahrhunderts unbedingt bis zum Nil gelangen und den britischen Traum eines durchgehenden Kolonialreiches »vom Kap bis Kairo« durchkreuzen wollte. Dies scheiterte und die Franzosen zogen sich bis zur Wasserscheide des Nilbeckens zurück. Trotzdem waren damit wichtige Transsaharatouten unter ihre Kontrolle geraten. Bei der kolonialen Eroberung hatten die Franzosen den einheimischen Bevölkerungen weisgemacht, sie würden sie vor arabischen Sklavenhändlern schützen. Nach dem Ende der Kolonialzeit wurde der französische Einflussbereich als Bollwerk gegen die »antiwestlichen« Regime in Libyen, Ägypten und im Sudan gesehen.

Der Aufbau eines funktionierenden Staatswesens wurde durch das Primat des Militärischen und der geopolitischen Ziele völlig vernachlässigt. Der Tschad blieb ein Garnisonsstaat, eine Opposition konnte sich nur mit Waffengewalt konstituieren. Es waren schließlich unzufriedene Soldaten, die Tombalbaye 1975 ermordeten, weil er kein stabiles Regime zu errichten vermochte. Bis zur endgültigen Machtergreifung seines Bezwingers Hissène Habré vergingen sieben chaotische Jahre mit drei unterschiedlichen Staatschefs. Letzten Endes wurde Habré 1982 der erste afrikanische Rebellenführer, der die Macht durch eine Rebellion von außerhalb der Hauptstadt erkämpfte. Er befehligte die Forces Armées du Nord (FAN), die seit den 1970er-Jahren gegen Tombalbaye gekämpft hatten und selbst dann noch als Parallelarmee existierten, als Habré bereits Premierminister des Landes war (1978/79). Die Habré-Rebellen wurden von Kräften in Libyen und Sudan unterstützt, allerdings nicht von Libyens Revolutionsführer Muammar al-Gaddafi (1942–2011). In den 1970er- und 1980er-Jahren wurde der Tschad zum Schauplatz eines Krieges zwischen libyschen und französischen Truppen, mit Habré als lokalem Verbündeten Frankreichs. Schließlich wurde Habré selbst Opfer einer Rebellion, als Idriss Déby Itno, ein ehemaliger Mitstreiter, im Dezember 1990 an der Spitze von Rebellen die Hauptstadt N'Djamena in einem Blitzfeldzug einnahm.

Die Politik der Region war geprägt durch ein komplexes Dreierspiel zwischen dem Tschad, Libyen und dem Sudan, mit Frankreich als geheimem Vierten im Bunde. Déby blieb Frankreich treu, wie Habré vor ihm. Als Anfang 2003 in den Darfur-Provinzen im Westsudan teilweise von Libyen ausgerüstete Aufstände ausbrachen, bekamen diese Unterstützung vom tschadischen Präsidenten, dessen ethnische Gruppe der Zaghawa das Rückgrat der Darfur-Rebellion bildete. Im Gegenzug unterstützte Sudans Regierung tschadische Oppositionelle. 2006 und 2008 versuchten letztere die Macht in N'Djamena zu ergreifen. Der zweite Umsturzversuch scheiterte nur, weil die Rebellen in N'Djamena den Amtssitz des Premierministers statt den Präsidentenpalast besetzten. Déby überlebte den Aufstand dank Frankreichs Militärhilfe bis hin zu Luftangriffen auf Rebellen. Drei Monate später erfolgte der Gegenschlag: Die von Zaghawa geführte Darfur-Rebellenbewegung »Justice and Equality Movement« (JEM) unternahm im Mai 2008 im Sudan einen überfallartigen Angriff in Richtung Khartum, der sie bis nach Omdurman, am westlichen Ufer des Nils gegenüber der Hauptstadt brachte. Damit waren Déby und Sudans Präsident Omar al-Bashir quitt. Sie schlossen 2010 Frieden und zwangen die Darfur-Rebellen ihre Suche nach Alliierten in Richtung Südsudan zu verlagern.

Der Südsudan und die Vorherrschaft am Nil

Die Schaffung des unabhängigen Staates Südsudan im Jahre 2011 war eine Folge der verschiedenen unerklärten grenzüberschreitenden Kriege in der Region, und seine regionalen Auswirkungen sollten nicht unterschätzt werden. Der Befreiungskrieg des Südsudan von 1983 bis 2005 darf auch aufgrund seiner Dauer als der blutigste ganz Afrikas gelten – bis zu 40 Prozent der Bevölkerung des Südsudan kamen in dieser Zeit durch Kampfhandlungen oder Vertreibung und Hunger ums Leben. Die Rebellenbewegung SPLM/A (»Sudan People's Liberation Movement/Army«) wurde vom südlichen Nachbarn Uganda unterstützt. Dessen Präsident Yoweri Museveni (geb. 1944) war seit seiner Jugend mit SPLM/A-Führer John Garang (1945–2005) befreundet. In diesem Krieg prallten die grenzüberschreitenden Konflikte Zentralafrikas, Ostafrikas und des Horns von Afrika aufeinander. Im Gegenzug für Ugandas Involvierung beherbergte die sudanesische Regierung die nordugandische Rebellengruppe LRA (Lord's Resistance Army) und rüstete sie auf. Als die Regierung in Khartum Anfang 2005 auf massiven US-amerikanischen Druck Frieden mit der SPLM/A schloss und der Südsudan im Juli 2011 unabhängig wurde, musste die LRA in der DR Kongo und in der ZAR untertauchen (vgl. Beitrag Beumler). Ende 2013 versank der Südsudan jedoch selbst im Bürgerkrieg, als sich die Regierungspartei und die Armee spalteten. Der Kampf um die Vorherrschaft am mittleren Nil, der immer auf das ganze Zentralafrika ausstrahlt, ist noch lange nicht zu Ende.

Die DR Kongo und die Wege der Diamanten

Noch vor Südsudans Unabhängigkeit hatte ein weiterer grenzüberschreitender Krieg die Konfliktkonstellation Zentralafrikas verschärft. 1996/97 wurde Zaires Diktator Mobutu Sese Seko (1930–1997) durch Rebellen gestürzt, die von Ruanda, Uganda, Tansania und Angola, aber auch von der SPLM/A, unterstützt worden waren. Die Rebellen unter Laurent-Désiré Kabila (1939–2001) eroberten das Land in nur neun Monaten und benannten Zaire nach ihrem Einmarsch in Kinshasa im Mai 1997 in Demokratische Republik Kongo um.

Mobutu stammte aus dem äußersten Norden des Landes; sein zur Urwaldresidenz ausgebautes Geburtsdorf Gbadolite liegt nur 20 Kilometer vom Ubangi-Grenzfluss zur ZAR entfernt. Seine Soldaten mussten 1997 fliehen oder in den Untergrund gehen. Gleiches galt für die auf ihrer Seite kämpfenden ruandischen Hutu-Milizen, die 1994 den ruandischen Völkermord an Tutsi und moderaten Hutu verübt hatten. Viele der ruandischen Hutu-Kämpfer und Mobutu-Exilanten landeten in Brazzaville, einige auch in Bangui. 1998 brach Kabila mit seinen ruandischen und ugandischen Verbündeten. Ein Großteil seiner Soldaten schlug sich aber auf die Seite dieser östlichen Nachbarn, denen sie ihre Positionen verdankten. Als Rebellengruppen, wie zum Beispiel das »Mouvement de Libération du Congo« (MLC) von Jean-Pierre Bemba (geb. 1962), Sohn eines der reichsten Geschäftsmänner in Mobutus Zaïre, hielten sie jahrelang weite Landesteile unter ihrer Kontrolle. Kabila fand dagegen neue Verbündete: Der Tschad, vor allem aber Simbabwe und Angola schickten Truppen zu seiner Hilfe und auch die geflohenen ruandischen Hutu-Kämpfer stießen wieder zu ihm.

Bembas MLC-Schattenstaat im nördlichen Drittel des Landes konnte zwischen 1999 und 2003 nur überleben, weil er von Ugandas Armee geschützt wurde und logistisch-ökonomisch auf das direkt gegenüber am Ubangi-Fluss liegende Bangui zurückgreifen konnte. Über die Hauptstadt der ZAR lief ein schwunghafter Diamantenhandel, der CFA-Franc zirkulierte im Norden der DR Kongo. Der Präsident der ZAR, Ange-Félix Patassé (1937–2011), der zum Leidwesen frankophiler Kräfte 1993 in demokratischen Wahlen an die Macht gekommen war, fand in Bemba einen nützlichen militärischen Verbündeten, nachdem sich Frankreich von ihm abgewandt hatte. Im Oktober 2002 fiel Patassés abtrünni-

Der frühere Rebellenführer und Präsidentschaftskandidat Jean-Pierre Bemba auf einer Wahlkampfveranstaltung in Kinshasa am 27. Juli 2006.

ger Armeechef François Bozizé (geb. 1946) mit Hilfe des Tschad in die ZAR ein. Damit entbrannte faktisch ein Kampf zwischen der Achse Bozizé-Tschad-Kabila-Frankreich und der Koalition Patassé-Libyen-Bemba-Sudan. Über tausend MLC-Kämpfer griffen mit äußerster Brutalität zu Gunsten Patassés ein, wofür sich Bemba seit 2008 vor dem Internationalen Strafgerichtshof in Den Haag verantworten muss. Nachdem aber die Kriegsparteien in der DR Kongo Frieden schlossen und Bemba einen Posten als Vizepräsident in Aussicht hatte, war Kinshasa für ihn wichtiger als die ZAR. So war Patassé im März 2003 praktisch schutzlos, als Bozizés Rebellen Bangui schließlich doch eroberten.

Die Zentralafrikanische Republik und der christlich-muslimische Bruch

Ein wesentlicher Bestandteil der Koalition, die François Bozizé 2003 an die Macht brachte, waren die in den Kriegen der Nachbarländer gestählten Kämpfer aus dem entlegenen muslimischen Nordosten der ZAR. Diese Region hat mehr mit dem Tschad und dem Sudan zu tun als mit Bangui, weil sie durch Regen und Sümpfe über mehrere Monate im Jahr vom Rest des Landes abgeschnitten ist, es dort fast keine Infrastruktur gibt und der Staat faktisch nicht existiert. Nach der Machtübernahme blieb Bozizé jedoch die Einhaltung zuvor gemachter Versprechungen für seine Kämpfer schuldig. Mehrere Aufstände im Nordosten wurden mit französischer Hilfe niedergeschlagen oder mit nie umgesetzten Friedensvereinbarungen erstickt, bevor sich Ende 2012 die Rebellenkoalition »Séléka« bildete. Im März 2013 eroberte sie die Hauptstadt und stürzte Bozizé in einem Feldzug, der früheren Aufständen im Tschad glich und wohl von der tschadischen Regierung gedeckt wurde. Der Anblick von Séléka-Führern wie Michel Djotodia (geb. 1949) in Turban und mit schlechtem Französisch bei den zuvor abgehaltenen Friedensgesprächen machte klar, dass es sich bei der Séléka-Eroberung um einen Zivilisationsbruch im zentralafrikanischen Rahmen handelte: Erstmals ergriff der arabisch-muslimische Landesteil die Macht. Die Séléka-Kämpfer, von denen viele noch nie eine Stadt gesehen hatten oder mit moderner Technologie in Berührung gekommen waren, wüteten monatelang als Terrorherrscher in Bangui. Viele Einwohner flohen in die DR Kongo oder nach Kamerun, wo zunächst auch Bozizé Zuflucht fand. Dessen versprengte Streitkräfte organisierten von dort aus gegen die Séléka eine eigene Milizen-Koalition namens Anti-Balaka (vgl. Beiträge Konopka und Beumler).

Ab September 2013 gingen die Kämpfer der Anti-Balaka zum Angriff auf Muslime und die Séléka über; im Dezember versuchten sie, Bangui zu erobern. Die Séléka übte blutig Rache, Frankreich schickte eine Eingreiftruppe zu ihrer Entwaffnung und entschied den Konflikt faktisch zugunsten der Anti-Balaka. Séléka-Staatschef Djotodia musste im Januar 2014 zurücktreten. Die Bürgermeisterin von Bangui, Catherine Samba-Panza (geb. 1954), übernahm sein Amt – ein bezeichnendes Symbol dafür, dass sich das Staatswesen nur noch auf die Hauptstadt beschränkte. Im folgenden Vierteljahr wurden fast alle der rund 250 000 Muslime in Bangui und im Südwesten des Landes vertrieben oder getötet; französische und afrikanische Soldaten intervenierten nur in Ausnahmefällen. Im Sommer 2014 zog sich die Séléka in die Nordosthälfte des Landes zurück, während sich die Übergangsregierung im Südwesten in einen endlosen Machtkampf mit den Anti-Balaka verstrickte. Eine neue geopolitische Fraktur, die es früher so nicht gab, hat das Land vorläufig gespalten: Christen hier, Muslime dort; Staatlichkeit hier, Rebellen dort. Das Staatswesen, das jetzt mit internationaler Hilfe wiederaufgebaut werden soll, ist im Leben des Großteils der Bevölkerung nicht präsent. Es ist eine Hülse, die den Staatsbeamten politische und diplomatische Legitimation verleiht und Zugang zu den Staatsfinanzen verschafft.

Krieger ohne Grenzen, Staaten ohne Funktion

Der Südsudan funktioniert weitgehend nach ähnlichen Prinzipien, wobei hier die Einnahmen aus dem Ölexport und der damit finanzierte Bauboom in der Hauptstadt Juba eine noch überzeugendere Fassade von Entwicklung lieferten, ehe der Zwist zwischen den mächtigsten Politikern des Landes, Salva Kiir Mayardit (geb. 1951) und Riek Machar (geb. 1952), Ende 2013 in offenen Krieg umschlug.

Ähnliches gilt seit dem Sturz Mobutus für die DR Kongo. Das Machtgefüge in Kinshasa ist nach wie vor maßgeblich davon geprägt, wie die Inhaber der Waffengewalt miteinander auskommen; andere Akteure existieren zwar, werden aber im Krisenfall von Entscheidungen ausgeschlossen. Bozizés Fehler, seine wichtigsten bewaffneten Unterstützer nach der Machtübernahme zu vergrätzen, haben Kongos Machthaber Laurent-Désiré Kabila und sein seit 2001 regierender Sohn Joseph (geb. 1971) ebenfalls begangen. Die in Ruanda und Uganda zu professionellen Soldaten ausgebildeten ruandischsprachigen Tutsi-Kämpfer wurden 1998 verleugnet und bilden seitdem den Kern der bedeutendsten Rebellenbewegungen Ostkongos: erst die Bewegung »Rassemblement Congolais pour la Démocratie« (RCD), die das östliche Drittel des Landes von 1998 bis 2003 unter Schutz der ruandischen Armee beherrschte; dann der »Congrès National pour la Défense du Peuple« (CNDP), der

Generalmajor Joseph Kabila wird im Alter von 31 Jahren am 26. Januar 2001 in Kinshasa nach der Ermordung seines Vaters als neuer Präsident der Demokratischen Republik Kongo vereidigt.

unter Führung des einstigen RCD-Generals Laurent Nkunda von 2006 bis Anfang 2009 wichtige Teile der Provinz Nord-Kivu kontrollierte; und schließlich das »Mouvement du 23 Mars« (M23), das unter Führung ehemaliger Nkunda-Mitstreiter von Mai 2012 bis November 2013 Teile Nord-Kivus einnahm (vgl. Beitrag Schlindwein). Anders als die anderen regional ausgelegten Milizen im Ostkongo, haben diese Bewegungen nie von ihrem politischen Machtanspruch über den gesamten Staat abgelassen. Die M23 musste im November 2013 angesichts einer Großoffensive der Regierungs- und VN-Truppen das Feld räumen. Aber die Forderungen der Tutsi-Kämpfer bleiben unerfüllt: die Anerkennung ihrer kongolesischen Staatsbürgerschaft und eine Sonderstellung in der Armee mit Kommandofunktionen im Ostkongo, damit feindliche Milizen wie die ruandischen Hutu-Kämpfer der FDLR dort keine Rückzugsgebiete erhalten.

Letztendlich hat sich so etwas wie eine Tradition permanenter Kriege in der zentralafrikanischen Region etabliert. Ihr Erscheinen basiert auf den Ruinen größerer Staaten, die ihre Funktion nicht erfüllen – so im Südsudan, so im Ostkongo, so in den nordöstlichen Territorien der ZAR. Nie war die Ausrichtung des politisch-militärischen Lebens so nahe davor, sich in der zivilen Politik durchzusetzen, als in den Monaten nach dem März 2013, als die Séléka in Bangui regierte, die SPLM in Juba stabil im Sattel saß und die M23 vor den Toren Gomas stand, ihre Gegenregierung pflegte und mit der kongolesischen Regierung in Uganda verhandelte. Die Beziehungen dieser Gruppen waren möglicherweise enger, als damals sichtbar wurde. Dann kamen im Dezember 2013 und Januar 2014 der Zusammenbruch der M23, die Spaltung der SPLM und der mittlerweile zur staatlichen Armee gewordenen SPLA sowie der Sturz der Séléka. Möglicherweise hatte diese Kette von Ereignissen ihre Wurzeln in einer gemeinsamen Strategie der internationalen Politik, um bestimmten, als besonders destabilisierend geltenden Gewaltakteuren, die keine Loyalitäten zur althergebrachten Hauptstadtpolitik pflegen, die Machtausübung zu verwehren. Mit den Folgen dieser Geschehnisse plagt sich die internationale Politik noch heute. Weder in der ZAR noch im Südsudan ist es bisher gelungen, Stabilität zu etablieren oder auch nur zu klären, wer überhaupt regiert. Vielmehr hat sich das Phänomen grenzüberschreitender Krieger ausgeweitet. Die nigerianische Islamistengruppe »Boko Haram« hat ihren seit 2009 andauernden bewaffneten Kampf gegen Nigerias Militär seit Anfang 2014 erheblich ausgeweitet. Weite Teile Nordostnigerias waren Anfang 2015 durch ihre Präsenz unregierbar geworden. Benachbarte Regionen in Nordkamerun sind ebenfalls Kriegsgebiet; das gebirgige Grenzgebiet zwischen beiden Ländern, mit marginalisierten, grenzüberschreitend präsenten ethnischen Gruppen ist ein perfektes Rückzugsgebiet. Im Januar 2015 griff die Armee des Tschad mit 2500 Soldaten in den Krieg ein, zunächst in Kamerun und Anfang Februar auch in Nigeria, woraufhin »Boko Haram« versuchte den Krieg in die Republik Niger und in den Tschad auszudehnen. Der Konflikt führte im März 2015 zur Abwahl der nigerianischen Regierung; für den neugewählten Präsidenten Muhammadu Buhari; einen ehemaligen General, und alle seine Amtskollegen stellt er eine ungeahnte Herausforderung dar. Ähnlich wie bereits in den anderen Teilen Zentralafrikas entziehen sich auch hier verborgene Verbindungen und Loyalitäten innerhalb der Bevölkerung der politischen und militärischen Kontrolle. Einerseits existiert eine Welt der formalen, international anerkannten Staaten; anderseits die der informellen, international bekämpften bewaffneten Organisationen. Beide buhlen mit den ihnen zur Verfügung stehenden Mitteln um die Macht über die Bevölkerungen und Ressourcen in den von ihnen kontrollierten Gebieten. Es greift dabei zu kurz, die informellen Gewaltakteure als marginalisierte Outlaws zu sehen. Sie verfügen über gute Kontakte in die Apparate der formellen Staatswesen, wenn sie diese nicht sogar zeitweise kontrollieren. Für die Bevölkerung ist das Ergebnis ein undurchsichtiges Geflecht konkurrierender Ordnungssysteme, das dem Einzelnen oftmals keine andere Wahl als die zwischen Unterwerfung oder Flucht lässt. Das koloniale Zerrbild des Zentralen Afrika als rechtsfreier Raum scheint heute fast Realität zu werden, weil die postkoloniale Ordnung den Machtansprüchen und entwicklungspolitischen Herausforderungen der Region nicht gewachsen ist. Welche Ordnung das Zentrale Afrika des 21. Jahrhunderts befrieden kann, muss sich erst noch zeigen.

Dominic Johnson

Die territorialstaatliche Ordnung des zentralafrikanischen Raumes ist ein Konstrukt mit Mängeln. Dies wird vor allem an der grenzüberschreitenden Dynamik von nichtstaatlichen Konfliktakteuren deutlich. Seit der Dekolonialisierung, aber vor allem seit den 1990er-Jahren, haben bewaffnete Gruppierungen aus den Nachbarregionen immer wieder in das Zentrale Afrika hineingewirkt – aus Nigeria im Nordwesten, aus dem Sudan im Nordosten, aus Uganda und Ruanda im Südosten sowie aus Angola im Südwesten. Nach wie vor sind nichtstaatliche Konfliktakteure ein Hauptgrund für die regionale Instabilität. Mit dem Aufzeigen der wichtigsten außerstaatlichen Gewaltakteure, wie zum Beispiel der Séléka-Rebellen oben im Bild, die Anfang 2013 kurzzeitig die Macht in der Zentralafrikanischen Republik übernahmen, ergibt sich ein beispielhafter Überblick über die Komplexität der regionalen Konfliktstrukturen.

Außerstaatliche Konfliktakteure: Erscheinungsformen und Verflechtungen

Im Zentralen Afrika operieren zahlreiche Milizen unterschiedlicher Größe, von denen hier nur die derzeit bekanntesten genannt werden können. Auffällig ist, dass grenzübergreifende Verflechtungen der in Nigeria, Kamerun, der Zentralafrikanischen Republik (ZAR), dem Tschad, Sudan und der Demokratischen Republik Kongo (DR Kongo) operierenden Milizen bestehen, während Äquatorial-Guinea, Gabun und die Republik Kongo von diesen Konflikten weniger betroffen sind. Die Machtverhältnisse in dieser Region verschieben sich schnell. Milizen gehen wechselnde Allianzen ein, benennen sich um oder werden in nationale Armeen integriert. Immer wieder gründen sich neue nichtstaatliche Gewaltgruppierungen und es ist selbst auf kurze Sicht schwer absehbar, wie sich das Machtgefüge in naher Zukunft verändert. Nicht selten werden Milizen von Regierungen unterstützt und instrumentalisiert, wodurch Konflikte permanent angefacht werden. Für alle hier genannten Rebellengruppen gilt, dass sie die Zivilbevölkerung rücksichtslos misshandeln. Oftmals nutzen sie politische Ziele als Vorwand, um sich in einem Kreislauf der Gewalt zu verlieren, der durch schwache Staatlichkeit, Korruption und Kriegsökonomie begünstigt wird.

Warlords: Die Lord's Resistance Army

Die in Uganda gegründete Lord's Resistance Army (LRA) ist verantwortlich für einen der derzeit am längsten andauernden bewaffneten Konflikte in Afrika. Sie ging 1987 aus einer vordergründig christlichen Widerstandsgruppe der Acholi-Ethnie hervor und wird seitdem von Joseph Kony (geb. 1961) angeführt. Kony beteuert, vom Heiligen Geist zur Gründung der LRA mit dem Ziel angestiftet worden zu sein, einen auf den Zehn Geboten basierenden christlichen Staat zu gründen. Er rechtfertigt extreme, zeremoniell ausgeführte Brutalität, die zur Indoktrinierung junger Rekruten genutzt wird, mit Bibelpassagen und verbreitet unter seinen Anhängern eine Mischung aus fundamentalistischem Christentum und Animismus. Die vermutlichen Ziele der Gruppe sind vordergründig der Schutz der Acholi-Bevölkerung und der Sturz der ugandischen Regierung. Allerdings begründen äußerste Brutalität gegenüber der Zivilbevölkerung, auch gegenüber der Acholi, und das Agieren in weitläufigen Operationsgebieten außerhalb Ugandas die Annahme, dass sich die LRA in Ermangelung einer strategischen Perspektive mittlerweile nur noch ihrer Selbsterhaltung verschrieben hat.

Während die LRA bis Ende der 1980er-Jahre in Uganda kämpfte, verlagerte sich ihr Fokus Mitte der 1990er-Jahre auf den Sudan. Für die Unterstützung durch die sudanesische Regierung kämpfte sie mit deren Armee gegen die südsudanesische Rebellengruppe »Sudan People's Liberation Movement/Army« (SPLM/A), die ihrerseits von Uganda ausgestattet wurde. Anfang der 2000er-Jahre weitete die LRA nach einer gegen sie gerichteten Großoffensive der ugandischen Armee ihr Operationsgebiet auf den Nordosten der DR Kongo aus. Ende 2008 wurde sie jedoch durch den Druck einer weiteren Offensive gezwungen, sich in kleine, flexible, unabhängig voneinander operierende Gruppen aufzuteilen, die bis heute in der DR Kongo, in der ZAR und im Südsudan agieren.

Joseph Kony, der Anführer der ugandischen Rebellengruppe LRA, in einem Camp im südlichen Sudan im Jahr 2006.

Ein zentrales Charakteristikum der LRA ist die sie umgebene Mystik. Die Gruppe trägt Züge eines christlichen Kultes, welcher unheilvoll und abschreckend wirkt. Ihre Überlebensfähigkeit verdankt die LRA ihrer großen Anpassungsfähigkeit; so geht sie wechselnde Allianzen mit anderen Milizen ein und passt sich schnell klimatischen und geografischen Bedingungen an. Ein weiteres Merkmal der LRA ist, dass sich die Kämpfer nach einem Angriff einzeln oder zu zweit bis zu einem vereinbarten

Treffpunkt durchschlagen, wo sie sich neu formieren. Ihre Anhänger haben gelernt, sich von Pflanzen und Insekten zu ernähren, sofern sie nicht die Möglichkeit haben Siedlungen zu plündern. Die Größe der Gruppe variiert. Gegen Ende 2014 betrug ihre Stärke nur einige hundert Kämpfer. Wirtschaft und Gesellschaft der betroffenen Regionen leiden stark unter der Gewalt. Diese wird von der LRA auch als Bestrafung der Zivilbevölkerung für eine vermeintliche Kooperation mit der ugandischen Regierung gerechtfertigt. Besonders berüchtigt ist die LRA für das Kidnappen von Minderjährigen, die als Soldaten oder (Sex-)Sklaven missbraucht werden, sowie das Abhacken von Gliedmaßen ihrer Opfer. Ihre Aktivitäten forderten seit ihrer Gründung mehrere tausend Tote sowie die Vertreibung Hunderttausender und führten zur Aufgabe ganzer Dorfgemeinden oder zur Gründung paramilitärischer Selbstverteidigungsgruppen.

Wie die meisten Rebellengruppen im Zentralen Afrika operiert die LRA über staatliche Grenzen hinweg in einem von der Staatsmacht weitgehend unkontrollierten Gebiet. Zudem steht die Unterstützung der LRA durch die Regierung des Sudans beispielhaft für die vielfach im Zentralen Afrika geführten Stellvertreterkriege. Im Gegensatz dazu nutzt die ugandische Regierung die mittlerweile nur noch latente Bedrohung durch die LRA, um ihren Einfluss auf die Nachbarländer Sudan, Südsudan und DR Kongo zu legitimieren und militärische, finanzielle wie politische Unterstützung durch die US-Regierung zu erhalten. Letztere ist seit 2010 aufgrund humanitärer und sicherheitspolitischer Erwägungen in die Jagd auf Joseph Kony involviert.

Allianzen: Sudan Revolutionary Front

Die »Sudan Revolutionary Front« (SRF) ist eine Koalition aus Rebellengruppen, die überwiegend in Darfur, im Westen des Sudan, aber auch in den südöstlichen Bundesstaaten South Kordofan und Blue Nile aktiv ist. Zu der 2011 gegründeten SRF gehört das »Justice and Equality Movement« (JEM) , das jahrelang Unterstützung vom ehemaligen libyschen Machthaber Muammar al-Gaddafi (1944–2011) und der ugandischen Regierung erhielt. Das JEM ist bis heute eine der stärksten und aktivsten Rebellenfraktionen in Darfur und verfügte zeitweise über mehr als 5000 Kämpfer. Neben dem JEM gehören auch die »Sudan Liberation Army-Minni Minawi« (SLA-MM), die »Sudan Liberation Army-Abdul Wahid« (SLA-AW) und die »Sudan People's Liberation Movement-North« (SPLM-N) zur SRF. Die Ursprünge des Dar-

Kämpfer der sudanesischen Rebellengruppe Justice and Equality Movement (JEM) vor einem ihrer Camps in Darfur.

fur-Konfliktes liegen im 2003 von JEM und der »Sudan Liberation Army« (SLA) begonnenen Aufstand gegen die sudanesische Zentralregierung in Khartum. Hierbei ging es vor allem um die Marginalisierung der nicht-arabischen Einwohner Darfurs, die sich durch die Regierung diskriminiert fühlten. Das Regime reagierte mit der Entsendung paramilitärischer Milizen, deren Aktivitäten bis heute über zwei Millionen Menschen zur Flucht zwangen, vor allem in den Tschad und die ZAR. Die nordöstliche Region des Zentralen Afrika wurde dadurch nachdrücklich destabilisiert. Viele Vertriebene gehören der Zaghawa-Ethnie an, aus der sich die SLA-MM und JEM mehrheitlich zusammensetzen. Die im Grenzgebiet zwischen Darfur und Tschad lebenden Zaghawa wurden zeitweise vom tschadischen Präsidenten Idriss Déby Itno (geb. 1952), der aus der gleichen Ethnie stammt, unterstützt. Dieser beschuldigte die Regierung in Khartum, die berüchtigten arabisch-stämmigen »Janjaweed«-Milizen, die für die Vertreibungen in Darfur mitverantwortlich waren, auszurüsten.

Im Gegenzug bot der Sudan tschadischen Rebellen Rückzugsorte und materielle Hilfe und führte bis 2010 einen Stellvertreterkrieg gegen den Tschad. Auch die ZAR beschuldigte Khartum in der Vergangenheit, Gegner des früheren Präsidenten François Bozizé (geb. 1946) zu unterstützen. Dies verdeutlicht erneut die regionale Verflechtung der Gebiete.

Séléka vs. Anti-Balaka in der ZAR

Ende 2012 gründete sich in der ZAR die mehrheitlich muslimische Rebellengruppe »Séléka« (»Koalition« in der Sprache Sango) und eroberte im März 2013 die Hauptstadt Bangui. Die mehrere tausend Kämpfer starke Séléka setzte sich aus verschiedenen Fraktionen zusammen. Zu diesen gehörte mit der Union des Forces Démocratiques pour le Rassemblement (UFDR) eine der größten Rebellengruppen der ZAR. 2006 gegründet, verfügte sie über (para-)militärische Erfahrung, da sie zu einem großen Teil aus Park-Rangern bestand. Die UFDR setzte sich hauptsächlich aus Mitgliedern der Gula-Ethnie zusammen und erlangte ihren Einflussbereich im Nordosten des Landes. Bereits vor der Formierung der Séléka waren die Beweggründe für den Widerstand der UFDR die extreme infrastrukturelle und wirtschaftliche Schwäche der von ihr bewohnten Region. Eine weitere Gruppe innerhalb der Séléka war die »Convention des Patriotes pour la Justice et la Paix« (CPJP), die hauptsächlich aus ethnischen Ruga und tschadischen Kämpfern bestand. 2008 aufgrund der wachsenden Marginalisierung der Ruga in der UFDR gegründet, war sie eine der aktivsten Fraktionen der Séléka, wobei sich ihre Aktivitäten aufgrund von Verbindungen in den Diamantenhandel auf den nördlichen und zentralen Teil der ZAR konzentrierten. Die dritte wichtige Fraktion war die »Convention Patriotique du Salut du Kodro« (CPSK), die 2012 vom ehemaligen CPJP-»General« Mohammed Moussa Dhaffane gegründet wurde. Ebenfalls kurzzeitig zur Séléka gehörten die »Union des Forces Républicaines« (UFR) und die »Alliance pour la Renaissance et la Refondation« (A2R). Beide spielten keine bedeutende Rolle bei den Eroberungen und spalteten sich aufgrund divergierender Interessen schnell wieder von der Koalition ab. Zudem sollen sich der Rebellenorganisation zahlreiche tschadische Söldner und Kriminelle angeschlossen haben, deren Rücksichtslosigkeit auf die Gruppe abfärbte. Die Séléka verfügte bei ihrem Vormarsch auf Bangui weder über ein offizielles Mitgliedschaftssystem noch über eine hierarchische Struktur. Faktisch blieb sie in die nur gegenüber ihren Anführern loyalen Gruppen geteilt. Zudem war die individuelle Motivation der Kämpfer sehr unterschiedlich. Einige sahen sich als Teil eines strategischen Kampfes gegen die Regierung, andere waren durch Rache an den Regierungstruppen für Vergehen an Familienmitgliedern motiviert. Die Séléka ging nach ihrer Machtübernahme mit großer Brutalität gegen die Zivilbevölkerung vor, wobei sie vor allem Christen verfolgten und hunderttausende Menschen zur Flucht zwang. Die Séléka, die im Herbst 2013 offiziell aufgelöst und international nur noch Ex-Séléka genannt wird, kontrollierte Ende 2014 den Osten und Norden der ZAR und stellt weiterhin eine Gefahr für die Zukunft des Landes dar.

Nicht weniger willkürlich als die Séléka gingen die Kämpfer der »Anti-Balaka«, der zweiten Konfliktpartei im Bürgerkrieg in der ZAR, gegen die Zivilbevölkerung vor. Die Anti-Balaka waren ursprünglich Selbstverteidigungsgruppen, die sich in den 1990er-Jahren zum Schutz ihrer Gemeinden gegründet hatten. Seit Ende 2013 wird unter dem Namen jedoch eine größere Allianz von Gruppen verstanden, die gegen die Séléka kämpfte. Die Angehörigen der Anti-Balaka, häufig von persönlichen Verlusten betroffene Männer, übten mit primitivsten Waffen Rache für die von der Séléka verfolgten Christen, indem sie brutal gegen die zivile muslimische Minderheit in der ZAR vorgingen. Dies passt zu der für viele Gruppen dieser Region charakteristischen Strukturlosigkeit der Miliz, die aus über den Süden und den Westen verteilten, autonomen Gruppen besteht. Die Anti-Balaka setzt sich hauptsächlich aus vier Personenkreisen zusammen: aus Unterstützern des 2013 gestürzten Präsidenten François Bozizé (geb. 1946), ehemaligen Sicherheitsbeamten, Jugendbanden und den ursprünglichen Selbstverteidigungseinheiten. Ihr religiöser Hintergrund ist mehrheitlich christlich oder animistisch, wobei aber die gegen Muslime gewandte Gewalt nicht nur durch religiöse Gegensätze motiviert zu sein scheint. Ende 2014 kontrollierten die Anti-Balaka de facto den Westen und Südwesten der ZAR, was die Lieferung von Hilfsgütern behinderte und die Situation der Zivilbevölkerung weiter verschlechterte.

Radikaler Islamismus: »Boko Haram«

Eine Ausnahme unter den einflussreichsten nicht-staatlichen Konfliktakteuren im Zentralen Afrika ist die sogenannte »Boko Haram«-Terrorgruppe. Die um 2002 in Nigeria gegründete auch als Sekte bezeichnete Gruppe sieht ihr Ziel in der Etablierung einer streng islamischen Regierung in Nigeria (vgl. Kasten Boko Haram). »Boko Haram« wird von Abubakar Shekau (geb. zwischen 1969–1975) geführt und ist ein aus verschiedenen Zellen bestehendes, loses Netzwerk. Daher ähnelt »Boko Haram« in ihrer Form und Ideologie mehr einer Terrororganisation als einer Miliz. Shekaus Einfluss auf die verschiedenen Zellen ist unklar, ebenso wie die Anzahl der Zellen und ihre Mitglieder, die sich wahrscheinlich auf mehrere Tausend beläuft. Seit 2010 verübt die Gruppe Anschläge auf Staatsinstitutionen und die Zivilbevölkerung. Die Zustimmung der nordöstlichen, überwiegend muslimischen Bewohner gegenüber »Boko Haram« ist gering, mangelndes Vertrauen in die Sicherheitskräfte und Angst vor Repressionen erleichtern den Extremisten aber das Untertauchen in der Bevölkerung. Die von »Boko Haram« verübte Gewalt führt in ganzen Regionen zum Stillstand des öffentlichen Lebens, wodurch der überwiegend Subsistenzwirtschaft betreibenden Bevölkerung die Lebensgrundlage entzogen wird. Zudem wird die Schulbildung stark eingeschränkt, da zahlreiche Lehrer und Schüler aus Angst nicht mehr in die Schulen kommen, diese zerstört oder geschlossen sind.

»Boko Haram« unterhält zu mehreren islamistischen Gruppen Beziehungen, von denen sie operativ unterstützt wird. Zu diesen gehören die mit al-Qaeda sympatisierenden al-Qaeda im Islamischen Maghreb (AQIM) und die somalische al-Shabaab-Miliz. Selbst schwor Shekau der irakisch-syrischen Terrorgruppe ISIS im März 2015 seine Loyalität. Ihr islamistischer Fokus unterscheidet »Boko Haram« von der Mehrheit der Milizen in Zentralafrika, deren Ziele überwiegend einen nationalistischen oder ethno-zentrierten Charakter haben. Großangelegte Kidnap-

II. Strukturen und Lebenswelten

Die Jihadi-Kriege des 19. Jahrhunderts und »Boko Haram«

Die Ursprünge der gegenwärtigen Terrorgruppe »Boko Haram« liegen im nordwestlichsten Teil Nigerias, wo bis zum 19. Jahrhundert das Reich Bornu bestand. Die Bewegung, die als religiöse Sekte begann und heute als Armee von Gotteskriegern die politische Ordnung der Region bedroht, versucht einen überethnischen islamischen Staat zu errichten. Es dauerte nicht lange, bis die Kämpfer von »Boko Haram« die Geschichte des Jihads im 19. Jahrhundert für sich beanspruchten. Sie sehen Usman dan Fodio (1754–1817) und Muhammad bin Amin bin Muhammad al-Kanami (1776–1837) als ihre Urahnen. Ihre Fahnen zitieren oft die Jihadis des 19. Jahrhunderts. Die Jihadis des 19. und 21. Jahrhunderts teilen einige Gemeinsamkeiten. Sie berufen sich beide auf den Wahabismus als wichtigste Inspiration, als eine Vorstellung vom Islam, der alle Veränderungen seit der Zeit des Propheten als Abkehr vom reinen Glauben sieht. Wie die Jihadisten des 19. Jahrhundert sieht »Boko Haram« den Islam in einer Krise, ausgelöst vom wachsenden Einfluss der »westlichen« Kultur. Wie im 19. Jahrhundert spielen aber auch soziale Faktoren eine wichtige Rolle, wie die Unzufriedenheit mit den herrschenden Eliten und wirtschaftliche Missstände. Die Führer der Jihads im 19. Jahrhundert, allen voran Usman dan Fodio, waren vor allem Gelehrte, die gleichwohl in der Gewalt ein probates Mittel zur Verbreitung des Islams sahen. Die Führer von »Boko Haram« stehen zwar in der Tradition der Gewalt, nicht aber in der Tradition der Gelehrsamkeit.

MP

ping-Operationen stellen zudem hohe strategische und taktische Anforderungen. Derart medienwirksame Aktivitäten verschaffen »Boko Haram« eine globale Bühne, wie die Entführung von über 250 Schulkindern im April 2014.

Die Terrororganisation wirkt zunehmend destabilisierend auf die Grenzregion zu Kamerun, dem Tschad und Niger, wo sie intensiven Waffenschmuggel betreibt. Tausende Menschen sind aus dem betroffenen Nordosten Nigerias in die Nachbarländer geflohen, deren öffentliches Leben durch die grenzüberschreitende Gewalt beeinträchtigt wird. Anfang 2014 verübte »Boko Haram« erste Anschläge auf kamerunischem Territorium. Ende Dezember 2014 überrannten sie einen Militärposten in Nordkamerun, sodass die kamerunische Luftwaffe erstmals über eigenem Gebiet in den Konflikt eingreifen musste. Der Tschad operierte seit Anfang Februar auf nigerianischem Territorium; wenige Wochen später schloss sich Niger der Initiative an. Die vermehrten Angriffe außerhalb Nigerias waren Zeichen eines deutlichen Strategiewechsels von »Boko Haram« und wurden im März 2015 mit einer Offensive von mehreren tausend Soldaten aus dem Tschad, Niger, Kamerun und Nigeria beantwortet. Sowohl die USA als auch Frankreich unterstützten die Offensive mit Training und Logistik.

Stellvertreterkrieg in der DR Kongo: Die FDLR

Während die ZAR in den letzten Jahren eine drastische Zunahme an Gewalt verzeichnete, gehört diese in der DR Kongo seit Jahrzehnten zum Alltag. Vor allem die östlichen Provinzen Nord- und Süd-Kivu werden von unzähligen Milizen destabilisiert. Bedingt durch die schwache staatliche Präsenz ergeben sich in diesem Gebiet auch für ausländische Milizen Rückzugsgebiete. Gewalt verursacht Flüchtlingsströme und beeinträchtigt die regionale Wirtschaft. Diese Phänomene sind grenzübergreifend, wodurch sie weit über die Grenzen der DR Kongo in Zentral- und Ostafrika relevant sind.

Die zu einem Großteil aus der sozialen Gruppe der Hutu bestehenden »Forces Démocratiques pour la Libération du Rwanda« (FDLR) ist eine der stärksten Rebellengruppen in der DR Kongo. In ihrer jetzigen Form ist sie im Jahr 2000 aus der »Rwandan Liberation Army« (ALiR) hervorgegangen und setzt sich aus ruandischen Flüchtlingen und (zwangs-)rekrutierten Kongolesen zusammen. Das Ziel der von den Tätern des Genozids in Ruanda gegründeten Gruppe ist es, den politischen Einfluss der Hutu in Ruanda zu stärken. Weil die Regierung Ruandas seit Ende der 1990er-Jahre wiederholt durch Interventionen den Osten der DR Kongo destabilisierte, erhielt die FDLR jahrelang Unterstützung von der kongolesischen Regierung und ihrer Armee. Nachdem 2003 ein Friedensabkommen zwischen der DR Kongo und Ruanda geschlossen wurde, verlor die FDLR die Unterstützung der kongolesischen Regierung und wandte sich zu ihrer weiteren

Finanzierung der Kontrolle regional abbaubarer Rohstoffe zu. Als jedoch wenige Zeit später die Tutsi-Rebellengruppe »Congrès national pour la défense du peuple« (CNDP) im Osten der DR Kongo für Unruhe sorgte, wandte sich die kongolesische Regierung erneut an die FDLR. Die Gruppe liefert ein anschauliches Beispiel für die in der DR Kongo geführten Stellvertreterkriege und die Relevanz natürlicher Ressourcen für die Finanzierung von Milizen. Die FDLR zählt über tausend Kämpfer und ist eine gut strukturierte Organisation, die sich in einen politischen sowie einen militärischen Flügel mit klarer Hierarchie aufteilt. Dabei legt die Rebellenorganisation großen Wert auf ihre politischen Ziele wie einen Machtwechsel in Ruanda. Als die Regierungen der DR Kongo und Ruandas 2009 gemeinsame Operationen gegen die FDLR starteten, begann letztere systematisch gegen die Zivilbevölkerung vorzugehen und diese für ihre vorgebliche Kooperation mit der Regierung zu bestrafen. Auf Druck der ruandischen Regierung sollte die FDLR bis zum 2. Januar 2015 von der kongolesischen Armee und den Vereinten Nationen entwaffnet werden. Trotz drohender militärischer Interventionen legten bis Februar 2015 nur wenige hundert FDLR-Kämpfer die Waffen nieder, weshalb die kongolesische Armee Ende Februar 2015 zur erneuten Offensive ansetzte (vgl. Beitrag Schlindwein).

Grenzübergreifende außerstaatlicher Akteure

Neben den Milizen gibt es zusätzliche außerstaatliche Gruppierungen, die den Frieden im Zentralen Afrika gefährden. Zu ihnen gehören unter anderem Kriminelle und Wilderer, deren wirtschaftlich begründete Aktivitäten verheerende Effekte auf die Sicherheitslage der Region haben. Beide unterhalten Wechselbeziehungen zu Milizen und Schmugglerbanden und erschweren Lösungsansätze für die Probleme.

Viele Gebiete dieser Region blicken auf eine jahrzehntelange Geschichte voller Gewalt und Konflikte zurück, weshalb Generationen von meist männlichen Kombattanten nur eine Existenz als Gewaltakteure kennen. Gewalt wird häufig zur Basis der eigenen Existenz und ein Ausweg zurück ins Zivilleben immer komplizierter. Armut, Arbeitslosigkeit und vor allem Perspektivlosigkeit sind nur einige Gründe, warum immer neue Rekruten in den Teufelskreis der Gewalt einsteigen. Die Milizen nutzen grenzübergreifend Gebiete außerhalb jeden staatlichen Einflusses für ihre Operationen, wodurch lokal begrenzte Konflikte häufig regionale Dimensionen annehmen. Zudem erodieren in Zentralafrika Gesellschaften und deren Wirtschaft durch Flüchtlingsströme, die wiederum neue Konflikte provozieren können. Auch wenn eine Miliz ihre Waffen streckt, bilden sich aus ihren Kämpfern infolge der Perspektivlosigkeit häufig neue Gruppierungen. Die Vielschichtigkeit der Konfliktursachen, der mangelnde politische Wille und fehlende Kapazitäten der beteiligten Regierungen verkomplizieren potentielle Lösungsansätze um diesem Kreislauf langfristig zu entkommen. Das Aufdecken und das Verständnis der Ursachen und Missstände ist nur ein erster Schritt, um die Ziele, die Gestalt und die Strategie verschiedener Gewaltakteure im Zentralen Afrika besser einschätzen und mögliche Lösungsansätze daraus gewinnen zu können.

Marie Theres Beumler

Zur Eindämmung der im Frühjahr 2014 in Westafrika ausgebrochenen Ebola-Epidemie beteiligten sich auch die Bundeswehr und zivile deutsche Helfer in der liberianischen Hauptstadt Monrovia am Aufbau eines Behandlungszentrums, an der Versorgung von Erkrankten sowie an der Luftversorgung mit Hilfsgütern. Die Epidemie verdeutlichte einmal mehr, dass Krankheiten in der immer stärker vernetzten Welt zu einem globalen Sicherheitsproblem werden können. Doch die alleinige Bekämpfung der medizinischen Symptome greift langfristig zu kurz. Vielmehr sind infrastrukturelle Defizite, fehlende Gesundheits- und Bildungseinrichtungen sowie gesellschaftliche Missstände wie Armut und Mangelernährung ihre eigentlichen Ursachen. Präventive Aufklärung ist dementsprechend ein wichtiger Ansatz zur Eindämmung vieler Krankheiten, wie hier gezeigt durch ein Anti-AIDS-Plakat in Gabun (Titel: »Nimm Deinen Pariser«).

Der Einfluss von Seuchen auf die Sicherheitslage in Subsahara-Afrika

Seit jeher greifen Seuchen immer wieder in das Schicksal menschlicher Gemeinschaften ein und prägen die Entwicklungen von Staaten im Kontext von Hungersnöten, Kriegen oder Invasionen. In Europa hat sich besonders die Pestepidemie im 14. Jahrhundert als todbringende Seuche tief im kollektiven Gedächtnis verankert. Infolge des Massensterbens eines Großteils der Bevölkerung veränderten sich die ökonomischen Rahmenbedingungen derart, dass langfristig die gesellschaftlichen Strukturen des Mittelalters zusammenbrachen. Erst mit den bahnbrechenden Erkenntnissen der modernen Naturwissenschaften wie der Bakteriologie und der sich ausbildenden Sozialhygiene wurde ab dem späteren 19. Jahrhundert eine wirksame Seuchenbekämpfung möglich. Die übertragbaren Krankheiten verloren seit der Entdeckung des Penicillins in der wohlhabenden Welt an Schrecken. Dennoch können alte kollektive Ängste durch drohende neue Seuchen und durch die entsprechende mediale Aufmerksamkeit schnell reaktiviert werden, wie die Erfahrungen mit der AIDS-Pandemie oder dem Ebola-Fieber vor Augen führen. Anders ist die Situation noch heute in Subsahara-Afrika. Nach wie vor greifen Seuchen die Stabilität vieler afrikanischer Gesellschaften an. Ein nachhaltiger Rückgriff auf Hygienestandards und auf angemessene Behandlungen ist wegen knapper oder ungleich verteilter Geldmittel, fehlender Fachleute, unzureichender Bildung und unzulänglicher medizinischer Aufklärung schwer möglich.

Ein möglicherweise an Ebola erkrankter Mann in Liberia wird im September 2014 von medizinischem Personal desinfiziert.

Zu den Tropenkrankheiten wie der Malaria oder der Schlafkrankheit sind in den vergangenen Jahrzehnten AIDS und Ebola als neue Infektionskrankheiten hinzugekommen.

Begriffe aus der Infektions- und Seuchenlehre

Seuchen sind hochansteckende Krankheiten, die sowohl beim Menschen als auch beim Tier vorkommen. Beim Menschen werden diese in drei Gruppen eingeteilt. Eine Epidemie ist eine Seuche mit zeitlicher und örtlicher Häufung, wie sie zum Beispiel vom Ebola-Virus verursacht wird. Eine Endemie ist das Auftreten einer Infektionskrankheit an einem Ort oder in einer Population; zum Beispiel wird Malaria im Ausbreitungsgebiet der Anophelesmücke verursacht. Meist bleibt die Krankheit präsent und erfasst einen großen Teil der Bevölkerung. Bei einer Pandemie verbreitet sich die Seuche örtlich und zeitlich unbegrenzt, zum Beispiel bei AIDS seit den 1990er-Jahren oder der Spanischen Grippe Ende des Ersten Weltkriegs. Die Prävalenz gibt die Häufigkeit einer Krankheit innerhalb einer Population zu einem bestimmten Zeitpunkt an. Mithilfe der Beschreibung von Infektionswegen wird dargestellt, wie sich bestimmte Erreger typischerweise verbreiten. Dieses Wissen über die Übertragungswege ist essentiell, um Mittel zum Schutz vor Ansteckung einsetzen zu können. Bei der direkten Übertragung von Mensch zu Mensch erfolgt die Weitergabe der Erreger durch unmittelbaren körperlichen Kontakt; zum Beispiel erfolgt die Verbreitung von Geschlechtskrankheiten hauptsächlich durch sexuellen Verkehr (Syphilis, Gonorrhoe oder HIV). Bei der indirekten Übertragung von Mensch zu Mensch sind infizierte Körperteile oder Gegenstände verantwortlich für die Weitergabe der Keime. So verbreiten sich Schmierinfektionen durch Hände, Handtücher, Abwässer, Fäkalien (wie bei der Cholera oder auch Ebola) oder durch Injektionsnadeln (HIV). Bei der unmittelbaren Infektion aus der Umwelt sind die Erreger auf Sekrettröpfchen zu finden, die beim Husten oder Niesen in die Luft gelangen und von anderen Menschen eingeatmet werden (zum Beispiel bei Grippe, Keuchhusten, Windpocken oder Tuberkulose). Bei der indirekten Übertragung vom Tier auf den Menschen geschieht die Infektion durch Insektenstiche (Malaria durch die Anophelesmücke) oder durch Zeckenbisse (Borreliose). Die Inkubationszeit ist definiert als die Zeitspanne zwischen dem Eindringen des Erregers in den Körper und dem erstmaligen Auftreten von Symptomen. Bei Ebola beträgt diese höchstens 20 Tage, bei der Infektion mit HIV vergehen oft Jahre bis zum Vollbild AIDS. Die Dynamik von Infektionskrankheiten und Seuchen wird erheblich bestimmt durch die Inkubationszeiten, die Infektionswege und die Schwere der Erkrankung. Dieser Dynamik müssen sowohl die individuelle Behandlung als auch die zu treffenden Maßnahmen der Behörden für die Gesamtheit der Bevölkerung Rechnung tragen.

Politische Situation und Gesundheitslage

Die Staaten Gabun, Kamerun, Republik Kongo, die Zentralafrikanische Republik (ZAR) (bis Januar 2014), Demokratische Republik Kongo (DR Kongo), Äquatorialguinea und der Tschad werden von autoritären Regimen regiert. Auf der Liste des Demokratieindexes, publiziert in der Zeitschrift The Economist, rangierten sie im Jahr 2012 von insgesamt 167 Ländern zwischen den Positionen 126 (Gabun) und 165 (Tschad). Auch hinsichtlich der politischen Rechte und der bürgerlichen Freiheiten liegen gravierende Defizite in diesen Ländern vor.

Die instabile politische Lage, oft verbunden mit kriegerischen Auseinandersetzungen, großen Flüchtlingswellen und dem Verlust an staatlicher Einflussnahme, stellen medizinische Helfer bei der Bekämpfung von Seuchen vor schwer lösbare Probleme. Obwohl die genannten Länder über wertvolle Bodenschätze verfügen (unter anderem Öl), sind ihre Regierungen aus verschiedenen Gründen bisher nicht in der Lage gewesen, hinreichend stabile politische und soziale Verhältnisse zu schaffen. Die große Mehrheit der Bevölkerung sieht sich mit bitterer Armut konfrontiert. Mehr als zwei Drittel der Menschen in diesem Raum müssen mit weniger als zwei US-Dollar pro Tag auskommen. Korruption, Kapitalflucht, die Abhängigkeit von globalen Rohstoffmärkten, Abwanderung von qualifizierten Arbeitskräften

II. Strukturen und Lebenswelten

und unausgewogene Welthandelsregeln stehen substantiellen Fortschritten in Staat, Gesellschaft und Wirtschaft im Wege.

Die durchschnittliche Analphabetenrate in Subsahara-Afrika beträgt bei Männern 29 Prozent und bei Frauen 46 Prozent. Die extreme Armut wirkt sich schwer auf die dortige Ernährungs- und Gesundheitslage aus. Mehr als ein Fünftel der Menschen ist unterernährt. Die durchschnittliche Lebenserwartung beträgt knapp über 50 Jahre (in Deutschland liegt sie bei über 80 Jahren). Fast 40 Prozent der Bevölkerung müssen ohne ausreichende Wasserversorgung und 70 Prozent ohne angemessene Sanitärversorgung auskommen. Durch diese Verhältnisse erklärt sich die hohe Zahl armutsbedingter Infektionskrankheiten. Vor allem Atemwegs- und Durchfallerkrankungen, Masern, Malaria, Tuberkulose und AIDS sind weit verbreitet. Südlich der Sahara sind diese Infektionskrankheiten die häufigsten Todesursachen. Die Müttersterblichkeitsraten während der ersten 42 Tage nach der Schwangerschaft lagen 2012 in dieser Region bei ca. 650 Frauen pro 100 000 Geburten (in Deutschland waren es ca. fünf Frauen pro 100 000 Geburten). Die Kindersterblichkeit, also die Anzahl verstorbener Kinder innerhalb der ersten fünf Lebensjahre, lag 2007 im Zentralen Afrika bei 168, in Deutschland bei ca. fünf pro 1000 Geburten. Das heutige Gesundheitswesen in Subsahara-Afrika ist nach europäischen Maßstäben nur rudimentär entwickelt. Die postkolonialen Gesundheitssysteme konnten zunächst größtenteils kostenfrei von der Bevölkerung in Anspruch genommen werden. Angesichts global verursachter Zwänge – unter anderem der rapide ansteigende Ölpreis – mussten viele afrikanische Länder Anfang der 1980er-Jahre Kredite aufnehmen, die an Strukturanpassungsprogramme gebunden waren. Hierunter fiel auch die Privatisierung des staatlichen Gesundheitswesens. Rasch waren diese privaten Systeme überfordert, eine ausreichende Abdeckung gegen die Risiken von Krankheit und Arbeitsunfähigkeit zu leisten. Krankenversicherungen sind weitgehend unbekannt; infolgedessen können sich viele Menschen keine adäquate medizinische Behandlung leisten. Die Bewältigung der Aufgaben im Gesundheitswesen ist daher ohne die Mithilfe vieler internationaler Hilfsorganisationen nicht mehr vorstellbar. Ob deren Arbeit trotz erheblicher Geldmittel und des Idealismus der helfenden Personen die gewünschten Erfolge nachhaltig erzielen kann, wird kontrovers diskutiert.

VN-Resolutionen zu AIDS und Ebola-Fieber

Mit der Ebola-Epidemie in Westafrika ist neben AIDS eine weitere Infektionskrankheit in den Fokus der Weltöffentlichkeit gerückt. Bereits im Jahr 2000 hat der Sicherheitsrat der Vereinten Nationen (VN) in der Resolution 1308 bestätigt, dass die AIDS-Pandemie einerseits die Stabilität und die nationale Sicherheit der betroffenen Nationen und den Bestand der VN-Friedenstruppen gefährdet. Gewalt und Instabilität in diesen Ländern verschärfen die Situation. Im Juni 2011 griff der VN-Sicherheitsrat das Thema AIDS noch einmal auf und ersuchte die Mitglieder der Weltorganisation, »die globalen und regionalen Partnerschaften zu stärken und umfassende HIV-Programme in die Anstrengungen zur Verhinderung von Konflikten und zur Gewährleistung von Sicherheit und Frieden zu integrieren.« Angesichts des unerwartet heftigen Auftretens der Ebola-Epidemie nahm der VN-Sicherheitsrat im September 2014 die Resolution 2177 an, in der er hervorhob, dass »das beispiellose Ausmaß des Ebola-Fieberausbruchs in Afrika eine Bedrohung für den internationalen Frieden und die Sicherheit darstellt«. Die Gefährdung durch das Ebola-Virus ist durch die Ausweitung der erlebten Bedrohung deutlich schärfer formuliert worden als seinerzeit für die AIDS-Pandemie. Damit wird die dramatische Dynamik, die durch die kurze Inkubationszeit und das hohe Ansteckungspotential dieses Virus verursacht wird, hervorgehoben.

Eigenschaften des HI-Virus und Konsequenzen für die Bevölkerung

Die biologischen Charakteristika von AIDS führten besonders in Subsahara-Afrika zu einem neuen epidemiologischen Verbreitungsbild dieser Seuche. Im Jahr 2012 waren in dieser Region mindestens 25 Mio. Menschen, das heißt ca. fünf Prozent der

Gesamtbevölkerung, HIV-positiv. Dies entspricht ungefähr 70 Prozent aller weltweit Infizierten (in Deutschland lebten 2013 ca. 80 000 HIV-positive Menschen, das heißt die Prävalenz betrug 0,1 Prozent). In Subsahara-Afrika starben 2012 etwa 1,2 Mio. Menschen an AIDS, 1,6 Mio. wurden neu infiziert. Schätzungsweise sind über 12 Mio. Kinder nach dem HIV-bedingten Verlust der Eltern (ein oder beider Elternteile) zu Waisen geworden. Etwa drei Millionen Kinder unter 15 Jahren waren von Geburt an HIV-positiv.

AIDS zählt zu den »slow virus diseases«. Dieser Begriff bezieht sich auf die lange Inkubationszeit von mehreren Jahren vom Zeitpunkt der Infektion bis zum Ausbruch des Vollbildes einer AIDS-Erkrankung. Säuglinge und Kleinkinder erkranken schneller. Die lange Inkubationszeit bestimmt auch den Umgang vieler Menschen mit einer möglichen HIV-Infektion. Ohne einen HIV-Test kann eine symptomfreie Person möglicherweise jahrelang infektiös sein, ohne es selbst zu wissen. In Subsahara-Afrika sind Scham und Angst vor Stigmatisierung große Hindernisse für die Menschen, um sich auf Infektionen testen zu lassen. Mangelnde Bildung und Analphabetentum erschweren den Zugang zu Informationen über das Thema. Der Zusammenhang von AIDS mit ungeschütztem Geschlechtsverkehr ist für viele Menschen kaum zu verstehen, weil die Krankheit sich erst Jahre nach dem Kontakt bemerkbar macht. Das HIV infiltriert wegen der langen Inkubationszeit sozusagen »inkognito« einzelne Opfer in allen sozialen Schichten und damit langfristig einen beträchtlichen Teil der Bevölkerung. Dieser Sachverhalt bietet aber die Chance, Zeit zu gewinnen und durch differenzierte Aufklärungsarbeit zum Schutz und zur Vorbeugung beizutragen und somit die Pandemie in Kombination mit zuverlässigen Behandlungsmöglichkeiten zu stoppen.

In Subsahara-Afrika wird HIV in den meisten Fällen heterosexuell übertragen. Hier setzt der Infektionsweg an den Wurzeln der menschlichen Existenz an, der Fortpflanzung. Aus diesem Grund sind die meisten HIV-Infizierten und AIDS-Kranken in der Bevölkerungsschicht der jungen Erwachsenen zu finden. Daraus folgt, dass wesentliche Stützen der Bevölkerung für die Versorgung der Familien nicht mehr zur Verfügung stehen, da sie krank oder bereits tot sind. Wenn eine Behandlung mit antiretroviralen Medikamenten überhaupt verfügbar ist, entstehen Kosten, die das Verarmungsrisiko erhöhen. Die Einkommenssicherung müssen dann die Großfamilie oder die Kinder selbst übernehmen. AIDS-Waisen können dann die Schule nicht mehr besuchen und müssen versuchen, auf der Straße durch Betteln, Kriminalität oder durch Prostitution zu überleben. Diese millionenfach anzutreffende Hilflosigkeit ohne Aussicht auf Flucht aus der Spirale von Armut und Krankheiten macht diese Kinder und Jugendlichen anfällig für die Rekrutierung durch Warlords oder terroristische Gruppen. Das Versprechen, Nahrung und Unterkunft zu erhalten, sind Anreiz genug, wobei die Verführten kaum wissen, welch schreckliche Zukunft sie als Kindersoldaten erwartet. In allen Bereichen führt AIDS zu hohen Verlusten von Arbeitskräften. Die Produktivität sinkt aufgrund von Einbußen an Fertigkeiten und Erfahrungen. AIDS reduziert das Pro-Kopf-Einkommen und vor allem in der Landwirtschaft ganze Produktionszweige; frühere Entwicklungserfolge sind der AIDS-Seuche zum Opfer gefallen. Ende 2012 erhielten in Afrika nur 7,6 Mio. von weit über 20 Mio. HIV-Infizierten die benötigte antiretrovirale Therapie. Eine geeignete Behandlung aller Infizierten könnte die Lebensqualität, die Arbeitsfähigkeit und das Überleben der Betroffenen entscheidend verbessern. Gleichzeitig würde die Übertragungs- und Ansteckungsgefahr mit der geringeren Viruslast im Blut und anderen Körpersekreten sinken.

Ebola als Menetekel

Das Ebola-Fieber ist eine lebensbedrohliche Virusinfektionskrankheit, die zu hohem Fieber, Erbrechen, Durchfall und gefährlichen inneren Blutungen führt. Das Virus wurde nach dem Fluss Ebola in der DR Kongo benannt. Dort war die erste Epidemie des bis dahin unbekannten Virus im Jahr 1976 beobachtet und offiziell registriert worden. Seitdem gab es laut der Weltgesundheitsorganisation neben Einzelfällen ca. 15 weitere Epidemien in der DR Kongo, Uganda, Angola, Gabun und in der Republik Kongo mit mehr als 1300 Toten. Das Ebola-Virus kann von Mensch zu Mensch durch direkten körperlichen und/oder Kontakt mit an Ebola-Fieber Erkrankten oder Verstorbenen übertragen werden; infektiös sind dabei Körperflüssigkeiten, besonders Blut, Speichel, Schweiß, Urin, Stuhl und Erbrochenes. Eine Übertragung ist auch durch Gegenstände möglich, die mit infektiösem Material kontaminiert sind, etwa Kleidung oder Bettwäsche. Auch bei einem Kontakt mit infizierten Tieren oder Tierprodukten, etwa bei der Schlachtung von Wildtieren aus betroffenen Gebieten, kann das Virus auf den Menschen übergehen. Es ist denkbar, dass durch das Ebola-Virus hervorgerufene Epidemien schon früher aufgetreten waren; höchstwahrscheinlich hatten jedoch die symptomatische Ähnlichkeit des Ebola-Fiebers zum Gelbfieber und zu anderen tropischen Infektionskrankheiten sowie noch nicht verfügbare diagnostische und medizinische Möglichkeiten die Entdeckung dieses Virus verzögert.

Ab Dezember 2013 breitete sich das Ebola-Fieber unerwartet schnell in Westafrika aus; besonders betroffen waren Liberia, Sierra Leone und Guinea. Die Seuche hat bis Anfang 2015 mehrere tausend Tote gefordert. Die kurze Inkubationszeit von 10 bis 20 Tagen, die hohe Übertragungsrate und die ausgeprägte Virulenz des Ebola-Virus führten zu panikartigen Reaktionen in der Bevölkerung und bei den betroffenen Regierungen. Die Dynamik der Epidemie mit Todesfällen von 30 bis 90 Prozent (je nach Virusstamm) der Infizierten, erforderte, im Gegensatz zu HIV/AIDS, schnelles Handeln. Der Rest an Sicherheit und die soziale Stabilität der ohnehin fragilen Länder waren aufgrund des Zusammenbruches der Minimalversorgung mit Alltagsgütern und Nahrungsmitteln nicht mehr aufrecht zu erhalten. Es kam zu chaotischen Szenen und Aufruhr, teilweise mit bewaffneten Angriffen als Ausdruck von Angst, Unsicherheit, Frust, Wut und Misstrauen gegenüber den verantwortlichen Behörden und teilweise sogar gegenüber den Helfern. Aufgrund dieser Notsituation, einschließlich des Fehlens eigener Infrastrukturen für die Überwindung der Epidemie, kann Abhilfe nur mit notfallmäßiger Rettung von außen geleistet werden, auch wenn sie für viele Opfer bereits zu spät kommt.

Albert Schweitzer in Gabun

Albert Schweitzer gilt als einer der bedeutendsten Humanisten des 20. Jahrhunderts. Schon zu Lebzeiten war er eine international anerkannte moralische Instanz. Albert Schweitzer kam 1875 als Pfarrerssohn im seinerzeit deutschen Elsass zur Welt. Er wuchs zweisprachig in einer als frankophil geltenden, theologisch-liberalen Familie auf. Dieses Umfeld war mitentscheidend für seine kulturelle und theologische Entwicklung. Erst im Alter von 30 Jahren begann Albert Schweitzer 1905 ein Medizinstudium, um später als Arzt nach Afrika zu gehen. Zu diesem Zeitpunkt war er bereits ein habilitierter Theologe, ein promovierter Philosoph, ein gefragter Orgelinterpret und der Verfasser einer viel beachteten Biographie über Johann Sebastian Bach. Vor diesem Hintergrund hatte Schweitzer lange mit sich gerungen, auf eine Karriere als Geisteswissenschaftler und Musiker zu verzichten. Letztendlich wollte er aber als Arzt unabhängig werden und im direkten Dienst am Menschen handeln und dienen: „Arzt wollte ich werden, um ohne irgendein Reden wirken zu können." Das Interesse für diese Art des Dienstes wurzelte vermutlich in seiner Schulzeit, als sein Vater seine Aufmerksamkeit in den Missionsgottesdiensten durch Erzählungen aus fernen Ländern weckte.

Nach Abschluss des Medizinstudiums brach er 1913 mit seiner Frau Helene (1879–1957) auf, um in der Ortschaft Lambaréné – damals Französisch-Äquatorialafrika, heute Gabun – ein Krankenhaus für die dortige Bevölkerung zu errichten. Unter schwierigsten tropischen Bedingungen und ohne Rücksicht auf die eigene Gesundheit bewältigten beide den Alltag und konnten ihr Projekt nach bescheidenen Anfängen in jahrzehntelanger harter Arbeit realisieren.

Die Finanzierung des Krankenhauses bewerkstelligte das Ehepaar mithilfe zahlreicher Vortrags- und Orgelkonzertreisen nach Europa und in die USA sowie durch Veröffentlichungen von Büchern über das Leben in Afrika. Auf diese Weise wurde Albert Schweitzer in der breiten Öffentlichkeit schnell als Arzt bekannt. Der Erste Weltkrieg beendete Schweitzers Projekt abrupt. Als Elsässer wurde das Ehepaar von der französischen Kolonialbehörde 1917 nach Europa ausgewiesen und über ein Jahr in verschiedenen Lagern interniert. Erst 1924 kehrte Schweitzer nach Afrika zurück, wobei seine Frau aus gesundheitlichen Gründen in Europa bleiben musste. Er baute das Urwaldkrankenhaus

II. Strukturen und Lebenswelten

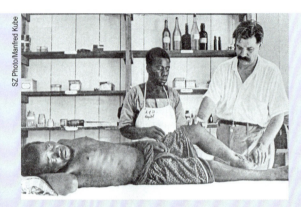

Albert Schweitzer bei einer Behandlung in Lambaréné, in den 1920er-Jahren.

erneut auf und versorgte notleidende Einwohner bis zu seinem Tod im Jahr 1965.

In Gabun entwickelte er eine universelle Ethik von der Ehrfurcht vor dem Leben. Im Zentrum steht dabei der verantwortungsbewusste Mensch, der gelernt hat, die Folgen seines Handelns für andere zu bedenken. Noch im hohen Alter setzte sich Albert Schweitzer vehement gegen die atomare Rüstung und gegen die Zerstörung der Umwelt ein. Für sein humanitäres Lebenswerk erhielt er zahlreiche Auszeichnungen, so auch den Friedensnobelpreis im Jahr 1952.

FB

Seuchen und Sicherheitslage

Laufende Untersuchungen heben hervor, dass sich HIV, die daraus entstehenden Konflikte und die Bedrohung der Sicherheit in ihrer Intensität wechselseitig verstärken. Die Befürchtungen, die die VN-Resolution 1308 bezüglich der Stabilität und der Sicherheit der betroffenen Nationen, besonders der in Subsahara-Afrika, in Abhängigkeit von AIDS formuliert hatte, waren aus heutiger Sicht zwar zu pessimistisch. Dennoch bleiben die Auswirkungen von AIDS in Subsahara-Afrika schwer einzuschätzen; es fehlen maßgebliche Indikatoren, die die Folgen von

Der Einfluss von Seuchen auf die Sicherheitslage

AIDS in Bezug auf die örtliche Verwaltung, die Arbeitskräfte, die Erbringung von Dienstleistungen und das Überleben von Gemeinschaften erfassen könnten. Deshalb ist der Hinweis, dass noch kein Staat, einschließlich seiner Streitkräfte, infolge einer hohen HIV-Prävalenz komplett gescheitert sei, nur bedingt aussagekräftig. Gewöhnlich sind die untergeordneten Behörden auf lokaler Ebene die verantwortlichen Ansprechpartner für die Versorgung der Menschen im Krankheitsfall. Sie sind die Ersten, die die Auszehrung staatlicher Kapazitäten als Ausdruck der versagenden Staatlichkeit zu spüren bekommen. Auch die Angaben zu HIV-Infektionsraten in den afrikanischen Streitkräften sind spärlich oder werden unter Verschluss gehalten. AIDS und die vielen endemischen Infektionskrankheiten (zum Beispiel Malaria, Schlafkrankheit, Gelbfieber, Elefantiasis, Flussblindheit, Bilharziose, Lepra oder Trachom) erodieren nach wie vor die staatliche Einflussnahme, führen zu permanenter Armut und Verzweiflung und verschärfen die Abhängigkeit von internationaler Hilfe.

Die Ebola-Epidemie zeigte die desaströsen Lebens- bzw. Überlebensbedingungen eines Großteils der Menschen in Subsahara-Afrika. Viele Länder Zentral- und Westafrikas kranken an staatlichen Strukturdefiziten, die bis hin zu Staatszerfallsprozessen reichen. Wenn die Schutzfunktion des Staates nicht mehr erkennbar ist, kann eine unerwartet auftretende Seuche zum Funken im Pulverfass werden, zu bewaffneten Ausschreitungen führen und eine perspektivlose Bevölkerungsschicht hervorbringen. Diese Krankheitsgebiete können zu Brutstätten organisierter Kriminalität oder transnational agierenden Gruppierungen werden. Die Industrieländer sollten sowohl aus Sorge um die eigene Sicherheit als auch aufgrund humanitärer Motive den Menschen in Subsahara-Afrika mit tauglichen Gegenmitteln bei der Abwehr dieser Seuchen zur Seite stehen. Es führt kein Weg daran vorbei, den Menschen in Afrika sensibel und glaubwürdig eine Kooperation anzubieten, um die defizitären Strukturen dort dauerhaft zu beseitigen. Dabei kommt der Gesundheit als Bestandteil der zukünftigen sozioökonomischen Entwicklung eine herausragende Funktion zu, um dem Teufelskreis aus Armut und Krankheiten zu überwinden.

Friedrich Bofinger

Seit ihrer Unabhängigkeit in den 1960er-Jahren gaben in den CEMAC-Mitgliedsländern erst zwei Präsidenten ihr Amt nach verlorenen Wahlen ab. Regelmäßig wurden Staatschefs per Putsch oder durch Rebellionen gestürzt, wenn sie nicht wie der gabunische Präsident Omar Bongo (1935–2009, im Bild zweiter von links) bis zu ihrem Tod an der Macht festhielten. Auch Paul Biya (geb. 1933) von Kamerun (zweiter von rechts) und Denis Sassou-Nguesso (geb. 1943) aus der Republik Kongo (rechts) sind seit mehr als 15 Jahren an der Macht. Ihr Amtskollege Blaise Compaoré (geb. 1951) aus dem westafrikanischen Burkina Faso (links) wurde dagegen im Zuge von Massenprotesten im Herbst 2014 durch die Armee abgesetzt, als er seine 1987 begonnene Amtszeit zu verlängern suchte. Weil sich die Eliten im Zentralen Afrika nahezu ständig der Bedrohung ausgesetzt sahen, von Konkurrenten gestürzt oder gar ermordet zu werden, nutzten sie zu ihrer Herrschaftssicherung meist autoritäre Politik, ethnisch homogene Leibgarden sowie zuverlässig erscheinende externe Akteure – oftmals die ehemalige Kolonialmacht Frankreich (in der Bildmitte der damalige Präsident Jacques Chirac, geb. 1932). Häufig wurden politische Gegner ins Exil getrieben, verhaftet oder ermordet, selbst wenn sie zur eigenen Familie gehörten. Ein Paradebeispiel bietet die Zentralafrikanische Republik die seit ihrer Unabhängigkeit von 1960 zahlreiche Staatsstreiche und Rebellionen erlebte, so erneut 2012.

Verunsicherte Eliten in der Zentralafrikanischen Republik

Medienberichte über Gräueltaten unter Nachbarn sowie Massaker von Christen gegen Muslime und von Muslimen gegen Christen ließen die Zentralafrikanische Republik (ZAR) zu Beginn des Jahres 2014 als perfektes Beispiel für das lateinische Sprichwort »homo homini lupus est« (»Der Mensch ist des Menschen Wolf«) erscheinen. Der 2012 begonnene Bürgerkrieg und die damit in Verbindung stehenden Machtkämpfe können aber nur im Zusammenhang mit der langen, konfliktreichen Geschichte des Landes verstanden werden. Letztere war und ist geprägt von Auseinandersetzungen innerhalb der staatlichen Eliten, die bis zu gegenseitigen Mordanschlägen eskalierten und letztlich in ein allgemeines gesellschaftliches Misstrauen gegenüber der jeweiligen Staatsführung mündeten.

Wenn von Eliten gesprochen wird, muss beachtet werden, dass diese und ihre Verwandten ein fester Bestandteil der Bevölkerung sind. Nicht selten wurden daher bei der Verfolgung und bei physischen Angriffen auf elitäre Einzelpersonen auch deren Familien und Freunde als Ziele einbezogen. Zeitweise avancierten Verwandte aber auch zu Rächern. Im Folgenden soll der Begriff »Eliten« daher sowohl zur Bezeichnung einer gesamten Gruppe als auch für einzelne Personen genutzt werden. Ferner beleuchtet dieser Artikel die Zeitschiene der Gefährdung von Eliten in der ZAR, ihr jeweiliges situatives Handeln in den verschiedenen Machtkämpfen sowie die mangelnde staatliche Sicherheit und diverse Interventionen von außen. Angemerkt sei, dass es sich hierbei um keinen erschöpfenden Überblick handelt – es ließen sich leicht noch viele weitere Beispiele anführen.

Die ZAR hat nur wenig Einwohner und eine kleine politische Elite – grob geschätzt handelt es sich um etwa fünfhundert Personen. Im Grunde kennen sich alle Beteiligten, was jedoch nicht in jedem Fall zur Vertrauensbildung geführt hat. Die Eliten der ZAR haben allen Grund, sich um ihre Sicherheit zu sorgen. In den letzten Jahrzehnten wurde von einer hohen Zahl von Mordanschlägen und Angriffen auf Politiker sowie deren Familien und Besitztümer berichtet. Die ZAR erlebte in der Silvesternacht

II. Strukturen und Lebenswelten

von 1965 auf 1966 einen der ersten erfolgreichen Staatsstreiche im unabhängigen Subsahara-Afrika. Während der unberechenbaren Herrschaft von »Kaiser« Jean-Bédel Bokassa (Amtszeit von 1966 bis 1979) gab es einige unvorhersehbare und zum Teil brutale Mordanschläge, denen vor allem Vertreter der militärischen Eliten zum Opfer fielen.

Der nominell dritte Präsident der ZAR, General André Kolingba (1936–2010, Amtszeit 1981–1993), putschte sich im September 1981 an die Macht und bediente sich fortan zur Einschüchterung seiner Gegner willkürlicher Verhaftungen. Er nahm jedoch größtenteils Abstand von politischen Attentaten, obwohl er 1982 mit einem Putsch konfrontiert wurde, den zwei spätere Präsidenten – Ange-Felix Patassé (1937–2011) und François Bozizé (geb. 1946) – initiiert hatten. Kolingba nutzte die ethnische Zugehörigkeit als vertrauensbildende Grundlage und stockte die Armee mit loyalen Angehörigen seiner Yakoma-Ethnie auf.

Der erste Präsident der Zentralafrikanischen Republik, David Dacko, bei einer Ansprache im Jahr 1960. Im Hintergrund sein Cousin und spätere Putschist Jean-Bédel Bokassa.

Mit dem ersten vom Volk frei gewählten Präsidenten Patassé (Amtszeit 1993–2003) verschlimmerte sich die interne Sicherheitslage erneut. Eine Mitte 1996 ausbrechende Meuterei von einem beachtlichen Teil der überwiegend aus Yakoma bestehenden Streitkräfte lieferte den Vorwand für die Ermordung des ehemaligen Verteidigungsministers Christophe Grelombe (gest. 1996). Letzterer gehörte nicht zu den beliebtesten Personen in Teilen der Bevölkerung, da er für einige der schlimmsten Menschenrechtsverletzungen unter General Kolingba verantwortlich gemacht wurde. Grelombe wurde zusammen mit seinem Sohn ermordet, was den Verdacht erweckte, es handle sich um den Versuch, eine ganze politische Familie auszulöschen. Als der ehemalige Premierminister Jean-Luc Mandaba (1943–2000) in einem französischen Krankenhaus starb und sein Sohn Hervé (1969–2000) kurz darauf ebenfalls an ähnlichen Symptomen verschied, vermuteten viele Zentralafrikaner einen Giftmordanschlag. Die wahren Todesursachen wurden jedoch nie eindeutig geklärt. Nicht nur Politiker wurden ins Visier genommen: Im Jahre 1999 eröffnete die unter Patassé präferiert behandelte Präsidialgarde das Feuer auf den einflussreichen Gewerkschaftsführer Théophile Sonny Cole, nahm diesen fest und misshandelte ihn in ihrem Gewahrsam.

Nachdem die Armee zwischen 1996 und 1997 insgesamt drei Mal wegen ausbleibender Löhne meuterte, hatte Präsident Patassé jegliches Vertrauen in sie verloren. Er unternahm allerdings kaum Anstrengungen, die Streitkräfte zu reformieren. Vielmehr stützte er sich von Beginn an fast ausschließlich auf seine neu aufgestellte Präsidentengarde. Diese Eliteeinheit erzeugte wiederum Angst und Schrecken bei seinen politischen Rivalen und in der Zivilgesellschaft. Als der Leiter der MINURCA-

Der Präsident der Zentralafrikanischen Republik, Ange-Felix Patassé (l.), bei einer Ordensverleihung an seinen damaligen Armeechef General François Bozizé (r.) in Bangui im September 2001.

Friedensmission die Präsidentengarde um Zurückhaltung bat, antwortete Patassé einem offiziellen Bericht zufolge, dass sie die einzige Kraft sei, auf die er sich noch verlassen könnte. Reformen seien deshalb nicht möglich.

Während des gescheiterten Putschversuchs von Kolingba gegen Patassé im Mai 2001 wurde eine Handvoll Schlüsselpersonen des Regimes getötet. Unter ihnen befand sich auch General Abel Abrou, Chef des Stabes der Streitkräfte, und der Chef der Gendarmerie, General Njadder Bedaya. In der nachfolgenden Vergeltungsphase wurde eine größere Anzahl von Yakoma-Angehörigen der Elite durch Erschießungskommandos getötet, darunter auch der ehemalige Parlamentsabgeordnete Théophile Touba, sein neunjähriger Sohn sowie Sylvestre Omisse, ein Richter des Verfassungsgerichts. Letzterer fiel wahrscheinlich seinem Namen zum Opfer, der – in diesem Fall zu Unrecht – eine ethnische Zugehörigkeit zu den Yakoma andeutete. In der Zeit nach dem Aufstand richteten sich Vergeltungsaktionen gegen alle, die über eine Verbindung zu General Kolingba verfügten. Dazu gehörten seine Familie und Freunde, Mitglieder seiner Partei sowie dutzende Angehörige der Yakoma.

Der Niedergang von Präsident Patassé erfolgte, als sein Langzeitverbündeter und ehemaliger Chef des Stabes François Bozizé (geb. 1946) im März 2003 erfolgreich die Hauptstadt Bangui einnahm. Ende 2001 war Bozizé von Patassé aus dem Amt gejagt worden, weil er ihn verdächtigte, an einem Staatsstreich beteiligt gewesen zu sein. Zwar änderte sich unter Bozizé der Name der Präsidentengarde, ihre Angehörigen behielten jedoch ihren Ruf der Brutalität. Auch unter Bozizé kam es zu einigen Gewalttaten gegen Angehörige der Elite. Der ehemalige Premierminister Gabriel Jean-Edouard Koyambounou (geb. 1947) wurde Berichten zufolge von Francis Bozizé, einem Sohn des Präsidenten und späteren Verteidigungsminister, geschlagen und mit einer Waffe bedroht. Koyambounou wurde später unter Korruptionsverdacht verhaftet. Ein weiterer ernsthafter Zwischenfall ereignete sich am 22. März 2005, kurz nach der ersten Runde der Präsidentschaftswahlen in der Nähe der Residenz von André Kolingba. Es kam zu einem Schusswechsel zwischen den Sicherheitskräften des ehemaligen Präsidenten und unbekannten Personen. Die Regierung erklärte später, dass Soldaten, die entlang des

Ubangi-Flusses Dienst taten, versehentlich geschossen hätten. Von einem versuchten Mordanschlag auf Kolingba, einem der Präsidentschaftskandidaten, könne keine Rede sein. Die Gegner von Amtsinhaber Bozizé sahen das natürlich anders.

Auch das Schicksal von Charles Massi (1952–2010), einem »politisch-militärischen Unternehmer«, erregte große Aufmerksamkeit. Dessen Familie behauptete, er sei im Januar 2010 in Untersuchungshaft zu Tode gefoltert worden, nachdem er Ende Dezember 2009 von tschadischen Streitkräften an die Behörden der ZAR ausgeliefert worden war. Massi war eine kontroverse Persönlichkeit, die in der zivilen und in der bewaffneten Opposition tätig war. Er hatte sowohl unter den Präsidenten Patassé und Bozizé als Minister gedient, war im Jahre 2005 Kandidat bei den Präsidentschaftswahlen gewesen und hatte 2009 die politische Führung der Rebellenbewegung »Convention des patriotes pour la justice et la paix« (CPJP) übernommen. Seine vermutliche Ermordung sandte Schockwellen durch die gesamte politische Klasse.

Die ZAR war lange Zeit durch ein zum Teil geheimes Verteidigungsabkommen mit Frankreich verbunden. Während ein solches Abkommen in anderen Ländern als eine Art Lebensversicherung für den Präsidenten und dessen näheres Umfeld angesehen werden konnte, ist dieser Sachverhalt in der ZAR weniger eindeutig: Zwei Mal wurden Präsident David Dacko (1930–2003) sowie je einmal die Präsidenten Patassé und Bozizé ohne französische Rettungsversuche gestürzt (siehe Tabelle S. 232). Der amtierende »Kaiser Bokassa« wurde hingegen selbst Opfer einer Intervention der ehemaligen Kolonialmacht, die sich auch in den 1990er-Jahren das Recht vorbehielt, immer dann zu intervenieren, wenn französische Interessen bedroht schienen. Die Bilanz des französischen Engagements zeigt daher, dass keinesfalls eine Garantie für die jeweilige Regierung bestand, im Falle eines Machtkampfes auch wirklich von Frankreich beschützt zu werden, nur weil es ein bilaterales Verteidigungsabkommen gab. Präsident Bozizé organisierte seine persönliche Sicherheit daher anderweitig. Kurz nach seiner Amtsübernahme bat er den tschadischen Präsidenten Idris Déby Itno (geb. 1952) eine Reihe von Elitesoldaten (angeblich etwa 150) zu seinem Schutz abzustellen. Im Jahre 2007 wur-

II. Strukturen und Lebenswelten

Staatspräsidenten im Gebiet der heutigen CEMAC, 1960–2014[1]

Staat	Präsident	Amtszeit	Position vor Amtsübernahme[2]	Grund für Amtsniederlegung (Datum)
Äquatorialguinea	Francisco Macías Nguema	1968–1979	Militärgouverneur von Fernando Póo, Kommandeur der Nationalgarde, Neffe von Macias	Putsch (3. Aug. 1979)
	Teodoro Obiang Nguema Mbasogo	seit 1979		
Gabun	Léon M'ba	1960–1967		Tod im Amt (27. Nov. 1967)
	Omar Bongo Ondimba	1967–2009	Vizepräsident	Tod im Amt (8. Juni 2009)
	Ali-Ben Bongo Ondimba	seit 2009	Verteidigungsminister, Sohn von Omar Bongo	
Kamerun	Ahmadou Ahidjo	1960–1982	Premierminister	Krankheitsbedingter Rücktritt (4. Nov. 1982)
	Paul Biya	seit 1982		
Republik Kongo	Fulbert Youlou	1960–1963	ehemaliger Planungsminister	Putsch (15. Aug. 1963)
	Alphonse Massemba-Débat	1963–1968	Hauptmann, Kommandeur des Fallschirmjäger Corps	Putsch (3. Aug. 1968)
	Marien Ngouabi	1968–1977	Oberst, Generalinspekteur der Streitkräfte, Cousin von Ngouabi	Ermordung im Amt (18. März 1977)
	Joachim Yhombi-Opango	1977–1979	Oberst, erster Vizepräsident »Comité Militaire du Parti«	Erzwungener Rücktritt (5. Febr. 1979)
	Denis Sassou-Nguesso	1979–1992	Parteivorsitzender der UPADS	Wahlniederlage (Aug. 1992)
	Pascal Lissouba	1992–1997	ehemaliger General und Präsident	Flucht nach Bürgerkrieg (Okt. 1997)
	Denis Sassou-Nguesso	seit 1997		
Tschad	François Tombalbaye	1960–1975		Putsch und Ermordung (13. April 1975)
	Félix Malloum	1975–1979	General, ehemaliger Chef des Stabes der Streitkräfte	Amtsniederlegung wegen Bürgerkrieg; Übergabe an Regierung der nationalen Einheit (März 1979)
	Goukouni Oueddei (Weddeye)	1979–1982	Rebellenführer der Frolinat	Rebellion (7. Juni 1982)
	Hissène Habré	1982–1990	ehemaliger Verteidigungsminister	Rebellion (2. Dez. 1990)
	Idriss Déby Itno	seit 1990	ehemaliger Chef des Stabes der Streitkräfte	
ZAR	David Dacko	1960–1965		Putsch (31. Dez./1. Jan. 1965/66)
	Jean-Bédel Bokassa	1966–1979	Chef des Stabes der Streitkräfte, Cousin von Dacko	Putsch (20./21. Sept. 1979)
	David Dacko	1979–1981	Persönlicher Berater Bokassas, Cousin von Bokassa	Putsch (1. Sept. 1981)
	André Kolingba	1981–1993	Chef des Stabes der Streitkräfte	Wahlniederlage (Aug./ Sept. 1993)
	Ange-Félix Patassé	1993–2003	ehemaliger Premierminister	Rebellion (15. März 2003)
	François Bozizé	2003–2013	ehemaliger Chef des Stabes der Streitkräfte	Rebellion (24. März 2013)
	Michel Djotodia	2013/14	ehemaliger Konsul und Beamter	Erzwungener Rücktritt (10. Januar 2014)
	Catherine Samba-Panza (Übergangspräsidentin)	seit 2014	Bürgermeisterin von Bangui	

[1] Nur Präsidenten mit mehr als sechs Monaten Amtszeit
[2] Nur Positionen nach der Unabhängigkeit

Quelle: Eigene Darstellung nach Daten der Historical Dictionaires of Africa u. a.

©ZMSBw
07526-07

den südafrikanische Spezialisten in das Land geholt, um offiziell Bozizés Präsidentengarde auszubilden. Letztlich waren es die Südafrikaner, die Anfang 2013 verzweifelt gegen den Vormarsch der Séléka-Rebellen kämpften und erhebliche Verluste erlitten.

Internationale Friedenstruppen waren ebenfalls keine zuverlässigen Stützen der Eliten. Eine stark limitierte Mission der Vereinten Nationen (MINURCA), die Ende der 1990er-Jahre eine maximale Sollstärke von 1350 Soldaten besaß, verfügte nur über ein begrenztes Mandat, das sich auf die Wahlhilfe bei den Parlaments- und Präsidentschaftswahlen 1998/99 erstreckte. Obwohl eine der Kernaufgaben der im Dezember 2002 aufgestellten, 380 Soldaten umfassenden, regionalen Friedenstruppe FOMAC darin bestand, die Sicherheit von Präsident Patassé zu gewährleisten, konnte sie im März 2003 nicht verhindern, dass die Rebellen um Bozizé die Hauptstadt Bangui einnahmen. Den regionalen Friedenstruppen gelang es zehn Jahre später auch nicht, den Vormarsch der Séléka-Rebellen zu stoppen.

Letztlich sahen sich die Eliten in der ZAR andauernd mit Putsch- und Morddrohungen konfrontiert und mussten ständig befürchten, ihre lukrativen Posten in Politik und Wirtschaft zu verlieren. Aus diesem Grund hegen die Angehörigen der Führungszirkel gehöriges Misstrauen gegeneinander, gegen die staatlichen Sicherheitskräfte sowie gegen externe Akteure, wie Frankreich, den Tschad oder internationale Friedenstruppen. Das fehlende Vertrauen innerhalb der Eliten wird durch ein allgemeines gesellschaftliches Misstrauen zwischen ethnischen und religiösen Gruppen ergänzt oder verschärft, weshalb die Friedenskonsolidierung nach dem Beginn des ausgebrochenen Bürgerkriegs 2012 allenfalls schleppend vonstatten gehen wird und vermutlich viele Jahre vergehen werden, ehe ein neuer gesellschaftlicher Konsens entstehen kann. Vertrauen kann man nicht dekretieren, es basiert auf Vertrauenswürdigkeit. Letztere erwirbt sich über Zeit durch wiederholtes Einhalten der Regeln. Die Elite der ZAR hat einen weiten Weg vor sich.

Andreas Mehler

Dieser Beitrag ist in leicht veränderter Form auf Englisch erschienen als Andreas Mehler, Pathways to Elite Insecurity (siehe Literaturverzeichnis).

Das Zentrale Afrika ist eine Region außerordentlicher Vielfalt. Allein hier werden wohl rund 700 der 2000 in Afrika verbreiteten Sprachen gesprochen. Durch geographische Beschränkungen bedingt hat sich hier eine große Anzahl von ethnisch, religiös und kulturell unterschiedlichen Strukturen ausgeprägt. Diese Vielfalt schlägt sich zum einen in zahlreichen Konflikten nieder, zumal ethnische oder religiöse Codierungen oft nur als Anlass oder als Vorwand zur Bildung von Gefolgschaft dienen – oder aber zur Aus- und Abgrenzung von (vermeintlich) andersartigen Akteuren. Zum anderen bestehen vielfältige Beziehungen über ethnisch-religiöse Grenzen hinweg. Die Vielfalt stellt eine dauerhafte Anforderung dar, mit Menschen anderer Gruppenzugehörigkeiten auszukommen: im Alltag, im Wirtschafts- und Kulturleben, im (inter-)religiösen Umgang miteinander, aber auch bei der Aus- und Umformung von kriegerischen Allianzen oder Gegnerschaften. Die Beobachtung von »inneren« oder »äußeren« Kooperationen oder Konflikten folgt daher einer »westlichen« Perspektive, die im lokalen Betrachtungsraum nur bedingt anwendbar ist.

Kulturelle Vielfalt und nationalstaatliche Begrenzung

»Dieser Kontinent ist zu groß, als dass man ihn beschreiben könnte. [...] Wir sprechen nur der Einfachheit, der Bequemlichkeit halber von Afrika. In Wirklichkeit gibt es dieses Afrika gar nicht, außer als geographischen Begriff«, meinte bereits der polnische Journalist Ryszard Kapuściński (1932–2007) in seinem bekannten Buch »Afrikanisches Fieber«. Auf dem Kontinent gibt es über 50 Staaten mit vielen Gemeinsamkeiten, aber mindestens ebenso vielen nationalstaatlichen Eigenheiten. Alle Länder, mit Ausnahme von Marokko, sind Mitglied in der Afrikanischen Union (AU) und in mindestens einer ihrer Regionalorganisationen. Die Einteilung Afrikas in Subregionen hat ebenso viele Nachteile wie es Nutzen bringt. Dies zeigt sich sehr deutlich in der Sahelregion, die sich der Bedrohung extremistischer Gruppen über die politisch und analytisch fixierten Grenzen hinweg ausgesetzt sieht. Würden wir dieser Logik folgen, wäre mit Zentralafrika ausschließlich die »Economic Community of Central African States/Communauté Économique des États de l'Afrique Centrale« (ECCAS/CEEAC) gemeint. Dies würde allerdings weder den ökonomischen und politischen Realitäten noch den Konfliktdynamiken vor Ort gerecht werden. Wir sollten uns daher davon verabschieden, Afrika entlang etablierter politisch-akademisch fixierter Regionen zu analysieren. Denn mindestens ebenso wichtig sind religiöse, sprachliche, ethnische und ethnopolitische Gegebenheiten, die auch die Staaten der Nachbarregionen betreffen. Eine Annäherung an kulturelle Vielfalt und nationalstaatliche Begrenzungen kann also nur ein Versuch sein, Wesentliches zu erfassen. Die dabei geschaffenen Kategorisierungen können lediglich einen analytischen Rahmen bilden, der möglicherweise nur bedingt mit den Realitäten und Lebensbedingungen der Menschen übereinstimmt.

II. Strukturen und Lebenswelten

Vielfalt

Vielfalt lässt sich vor allem an den Begriffen Identität und Kultur festmachen. Der Psychologe Erik Erikson (1902–1994) definierte Identität als die »unmittelbare Wahrnehmung der eigenen Gleichheit und Kontinuität in der Zeit und die damit verbundene Wahrnehmung, dass auch andere diese Gleichheit und Kontinuität erkennen«. Neben einer persönlichen Identität gibt es auch eine soziale Identität des Menschen, die ihn als Teil einer gesellschaftlichen Gruppe ausweist, in der er eine soziale Position einnimmt (Status, Amt, Beruf). Der Ethnologe Pierre Bourdieu (1930–2002) erklärte die Möglichkeiten der einzelnen Person in seinem Habitus-Konzept und verweist in Bezug auf Identität darauf, dass diese das Reale, das Relationale sei, dass also die soziale Identität immer in Bezug zu jemand anderem oder einer anderen Gruppe steht. Die ethnologischen Definitionen von Kultur gehen im Wesentlichen auf den britischen Anthropologen Edward Burnett Tylor (1832–1917) zurück, der sie als komplexes Ganzes von Glaube, Kunst, Gesetz, Moral, Brauchtum und jeder anderen menschlichen Fähigkeit und Haltung definiert hat.

Vielfalt kann für jeden Staat auf vielen unterschiedlichen Gebieten eine Bereicherung, aber auch eine Herausforderung darstellen. Generelle Regeln lassen sich kaum ableiten. Menschen mit unterschiedlichsten sozialen, regionalen, ethnischen, religiösen oder sprachlichen Hintergründen besitzen einen größeren Pool an Erfahrungen und Ideen als eine homogene Gesellschaft, müssen sich aber im Zusammenleben anderen Herausforderungen stellen. Wird Heterogenität in einem Staat nicht als nützliches Potential verstanden, können sich tatsächliche oder konstruierte Gegensätze ins Gegenteil verkehren und zur Entwicklung oder Legitimierung von gewaltsamen Disputen führen. Religiöse und ethnische Gruppen, die durch Staatsgrenzen getrennt sind, sich aber als zusammengehörig fühlen, können das Konzept des Nationalstaates herausfordern. Letztendlich lässt sich Vielfalt auf die konstruierten Identitäten von Individuen oder Gruppen reduzieren und darauf, welcher dieser verschiedenen Selbstbilder und Zuschreibungen gerade Priorität eingeräumt wird.

Kulturelle, sprachliche und religiöse Vielfalt

In Afrika werden mehr als 2000 Sprachen gesprochen, wohl rund ein Drittel davon in der Region des Zentralen Afrikas. Alleine für Kamerun wird die Zahl von etwa 280 lebenden Sprachen angegeben. In der DR Kongo sind es noch mehr als 200 und im Tschad rund 130. Die sprachliche Vielfalt bereitet in den meisten Fällen jedoch kein allzu großes Problem, weil die Sprachen der benachbarten Gruppen oft ohnehin gesprochen oder zumindest verstanden werden. Zudem wurde von den unabhängigen Staaten die Sprache der ehemaligen Kolonialmacht als offizielle Landes- oder Verkehrssprache übernommen. Die frühere spanische Kolonie Äquatorialguinea führte zum besseren Austausch mit seinen frankophonen Nachbarn sogar Französisch als Amtssprache und Ruanda aus politischen Gründen nach dem Genozid von 1994 Englisch als zweite Amts- und Unterrichtssprache ein. Nichtsdestotrotz kann Sprache ein Distinktionsmerkmal sein, das darüber entscheidet, welcher sozialen Gruppe sich ein Mensch zugehörig fühlt. Während in Friedenszeiten Unterschiede kaum eine Rolle spielen, werden Menschen in Konfliktsituationen oftmals gezwungen, sich zu entscheiden, welcher Gruppe sie angehören wollen. Dies betrifft besonders die ethnische Zugehörigkeit, aber auch die Religion. In der DR Kongo mussten beispielsweise Angehörige der Hema und Lendu infolge eines durch die Nachbarstaaten hineingetragenen Konfliktes Ende der 1990er-Jahre die Entscheidung über ihre ethnische Zugehörigkeit treffen. Dies hatte Auswirkungen auf dörfliche Gemeinschaften, riss ethnisch gemischte Familien auseinander und zerstörte das bis zu diesem Zeitpunkt gut funktionierende Zusammenleben.

Ethnische Vielfalt geht mit einem breiten Spektrum an Modellen möglicher politischer und sozialer Organisation, also der Ausgestaltung des Zusammenlebens, einher. Im Zentralen Afrika finden sich viele unterschiedliche Modelle wieder. Das reicht von Königtümern mit einer Adelskaste (zum Beispiel in Kamerun) über gewählte Chiefs (wie im Südsudan) bis zu egalitären Gemeinschaften (zum Beispiel die BiAka/Babenzele). Die BiAka – oft auch mit dem unkorrekten Sammelbegriff »Pygmäen« bezeichnet, unter den alle Gruppen von Menschen fallen, deren einziges gemeinsames Merkmal eine Körpergröße unter 150 cm ist – lebten und leben als Jäger und Sammler im Südwesten der Zentralafrikanischen Republik (ZAR) und der Republik Kongo. Gruppen, die ihr Leben ebenfalls als Jäger und Sammler gestalten, leben verteilt über den gesamten Raum des Zentralen Afrika und traditionell vorwiegend im Regenwald. Sie finden kaum Berücksichtigung in der Politik der jeweiligen Staaten, was vermutlich daran liegt, dass ihre Anzahl insgesamt auf nicht mehr als 200 000 Personen geschätzt wird. Unterschieden werden vier große Gruppen: Erstens die BaMbenga in Gabun, im Süden Kameruns und im Südwesten der ZAR (die BiAka sind eine Gruppe davon), zweitens die BaMbuti im Nordosten der DR Kongo/Ituri, drittens die BaTwa und BaCwa in Ruanda, Burundi, im Süden der DR Kongo sowie im Norden Sambias, und viertens die Twa im Zentrum der DR Kongo. Es gibt keine oder nur geringe sprachliche Übereinstimmungen. Im Wesentlichen werden die Sprachen der benachbarten Ethnien übernommen, wobei teilweise Worte und Grammatik auf eine ursprünglich andere Sprache hinweisen dürften. Es gibt innerhalb der Gruppe keine statischen Rangordnungen und geschlechtsspezifische Arbeitsteilungen. Männer wie Frauen gehen jagen oder sammeln. Die Zerstörung ihres traditionellen Lebensraumes im Regenwald und die daraus resultierenden sozialen Probleme wie Alkoholismus oder Prostitution lassen die BiAka an den Rändern der Gesellschaft leben, wobei oft ein Abhängigkeitsverhältnis zu

Audienz bei einem Fon, einem örtlichen Würdenträger an der Ringroad in Kamerun (2014).

Mitgliedern der jeweiligen Mehrheitsgesellschaft besteht. Dasselbe gilt für die Angehörigen der anderen genannten Gruppen.

Die politischen beziehungsweise sozialen Organisationsformen existieren neben den importieren europäischen, nationalstaatlichen Modellen und haben oft konkreteren Einfluss auf das Leben der Menschen als die staatliche Gemeinschaft. Während die staatlichen Institutionen oft »weit weg« von den Menschen sind, blieben die Vertreter und Institutionen traditioneller Herrschaftsformen Ansprechpartner für die Herausforderungen der lokalen Gesellschaft. Daher kommt den herrschenden Eliten meist noch immer eine besondere Bedeutung zu, indem sie beispielsweise bis heute die Bewirtschaftung von kommunalem Landbesitz regeln oder Recht sprechen. Als traditionelle Autoritäten werden sie vor allem deshalb vermehrt von der internationalen Gemeinschaft wahrgenommen, weil ihre Einbindung in staatliche politische Prozesse wie etwa in Botswana, zu stabilen Demokratien geführt hat. Für den unabhängigen Südsudan war beispielsweise von externer diplomatischer und akademischer Seite ein sogenanntes »House of Nations« angedacht. Dieses sollte im parlamentarischen System eine Art zweite Kammer bilden, in der traditionelle Autoritäten ihre Gesellschaften repräsentieren sollten. Trotz einiger Erfolge sollten diese Prozesse nicht von außen oktroyiert werden, sondern weiterhin einer innerstaatlichen Dynamik folgen.

Die religiöse Vielfalt spielt eine wesentliche Rolle in vielen Staaten des Zentralen Afrika. Während im internationalen medialen Diskurs hauptsächlich der Gegensatz zwischen Christen und Muslimen diskutiert wird (eine sehr kurzsichtige und in weiten Teilen falsche Sichtweise), werden afrikanische traditionelle Religionen (ATR) gerne ebenso vergessen, wie hunderte christliche Freikirchen, die in der Region zu missionieren versuchen. ATR spielen im Leben vieler Menschen eine bedeutende Rolle und existieren oft neben importierten Glaubensvorstellungen. Religiöse Autoritäten können für ihre Gemeinschaften ebenso wichtig sein wie traditionelle Autoritäten. In manchen Gesellschaften sind religiöse und traditionelle Funktionen sogar deckungsgleich oder auf die Bestätigung durch die jeweils andere Gruppe angewiesen (vgl. Beitrag Moerschbacher).

II. Strukturen und Lebenswelten

Rinderherde im Tschad (2011).

Zu guter Letzt darf die ökonomische Vielfalt nicht vergessen werden, die in der Region von Ackerbauern über Vieh züchtende Nomaden hin zu Jäger- und Sammler-Gesellschaften reicht. Nicht selten führen Fragen der Landnutzung zwischen Bauern und Hirten zu handfesten Konflikten (vgl. Beitrag Brzoska).

In urbanen Gebieten stellen vor allem der Zuzug der ländlichen Bevölkerung sowie die Integration der Menschen in einen formalen Wirtschaftsprozess eine große Herausforderung dar. Dies betrifft nicht nur sogenannte »Megacities« mit Millionen von Einwohnern, sondern auch kleinere Städte. Die Herausforderungen reichen von der Versorgung der Bewohner mit Wasser und Nahrungsmitteln bis hin zur Müllentsorgung.

Vielfalt und Nationalstaat

Der Nationalstaat in Afrika ist das Produkt einer willkürlichen kolonialen Grenzziehung, die in den meisten Fällen verschiedene Ethnien in einem Staat zusammengefasst hat, die diese Form des Zusammenlebens wahrscheinlich nicht selbst gewählt hätten. Gleichzeitig wurden viele Menschen, die sich aufgrund von Sprache, Religion oder ökonomischer Betätigung zusammengehörig fühlten, auseinander gerissen. Im Zuge der Dekolonisierung legte die Organisation Afrikanischer Einheit (OAU) in den 1960er-Jahren fest, dass die kolonialen Grenzen künftig unantastbar bleiben sollten, um Konflikten und Staatszerfall vorzubeugen. Bisher entstanden auf dem Kontinent daher nur zwei »neue« Staaten: Eritrea (1993) und der Südsudan (2011). In der Großregion des Zentralen Afrika riefen separatistische Bewegungen zwar sowohl in Katanga und Süd-Kasai (Kongo, 1960–1963 bzw. 1960–1962), in Biafra (Nigeria, 1967–1970), in Cabinda (Angola, seit 1975) und auf Bakassi (Kamerun, seit 2006) ihren eigenen Staat aus, allerdings fanden diese gar keine oder im Falle von Biafra nur begrenzte internationale Anerkennung.

Neben innerstaatlichen Territorialkonflikten treten auch zwischenstaatliche Dispute auf. So stritten Nigeria und Kamerun vorwiegend aus ökonomischen Gründen fast 30 Jahre um die Bakassi-Halbinsel. Mit der Administration dieses Gebietes sind der Zugang zu Fischgründen sowie zu möglichen Erdöl- und Erdgasvorkommen verbunden. 2002 hatte der Internationale Gerichtshof (IGH) in Den Haag zu Gunsten von Kamerun entschieden und Nigeria das besetzte und verwaltete Gebiet zwischen 2006 und 2013 endgültig an Kamerun übergeben. Für die meist ursprünglich aus Nigeria stammenden Menschen, die auf der Halbinsel lebten, waren und sind mit der juristischen Entscheidung jedoch auch Fragen von ethnischer und religiöser Identität verbunden. Etwa 90 Prozent der Bevölkerung Bakassis definierten sich als Nigerianer und wollten bei Nigeria bleiben. Im Rahmen des sogenannten »Green Tree Agreements« zwischen beiden Staaten bekamen die Menschen 2006 jedoch nur eine Frist von fünf Jahren, um sich für die nigerianische oder die kamerunische Staatsbürgerschaft zu entscheiden. Zwar ist vor allem 2006, 2008 und 2012 die militante pro-nigerianische Bakassi Self Determination Front (BSDF) mit ihrer Forderung nach einer Sezession des Öfteren mit kamerunischen Sicherheitskräften zusammengestoßen, der Widerstand gegen das Urteil scheint aber mittlerweile zum Erliegen gekommen zu sein. Nach 2012 haben weder die BSDF noch das Bakassi Movement for Self Determination (BAMOSD) signifikante Aktivitäten erkennen lassen. Jenen Bakassi-Bewohnern (vorwiegend Fischer), die nach Nigeria umgesiedelt sind, fehlen zudem Wohnmöglichkeiten sowie die Wasser-und Gesundheitsversorgung. Darüber hinaus besteht keine Möglichkeit ihre traditionelle ökonomische Betätigung fortzuführen. Die juristische Lösung des Konflikts

II. Strukturen und Lebenswelten

Piraterie im Golf von Guinea

Piraterie in afrikanischen Gewässern wird meist in Bezug zur Region am Horn von Afrika gesetzt. Seit dem dortigen Einsatz privater Sicherheitskräfte an Bord von Handelsschiffen sowie der internationalen Marineoperationen, an denen sich auch die Bundeswehr beteiligt, hat sich der afrikanische »Hot Spot« der Piraterie in den Golf von Guinea verlagert. Laut einer Studie von Oceans Beyond Piracy werden mittlerweile mehr Schiffe im Golf von Guinea angegriffen als im Indischen Ozean vor Somalia. Das Zentrum der Piraterie liegt dabei vor der Küste Nigerias. Im Gegensatz zur Piraterie vor der ostafrikanischen Küste werden hier meist kleine Wasserfahrzeuge und vor Anker liegende Schiffe innerhalb der nationalen Zwölf-Meilen-Zonen angegriffen. Juristisch handelt es sich daher vielfach nicht um Piraterie, die nach völkerrechtlicher Definition nur in internationalen Gewässern stattfinden kann. Im Golf von Guinea steht nicht so sehr der Gewinn durch Lösegeldforderungen im Fokus, sondern meist nur die Erbeutung von Treibstoff oder Ladung. Teilweise sind auch Öltanker gefährdet, deren Fracht auf andere Schiffe verladen oder an Land abgepumpt wird, um dann über den Schwarzmarkt verkauft zu werden. Wenn Geiseln genommen werden, handelt es sich meist um führende Crew-Mitglieder, die aber meist nur wenige Tage in Gefangenschaft bleiben. Die Häufigkeit von Lösegeldforderungen hat aber zugenommen. In den letzten zwei Jahren wurden jährlich mehrere Dutzend Vorfälle registriert, im Jahr 2014 zunehmend auch in internationalen Gewässern.

Allerdings werden bei weitem nicht alle Zwischenfälle gemeldet und die Zahlen variieren je nach Quelle deutlich. Die Piraterie in Westafrika ist noch enger mit der organisierten Kriminalität und korrupten Eliten an Land verzahnt als in den Gewässern vor Somalia. In Nigeria rekrutieren sich die Täter vielfach aus ehemaligen Milizionären oder Fischern. Wie vor Somalia gilt auch im Golf von Guinea die Überfischung durch ausländische Trawler als ein Grund für die Piraterie. Vor allem im Niger-Delta förderte die Umweltzerstörung durch die dortigen Ölförderungen und die grassierende Korruption der Staatselite alternative, illegale Wirtschaftszweige. Hohe Jugendarbeits- und Perspektivlosigkeit sowie eine große Mobilität der Bevölkerung in fast allen betroffenen Ländern, senken die Eintrittsschwelle zur Piraterie.

Zwar haben die Staaten der Golfregion sowohl die internationale Gemeinschaft um Hilfe gebeten und untereinander eine engere Kooperation vereinbart, gegenseitiges Misstrauen, überlappende Zuständigkeiten, nicht festgelegte Grenzen und die unterschiedlichen nationalen Gesetze erschweren aber ein gemeinsames Vorgehen. Gegenwärtig investieren die afrikanischen Staaten in die Aufrüstung ihrer über lange Zeit vernachlässigten Marinen und stärken ihre Kooperation mit den USA und Europa. Für diese ist der Golf von Guinea aufgrund der Rohölimporte von großer wirtschaftlicher Bedeutung.

TK

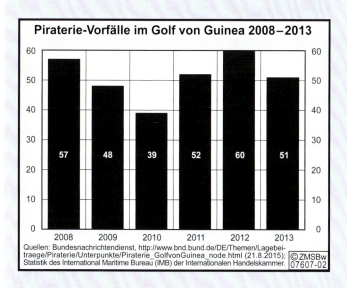

kann als Modell für viele Territorialkonflikte in Afrika und darüber hinaus dienen.

Innerstaatliche Konflikte

Zwischen 2010 und Anfang 2014 verübte die Terrorgruppe »Boko Haram« zahlreiche Anschläge, vor allem auf zivile und administrative Ziele.

Große zwischenstaatliche Konflikte waren bisher in Afrika eher die Ausnahme als die Regel. Vor allem im Zentralen Afrika waren die letzten Dekaden von innerstaatlichen Auseinandersetzungen geprägt. Sie entstanden aufgrund der häufig nur begrenzten Möglichkeit der Regierungen ihre Autorität im entsprechenden Staatsterritorium geltend zu machen. Das bedeutet, dass die jeweiligen Sicherheitskräfte aus unterschiedlichen Gründen nicht in der Lage waren und sind, das Gewaltmonopol des Staates durchzusetzen. Es bedeutet aber auch, dass Gruppen mit unterschiedlichen Hintergründen (religiös, ethnisch, etc.) sich entweder nicht durch die Regierungen repräsentiert fühlen oder andere Pläne für den Staat oder Teile davon haben. Natürlich lassen sich die diversen Auseinandersetzungen nicht nur auf lokale oder regionale Akteure beschränken. Interne und externe Akteure können gewaltsame Konflikte aus politischen und ökonomischen Gründen befeuern oder unterstützen. Bis vor nicht allzu langer Zeit war die Zusammenarbeit der Staaten innerhalb der Region nur sehr begrenzt entwickelt und hauptsächlich auf politische Zusammenarbeit innerhalb der regionalen Wirtschaftsgemeinschaften beschränkt. Formen der partnerschaftlichen Koordination im Feld der Sicherheit bilden eine neue Entwicklung, die oft unter dem Eindruck grenzüberschreitend agierender Rebellenbewegungen entstand.

Wie wichtig diese grenzübergreifende Zusammenarbeit ist, zeigt sich an der Entwicklung der »Jama'atu Ahlis Sunna Lidda'Awati Wal-Jihad«, besser bekannt unter dem zugeschriebenen Namen »Boko Haram«. Obwohl die Gruppe schon seit Mitte der 2000er-Jahre aktiv ist, eskalierte die Gewalt erst Ende 2010. Lange Zeit wurde das Problem selbst in der Region als regional-nigerianisches betrachtet. Standen zu Beginn noch überwiegend Attentate auf der Agenda, eskalierte die Gewalt der Gruppe zusehends und gipfelte seit 2014 wiederholt in mehrstündigen Gefechten mit nigerianischen und später auch kamerunischen, tschadischen und nigrischen Sicherheitskräften. Obwohl die Nachbarstaaten bereits seit einiger Zeit als mögliches Rückzugsgebiet der Terrorgruppe galten und das Problem nach regionaler und internationaler Zusammenarbeit schrie, scheint diese für externe Beobachter bis Anfang 2015 nur begrenzt stattgefunden zu haben. Während Kamerun seit Anfang 2014 immer häufiger damit beschäftigt war, sein eigenes Territorium zu verteidigen, erhoben sich im Tschad schon früh Stimmen, zugunsten eines Einsatzes auf nigerianischem Staatsgebiet. Letzteres war aber von nigerianischen Politikern lange Zeit mit dem Verweis auf die territoriale Souveränität abgelehnt worden und gilt nach wie vor als sensibles Thema. Als jedoch der Norden Kameruns Anfang Januar 2015 wiederholt von »Boko Haram«-Attacken heimgesucht wurde, bat Kameruns Präsident Paul Biya (geb. 1933) um tschadische Hilfe, die prompt durch rund 2500 Soldaten erfolgte. Wesentliche Gründe für das tschadische Engagement, das schnell auf nigerianisches Territorium ausgedehnt wurde, waren wohl die Bedenken, dass nigerianische Flüchtlinge zu einer nationalen und sicherheitspolitischen Belastung werden könnten. Zudem ist die Sicherung der Landverbindungen durch Nigeria sowie von Douala nach N'Djamena für den tschadischen Binnenstaat von enormer wirtschaftlicher Bedeutung. Die Stabilisierung Kameruns dient auch zum Schutz der im Osten des Landes verlaufenden Ölpipeline vom Tschad zur kamerunischen Küste, die eine der Haupteinnahmequelle der tschadischen Regierung ist. Darüber hinaus konnte sich die tschadische Regierung zum dritten Mal in nur drei Jahren als regionaler Friedensstifter präsentieren und internationale Reputation sammeln. Auch hat der Konflikt mit »Boko Haram« nicht nur eine religiöse Komponente, sondern spiegelt die ethnischen Verhältnisse in der Grenzregion Nigeria, Tschad, Kamerun und Niger wider. Viele Kämpfer von »Boko Haram« gehören der Ethnie der Kanuri an, die im Nordosten Nigerias und den drei Nachbarstaaten leben, sodass trotz ablehnender Haltung eines Großteils der Kanuri grenzüberschreitende Rekrutierungen stattfinden können.

Omniparente Konflikte?

Um eine deutliche Unterscheidung zwischen den Arten und Formen von Konflikten treffen zu können, wird hier der Begriff »omniparenter Konflikt« eingeführt. Abgeleitet vom Lateinischen »omniparens« in der Bedeutung »alles hervorbringend«, wird hierunter ein Konflikt verstanden, der sowohl innerstaatliche, zwischenstaatliche und internationale Elemente in sich trägt. Diese ergeben sich aus der Politik der einzelnen Staaten und weisen wieder auf die machtpolitischen Begrenzungen hin, die den Ländern im Zentralen Afrika auferlegt sind. Rebellen können häufig einen Nachbarstaat als Rückzugsgebiet nutzen, ohne dass dieser eingreifen kann; dies aus zwei Gründen: Erstens sind die Staaten oft schlichtweg militärisch oder finanziell nicht in der Lage gegen diese Gruppen vorzugehen. Zweitens ließen sie diese in der Vergangenheit gelegentlich im Sinne eines Stellvertreterkonfliktes gewähren oder unterstützten sie sogar. Dies kann auch daran liegen, dass die Rebellen eine ethnische oder religiöse Minderheit sind, die im Nachbarstaat größeren politischen Einfluss besitzen. Ethnische und religiöse Zugehörigkeit sind sehr oft ein stärkeres soziales Bindeglied als die Zugehörigkeit zu einem Nationalstaat. Wie Rebellengruppen einen schlecht funktionierenden Staat zur Durchsetzung ihrer Ziele nutzen, kann anhand der ZAR gezeigt werden. Im letzten Jahrzehnt war sie nicht nur Rückzugsgebiet für die »Lord's Resistance Army« (LRA) aus Uganda, sondern ebenso für diverse Gruppen aus dem Sudan, Südsudan und dem Tschad, sodass die Grenzregion im Nordosten sogar als »Dreieck der Instabilität« tituliert wurde. Von den externen Gruppen wurden aber auch innere Konflikte verstärkt und geschaffen, die entlang unterschiedlicher Identitäten ausgetragen wurden und werden. Letzteres war Mitte der 2000er-Jahre im Konflikt zwischen Sudan und Tschad der Fall, die den jeweiligen Rebellengruppen des anderen Staates Zuflucht gewährten oder diese unterstützten. Erst 2008 und 2010 unterzeichneten beide Regierungen Vereinbarungen zur Normalisierung der Beziehungen (vgl. auch den Beitrag Beumler).

Schlussfolgerung

Die oben beschriebene kulturelle Vielfalt kann das Zusammenleben innerhalb oder zwischen Staaten erleichtern, aber auch für die Konfliktaustragung instrumentalisiert werden. Besonders Religion und Ethnizität werden in Konflikten bewusst zur Mobilisierung von Anhängern genutzt, auch wenn den Konflikten vielfach ganz andere machtpolitische oder wirtschaftliche Faktoren zu Grunde liegen. Im Konflikt zwischen Sudan und dem Südsudan war es vordergründig die Religion (Islam gegen Christentum) und die Gesellschaftsform (Nomaden gegen Ackerbauern), die für die Auseinandersetzung verantwortlich gemacht wurden. Im Südsudan werden die inneren gewaltsamen Konflikte entlang ethnischer Grenzen konstruiert (Dinka gegen Nuer). Die Auseinandersetzungen in der ZAR werden derzeit entlang religiöser Grenzen wahrgenommen, können aber auch ethnisch bzw. religiös/ethnisch gesehen werden. Das Beispiel der Bakassi-Halbinsel zeigt, dass auch nationale Identität nicht zu vernachlässigen ist (nigerianische gegen kamerunische). Obwohl sich diese größeren Kategorien abstrahieren lassen, sollte in der Analyse eines Konfliktes sehr genau herausgearbeitet werden, was die tatsächlichen Gründe der Auseinandersetzungen sind.

Gerald Hainzl

Während Religion für viele Menschen in Deutschland zusehends an Bedeutung verliert, spielt der Glaube auf dem afrikanischen Kontinent nach wie vor eine zentrale Rolle im alltäglichen Leben eines Großteils der Bevölkerung. Im Zentralen Afrika verläuft dabei eine unsichtbare Trennlinie zwischen den beiden großen, vor Jahrhunderten von außerhalb nach Afrika getragenen Religionen: dem Christentum und dem Islam. Während sich im Tschad, im Norden Kameruns und im Nordosten der Zentralafrikanischen Republik eine Mehrheit zum Islam bekennt, zählen sich die meisten Menschen in den weiter südlich gelegenen Staaten formell zum Christentum. Die Ausübung des Glaubens unterscheidet sich dabei erheblich in ihrer Form und ihren Riten von der in anderen Teilen der Welt, da traditionelle lokale Bräuche und Vorstellungen übernommen und mit der christlichen oder islamischen Lehre vermischt werden.

Afrikanische Kosmologie, Christentum und Islam im afrikanischen Kontext – Annäherung an ein vielschichtiges Verhältnis

Die Zahlen zur Religionszugehörigkeit in den Ländern im Zentralen Afrika vermitteln den Eindruck, das Christentum sei insgesamt die stärkste Religion in dieser Region, und habe, teils unterstützt durch die Konkurrenz des Islam, die traditionellen Religionen zurückgedrängt. Das stimmt – und auch wieder nicht. Zum einen sind die Zahlen höchst unsicher und beruhen häufig auf Schätzungen, zumal die letzten Volkszählungen oft bereits einige Jahre zurückliegen. Im jüngsten afrikanischen Staat, dem Südsudan, wurde ein solcher Zensus zum Beispiel seit der Unabhängigkeit von 2011 noch überhaupt nicht durchgeführt. In manchen Ländern sind die Zahlen ein Politikum und dementsprechend Manipulation nicht auszuschließen. So kursieren über die Zentralafrikanische Republik (ZAR) sehr unterschiedliche Angaben und in Nigeria reklamieren Christen und Muslime die Bevölkerungsmehrheit jeweils für sich.

Zum anderen ist die afrikanische religiöse Identität vielschichtig und anpassungsfähig. Die religiösen Traditionsstränge haben die afrikanischen Gesellschaften seit Jahrhunderten geprägt und sich dabei gegenseitig beeinflusst und verändert. Sowohl das Christentum als auch der Islam haben seit ihrer Entstehung und Verbreitung auf dem afrikanischen Kontinent Geschichte geschrieben, wie auch die afrikanische Geschichte diese beiden Weltreligionen maßgeblich geprägt hat. Die afrikanische Weltsicht verbindet Alltagsleben und religiöse Erfahrung. So entsteht eine flexible religiöse Identität, die es erlaubt, Elemente aus sehr verschiedenen Traditionen zusammenzuführen und zu einem neuen Ganzen zu verschmelzen. Dabei trennt das afrikanische Selbst- und Wirklichkeitsverständnis nicht zwischen religiös und weltlich, vielmehr durchdringen die sichtbare und die unsichtbare Welt einander. Ihre zutiefst auf die Gemeinschaft und die Weitergabe des Lebens ausgerichtete Menschen- und Weltsicht bestimmt viele Afrikanerinnen und Afrikaner, auch wenn sie sich zum Christentum oder zum Islam bekennen. Die »Missionierung« hat die traditionellen Vorstellungen nie ersetzt, und insofern stimmt das Bild der Zahlen nicht: Die deutliche Mehrzahl der Menschen trägt diese Weltsicht, diese afrikanische Kosmologie in sich. Die äußere Religionszugehörigkeit übersetzt dieses Verständnis in bestimmte religiöse Formen. Insofern spielt sich der interreligiöse Dialog, wie Laurenti Magesa (geb. 1946) schreibt, »im Herzen eines jeden Afrikaners und einer jeden Afrikanerin« ab.

Religionen im Raum des Zentralen Afrika

Land	Afr. Religionen	Christen	Muslime
Äquatorialguinea	8 %	80 %	4 %
Gabun	30 %	65 %	5 %
Kamerun	30 %	50 %	20 %
DR Kongo	10 %	80 %	10 %
Nigeria	10 %	40 %	50 %
Republik Kongo	48 %	50 %	2 %
São Tomé e Príncipe	2 %	95 %	3 %
Südsudan	33 %	60 %	7 %
Tschad	16 %	30 %	54 %
Zentralafrikanische Republik	35 %	50 %	15 %

Quelle: Fischer Weltalmanach 2015, Frankfurt a.M. 2014; Wikipedia.

Zur Kosmologie afrikanischer Religionen

Gott – Mensch – Welt: John Mbiti (geb. 1931) unterscheidet in seinem vor vierzig Jahren erschienenen Standardwerk »Afrikanische Religion und Weltanschauung« fünf Kategorien in der »äußerst anthropozentrischen Ontologie« der Menschen auf dem afrikanischen Kontinent: erstens Gott, zweitens die Geister, drittens der Mensch, viertens die Tiere und Pflanzen, fünftens Erscheinungen und Gegenstände. Der Mensch steht in der Mitte. Diese Ontologie, also die Lehre vom Sein, umgibt quasi den Menschen in seiner alltäglichen Welt, in der das gegenständlich Fassbare und das Übersinnliche nicht voneinander zu trennen sind und die von sichtbaren und unsichtbaren Kräften zugleich bestimmt wird. Es gibt kein »Jenseits« im endzeitlichen Gegenüber zu Hier und Heute. Das »Jenseits« – das heißt die Toten, die Ahnen, die Geister und die noch nicht Geborenen – wirkt

Afrikanische Kosmologie, Christentum und Islam

vielmehr in der einen bekannten und alltäglich gefühlten Welt, es durchwirkt und verändert sie.

Die gesamte Existenz ist aus afrikanischer Sicht ein religiöses Ereignis. »Der Mensch ist ein religiöses Wesen in einem religiösen Weltall.« Alle Dinge erzählen von Gott, aber eben auch die Geister und Erscheinungen übersinnlicher Kräfte. Gott selbst ist unzugänglich, übernatürlich, jenseits der Zeit, das »große Auge«, die »Sonne«. Am besten zu erkennen ist Gott in seinen Wohltaten: Gott lässt regnen und wachsen, Gott ist freundlich, gut, barmherzig. Gott wendet Unheil ab. Gott ist aber auch der zornige Gott, der Ungehorsam ahndet, der den Tod sendet. Gott straft, richtet und herrscht, was auch im Bild des Königs wiedergegeben wird.

Die Welt als Spiegelbild Gottes: Der Mensch lebt in einem religiös bestimmten Kosmos. Die Welt kann, wenn auch gelegentlich verschwommen, als Spiegelbild Gottes wahrgenommen werden. Alle Naturereignisse stehen mit Gott in Zusammenhang. So gilt der Himmel als Wohnstatt Gottes. Berge und Bäume – vor allem etwa Feigen- und Affenbrotbäume (Baobab) – sind dem Himmel näher und gelten somit als heilige Stätten. Der Donner wird als das Knacken der Gelenke Gottes, der vorübergeht, gedeutet. Das Erdbeben ist die Folge von Gottes Gang über die Erde. Sturm und Hagel werden als Strafe Gottes verstanden. Die Sonne ist eine Erscheinungsform Gottes – sie kann etwa als Gottes rechtes Auge, der Mond als das linke verstanden werden. Ein besonderer Segen Gottes ist der Regen, der »Speichel Gottes«. Zentral ist die Stellung des Menschen, dem die Tiere und Pflanzen untergeordnet sind und als Nahrung dienen.

Gott, Geister und Vermittler: Gott selbst kann im Alltag durch Gebete angesprochen werden, etwa so: »O Gott, du hast mir einen guten Tag gegeben, gibt mir eine gute Nacht. Du hast mir eine gute Nacht gegeben, gib mir einen guten Tag!« Auch Stoßgebete (»Gott, gib uns Regen!«) sowie Opfer und Weihegaben zur Wiederherstellung eines verloren geglaubten Gleichgewichts sind möglich. Ebenfalls kann Gott in Segensformeln vorkommen, die zugleich die soziale Rangordnung widerspiegeln. So lautet ein Segensspruch für jemanden, der eine Reise antritt: »Gott mache deine Füße leicht.«

II. Strukturen und Lebenswelten

Eine zentrale Rolle spielen Vermittler, die den Zugang zu Gott erleichtern können sowie Experten für die Kontaktaufnahme und für soziale Fragen sind. Sie vermögen in schwierigen Situationen den Weg zu weisen. Dazu zählen etwa Priester, Seher, Wahrsager und Regenmacher. Auch die Ältesten in der Gemeinschaft haben eine Vermittlerrolle inne, da sie aufgrund ihrer großen Lebenserfahrung dem Geheimnis Gottes und des Lebens bereits nähergekommen sind.

Sodann gibt es zwischen Gott und Mensch eine Vielzahl von Geistwesen und Geistern. Sie leben nicht in einer anderen Welt, sondern – unsichtbar – in dieser und können dem Menschen schaden oder nützen. Von den genannten Experten können sie manipuliert und zum Wohl oder zum Schaden anderer Menschen eingesetzt werden. Durch ihre Nähe zum Göttlichen und durch ihre Kraft, die jene der Menschen übersteigt, sind die

---

»Aberglaube« und »Hexerei«

In vielen Ländern Zentralafrikas spielen Elemente der traditionellen afrikanischen Religionen und Kulturen, die von außen als Aberglaube, Hexerei, Okkultismus oder Zauberei gewertet werden, eine wichtige Rolle. So gibt es in der DR Kongo das Phänomen der »Hexerei«, bei dem Personen besondere Fähigkeiten nachgesagt werden. Diese können demnach angeblich ihre Mitmenschen verwünschen und ihnen Schaden zufügen. In der weit verbreiteten Sprache Lingala wird dies als Kindoki bezeichnet, in Luluba als Buloji-Mupongo. In Kinshasa werden beispielsweise Kinder unter dem Vorwurf, Verursacher von Kindoki zu sein, von ihren Familien verstoßen und auf die Straße gesetzt. Hier spielen die grassierende Armut und der allgemeine Zerfall des sozialen Gefüges eine wichtige Rolle. Zugleich sind die Folgen dieses Phänomens für die Betroffenen und für das Entwicklungspotential der Gesellschaft fatal. Von dieser »Hexerei« oder den Vorstellungen und Phantasien darüber streng zu unterscheiden sind klassische Heilmethoden und mit aus westlicher Sicht paranormalen Phänomenen verbundene Praktiken (z.B. Amulette), die traditionelle Heiler anwenden, um den leidenden Menschen zu helfen.

MM

Afrikanische Kosmologie, Christentum und Islam

»Magie« im Zentralen Afrika: »gris-gris«

Ein »Markenzeichen« vieler Anti-Balaka-Kämpfer im Konflikt in der Zentralafrikanischen Republik sind die Leder- bzw. Stoffsäckchen, die sie um ihren Hals oder am Körper tragen. Bei diesen Fetischen, den in vielen Ländern West- und Zentralafrikas anzutreffenden »gris-gris«, handelt es sich um »magische« Amulette, die dem Träger bestimmte Fähigkeiten verleihen, ihm Liebe oder Glück bringen oder ihn vor Unheil und negativer Magie schützen sollen. Gefüllt sind sie mit von einem »Magier«

Anti-Balaka-Kämpfer mit »gris-gris«.

bzw. von einem traditionellen Heiler speziell zusammengestellten geheimen Objekten wie Kräutern, Pflanzen, Knochen oder – im Falle von Muslimen – mit Koranversen versehenen Papierstücken. Bei der richtigen Anwendung sollen sie ihrem Träger im Gefecht beispielsweise Unverwundbarkeit gegen Gewehrkugeln und Machetenhiebe verleihen. Der unbedingte Glaube an die Wirkung macht seine Träger unerschrocken und kampfesmutig. Selbst wenn ein mit »gris-gris« ausgestatteter Kämpfer im Gefecht stirbt, beweist dies nicht, dass die Amulette »unwirksam« wären: Entweder hatte der Gegner ein stärkeres »gris-gris« oder der Träger bestimmte Umgangsriten missachtet, die den Schutz aufgehoben haben.

TK

Geister gefährlich – ihr Reich ist die Nacht. So hat mir ein katholischer Priester aus dem Kongo einmal gesagt, er scheue sich, nachts ans Telefon zu gehen – aus Furcht vor den dann aktiven Geistern.

II. Strukturen und Lebenswelten

Der Mensch in Gemeinschaft: Der Mensch kann nach afrikanischem Verständnis nur in Gemeinschaft überleben. Jede und jeder verdankt die eigene Existenz anderen Menschen. Die Gemeinschaft muss ihrerseits die Existenz des einzelnen ermöglichen. So kommt Mbiti zu seiner Formulierung des afrikanischen Menschenbildes: »Ich bin, weil wir sind, und damit wir sind, bin ich.« Konkrete Gestalt nimmt diese traditionelle Gemeinschaftsbande im Verwandtschaftssystem an, das sich in horizontaler Richtung nach allen Seiten erstreckt und jedes Mitglied einer Gruppe erfasst. In der vertikalen Dimension schließt es die Verstorbenen und die noch nicht Geborenen ein. Verwandtschaftsbeziehungen prägen das Verhältnis zueinander. So drückt »Freund« eine deutlich distanziertere Beziehung aus als »Bruder«. Familienbeziehungen ermöglichen die menschliche Zusammenarbeit und das Überleben in Notzeiten. Sie weben das Netz der Solidarität und sind damit das grundlegende soziale Sicherungssystem. Diese afrikanische »Geschwisterlichkeit« ist die Grundlage des mitmenschlichen Zusammenhalts. Sie hat aber auch ihre Grenzen, etwa in der Gefahr des Tribalismus oder der Marginalisierung anderer Ethnien, und kann besonders zu politischen Zwecken missbraucht werden.

Die Ahnenverehrung: Die verstorbenen Angehörigen bleiben der Familie nahe und leben als Ahnen weiter. Sie gehören weiterhin zur Familie, trinken und essen am Tisch mit, und bekommen eigene Speisen oder Getränken gereicht. Die Ahnen sind in der Lage den Lebenden zu helfen, weil sie Gott näher sind als die Lebenden und deshalb die Anliegen der Familie vor Gott vortragen können. Auch suchen sie Familienmitglieder, besonders ältere, auf, um Ratschläge und Anweisungen zu erteilen. Die Ahnen leben in der Vorstellung vieler Afrikaner in der Nähe der Gräber oder bei Familienschreinen. Sie sind die Hüter des Familienlebens, der Tradition und der ethischen Normen. Sie können helfen, aber auch strafen, weshalb man ihnen Hochachtung entgegenzubringen hat. Sie sind deshalb so wichtig, weil es ihnen mit Erfolg gelungen ist, das Leben an die nächste Generation, die heute lebenden Nachkommen, weiterzugeben. Sie sorgen weiterhin dafür, dass der rote Faden des Lebens erhalten bleibt. Die Verstorbenen sind aber ihrerseits darauf angewiesen, dass sich die Lebenden an sie erinnern und ihnen Achtung entgegen bringen.

Leben in Fülle – eine Ethik des Lebens: Die Ahnen haben ihrer Nachkommenschaft »das Menschsein des Menschen als unbedingtes Vermächtnis hinterlassen, [...] damit sie über das Leben in Fülle verfügen« – so beschreibt Bénézet Bujo (geb. 1940) das Ubuntu-Ideal, das Ideal des Menschseins im afrikanischen Verständnis. In der Gemeinschaft geht es um die Weitergabe des Lebens, was gleichzeitig als ethische Richtschnur allen Handelns bezeichnet werden kann: Gut ist, was die Lebenskraft steigert, schlecht ist, was die Lebenskraft mindert. Das Leben ist somit der höchste Wert. Die Gemeinschaft, in die man durch die Initiati-

Männer diskutieren unter einem Palaverbaum in Kamerun (2014).

onsriten eingeführt wird, in denen es zentral um die Bewahrung des Lebens und die dafür notwendigen Tugenden geht, weiß sich dieser Weitergabe des Lebens verpflichtet. Ein wichtiger Regelungsmechanismus für soziale Konflikte ist dabei das traditionelle Palaver, eine Versammlung der Gemeinschaft, des Dorfes oder des Clans, bei der es nicht in erster Linie um Bestrafung und Rechtsprechung, sondern vor allem um soziale Konsensfindung, Interessenausgleich und Integration geht. Eine Kehrseite dieser Ordnung ist ihre starke Hierarchisierung nach der Lebenskraft, in der der »ältere Bruder« immer die Verantwortung und das Sagen hat, die jüngere Generation aber nur schwer ihren Stand findet. In dieser Struktur kommen Frauen, zumal älteren, besondere Funktionen zu. Sie sind ja für die Weitergabe des Lebens zentral. Traditionell ist etwa die Mutter des Königs die einzige, die ihm offen widersprechen darf. Insgesamt mag die Autoritätshörigkeit einer der zahlreichen und komplexen Gründe für das Fortbestehen von Diktaturen in afrikanischen Staaten sein. Auch birgt die zentrale Stellung des Clans und der Ethnie die Gefahr von Konflikten.

Christentum im Spannungsfeld von Kolonialisierung und Inkulturation

Die neuzeitliche christliche Mission kam vor allem im Zuge der kolonialen Eroberungen seit dem 19. Jahrhundert nach Afrika. Zur »Zivilisierung« des Kongos, der auf der Berliner Konferenz von 1884/85 König Leopold II. von Belgien zugesprochen wurde, gehörte neben der territorialen und wirtschaftlichen Erschließung auch die Christianisierung der Bevölkerung, die wiederum eng mit dem neu eingeführten Schulsystem zusammenhing. Dabei wurden sowohl die Strukturen der Schulen als auch der Kirchen nach europäischem Muster aufgebaut. Im Zuge der »Zivilisierung« wurde versucht, die traditionelle afrikanische Kultur zu überwinden. Ausdrucksformen der afrikanischen Religionen wurden als Aberglaube gebrandmarkt oder verteufelt.

Für Afrikanerinnen und Afrikaner bedeutete die Zuwendung zum Christentum meist eine überwiegende Abkehr von ihren traditionellen Werten und Lebensformen. Dies führte schließlich zu einer Art religiöser Schizophrenie, da die traditionellen sozialen Muster außerhalb der kolonialen Durchdringung weiterhin wirksam und präsent waren. In den großen etablierten christlichen Kirchen (katholisch wie protestantisch) wurde diese »Amphibiensituation« zwischen afrikanischer und europäisch-christlicher Kultur erst seit Mitte des 20. Jahrhunderts durch das Aufkommen eigenständiger afrikanischer Theologien bewusst angegangen. Unter dem

Afrikanische Kosmologie, Christentum und Islam

Stichwort der Inkulturation entstanden unabhängige Kirchenstrukturen mit einheimischem Führungspersonal, afrikanische Liturgien wie etwa der kongolesische Ritus und ein wertschätzender Umgang mit traditionellen afrikanischen Ausdrucksformen und Werten.

Auch entstanden eine Vielzahl von kleineren Kirchen und Gemeinschaften. Dazu zählen die sogenannten afrikanischen

Die Makelekele Evangelical Church, Brazzaville.

unabhängigen Kirchen, die vielen Pfingstbewegungen und charismatischen Gruppierungen sowie neue religiöse Bewegungen aller Art. Diese legen häufig großen Wert auf ausgedehnte, teilweise lautstarke Liturgien, auf persönliche Bibellektüre und Umkehr, auf mit verschiedenen traditionellen Symbolen durchwirkte Heilungszeremonien und auf die Wirkung des heiligen

Geistes im Leben ihrer Mitglieder. In diesem Zusammenhang sind auch die Gospel of Prosperity Churches zu nennen, die mit der Zusicherung eines in Zukunft von Gott geschenkten Reichtums ihren Anhängern hohe finanzielle Opfer abverlangen. Solche und ähnliche Kirchen dienen aber auch als soziales Netz. Zu den äußerst aktiven und kreativen afrikanischen unabhängigen Kirchen, die in den letzten Jahren einen enormen Zulauf zu verzeichnen haben und ihrerseits in Europa missionieren, zählen etwa die in Nigeria gegründeten »Aladura Churches«, die »Celestial Church of Christ« oder die »Christ Apostolic Church«.

Die neuen religiösen Bewegungen in Afrika stellen für die etablierten Kirchen, wie die katholische, anglikanische oder lutherische, eine nicht zu unterschätzende Herausforderung dar. Die Rolle von Frauen in Führungspositionen, die an afrikanischen Alltagsproblemen orientierte Frömmigkeit oder die ganzheitliche Dimension von Heil und Heilung sind bleibende Aufgaben für die herkömmliche Lehre und Praxis der etablierten Kirchen.

Der Islam im Spannungsfeld von Tradition und Moderne

Die Frage der Inkulturation hat – wenn auch nicht unter dieser Bezeichnung – die muslimischen Gemeinschaften in Subsahara-Afrika in ihrer Jahrhunderte währenden Geschichte schon immer begleitet. Lange Zeit sind diese Gemeinschaften eine Minderheit gewesen, die nicht auf militärische Interventionen, sondern auf Handelsbeziehungen und friedliche Zuwanderung aus dem Norden und Westen zurückgingen. Sie bildeten verschiedene Formen eines nicht arabisch, sondern afrikanisch geprägten Islam aus, der sich entweder auf die Bruderschaften oder auf islamische Gelehrte, sogenannte Marabouts, berief und jeweils die soziale Ordnung entscheidend mitbestimmte. Dieser Islam unterscheidet sich deutlich von dem in den arabischen Ländern. Zwar bestanden immer enge theologische und auch wirtschaftliche Beziehungen zur arabischen Welt, dennoch gab es eine große Pluralität in den verschiedenen Ausprägungen, angefangen von

Afrikanische Kosmologie, Christentum und Islam

den islamischen Schulen (Medersa) bis zur Assimilierung von Festen und Ritualen aus den vormals vorherrschenden afrikanischen Religionen. Die politische Rolle der muslimischen Führer hing und hängt stark vom jeweiligen regionalen Kontext ab. Im Tschad spielten die islamischen Gruppierungen eine wichtige Rolle beim Kampf um die Unabhängigkeit. In der politischen Entwicklung des jungen Staates, die mit einem blutigen Bürgerkrieg einherging, dominierten dann aber über lange Jahre Ethnien aus dem überwiegend christlichen Süden. Im Fall von Nigeria übernahm zunächst der muslimische Premierminister Abubakar Tafawa Balewa die Führung des von Großbritannien konstruierten Vielvölkerstaates, dessen regionale, ethnische und religiöse Gegensätze aber bis heute nicht überwunden sind. In anderen Ländern wie den beiden Kongostaaten blieb der muslimische Einfluss dagegen marginal.

In den letzten Jahrzehnten ist in Subsahara-Afrika eine deutliche Arabisierung des Islam festzustellen. Dies kann auf verschiedene Faktoren zurückgeführt werden: etwa auf den Zusammenbruch der kommunistischen Regime seit 1990, aber auch auf geostrategische Interventionen in Afrika nach 2001, wie etwa derjenigen, die im Jahr 2011 zum Sturz von Muammar al-Gaddafi (1942–2011) in Libyen führte. Ein weiterer Faktor mag in vielen Staaten das Scheitern des demokratischen Modells nach »westlichem« Muster sein, was es islamischen und auch islamistischen Bewegungen erlaubt, sich in der Anwaltschaft für die Verlierer der Gesellschaft und für die meist große Schicht der perspektivlosen Jugend zu profilieren. Die von den meisten politischen Akteuren aus dem In- und Ausland favorisierte militärische Lösung dieser Konflikte sowie der Aufbau eines Feindbildes Islam hat die Situation weiter angeheizt. Von politischer Seite werden Religionen instrumentalisiert oder missbraucht, um lokale oder partikulare Machtinteressen mit aller Gewalt durchzusetzen, wie es sich etwa in der Krise der Zentralafrikanischen Republik (ZAR) zeigt. Die in Nigeria und zunehmend auch in Kamerun aktive, international vernetzte Terrorgruppe »Boko Haram« nutzt religiös kodierte Machtrhetorik und schlägt Kapital aus dem Versagen des Staates und dem Fehlen einer kollektiven, nigerianischen Identität. Eine bleibende Herausforderung besteht darin, ein Demokratieverständnis zu entwickeln, das religiöses Denken und Fühlen zulässt, um auf dieser Basis eine gesellschaftliche Ordnung aufzubauen, die der Pluralität einen Rahmen gibt und zugleich die muslimischen Gemeinschaften respektiert. In diesem Sinne wird es weiterhin darauf ankommen, dass moderate Vertreterinnen und Vertreter der verschiedenen Religionen den Dialog suchen und pflegen.

Im Bürgerkrieg in der ZAR setzten sich der Imam Oumar Kobine Layama (l.) und der Erzbischof von Bangui, Dieudonne Nzapalainga (r.), für die Aussöhnung der christlichen und muslimischen Bevölkerungsgruppen ein. Beide wurden am 1. September 2015 mit dem Aachener Friedenspreis gewürdigt.

Die bleibende Notwendigkeit des Dialogs

Im Gespräch mit Afrikanerinnen und Afrikanern überrascht immer wieder, dass sich der interreligiöse Dialog zwischen Muslimen und Christen auf der Ebene des alltäglichen Lebens weniger konfliktgeladen vollzieht, als es auf der politischen und vor allem der medialen Ebene in Westeuropa kommuniziert wird. So gibt es viele Familien und Dorfgemeinschaften, in denen Anhänger der verschiedenen Religionen in gegenseitiger Achtung miteinander leben und gemeinsam ihre verschiedenen Feste feiern.

Afrikanische Kosmologie, Christentum und Islam

Manche Autoren führen dies auf die gemeinsamen afrikanischen Traditionen zurück. So ist der Konflikt in der ZAR keine religiöse Auseinandersetzung. Im 2012 ausgebrochenen Bürgerkrieg gab es genügend Situationen, in denen Muslime bei Christen Zuflucht suchten und fanden, und umgekehrt. Auch sind die Führer der verschiedenen religiösen Gemeinschaften wiederholt einzeln und gemeinsam aufgetreten, um die Gewalt öffentlich zu verurteilen und zur Versöhnung aufzurufen.

In der jüngsten Vergangenheit haben auch die Bischöfe in Nigeria, teilweise gemeinsam mit muslimischen Autoritäten, die Gewalttaten verurteilt, die Rhetorik eines Kriegs der Religionen demaskiert und Zeichen des interreligiösen Dialogs und Zusammenlebens gesetzt. Die afrikanische vielschichtige und anpassungsfähige religiöse Identität bietet beste Voraussetzungen für ein gemeinsames Verständnis religiöser Werte und Toleranz. Der polnische Journalist und Afrikakenner Ryszard Kapuściński (1932–2002) stellt daher fest: »Die Afrikaner schätzen und lieben es, einem anderen Menschen auf dieser höheren geistigen Ebene zu begegnen, die sich nicht in Worte fassen und definieren lässt, deren Existenz und Wert aber jeder instinktiv und spontan spürt.« Und weiter: »Es handelt sich um den ungebrochenen Glauben an die Existenz eines höheren Wesens, das erschafft und herrscht und auch den Menschen mit jener geistigen Substanz erfüllt, die ihn über die Welt der verstandlosen Tiere und toten Dinge erhebt. Dieser demütige und innige Glaube an das Höchste Wesen bewirkt, dass man seinen Gesandten und irdischen Vertretern besondere Hochachtung und Reverenz entgegenbringt.« Hier liegt eine Chance sowohl für die Vertreter der christlichen Kirchen als auch der muslimischen Gemeinschaften, ihren Beitrag zu einer Gesellschaft mit einer geistigen Substanz zu leisten, die ein friedliches Zusammenleben in der Verschiedenheit der Menschen und ihrer Religionen erst möglich macht.

Marco Moerschbacher

Die Länder im Zentralen Afrika gehören zu den am schwächsten entwickelten Volkswirtschaften der Welt. Trotz großen Rohstoffreichtums ist es diesen Staaten bisher nicht gelungen, diese Ausgangsbasis zugunsten der gesamtgesellschaftlichen Wohlfahrt zu nutzen. Viele ökonomische Prozesse verlaufen noch auf traditionelle Weise. (Im Bild: Ein Landwirt in der Nähe von Lagdo/Kamerun). Die Gründe hierfür liegen vor allem in mono-ökonomischen Strukturen, dem Export von unverarbeiteten Rohstoffen, subsistenzwirtschaftlich organisierten Landwirtschaften, desolaten Grundinfrastrukturen, unzureichend ausgebildeten Arbeitskräften und instabilen politischen Verhältnissen. Eine grundlegende Verbesserung wird nur mit gezielter und begleitender internationaler Hilfe möglich sein. Hierzu bedarf es nicht nur finanzieller Hilfe, sondern auch der qualifizierten Unterstützung beim Aufbau von Ausbildungseinrichtungen und stabilen staatlichen Strukturen. Erst diese Voraussetzungen böten ein gesundes Fundament für eine zukunftsweisende ökonomische Entwicklung der Staaten im Zentralen Afrika.

Volkswirtschaften und Entwicklungshilfe im Zentralen Afrika – zwischen Rohstoffreichtum und ärmlicher Subsistenzwirtschaft

Die Volkswirtschaften im Zentralen Afrika haben mit Ausnahme der Zentralafrikanischen Republik (ZAR) sowie São Tomé und Príncipe sehr ähnliche Grundstrukturen und mithin vergleichbare ökonomischen Probleme. Trotz ihres grundsätzlichen Rohstoffreichtums (vgl. Beiträge Tetzlaff und Brzoska) und eines für Subsahara-Afrika überdurchschnittlichen Bruttoinlandsproduktes verdienen weite Teile der Bevölkerung weniger als das Existenzminimum von einem US-Dollar pro Tag. Schwach oder gar nicht ausgeprägte industrielle Strukturen und eine subsistenzwirtschaftlich organisierte Landwirtschaft führen dazu, dass die Versorgung der Bevölkerung mehr schlecht als recht sichergestellt werden kann. Zudem hängen die Staaten am finanziellen Tropf internationaler Organisationen. Die Gründe hierfür sind fast identisch: Neben der in vielen afrikanischen Staaten fast schon typisch erscheinenden Selbstbedienungsmentalität der herrschenden Eliten, der unterentwickelten Infrastruktur, der weit verbreiteten Korruption sowie nur schwach ausgeprägten staatlichen Strukturen, sind massive Rückstände insbesondere in den Bereichen der volkswirtschaftlichen Diversifizierung, der industriellen Entwicklung, der gezielten Investitionen im rohstoffverarbeitenden Sektor sowie in die Bildung und die berufliche Qualifikation der zumeist jungen Arbeitskräfte verantwortlich dafür, dass sich die Staaten des Zentralen Afrika nur bedingt selbst finanzieren können. Auch wenn die deutsche Bundesregierung in ihren »Afrikapolitischen Leitlinien« (2014) den Kontinent insgesamt als eine Region »im Aufbruch […], der Zukunft und der Chancen« bezeichnet, wird es aufgrund der aufgezeigten ökonomischen Probleme, aber auch der instabilen Sicherheitslage, langfristig großer Anstrengungen bedürfen, die Volkswirtschaften im Zentralen Afrika zu konsolidieren. Nur so kann ein dauerhaftes Fundament für eine zukunftsweisende Entwicklung gebildet werden.

II. Strukturen und Lebenswelten

Volkswirtschaften im Zentralen Afrika

Trotz der vergleichbaren volkswirtschaftlichen Grundstrukturen unterscheiden sich die Staaten im Zentralen Afrika hinsichtlich der Ausdifferenzierung ihrer Ökonomien. Zum einen gibt es einen Unterschied zwischen den Ländern mit und ohne Zugang zum Atlantischen Ozean. Die Möglichkeit um Export- und Importwaren direkt über eigene Häfen zu verschiffen und an die internationalen Handelsrouten anzubinden, ist ein erheblicher struktureller Vorteil gegenüber den sogenannten »landlocked developing countries« (LLDCs). Hinzu kommt, dass in den 1970er-Jahren große Erdölvorkommen im Golf von Guinea entdeckt wurden, die den bereits geographisch begünstigten Ländern zu Gute kommen. Diese Erdölvorkommen haben den jeweiligen Staaten in den vergangenen 30 Jahren erhebliche Devisenzuflüsse erbracht. Dennoch haben sie bisher nicht die ökonomische Entwicklung hervorgerufen, die man sich aufgrund des direkt nach den Ölfunden schlagartig angestiegenen Pro-Kopf-Einkommens erhofft hatte. Vielmehr stagnierte letzteres im weiteren Verlauf eher. Trotzdem könnten sie im Rahmen einer nachhaltigen Wirtschaftspolitik der entsprechenden Regierungen in Zukunft die wichtige Grundlage für eine mögliche Kehrtwende dieser unterentwickelten Region bilden.

Zum anderen ist die Infrastruktur in den Ländern der Region sehr unterschiedlich ausgeprägt. Diese bildet aber eine wichtige Voraussetzung für eine stabile volkswirtschaftliche Entwicklung. Ein mögliches Erfolgsmodell könnten internationale Kooperationsprojekte sein, wie etwa der Ausbau des maroden Fernstraßen- und Eisenbahnnetzes in der Demokratischen Republik Kongo (DR Kongo) mit chinesischer Unterstützung. Dasselbe gilt für stabile politische Verhältnisse: Je stabiler die Regierungssysteme sind, desto robuster ist die Wirtschaft des jeweiligen Landes. Hingegen würgen Korruption, häufige Regierungswechsel oder Bürgerkriege den ökonomischen Fortschritt ab. Dementsprechend ist es im Interesse aller Beteiligten, die politische Situation in der gesamten Region zu konsolidieren und zukünftige militärische Auseinandersetzungen zu verhindern. Um ein präzises Bild der wirtschaftlichen Probleme der Region zu erhalten, werden im Folgenden die einzelnen Volkswirtschaften unabhängig voneinander kurz charakterisiert.

Das nördlichste Land im Zentralen Afrika, der Tschad, ist einerseits das mit Abstand größte und sicherheitspolitisch einflussreichste der CEMAC-Region. Andererseits ist es gemessen am Bruttoinlandsprodukt (BIP) pro Einwohner eines der ärmeren Länder (123. Platz von 188 Ländern weltweit im Jahr 2013) – trotz einer seit 2003 massiv gesteigerten Erdölproduktion und eines seit 2004 intensivierten Exports dieses Rohstoffs insbesondere in die USA und China. Weiterhin leben über 80 Prozent der Bevölkerung von der subsistenzwirtschaftlich betriebenen Landwirtschaft, die fast 50 Prozent des BIP ausmacht. Die Infrastruktur dieses Binnenstaates ist rückständig. Insbesondere die Größe des Landes und die fehlenden finanziellen Mittel können nur punktuell durch internationale Geldgeber ausgeglichen werden. Gleichzeitig wird das Investitionsklima durch den Mangel an qualifizierten Arbeitskräften, durch eine schwerfällige Bürokratie und weitverbreitete Korruption eingeschränkt. Der Tschad belegte 2014 Platz 154 von 175 Ländern im Corruption Perception Index. Zudem leidet die volkswirtschaftliche Situation des Landes unter der großen Anzahl an Flüchtlingen aus den Nachbarstaaten Sudan, Südsudan und der ZAR.

Kamerun hat in den vergangenen Jahren aufgrund einer hohen und stabilen Inlandsnachfrage eine solide wirtschaftliche Entwicklung erfahren, wenn auch auf niedrigem Niveau. Vornehmlich Infrastrukturprojekte wie der Bau des Wasserkraftstaudammes Lom Pangar, des Tiefwasserhafens von Kribi, sowie der Ausbau des Straßen- und Telekommunikationsnetzes bilden hierfür die Grundlage. Dennoch sind über 70 Prozent der Kameruner in der Landwirtschaft tätig, obwohl diese nur rund ein Viertel des BIP ausmacht. In den vergangenen Jahren hat sich der tertiäre Sektor zum wichtigsten Wirtschaftsbereich des Landes entwickelt. Dabei sind die Logistik- und Telekommunikationsbranche führend. Auch Kamerun ist in hohem Maße abhängig von Investitionen aus dem Ausland und die Unterstützung durch internationale Organisationen. Die wichtigsten Handelspartner sind China und verschiedene Mitgliedsstaaten der Europäischen Union (EU), die von dort vornehmlich Erdöl und Kakao importieren.

II. Strukturen und Lebenswelten

Blick auf den Hafen am Wouri River in Douala, Kamerun (2005).

Die ZAR ist eines der ärmsten Länder der Welt. Nicht nur die Infrastruktur ist rückständig. Das Land hat fast keine Industrie, wenige auf dem Weltmarkt verwertbare Rohstoffe, begrenzt ausgebildete Arbeitskräfte und eine schwach entwickelte Landwirtschaft. Trotzdem wird im primären Sektor gut die Hälfte des BIP erwirtschaftet. Nutzholz und Diamanten sind die wichtigsten Exportgüter, die hauptsächlich nach China und Belgien ausgeführt werden. Im Gegenzug werden Lebensmittel, Textilien und Erdölprodukte aus den Niederlanden, Frankreich und Kamerun importiert. Aufgrund der sehr fragilen Sicherheitslage ist das BIP im Jahr 2013 um über 34 Prozent und die Steuereinnahmen der Regierung um über 50 Prozent gesunken. Internationale Investoren meiden das Land und internationale Organisationen geben nur sehr gezielt Kredite, vornehmlich für Infrastrukturmaßnahmen.

Die Entdeckung und Förderung großer Erdölvorkommen vor der Küste Äquatorialguineas seit Anfang der 1990er-Jahre haben den kleinsten Staat im Zentralen Afrika innerhalb kurzer Zeit zum reichsten Land der Region gemacht. So liegt das BIP von 12 280 US-Dollar pro Einwohner noch über dem von Russland und Polen. Neben Erdöl sind der Export von tropischen Hölzern und Kakao die wichtigsten Wirtschaftszweige, deren Umsatz allerdings bereits seit Jahren stagniert. Rund 87 Prozent des BIP basieren auf der Erdölförderung. Die Regierung in Malabo ist darum bemüht, mit den Exporteinnahmen die Grundinfrastruktur sukzessive zu verbessern und somit die Voraussetzungen für eine stärkere volkswirtschaftliche Diversifizierung zu schaffen. Internationale Investoren und Geldgeber insbesondere aus den USA unterstützen diese Entwicklung. Die wichtigsten Exportpartner sind Japan, Frankreich, China und die USA. Importiert werden hauptsächlich Ausrüstungsgegenstände zur Erdölförderung, Baumaterialien und Fahrzeuge vornehmlich aus Spanien, China und den USA.

Der Inselstaat São Tomé und Príncipe hängt am finanziellen Tropf internationaler Geldgeber. Daher bemüht sich die Regierung in São Tomé gemeinsam mit Nigeria mögliche Ölfelder in ihren Hoheitsgewässern zu erschließen. Dies wird voraussichtlich noch einige Jahre in Anspruch nehmen. Derzeit ist das Land volkswirtschaftlich von seiner exportorientierten Kakaoproduktion abhängig. Weit über die Hälfte des Außenhandels erfolgt mit Staaten der EU. Ein Großteil der Bevölkerung arbeitet im landwirtschaftlichen Sektor, obwohl dort nur 13 Prozent des BIP erwirtschaftet werden. Auch deshalb leben rund zwei Drittel der Einwohner des Landes unterhalb der Armutsgrenze. Um dieses Problem zu beheben, wird São Tomé und Príncipe laut den Vereinten Nationen (VN) in Zukunft nicht nur seine Infrastruktur ausbauen und seine Wirtschaft stärker diversifizieren, sondern auch darum bemüht sein müssen seine Bevölkerung besser auszubilden.

Der Staat Gabun, der nur ein Viertel kleiner ist als Deutschland aber mit rund 1,7 Mio. Bürgern lediglich die Einwohnerzahl von Hamburg hat, galt lange Zeit als das reichste Land West- und Zentralafrikas. Seit Anfang der 1970er-Jahre vor der Küste dieses ohnehin mit wertvollen Rohstoffen begünstigten Landes auch noch Erdölreserven gefunden wurden, ist das BIP auf das Niveau südeuropäischer Länder angestiegen. Neben Rohöl sind Tropenholz und Mangan die wichtigsten Exportgüter, die vor allem nach Japan, in die USA und nach Australien ausgeführt werden. Trotzdem lebt auch in Gabun der größte Teil der Bevölkerung von der Landwirtschaft und zumeist unter der Armutsgrenze. Der Anbau von Grundnahrungsmitteln erfolgt subsistenzwirtschaftlich, kann aber den Eigenbedarf nicht vollständig decken. So werden neben Maschinen und Ausrüstungsgegenständen für die Erdölförderung und insbesondere Lebensmittel aus Frankreich, China und den USA importiert. Vor diesem Hintergrund ist die derzeitige Regierung darum bemüht, durch die Verbesserung der Infrastruktur und eine stärkere Diversifizierung der heimischen Wirtschaft die zukünftige Entwicklung des Landes auf ein festes Fundament zu stellen.

Im Gegensatz zu seinem nordwestlichen Nachbarn Gabun, ist die ehemalige sozialistische Volksrepublik, heute Republik Kongo, gemessen am BIP pro Einwohner im weltweiten Vergleich im hinteren Drittel zu finden (119. Platz von 188 Ländern). Obwohl auch dieses Land über umfangreiche Bodenschätze und landwirtschaftliche Nutzflächen verfügt, ist die kongolesische Volkswirtschaft noch immer durch Massenarbeitslosigkeit und schwache Regierungs-, Verwaltungs- und Infrastrukturen sowie einem hohen Importbedarf an Grundnahrungsmitteln gekennzeichnet. Ausrüstungsgegenstände für die Erdölförderung und Baumaterialien werden hauptsächlich aus Frankreich, China und Brasilien importiert. Der Export von Erdöl und Tropenhölzern nach China, in die USA und nach Frankreich gleicht das Außenhandelssaldo zwar aus, erbringt dem Staat aber nicht die Einnahmen, die er für die dringend notwendigen Infrastrukturmaßnahmen und die weiterführende Ausbildung seiner Bevölkerung benötigt.

Die Volkswirtschaften des Zentralen Afrika haben also grundsätzlich gute Voraussetzungen für eine positive gesamtwirtschaftliche Entwicklung, wenn es in Zukunft gelingen sollte, die Exporteinnahmen zielorientiert zu investieren. Das beträfe insbesondere Infrastrukturmaßnahmen, eine flächendeckende Ausbildung der Bevölkerung, den Aufbau von rohstoffverarbeitenden Industrien sowie eine intensive Landwirtschaft.

Möglichkeiten deutscher Entwicklungs- und Wirtschaftshilfe

Der deutsche Entwicklungshilfeminister Gerd Müller (geb. 1955) kündigte im Frühjahr 2014 bei seiner Reise nach Kamerun, in die DR Kongo und einem Abstecher in die ZAR medienwirksam

Volkswirtschaften und Entwicklungshilfe

an, die jährliche Entwicklungshilfe Deutschlands für Afrika um 100 Mio. Euro auf 1,3 Mrd. Euro zu erhöhen. Was sich zunächst positiv anhört – eine Erhöhung der Unterstützung der ärmsten Länder der Welt um immerhin rund 8 Prozent – ist bei genauem Hinsehen ein Tropfen auf den heißen Stein und aus unterschiedlichen Gründen sehr umstritten. Die VN hatten bereits im Jahre 1970 das Ziel vorgegeben, dass die führenden Industrieländer 0,7 Prozent ihres Bruttonationaleinkommens (BNE) für Entwicklungszusammenarbeit einsetzen sollen »Official Development Assistance« – (ODA)-Quote. Erneuert wurde diese Zielsetzung im Jahr 2000 mit der Bekanntgabe der Millenniumsentwicklungsziele, die bis Ende 2015 umgesetzt werden müssen. Insbesondere die europäischen Länder haben eine Anhebung der Entwicklungshilfefinanzierung auf 0,7 Prozent des Bruttonationaleinkommens (BNE) zugesagt. Bislang haben jedoch nur fünf Länder diese Quote erreicht. Die Bundesrepublik investierte trotz einer Steigerung von rund 30 Prozent seit 2004 im Jahr 2014 nur knapp 0,4 Prozent ihres BNE in die Entwicklung der ärmsten Länder der Welt. Damit liegt eines der reichsten Länder der Welt immer noch gut 40 Prozent hinter der vereinbarten ODA-Quote, wodurch Deutschland ohne Zweifel mit verantwortlich dafür ist, dass wichtige Investitionen in Afrika nicht realisiert werden können. Darüber hinaus wird das wirtschaftliche Potenzial Afrikas hierzulande immer noch unterschätzt. Anlässlich eines vom »Afrika-Verein der deutschen Wirtschaft« im Juni 2014 ausgerichteten Symposiums wiesen führende Vertreter aus Politik und Wirtschaft auf die vielfältigen Möglichkeiten deutsch-afrikanischer Wirtschaftskooperationen hin. So beschäftigen deutsche Unternehmen vor Ort mittlerweile mehr als 200 000 Menschen. Trotzdem macht der riesige Kontinent mit über einer Milliarde Einwohnern bisher nur zwei Prozent des Außenhandelsvolumens der deutschen Wirtschaft aus; und dies obwohl viele afrikanische Staaten seit einigen Jahren enorme Wachstumsraten vorzuweisen haben.

Grundsätzlich bietet der afrikanische Kontinent mit seinen jungen, wissbegierigen Menschen hervorragende Investitionschancen. Hier liegt möglicherweise eine der Lösungen für die Probleme vieler afrikanischer Staaten. Dementsprechend sollte Deutschland seine Hilfestellung zur Fortentwicklung dieses Humankapitals weiter verstärken. Deutsche Unternehmen besitzen modernes Know-how für die Lösung von Zukunftsfragen – nicht nur in der Klima- und Energietechnik, bei Mobilitätslösungen, Infrastrukturentwicklung oder auch in der Medizintechnik. Sie haben auch über Jahrzehnte hinweg Modelle ausgestaltet, wie man junge Menschen für die Entwicklung und Herstellung solcher Produkte angemessen aus- und weiterbildet. Hilfe zur Selbsthilfe muss das Ziel sein, ohne dass sich die afrikanischen Partner dabei wieder einmal übervorteilt fühlen.

Andererseits bemängeln viele Nichtregierungsorganisationen (NGOs), Wissenschaftler, Politiker und auch Afrikaner die Vorgehensweisen der Regierungen der wohlhabenden Länder. So kritisiert der international renommierte kenianische Wirtschaftswissenschaftler James Shikwati (geb. 1970), dass internationale Hilfe korrupte Strukturen verfestige und afrikanische Machthaber davon abhalte, mehr Eigeninitiative zu entwickeln. Internationalen Geldgebern unterstellt er vornehmlich eigene Machtinteressen, die für Afrika letztlich mehr Schaden anrichteten als Nutzen zu stiften.

Fahrradmarkt in Maroua, Kamerun (2014).

Das Ziel vieler Kritiker – so auch jenes der früheren Goldman-Sachs-Ökonomin Dambisa Moyo (geb. 1969) – ist es, dass die afrikanischen Regierungen möglichst schnell eigenständig und ohne Fremdbestimmung ihr Schicksal selbst in die Hand nehmen können. Zudem müsse die Almosenmentalität auf beiden Seiten überwunden und mit konkreten nachhaltigen Projekten volkswirtschaftliche Strukturen geschaffen werden, die die Abhängigkeit der Afrikaner von internationalen Geldgebern reduzieren. Eine Lösung für diesen Gegensatz ist kurzfristig nicht leicht, mittelfristig aber nicht unmöglich. Entscheidend wird dabei die Überwindung der wirtschaftskulturellen Vorurteile auf Seiten der Geberländer sein sowie die Bereitschaft der Nehmerländer, verlässliche und stabile Strukturen aufzubauen.

Zusammenfassung

Prinzipiell benötigen die betrachteten Länder in jeder Hinsicht bessere Infrastrukturen – angefangen mit der Grundinfrastruktur, über Schulen, Universitäten, Stadtentwicklung, bis hin zu Industrieanlagen und Gewerbegebieten. Auf der Basis einer belastbaren Grundinfrastruktur müssen die zentralafrikanischen Regierungen die Diversifizierung ihrer Volkswirtschaften fördern. Die weitverbreiteten Monoökonomien, die zudem meist auf hochvolatilen Rohstoffen wie Erdöl oder Kakao basieren, müssen zumindest durch den Aufbau einer rohstoffverarbeitenden Industrie ergänzt werden. Darüber hinaus müssen mittelgroße Unternehmen in den Bereichen der Dienstleistungen, Energiewirtschaft, Telekommunikation und Tourismusbranche gezielt gefördert werden. All dies würde natürlich in Konkurrenz zu bereits existierenden Unternehmen aus den Geberländern geschehen und möglicherweise kurzfristige Absatzrückgänge auf deren afrikanischen Märkten bedeuten. Wenn vor allem die westeuropäischen und nordamerikanischen Demokratien ihre Entwicklungshilfepolitik ernst meinen, dann sollten sie den Entwicklungsmöglichkeiten in Afrika den Vorrang vor ihren eigenen Export- und Expansionsbestrebungen geben. Grundsätzlich sollten Maßnahmen dieser Art unter indigener Führung und mit der Prämisse »Hilfe zur Selbsthilfe« gefördert werden. Dies könnte sogar, wenn der gesamtgesellschaftliche Wohlstand in den Staaten Zentralafrikas deutlich angehoben wird, ähnlich wie in Europa nach dem Zweiten Weltkrieg mittelfristig zu besseren Absatzmöglichkeiten führen. Dafür ausschlaggebend sind jedoch stabile politische Verhältnisse. Damit sind nicht notwendigerweise Demokratien nach »westlichem« Vorbild gemeint, wohl aber verlässliche Rechtsstaaten, die ein positives Investitionsklima ermöglichen.

Dieter H. Kollmer

II. Strukturen und Lebenswelten

Länderinformationen (I)

Staat	Republik Äquatorialguinea	Gabunische Republik	Republik Kamerun	Republik Kongo	Republik Tschad	Zentralafrikanische Republik	Bundesrepublik Deutschland	Französische Republik
Flagge								
Hauptstadt	Malabo	Libreville	Yaoundé	Brazzaville	N'Djamena	Bangui	Berlin	Paris
Unabhängigkeit/ Staatsgründung (ehemalige Kolonialmacht)	12. Okt. 1968 (Spanien)	17. Aug. 1960 (Frankreich)	1. Jan. 1960／ 1. Okt. 1961 (Frankreich/ Großbritannien)	15. Aug. 1960 (Frankreich)	11. Aug. 1960 (Frankreich)	13. Aug. 1960 (Frankreich)	Staatsgründung 23. Mai 1949, Pariser Verträge 5. Mai 1955	Erste Republik 22. Sept. 1792, Fünfte Republik 5. Okt. 1958
Staatsform (Staatsoberhaupt)	Präsidialrepublik (Teodoro Obiang Nguema Mbasogo, seit 1979)	Präsidialrepublik (Ali-Ben Bongo Ondimba, seit 2009)	Präsidialrepublik (Paul Biya, seit 1982)	Präsidialrepublik (Denis Sassou Nguesso, seit 1997)	Präsidialrepublik (Idriss Déby Itno, seit 1990)	Republik, Übergangsregierung nach Putsch (Catherine Samba-Panza, seit 2014)	Demokratisch-parlamentarischer Bundesstaat (Joachim Gauck, seit 2012)	Parlamentarische Präsidialdemokratie (François Hollande, seit 2012)
Fläche in km²	28.051	267 667	475 442	342 000	1 284 000	622 984	357 170	543 965 (sowie 88 969 Übersee-Departements)
Gesellschaft								
Einwohner (2013) Bevölkerung 0–14 Jahre (%) (2013)	757 014 38,88	1 671 711 38,48	22 253 959 42,96	4 447 632 42,54	12 825 314 48,40	4 616 417 39,83	80 621 788 13,09	66 028 467 18,22
Bevölkerungswachstum (2013)	2,78	2,37	2,52	2,52	2,98	2,00	0,24	0,53

© ZMSBw
07528-05

Volkswirtschaften und Entwicklungshilfe

Länderinformationen (II)

Länder	Republik Äquatorialguinea	Gabunische Republik	Republik Kamerun	Republik Kongo	Republik Tschad	Zentralafrikanische Republik	Bundesrepublik Deutschland	Französische Republik
Kindersterblichkeit unter 5 Jahren (auf 1 000 Geburten) (2013)	96	56	95	49	148	139	4	4
Lebenserwartung (2012)	52,61	63,07	54,59	58,30	50,70	49,48	80,89	82,57
Schulbesuch, Sekundarbereich (%) (2012)	k. A.	k. A.	50,38	53,66	22,80	17,79	101,27	109,71
Größte Ethnien	Fang 85,7 %, Bubi 6,5 %	Fang 26 %, Sira-Punu 24 %, Njebi-Duma 11 %	Cameroon Highlanders 31 %, Equatorial Bantu 19 %, Kirdi 11 %, Fulani 10 %	Kongo 48 %, Teke 17 %, M'Bochi 12 %	Sara 27,7 %, Arab 12,3 %, Mayo-Kebbi 11,5 %	Gbaya 33 %, Banda 27 %, Mandjia 13 %, Sara 10 %	91 % Deutsche	94 % Franzosen
Sprachen (Amtssprache kursiv)	*Spanisch, Französisch,* daneben u.a. Fang, Bubi	*Französisch,* daneben u. a. Fang, Myene-Mpongwe, Teke etc.	*Französisch, Englisch,* ca. 230 lokale Sprachen und Dialekte	*Französisch,* daneben Kikongo, Lingala, Monokutuba, etc.	*Französisch, Arabisch,* daneben Sara, Barma, etc.	*Französisch,* Sango, daneben Banda, Baja, Mandia, Zande, etc.	*Deutsch*	*Französisch*

II. Strukturen und Lebenswelten

Länderinformationen (III)

Länder	Republik Äquatorialguinea	Gabunische Republik	Republik Kamerun	Republik Kongo	Republik Tschad	Zentralafrikanische Republik	Bundesrepublik Deutschland	Französische Republik
Gesellschaftsindikatoren								
Index der menschlichen Entwicklung (HDI) (2014) (von 187 Staaten)	144	112	152	140	184	185	6	20
Corruption Perception Index (2014) (von 175 Staaten)	k. A.	94	136	152	154	150	12	26
Rangliste der Pressefreiheit (2015) (von 180 Staaten)	167	95	133	107	135	110	12	38
Ibrahim Index of African Governance (IIAG) 2014 (von 52 Staaten)	45	27	34	41	49	51	–	–
Größe Streitkräfte (davon im Auslandseinsatz,2014[1]) (Verteidigungsbudget, 2014)	1 320 (0) ca. 8 Mio. US-Dollar (2013)	4 700 (514) (183 Mio. US-Dollar)	14 200 (986) (410 Mio. US-Dollar)	10 000 (793) (720 Mio. US-Dollar)	25 350 (1 050) (202 Mio. US-Dollar) (2012)	7 150 (0) (ca. 50 Mio. US-Dollar) (2012)	181 550 (ca. 2 928, 2015) (43,9 Milliarden US-Dollar)	215 000 (ca. 7 225, 2015) (53,1 Milliarden US-Dollar)

[1] Nur afrikanische Staaten

©ZMSBw 07531-05

Volkswirtschaften und Entwicklungshilfe

Länderinformationen (IV)

Länder	Republik Äquatorialguinea	Gabunische Republik	Republik Kamerun	Republik Kongo	Republik Tschad	Zentralafrikanische Republik	Bundesrepublik Deutschland	Französische Republik
Wirtschaft								
BIP Wachstum (jährlich %) (2013)	-4,84	5,89	5,56	3,44	3,97	-36,00	0,11	0,29
GDP pro Kopf/Wachstum (%) (konstant 2005 US-Dollar) (2013)	12 280/ -7,44	6 938/ 3,41	989/ 2,93	1 961/ 0,87	744/ 0,91	283/ -37,26	39 219/ -0,14	35 620/ -0,25
Export: Waren und Dienstleistungen (% des BIP) (2013)	88,46	58,72	20,66	76,53	32,17	11,65 (2012)	45,56	28,28
Anteil Öleinnahmen am BIP (%) (2012)	51,42	44,05	7,96	70,98	26,38	k.A.	0,05	0,02
Gesamtölförderung (Tsd Barrel pro Tag)/ Weltrang (2014)	269/33	240/36	81/52	267/34	103/48	0	159/41	61/58

Quellen: Afrika-Lexikon; Auswärtiges Amt (2015); CIA World Factbook (2015); Weltbank (2015); Statistisches Bundesamt (2015); U.S. Energy Information Administration (2015); United Nations Development Programme (UNDP) (2014); Transparency International (2014); Reporter ohne Grenzen (2015); Mo Ibrahim Foundation (2015); Military Balance (2015); Bundeswehr (2015); Ministère de la Défense (Frankreich, 2015).
Die meisten Angaben sind Schätzungen und variieren je nach Quelle. Sie sind daher mit Vorsicht zu gebrauchen.

©ZMSBw
07530-05

Trotz erheblicher Bodenschätze ist das Zentrale Afrika eine politisch weitgehend instabile und wirtschaftlich schwach entwickelte Region. Die daraus resultierende wirtschaftliche Unterentwicklung begünstigt wiederum politische Unruhen und verhindert das dringend notwendige »Nation-Building«. Der »Fragile States Index« von 2014 listet sechs afrikanische Staaten als die instabilsten Ländern der Erde: die Demokratische Republik Kongo, Somalia, Südsudan, den Sudan, den Tschad und die Zentralafrikanische Republik. Mit Ausnahme von Somalia verfügen sie alle über große Mengen an Rohstoffen und andere wertvolle natürliche Ressourcen. Diese haben aber bisher keine der Gesellschaften aus der Armut befreit – abgesehen von einer kleinen Oberschicht. Dies gilt beispielsweise für die Präsidentenfamilie in Äquatorialguinea. So steht der Vizepräsident des Landes Teodoro Obiang Nguema Mangue (»Teodorín«, im Bild, geb. 1971), als Sohn und designierter Nachfolger seines Vaters und Präsidenten Teodoro Obiang Nguema Mbasogo (geb. 1942) wegen seines luxuriösen Lebensstils in Frankreich und den USA unter Korruptionsverdacht.

Ressourcenreichtum: »Fluch oder Segen?«

In jüngster Zeit hat im Zentralen Afrika die Gier nach Macht und Rohstoffen nicht nur den Osten der Demokratischen Republik Kongo (DR Kongo) sondern auch die Zentralafrikanische Republik (ZAR) ins Chaos gestürzt. Im März 2013 übernahmen sich marginalisiert fühlende, überwiegend aus der muslimischen Minderheit stammende Rebellen kurzzeitig die Staatsführung. Letztere konnte jedoch nicht gegen die aufkommenden christlichen Anti-Balaka-Milizen verteidigt werden, sodass das Land zu einer blutigen Arena marodierender Milizen mit Hunderttausenden Flüchtlingen wurde (vgl. Beitrag Konopka). Gemeinsam ist den Gewaltakteuren nur, dass sie sich mittels »Blutdiamanten« aus der Diamantenstadt Boda im Westen der ZAR oder wie Ugandas »Lord's Resistance Army« (LRA) aus den Diamantenfeldern im Osten des Landes, Waffen verschaffen.

Generell lassen sich die Ursachen der Misere im Zentralen Afrika in drei Kategorien unterscheiden: interne Ursachen, also solche Faktoren, die durch menschliches Verhalten bedingt sind (Korruption, Vetternwirtschaft, religiöse Intoleranz), und damit mit politischem Willen und funktionierenden Institutionen änderbar sind; externe Ursachen, die durch ungünstige Vorgänge auf den Weltmärkten (Preiseinbrüche bei Rohstoffen als Folge von Naturkatastrophen oder Missernten, Nachfrageänderungen auf den Weltmärkten, Welt-/Finanzkrisen) zustanden gekommen sind und von einzelnen Regierungen kaum beeinflusst werden können. Und schließlich bestehen strukturelle Faktoren, die als historisches Erbe (koloniale Grenzen, Territorien ohne Zugang zu einem Weltmeer) oder als geographische Gegebenheiten (Klima, Bodenschätze, endemische Krankheiten) die Entwicklungschancen mitbestimmen. Zu Recht wies der Oxford-Professor Paul Collier (geb. 1949) darauf hin, dass die sogenannten »land-locked countries« wie der Tschad oder die ZAR durch die strategische Abhängigkeit von der Infrastruktur ihren Nachbarn geringere Entwicklungsaussichten haben. Gleichwohl legt die nüchterne Bewertung der postkolonialen Phase seit 1960 die Schlussfolgerung nahe, dass interne Faktoren – Diktatur, Bürgerkriege, Misswirtschaft und Korruption seitens der politischen

II. Strukturen und Lebenswelten

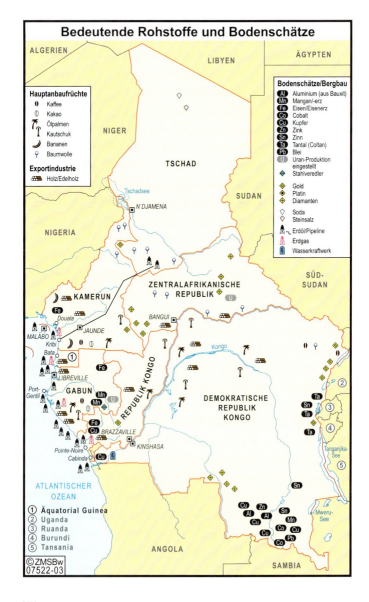

Klasse – zu mehr als 50 Prozent für die blockierte Entwicklung Zentralafrikas verantwortlich sind. Kaum eine Regierung ist mit ihren natürlichen Reichtümern sorgfältig und im Interesse ihrer Bevölkerungen umgegangen. So steht der ölreiche Mini-Staat Äquatorialguinea unter der Herrschaft von Präsident Teodoro Obiang Nguema Mbasogo und dessen Sohn und Vize-Präsident Teodoro Obiang Nguema Mangue an der Spitze der fehlgeleiteten Rohstoffländer. Trotz eines Volkseinkommens (BSP) von 17 Mrd. US-Dollar und dem höchsten Pro-Kopf-Einkommen Afrikas (14 320 US-Dollar) leben 75 Prozent der Bevölkerung laut IMF-Zahlen unterhalb der Armutsgrenze. Die explosive Situation ist laut Beobachtern nur durch eine Mischung aus ölfinanzierter Repression und Klientelismus zu kontrollieren.

Der Fluch der Rohstoffe seit der Kolonialzeit

Die Geschichte Afrikas ist seit Jahrhunderten auf das Engste mit der Förderung und dem Verkauf seiner Rohstoffe verbunden. Während der europäischen Kolonialherrschaft (etwa 1880 bis 1975) standen vor allem Gummi Arabicum (Kautschuk) und Tropenholz, Kupfer und Eisen, Palmöl und Gewürze (Nelken), Kaffee und Kakao sowie Sisal und Baumwolle auf der Exportliste des Kontinents. Nach der zum Großteil zwischen 1960 und 1968 erlangten Unabhängigkeit setzten die in Wirtschafts- und Finanzfragen völlig unerfahrenen afrikanischen Regierungen den Export der natürlichen Rohstoffe fort und maximierten die Produktion nach Kräften, um sich ohne Strukturreformen Devisen zu beschaffen. Die nötige Technologie und das Vermarktungswissen lieferten die großen Bergbauunternehmen der Industriestaaten. Diese machten üppige Gewinne, investierten aber kaum in Afrika. Die Auswirkungen auf den afrikanischen Kontinent kann man als den »frühen Fluch der Rohstoffe« bezeichnen: wirtschaftliches Exportwachstum ohne gesellschaftliche Entwicklung.

Dabei muss zwischen den mineralischen Rohstoffen unterschieden werden, für deren Abbau moderne Maschinen und große Mengen elektrischer Energie benötigt werden, und den

II. Strukturen und Lebenswelten

sogenannten »leicht abbaubaren« Rohstoffen (»lootable resources«), wie Gold, Diamanten, Kobalt und Koltan, die auch von lokalen Arbeitskräften gefördert werden können. Das Africa Progress Panel schätzt in seinem Report von 2013 die Zahl dieser »artisanal miners« auf acht Millionen, von deren Einnahmen wiederum knapp 45 Mio. Menschen abhängig sind. Die nur gering entlohnten afrikanischen Bergleute sind somit auf der Makro-Ebene zu einem wichtigen Wirtschaftsfaktor in der DR Kongo oder der ZAR geworden, weil sie dem Land Devisen einbringen. Auf der Mikro-Ebene des einzelnen Schürfers steht dagegen der individuelle Überlebenskampf im Vordergrund – eine neue Variante des »Fluchs der Rohstoffe« oder das »Paradox des Reichtums«: reiche Staaten, arme Bevölkerungen. Eine Mehrheit armer Menschen wird von einer kleinen reich gewordenen Minderheit angeführt, an deren Spitze meist ein superreicher Staatspräsident und seine Gefolgsleute stehen. Beispielsweise ist im Tschad trotz eines zehnjährigen Erdölbooms keine grundlegende Verbesserung der gesamtgesellschaftlichen Lage erkennbar. Obwohl die Regierung durch die Erdölförderung jährlich etwa zwei Milliarden US-Dollar einnimmt, leben laut Fischer Weltalmanach noch immer etwa zwei Drittel der Bevölkerung unterhalb der Armutsgrenze. Ein Bürger des Tschad hatte im Jahr 2013 ein durchschnittliches Pro-Kopf-Einkommen von 1020 US-Dollar und eine Lebenserwartung von 51 Jahren. Die männliche Alphabetisierungsrate lag bei 47 Prozent, die weibliche für den Zeitraum 2006–2012 bei 28 Prozent. Die Staatsverschuldung lag bei 19 Prozent des Volkseinkommens. Der profitable Rohstoffsektor des Landes ist von der übrigen Wirtschaft abgekoppelt. Die daraus erzielten Einnahmen kamen einer kleinen Staatselite zugute und flossen zum Teil in die Armee. Im Mai 2014 ließ die Regierung die Bohrarbeiten jedoch vorübergehend einstellen, weil die Umweltschäden, verursacht durch die nationale Tochtergesellschaft der staatlichen chinesischen Erdölgesellschaft (CNPCIC), zu groß geworden waren: die Altlasten waren unbehandelt in den Boden verfüllt worden. Es gibt Grund zu der Annahme, dass ähnliche Armuts- und Umweltverhältnisse auch in anderen Erdöl-Exportländern wie Äquatorialguinea oder Gabun bestehen.

Rohstoffreichtum kann daher sowohl ein Segen für ein Land sein, um beispielsweise die Industrialisierung voranzubringen, aber auch zu einem Fluch werden. Letzteres liegt vor, wenn eine Regierung die mit dem Rohstoffverkauf erzielten Devisen eigennützig konsumiert statt sie produktiv und zum gemeinschaftlichen Wohl aller zu investieren. Alarmierend ist der empirische Befund, dass rohstoffreiche Länder meist ein langsameres Wirtschaftswachstum haben als ressourcenarme und dass dieses Wachstum eine spezifische Entwicklung zu nehmen scheint. So kommen Analysten zu dem Schluss, dass der Ressourcenboom das Bruttoinlandsprodukt eines Landes zwar kurzzeitig deutlich anheben würde. Weil die anschließende Wachstumskurve aber bisher in der Regel flacher als in ressourcenarmen Ländern verlief, fielen die Länder mit einem großen Ressourcesektor mittel- und langfristig hinter diese zurück.

Erklärungsmodelle zum »Ressourcen-Fluch«

Sozialwissenschaftler haben verschiedene Modelle vorgelegt, um das Phänomen des Ressourcenfluchs verständlich zu machen. Drei solcher Modelle sollen hier kurz vorgestellt werden: das »Staple Trap«-Modell, das »Dutch Disease«-Modell und das »Rentier-State«-Modell. Das »Staple Trap«-Modell erklärt stagnierendes Wachstum als Folge von Ressourcenreichtum mit dem Argument, dass das eine Hauptprodukt (englisch: »staple«) wie Erdöl, Uran oder Gold in einem kleinen kapitalintensiven aber arbeitsarmen Wirtschaftssektor erzeugt würde. Dieser hat keine Verbindungen zu anderen Wirtschaftssektoren im Land, da die notwendigen Maschinen und Fahrzeuge zur Förderung des Hauptproduktes importiert werden müssen. Jener Enklavensektor bringt zwar hohe Devisen, schafft aber nicht die Notwendigkeit, die Wirtschaft zu diversifizieren oder die Infrastruktur auszubauen. Er schafft auch kaum Anreize, ins Bildungs- und Gesundheitssystem zu investieren. Da die Weiterverarbeitung des Rohstoffs im Ausland erfolgt, ergäben sich auch keine positiven Nebeneffekte auf dem Arbeitsmarkt. Das Land bleibt in der sogenannten »Staple Trap« gefangen.

II. Strukturen und Lebenswelten

Das Modell des »Dutch Disease« verdankt seinem Namen der durch die Entdeckung großer Gasvorkommen in der Nordsee ausgelösten Verschiebung der Wirtschaftssektoren in den Niederlanden zu Beginn der 1960er-Jahre. Infolge des Booms im Energiesektor werden knappe Produktionsfaktoren wie Kapital und Fachkräfte aus anderen Wirtschaftssektoren (produzierendes Gewerbe und Landwirtschaft) abgezogen. Hier wird nun weniger produziert, was zu einer tendenziellen De-Industrialisierung führt. Gleichzeitig steigt der Konsum von importierten Waren. Die üblicherweise mühevollen Investitionen in die Landwirtschaft und ländlichen Infrastruktur kommen zum Erliegen, die einheimische Güterproduktion ist einer zunehmenden Importkonkurrenz ausgesetzt, was zu einer Aufwertung der heimischen Währung führt. Die Konzentration auf den einen Enklavensektor führt mittelfristig zu Wohlstandsverlusten in der Gesellschaft und damit zu einer »Krankheit«. In Nigeria, das einst Selbstversorger bei Nahrungsmitteln war, führte der Erdölboom seit den 1970er-Jahren zu einem drastischen Rückgang der Agrargütererzeugung. Im Jahr 2011 stellte der Import von Nahrungsmitteln mit einem Anteil von 28 Prozent, ca. 20 Mrd. US-Dollar, den größten Einfuhrposten dar. In der Republik Kongo, in der 90 Prozent der Exporte von Erdöl bestritten werden, sind laut Angaben der Ernährungs- und Landwirtschaftsorganisation der VN FAO 25 bis 35 Prozent der Bevölkerung unterernährt. Natürlich könnte eine weitsichtige Politik eine solche Fehlentwicklung verhindern, womit die dritte Erklärungsthese ins Spiel kommt, die für afrikanische Länder die größte Relevanz hat: die »Rentier-State-These«.

Als »Rentier-Staat« wird ein Staat bezeichnet, dessen Wirtschaft auf einem oder zwei Exportprodukten beruht und dabei im Ausland hohe Einnahmen erzielt, die als »Renten« primär dem Staat, meist dem Präsidenten, dem Finanzminister und der Zentralbank, zugutekommen. Entscheidend ist, dass ein solches Regime nicht auf die Produktivität der eigenen Volkswirtschaft, also der Produktion von Industriegütern und Nahrungsmitteln angewiesen ist und wenig Anreize verspürt, in Wissenschaft und Bildung zu investieren. Für qualifiziertes Personal hat ein Rentier-Staat kaum eine sinnvolle Verwendung. Hingegen erzeugt der Ressourcenboom den Anreiz, sich im Ausland Geld, Waffen

Ressourcenreichtum: »Fluch oder Segen?«

und Luxusgüter zu besorgen, weil die internationale Kreditwürdigkeit als reicher Ressourcenstaat gestiegen ist. Fallen hingegen die Rohstoffpreise, steigen die Auslandsschulden.

Das Übel der Korruption

Die Praxis der Korruption im Sinne des Missbrauchs staatlicher Ämter zur illegalen Aneignung öffentlicher Güter, ist ein weit verbreitetes Übel. In einigen Staaten des Zentralen Afrika ist die wirtschaftliche Entwicklung als Folge der staatlichen Kleptokratien – angesichts eines kaum entwickelten privatwirtschaftlichen Sektors – aber besonders nachhaltig blockiert worden. Galten früher die DR Kongo (unter Diktator Mobutu Sese Seko von 1971 bis 1997 Zaïre) und Nigeria, vor allem unter Herrschaft der Generale als die für Afrika klassischen Beispiele für Rentier-Staaten, ist inzwischen bekannt, dass sich auch in kleineren Rohstoffländern Diktaturen mit einer »rent-seeking mentality« herausgebildet haben. Überproportionale Energie wird darauf verwendet, die Rohstoff-Renten zu erhöhen, gegen Konkurrenten zu sichern und Gewinne an loyale Klientelnetzwerke zu verteilen. So gehört Gabun eigentlich zu den Ländern Afrikas, die angesichts der geringen Einwohnerzahl und der Höhe der Devisenüberschüsse am ehesten dem »Ressourcen-Fluch« hätten entgehen können, wenn es nicht 42 Jahre lang unter seinem Diktator Omar Bongo (1967–2009) an einer gesunden Entwicklung gehindert worden wäre. Mit Hilfe ausländischer Bergbauunternehmen erwirtschaftete das Land im Jahr 2013 einen Handelsbilanzüberschuss von 8,1 Mrd. US-Dollar (Einfuhr für 3,9 Mrd. US-Dollar; Ausfuhr von Öl, Mangan, Holz etc. für 12 Mrd. US-Dollar). Eine Reform-Kommission hatte 2014 jedoch errechnet, dass von einem für die Provinzen vorgesehenen Investitionsbudget in Höhe von 500 Mrd. Franc CFA (FCFA) innerhalb von zehn Jahren mehr als 400 Mrd. FCFA »umgeleitet« worden waren. Hinter dem Betrug stand ein System von Briefkastenfirmen, die Aufträge zugeschoben bekamen, ohne die entsprechendem Dienstleistungen durchzuführen. Zudem sollen 26 000 fiktive Staatsbeamte auf den Gehaltslisten der Regierung gestanden haben. Laut Africa Progress Panel soll die Hauptstadt Libreville während der Regentschaft

II. Strukturen und Lebenswelten

von Präsident Omar Bongo (der niemals eine freie Oppositionspartei duldete) in ein »lebendiges Museum der Kleptokratie, finanziert durch den Ölreichtum«, verwandelt worden sei. Ein Großteil der Öl-Rente sei für 39 Luxusapartments an der Französischen Riviera und in Paris ausgegeben worden – Geldmittel, die im Land fehlen, um die Menschen aus der Armutsfalle zu befreien. Es handelt sich dabei um das Phänomen des »jobless growth« – wirtschaftliches Wachstum allein im Erdölsektor erzeugt keine Nachfrage nach Arbeitskräften im Lande. Sein Sohn und Nachfolger Ali Ben Bongo (geb. 1950), setzte zunächst den Kurs des Vaters fort, kündigte kürzlich aber Reformen an.

Auch in der benachbarten Republik Kongo kritisierte der »Africa Progress Report« von 2013 die Vergeudung der Rohstoffreichtümer (Erdöl und Holz) durch eine in Saus und Braus lebende Politikerklasse. Staatspräsident Denis Sassou-Nguesso (geb. 1943) besaß demnach 24 Grundstücke und 112 Bankkonten in Frankreich. Gleichzeitig lebten 46,5 Prozent der Bevölkerung unterhalb der Armutsgrenze. Die Selbstbereicherung der Familie Sassou-Nguesso erreichte solche Ausmaße, dass im Februar 2013 französische Gerichte gegen ihren vermutlich illegal erworbenen Grund- und Hausbesitz in Neuilly-sur-Seine einschritten. Anklage erhoben wurde dabei nicht nur gegen den Staatspräsidenten sondern auch gegen einige seiner engsten Verwandten. Laut französischen Presseberichten gab Sassou-Nguesso zwischen 2005 und 2011 angeblich etwa 70 Mio. US-Dollar für Luxusgüter aus. Gleichzeitig wurden in Brazzaville Vertreter der Lehrergewerkschaft inhaftiert, die für höhere Löhne und gegen die Unterfinanzierung der Schulen gestreikt hatten. Als die Spannungen zwischen Frankreich und der Republik Kongo zunahmen, unterlagen französische Firmen bei Ausschreibungen für Infrastrukturprojekte gegen die China Road and Bridge Corporation, die jüngst den Zuschlag für den neuen Hafen bei Pointe-Noire erhielt. Die russische Firma OAO Stroytransgaz wurde mit dem Bau einer 900 km langen Erdöl-Leitung von Brazzaville nach Pointe-Noire und Oyo betraut.

Als Vorsitzender des Africa Progress Panel beklagte Ex-VN-Generalsekretär Kofi Annan (geb. 1938), dass Afrika zweimal so viel an Geldmitteln durch ungesetzliche Praktiken verlöre, wie es internationale Hilfe bekäme. Der Report schließt mit einem

Appell an die internationale Gemeinschaft, auch ihrerseits Verantwortung bei der Herstellung von Transparenz und Ehrlichkeit beim Rohstoffhandel zu übernehmen. Eine neue Politik der Öffnung und Transparenz könnte die Chancen erhöhen, dass das Exportwachstum der Rohstoffe zu steigenden Staatseinnahmen in Afrika und in der Folge zur Finanzierung der sozialen und wirtschaftlichen Infrastruktur führt. Dabei hätten globale Partnerschaften wie zum Beispiel die »Extractive Industries Transparency Initiative« (EITI) bereits zu einer neuen Kultur der Ehrlichkeit beigetragen, weil internationale Rohstofffirmen und afrikanische Regierungen nun eher bereit seien, transparente Verträge abzuschließen.

Der Mythos vom »Ressourcenfluch«

Das Bild des »Ressourcenfluchs« illustriert das große Übel undemokratischer Politik. Es könnte aber das Missverständnis erzeugen, dass gegen diesen »Fluch« kein Kraut gewachsen sei und sogar dazu beitragen, von den eigentlichen Verursachern und den politisch Verantwortlichen abzulenken. Eingebettet in einen seit Jahrhunderten andauernden Plünderungsmechanismus werden heute immer noch Rohstoffe aus zentralafrikanischen Ländern unter maßgeblicher Beteiligung der einheimischen politischen Klasse gefördert und ausgeführt. Es wird noch eines langen Kampfes der afrikanischen Zivilgesellschaften und der demokratischen Parteien bedürfen, um den einheimischen Kleptokratien, aber auch den internationalen Akteuren, die am illegalen Finanztransfer aus Afrika ins Ausland maßgeblich beteiligt sind, das Wasser abzugraben. Institutionelle funktionstüchtige »checks and balances« sind für die Unterbindung von Korruption unerlässlich. Am Fernziel einer gesamtgesellschaftlich förderlichen Nutzung von Afrikas Rohstoffen muss festgehalten und mit hoher politischer Priorität auf allen Seiten gearbeitet werden.

Rainer Tetzlaff

Eine Reihe von Gebieten im Zentralen Afrika ist reich an international stark nachgefragten Ressourcen wie Erdöl, Gold und Diamanten. Zugleich mangelt es aber in vielen Territorien an lebensnotwendigen natürlichen Ressourcen, insbesondere an Wasser und nutzbarem Land. Ressourcenreichtum sowie Ressourcenknappheit sind häufig Gegenstand und Ursache bewaffneter Auseinandersetzungen. Diese besaßen und besitzen sehr unterschiedliche Formen: Eroberungskriege von Kolonialmächten, Kämpfe zwischen Rebellen und Regierungstruppen, Auseinandersetzungen zwischen unterschiedlichen nicht-staatlichen Konfliktakteuren sowie die Beteiligung externer Kräfte. Getrieben werden diese Konflikte von externen Wirtschaftsinteressen, korrupten Machteliten, gesellschaftlichen Zerklüftungen, periodischen und permanenten Umweltveränderungen wie zum Beispiel vermehrter Desertifikation oder Bodenerosion. Institutionen, die für einen Ausgleich unterschiedlicher Interessen an der Nutzung von natürlichen Ressourcen sorgen könnten, sind im Zentralen Afrika dagegen nur schwach oder gar nicht ausgebildet. Die Abbildung zeigt einen Angehörigen einer Rebellenmiliz beim Bewachen einer Goldmine in der Demokratischen Republik Kongo (DR Kongo) im Jahr 2010.

Konflikte um natürliche Ressourcen im Zentralen Afrika

Besonders intensiv wurden und werden bewaffnete Konflikte im Zentralen Afrika über wertvolle, international vermarktbare natürliche Ressourcen geführt. Zu diesen gehören insbesondere Erdöl in Äquatorialguinea, der Republik Kongo, dem Tschad und Südsudan; Diamanten in der DR Kongo und der Zentralafrikanischen Republik (ZAR); Zinnstein in der DR Kongo, Kamerun und Gabun; Gold in der DR Kongo, Kamerun und der ZAR; Kupfer in der DR Kongo; Tropenholz in der DR Kongo, Gabun und Kamerun sowie seltene mineralische Rohstoffe wie Coltan (Kolumbo-Tantalit) in der DR Kongo. Mit seinem Rohstoffreichtum ist die DR Kongo besonders häufig und intensiv von Kriegen heimgesucht worden, aber auch in anderen Staaten der Region trugen Interessen an der Ausbeutung und Vermarktung natürlicher Rohstoffe zu sehr blutigen Kriegen bei.

Das Gebiet der späteren DR Kongo war bereits zur belgischen Kolonialzeit Konfliktschauplatz für die Ausbeutung von Rohstoffen und wurde auch nach der Unabhängigkeit immer wieder von Konflikten um die Kontrolle der natürlichen Ressourcen heimgesucht. Dazu gehören die Sezessionsbewegungen Anfang der 1960er-Jahre sowie die beiden »Shaba-Invasionen« 1977 und 1978, die jeweils die Abspaltung der rohstoffreichen Region Katanga (Shaba) im Südosten zum Ziel hatten. Seit 1994 wurden vor allem die östlichen Kivu-Provinzen wiederholt von bewaffneten Auseinandersetzungen heimgesucht. Hier war die Kontrolle über die Produktion und Vermarktung mineralischer Rohstoffe von zentraler Bedeutung. Auch Truppen aus Ruanda und Uganda mischten sich in die kongolesischen Konflikte ein oder unterstützten lokale bewaffnete Gruppen. 1998 eskalierte die Situation zu einem bewaffneten Konflikt kontinentalen Ausmaßes, in den acht afrikanische Armeen verwickelt waren. Auch in dieser Phase ging es primär um die Rohstoffkontrolle.

Erdöl war ein zentraler Konfliktgegenstand im Biafra-Krieg (1967–1970), der einige hunderttausend Menschenleben kostete. Im Kern ging es um die Kontrolle der Erdölvorkommen, die in den traditionellen Siedlungsgebieten der Igbo-Ethnie (auch Ibo) im Südosten Nigerias liegen. Nachdem im Mai 1967 die nigerianische Zentralregierung eine Gebietsreform verordnete und die Igbo-dominierten Regionalregierungen durch neue administrative Grenzen benachteiligte, erklärten von Igbo dominierte Teile der Armee die Unabhängigkeit Biafras. Dies mündete in einen Bürgerkrieg, der letztlich von der Regierung niedergeschlagen wurde. Auch in der Republik Kongo führten die lukrativen Erdöleinnahmen zu einem politischen Disput zwischen den drei Präsidentschaftskandidaten in der Republik Kongo, der zwischen 1997 und 1999 in einen blutigen Bürgerkrieg ausartete.

In dem über mehrere Jahrzehnte geführten Unabhängigkeitskrieg des südlichen Sudan (1955–1972 und 1983–2005) etablierte sich Erdöl zu einem der entscheidenden Konfliktpunkte. Der Krieg endete 2005 mit einem Friedensabkommen, in dem

Staaten und Kriege

Staat	Krieg	Konfliktrelevante natürliche Ressourcen
DR Kongo (Kongo)	Sezessionskrieg 1960 – 1963	Kupfer, Kobalt, Diamanten
DR Kongo (Zaïre)	Shaba-Invasionen 1977 und 1978	Kupfer, Kobalt, Diamanten
DR Kongo	Afrikanischer Regionalkrieg 1998 – 2003	Ressourcen der DR Kongo
DR Kongo	Krieg im Ostkongo (Kivus, Ituri) seit 1997	Zinnstein, Coltan, Gold
Nigeria	Bürgerkrieg 1967 – 1970	Erdöl
Nigeria	»Boko Haram« – Krieg seit 2014	Agrarisch nutzbares Land
Republik Kongo	Bürgerkrieg 1997 – 1999	Erdöl
Sudan	Zweiter Bürgerkrieg 1983 – 2005	Erdöl
Sudan	Darfurkrieg seit 2003	Agrarisch nutzbares Land
Sudan-Südsudan	Grenzkonflikt 2012	Erdöl
Südsudan	Bürgerkrieg seit 2013	Erdöl
Tschad	Bürgerkrieg 2005 – 2010	Agrarisch nutzbares Land, Erdöl
ZAR	Bürgerkrieg seit 2012	Gold, Diamanten

Quelle: Eigene Darstellung.

©ZMSBw 07523-05

an prominenter Stelle die Verteilung der Erdöleinnahmen zwischen dem Sudan und dem neu entstehenden Staat Südsudan geregelt wurde. Aber auch nach der Unabhängigkeit von 2011 kam es im Frühjahr 2012 zur bewaffneten Auseinandersetzung beider Nachbarn im ölreichen Gebiet Heglig/Panthou, ehe der Südsudan Mitte Dezember 2013 selbst im Bürgerkrieg – unter anderem um die Kontrolle der Öleinnahmen – versank.

Erdöl ist seit Mitte der 2000er-Jahre auch eine wichtige Einnahmequelle für den Tschad, der in der Vergangenheit und wieder verstärkt seit 2005 von Rebellenangriffen erschüttert wurde. Vornehmlich ging es hierbei um die Kontrolle des Regierungssitzes in der Hauptstadt N'Djamena, und damit auch um die Kontrolle über die Einnahmen der Erdölförderung.

Ressourcenarmut und bewaffnete Konflikte

Neben dem Ressourcenreichtum ist für die Auseinandersetzungen im Tschad auch die Verschlechterung der Lebensgrundlagen durch die Knappheit von Wasser und nutzbarem Land ein treibender Faktor für das Konfliktgeschehen. Wie im benachbarten Darfur (Sudan), dessen Konflikte immer wieder auf den Tschad übergreifen, haben Umweltveränderungen zu Konfrontationen zwischen verschiedenen sozialen und ethnischen Gruppen beigetragen, insbesondere unter Viehhirten und Ackerbauern. Bevölkerungswachstum und mehrere, in kürzeren Zeiträumen aufgetretene Dürren haben in den letzten Jahrzehnten zur Verknappung lebensnotwendiger natürlicher Ressourcen wie Wasser und nutzbarem Land geführt. Ähnliches gilt für den Norden von Nigeria. Gelegentlich wird das Erstarken der terroristischen Gruppe »Boko Haram« als Ausdruck abnehmender Lebensperspektiven, insbesondere für junge Männer, in der Region gesehen. Die trockenen Gebiete des Zentralen Afrika sind damit Teil eines generellen Phänomens verstärkter bewaffneter Auseinandersetzungen in den ariden und semi-ariden Zonen Afrikas, die häufig als Anzeichen eines sich abzeichnenden Klimawandels gedeutet werden. Sie beginnen zumeist als lokale oder kommunale Auseinandersetzungen über die Einzäunung von Weide- und Ackerland, die Kontrolle von Wasserstellen oder die generelle Landnutzung. Beispiele dafür finden sich in vielen Regionen des Zentralen Afrika. Meistens werden sie zwischen Ackerbauern und Viehhirten ausgetragen: so etwa zwischen verschiedenen sesshaften Ethnien und den halb nomadischen Fulbe (auch Fulani/Peul) in der ZAR oder den nomadischen Tuareg in der westlichen Sahelregion. Dasselbe gilt auch für den Konflikt zwischen verschiedenen Ethnien in Darfur.

II. Strukturen und Lebenswelten

Diese Konflikte sind nicht neu, sie werden aber durch das Bevölkerungswachstum, die Verfügbarkeit von modernen Waffen, insbesondere von automatischen Gewehren, und die klimabeeinflussten Veränderungen der natürlichen Umwelt gewaltsamer. Dasselbe gilt für Konflikte zwischen Viehhirten, insbesondere das häufig traditionelle »cattle rustling«, das gegenseitige Stehlen von Vieh, das etwa im Südsudan verbreitet ist. Auch hier haben die benannten Faktoren zu einer Intensivierung der Gewalt beigetragen. Insbesondere wenn sich diese durch Ressourcenknappheit bestimmten, in der Regel lokalen Konflikte mit wenigen direkten Kriegsopfern mit anderen Konfliktlinien vermischen, können sie zu nationalen oder gar regionalen Kriegen eskalieren. Zum Beispiel hat der Darfur-Krieg seit 2003 vermutlich weit mehr als 200 000 Menschenleben gekostet, zu massiver Vertreibung innerhalb des Sudan sowie in den Tschad und die ZAR geführt und die Lebensgrundlagen vieler Menschen dramatisch verschlechtert. Eine Ursache hierfür war auch die zunehmende Ressourcenknappheit.

Die Verfügbarkeit natürlicher Ressourcen sowie wirtschaftlich nutzbaren Landes und Wassers dürfte in vielen Teilen der Region in der Zukunft weiter abnehmen. Zwar sind der »großen Dürre«, die in den 1970er und 1980er-Jahren zur Ausdehnung der Sahara nach Süden führte, regenreichere Jahre gefolgt, doch kommt es weiterhin zu verheerenden Trockenzeiten, wie 2010 und 2012 insbesondere im Niger und im Tschad. Zudem sind Niederschläge extremer und damit Überschwemmungen häufiger geworden. Auch die Verteilung des Regens über das Jahr verändert sich – mit massiven Folgen für Ackerbauern und Viehhirten. Eine naheliegende Anpassungsreaktion ist die Abwanderung vom Land in die Städte. In vielen Ballungsräumen sind die Erwerbsmöglichkeiten aber bereits beschränkt, was zur Intensivierung der Konflikte beiträgt. Eine andere Reaktion, insbesondere von jungen Männern, ist die Bereitschaft, sich bewaffneten Gruppierungen anzuschließen (vgl. Beitrag Beumler).

Ressourcen und Kriegsfinanzierung

Während Ressourcenreichtum wie -knappheit Kriege auslösen können, erleichtert die Verfügung über Ressourcen die Kriegführung, wohingegen deren Abwesenheit sie erschwert. Ressourcenreichtum war daher in der Vergangenheit häufiger Kriegsursache als Ressourcenknappheit – ein allgemeiner Befund der vergleichenden Forschung zu Bürgerkriegen, der sich für das Zentrale Afrika bestätigen lässt. Wertvolle, international vermarktbare Ressourcen waren und sind ein wichtiges Mittel zur Finanzierung der mit Devisen zu bezahlenden, für die Kriegführung notwendigen Güter und Dienstleistungen. Neben dem tatsächlichen Verkauf von Rohstoffen ließen sich insbesondere in den Erdölkonflikten sowie den Konflikten um mineralische Rohstoffe und Tropenholz in der DR Kongo auch Konzessionen für zukünftige Rohstoffausbeutung zur Kriegsfinanzierung nutzen. Dabei war es bisher nicht ungewöhnlich, dass Verträge zum künftigen Rohstoffabbau von verschiedenen Kriegsakteuren an unterschiedliche externe Akteure verkauft oder als Sicherheiten bei Kreditgebern hinterlegt wurden. Schon im Biafra-Krieg dienten die Erdöleinnahmen beiden Kriegsparteien zur Bezahlung von Waffen, Munition und anderer Militärtechnologie. Insbesondere die Supermächte spielten dabei nicht immer eine glückliche Rolle. Die Bedeutung von Rohstoffen für die Kriegsfinanzierung nahm nach dem Ende des Kalten Krieges insbesondere für Rebellen zu: Nun war es nicht mehr erforderlich, sich auf eine Seite im Ost-West-Konflikt zu stellen und für diese Solidarität Waffenlieferungen einzufordern.

Für Rebellen sind einige Rohstoffe besser zur Kriegsfinanzierung geeignet als andere. Für die Ausbeutung dieser als »plünderbar« (»lootable«) bezeichneten Ressourcen ist keine aufwändige Infrastruktur notwendig, sie lassen sich leicht transportieren und international verkaufen. Ein oft genanntes Beispiel sind alluviale Diamanten, die unter anderem in den Konflikten in der DR Kongo und der ZAR eine Rolle spielten. Aber auch Tropenholz und seltene Rohstoffe wie Coltan können Rebellen zur unkomplizierten Kriegsfinanzierung dienen.

II. Strukturen und Lebenswelten

Der missglückte »Wonga-Coup«

Der britische Söldnerunternehmer Simon Mann beim Freigang im »Chikurubimaximum« Gefängnis in Harare, Simbabwe (2014).

Söldner und private Militärfirmen (PMCs) spielen seit ihrer Unabhängigkeit eine bedeutende Rolle in den Staaten Zentralafrikas. Weiße Söldner kämpften in den 1960er-Jahren für die Sezession Katangas im Kongo sowie 1996 für die zusammenbrechende Diktatur Mobutu Sese Sekos (1930–1997). PMCs, wie die israelische Firma Levdan, bildeten reguläre Sicherheitskräfte in der Republik Kongo aus und »Executive Outcomes« (EO) griff Anfang der 1990er-Jahre im Auftrag der angolanischen Regierung militärisch in den dortigen Bürgerkrieg ein. Erneut in Erscheinung traten einige ehemalige EO-Angestellte um den Briten Simon Mann (geb. 1952) im Jahr 2004. Am 7. März verhafteten simbabwische Spezialeinheiten 70 Personen auf dem Flughafen der Hauptstadt Harare. Einen Tag später nahm die Polizei in Äquatorialguinea 15 südafrikanische und armenische Ex-Soldaten fest. Der Gruppe wurde vorgeworfen, an einem Komplott zum Sturz des äquatorialguineischen Präsidenten Teodoro Obiang Nguema Mbasogo (geb. 1942) beteiligt gewesen zu sein. Aufsehen erregte vor allem die angebliche prominente Unterstützung des Plans.

In Südafrika wurde Mark Thatcher (geb. 1953), Sohn der ehemaligen britischen Premierministerin, festgenommen und von einem südafrikanischen Gericht wegen Beihilfe zum Putsch zu einer Geldstrafe von drei Millionen Rand (rund 370 000 Euro) und vier Jahren auf Bewährung verurteilt. Zwar gab Thatcher zu, Geld für einen Helikopter beschafft, jedoch keine Kenntnis über dessen Zweck gehabt zu haben. Wohl unter Folter erklärte der südafrikanische Ex-Soldat und Anführer der Gruppe, Nick du Toit (geb. 1943), dass die Absetzung des autoritären und korrupten Obiang und die Einsetzung des Exil-Oppositionsführers Severo Moto Nsá als neuer Präsident geplant worden sei. Während Mann, du Toit und einige andere Angeklagte zu langjährigen Haftstrafen verurteilt wurden, beschuldigte Präsident Obiang multinationale Konzerne sowie Spanien, die ehemalige Kolonialmacht und Gastland von Severo Moto, als Drahtzieher des Komplotts. Weil sich der Putschversuch letztlich um Geld und die Kontrolle der Ölvorkommen in Äquatorialguinea zu drehen schien, wurde er in der britischen Presse »Wonga Coup« getauft: Ein britischer Slangausdruck für eine große Menge Geld. *TK*

Externe Interessen und Akteure

Wertvoll werden natürliche Ressourcen vor allem durch internationale Nachfrage. Weltweit operierende Wirtschaftsakteure, insbesondere große Bergbau- und Ölkonzerne aber auch Staaten wie Frankreich und die USA, sind immer wieder beschuldigt worden, Konflikte im Zentralen Afrika zu schüren, um Rohstoffpreise zu drücken, Konzessionen zu erhalten oder Konkurrenten auszustechen. So wurden die Waffenlieferungen von unterschiedlichen europäischen Staaten an die beiden Seiten im Biafra-Krieg – unter anderem von Frankreich über Gabun an Biafra – als Indikator für eine Auseinandersetzung zwischen britischen und französischen Ölfirmen um die Vormacht bei der Ausbeutung des Rohöls angesehen. Auch der »Erste Afrikanische Weltkrieg« in der DR Kongo (1998–2003) ist in der Berichterstattung häufig als Auseinandersetzung zwischen Bergbauinteressen verschiedener Staaten dargestellt worden.

II. Strukturen und Lebenswelten

Die wirtschaftliche und politische Bedeutung von Ressourcen haben auch nach dem Ende der Kolonialzeit militärische Interventionen von Staaten außerhalb des afrikanischen Kontinents mitbegründet. Dies gilt für die belgischen und französischen Interventionen in den 1960er und 1970er-Jahren im Kongo, aber auch für die französische Hilfe für die gabunischen Regierungen und den verschiedenen Regimen im Tschad. Abgesehen von verdeckter materieller und finanzieller Hilfe wie beispielsweise an Mobutu Sese Seko in Zaïre (heute DR Kongo) oder den Rebellenführer und späteren Präsidenten Hissène Habré (geb. 1942) im Tschad, haben US-amerikanische Truppen im 20. Jahrhundert zwar nie direkt im Zentralen Afrika interveniert. Der Ölversorgung aus dem Golf von Guinea wurde aber durch die Regierung von George W. Bush (geb. 1946) strategische Bedeutung zugesprochen. So sind die USA auch einer der größten Erdölimporteure Äquatorialguineas. Konsequenterweise führten diese geopolitischen Interessen im Jahre 2007 zur Gründung des in Stuttgart ansässigen »African Command« der US-Streitkräfte (AFRICOM). Seitdem hat sich das US-Profil in der Großregion Zentralafrika weiter ausgeprägt: Seit Oktober 2011 unterstützen rund 100 US-Spezialkräfte die Jagd auf den Rebellenführer der Lord's Resistance Army (LRA) Joseph Kony (geb. 1961) im Grenzgebiet von Uganda, Südsudan, der ZAR und der DR Kongo, während seit Mai 2014 einige Dutzend US-amerikanische Spezialisten vom Tschad aus die nigerianische Armee bei der Befreiung hunderter verschleppter Mädchen durch die Terrorgruppe »Boko Haram« unterstützen.

Ebenso wie externe Akteure lokale Konflikte für ihre Rohstoffinteressen schürten, nutzten lokale Akteure den Ressourcenreichtum um externe Akteure an sich zu binden. Die Beispiele Gabun und Tschad in Bezug auf die ehemalige Kolonialmacht Frankreich wurden bereits genannt, ein anderes ist der Sudan mit seinen engen Bindungen an China. Die Kombination von Rohstoffvermarktung und politischer Unterstützung zeigt sich besonders deutlich im Bereich der Militärhilfe, die nach der Dekolonisierung neben Frankreich und den USA auch durch China und Israel geleistet wurden. Nach dem Ende des Kalten Krieges kamen Waffenlieferungen vor allem aus Staaten wie Russland und der Ukraine, die große Überschussbestände besaßen und diese vergleichsweise preisgünstig mit der Hoffnung verkauften, auf Dauer neue Rüstungsmärkte zu erschließen.

Ressourcengovernance

Ein wesentlicher Grund für die große Bedeutung von natürlichen Ressourcen für das Konfliktgeschehen im Zentralen Afrika sind die schwachen oder mangelhaften Institutionen für den Interessensausgleich. Wie gezeigt, ist der Ressourcenreichtum eine große Verlockung für einzelne Personen, Gruppen oder Organisationen, sich Rohstoffe, auch mit Gewalt, zur eigenen Bereicherung anzueignen. Verbesserungen der Ressourcengovernance, etwa durch Erhöhung der Transparenz über Rohstoffeinnahmen wie im Rahmen der »Extractive Industries Transparency Initiative« (EITI) sind daher ein wichtiger Ansatz, um der konflikttreibenden Wirkung von natürlichen Ressourcen entgegenzuwirken. Noch direktere Instrumente sind Handelsrestriktionen. Diese wurden in den letzten Jahren von Nichtregierungsorganisationen (NGOs) gefordert, von Staaten diskutiert und zum Teil auch eingeführt. Das Spektrum reicht dabei von freiwilligen Verpflichtungen der Unternehmen über rechtlich verbindliche Abmachungen bis hin zu Sanktionen einzelner Staaten. Ein Beispiel für ein vielschichtiges System mit unterschiedlichen Elementen sind die Regelungen gegen die weitere Abholzung tropischer Regenwälder. Zum einen gibt es internationale Verträge und eine internationale Organisation (International Tropical Timber Organisation), die den Schutz der tropischen Urwälder fördern soll, zum anderen zertifiziert das nichtstaatliche »Forest Stewardship Council« (FSC) Tropenholz, das aus nachhaltigem Anbau stammt. Hier sind Privatfirmen, NGOs und Privatpersonen Mitglieder. Schließlich haben einige Länder, so die Mitgliedsstaaten der Europäischen Union (EU), die Einfuhr besonders gefährdeter Tropenhölzer verboten. Unter den international verbindlichen Abmachungen haben das Washingtoner Artenschutzabkommen und das »Kimberley Process Certification Scheme« (KPCS) für Diamanten besondere Bedeutung. Im Artenschutzabkommen haben die Mitgliedsstaaten das prinzipielle Verbot des Handels mit geschützten Tieren, aber auch Elfenbein vereinbart. Das

II. Strukturen und Lebenswelten

KPCS regelt, dass nur Diamanten, die von Regierungen offiziell als aus ihrem Land kommend zertifiziert wurden, von den Vertragsparteien, zu denen die wichtigsten wirtschaftlichen und politischen Akteure auf dem Markt für Rohdiamanten gehören, gehandelt werden dürfen. Damit soll es insbesondere Rebellen unmöglich gemacht werden, ihre Kriegführung mit Diamanten

Regenwald im Südosten von Kamerun (2014). Holz ist eine wichtige Energieressource, Edelholz zudem ein Exportgut für viele Staaten im Zentralen Afrika.

zu finanzieren. Der »Kimberley Process« funktioniert gut, weil ein regulierter Markt im Interesse der großen Akteure liegt. Eine Schwachstelle des »Kimberley Process« ist, dass Regierungen nicht daran gehindert werden, Diamanten zur Kriegführung zu nutzen. Insbesondere in der ZAR hatte dies wiederholt zur Konsequenz, dass unterschiedliche Gruppierungen gewaltsam die Staatsmacht zu erlangen versuchten. Seit 2013 ist die ZAR nach der Republik Kongo das zweite Land der Region, das temporär vom Kimberley Process suspendiert worden ist.

Die bisher härtesten Einfuhrbestimmungen für Konfliktrohstoffe haben die Vereinigten Staaten 2010 im Rahmen des »Dodd-Frank Act« beschlossen. In den USA an der Börse gelistete Unternehmen, die Zinnstein, Coltan (Kolumbo-Tantalit), Wolframit und deren Derivate sowie Gold verwenden, müssen die Herkunft dieser Materialien nachweisen. Nicht gestattet ist die Einfuhr dieser Ressourcen, wenn diese nichtstaatlichen Gewaltakteuren in der der DR Kongo zur Finanzierung ihrer Aktivitäten dienen. Dieses Verbot erfordert den Aufbau eines umfangreichen Nachweissystems. Auch in der EU wird ein ähnliches Vorgehen diskutiert. Es ist allerdings umstritten, ob diese Importbeschränkungen tatsächlich das Kriegsgeschehen beeinflussen. Zum einen verschlechtert sich tendenziell die Einkommenssituation vieler Menschen im Konfliktgebiet, die diese Materialien im Kleinbergbau abbauen, zum anderen kann es zur Substitution westlicher Abnehmer aus anderen Konfliktregionen kommen.

Michael Brzoska

Was für Europa gilt, gilt für Afrika schon lange: Fußball ist die schönste Nebensache der Welt. Fast überall auf dem Kontinent kicken Jugendliche und Erwachsene in ihrer Freizeit oder sind auf der Straße in Fußballtrikots anzutreffen. Wichtiger als die nationalen Ligen sind vor allem die englische Premier League und die spanische Primera División. Aber auch die deutsche Bundesliga erfreut sich einer immer größeren Beliebtheit. Spielt eine afrikanische Mannschaft erfolgreich bei den Weltmeisterschaften, werden 90 Minuten lang alle Rivalitäten vergessen und mit dem »eigenen« afrikanischen Team mitgefiebert. Teilweise wird versucht diese positive Fußballverrücktheit auch zur Konfliktbewältigung und zur Versöhnung einzusetzen, wenn rivalisierende politische, ethnische oder religiöse Gruppen – wie zum Beispiel jüngst in der Zentralafrikanischen Republik – durch das Fußballspiel zusammengebracht werden sollen. Im Profibereich wird das oft hervorragende sportliche Potential immer wieder durch mangelhafte staatliche Organisation, durch Nepotismus oder willkürliche Eingriffe »von oben« zunichte gemacht.

»Ihr seid elf. Die sind elf.« – Fußball im Zentralen Afrika

Keine beneidenswerte Aufgabe, diese Niederlage zu erklären. »I think, all players, also alle [...] äh, tous le players [...] are disappointed«, stammelte Kameruns Trainer Volker Finke (geb. 1948) auf der Pressekonferenz in der schwülen Dschungelstadt Manaus, klopfte mit den Fingern nervös auf den Tisch, schloss immer wieder die Augen und blies Luft in die gefalteten Hände, als ob ihm kalt wäre. Kurz zuvor hatte seine Mannschaft mit 0:4 gegen Kroatien verloren und war damit aus dem WM-Turnier von 2014 ausgeschieden. Nun zeterten und fluchten die aus Afrika mitgereisten Journalisten. Was die angeblich unbezähmbaren Löwen (»Les Lions Indomptables«), wie sie in der Heimat genannt werden, auf dem Rasen abgeliefert hatten, sei eine Schande gewesen und ein peinliches Debakel. »Glauben Sie, dass Sie selbst überhaupt das Niveau für eine solche Weltmeisterschaft haben?«, ätzte der Chefredakteur des Fachblatts »Mboa Football«, Steve Djouguela, vor versammelter Pressemeute.

Nach dem enttäuschenden Vorrundenaus bei der WM 2014 lag Kamerun – wie hier Stéphane Mbia im Spiel gegen Brasilien – sprichwörtlich am Boden.

Entsetzt waren auch die deutschen Korrespondenten. »Es war der passende Auftritt des Trainers einer Mannschaft, die nicht nur den schlechtesten Sport aller Teilnehmer bei diesem Turnier bot, sondern in Brasilien auch insgesamt ein miserables Bild ablieferte«, fasste der Sportreporter der »Welt« zusammen: »Die Mannschaft, die augenscheinlich keine ist, wäre besser gleich zu Hause geblieben.« Der Klatsche gegen Kroatien folgte noch ein 1:4 gegen Brasilien. Nach dem 0:1 gegen Mexiko im ersten Spiel reisten die Kameruner mit 1:9 Toren und ohne einen einzigen Punkt aus drei Partien ins Zentrale Afrika zurück. Schlimmer hätte es kaum kommen können. Und es war ein Wunder, dass der deutsche Coach nach dem Debakel nicht sofort entlassen wurde. Dass der Kampf um den Ball eine todernste Angelegenheit ist, wissen wir nicht erst, seit Liverpools Legende Bill Shankly verkündete, er sei enttäuscht darüber, dass manche Menschen glaubten, im Fußball gehe es um Leben und Tod: »Ich versichere Ihnen: Es geht um viel, viel mehr«. Natürlich gilt diese Weisheit in Europa, in besonderem Maße aber trifft sie auf Afrika zu.

Immerhin mischte sich in Finkes Fall Kameruns ewiger Präsident Paul Biya ausnahmsweise nicht in die Belange des Fußballverbandes ein. »In nahezu allen autoritären Ländern wird der Alltag politisiert«, behauptet etwa der Schweizer Soziologe und Fußballsachverständige Daniel Künzler (geb. 1972) von der Zürcher Universität, aber in Kamerun sei es »besonders schlimm«. 1990 hatte Alleinherrscher Biya sogar in die Mannschaftsaufstellung der Nationalmannschaft eingegriffen, indem er den alternden Star Roger Milla (geb. 1952) von seinem Rentnerdasein auf der Insel Réunion befreit, zur Fußball-Weltmeisterschaft ins Team beordert und gleichzeitig den beliebten Torwart Antoine Bell (geb. 1954) aus dem Kader geschmissen hatte. Fatalerweise mauserte sich der 38-jährige Milla in Italien mit vier Toren zum Liebling des Turniers, und seine »Makossa« genannten Tänze um die Eckfahne herum blieben unvergessen. »Lauft, meine kleinen schwarzen Freunde, lauft«, brüllte damals Fußballreporter Marcel Reif (geb. 1949) aufgeregt in sein Mikro. Auf der ganzen Welt hatte das begeisternde Spiel von Kameruns Équipe neue Freunde gefunden. Biya jedoch nutzte der sportliche Erfolg der Mannschaft, die erst im Viertelfinale mit 2:3 in der Verlängerung gegen England unterlag, auch innenpolitisch. Nun galt er als Magier, als Hexenmeister, als Allmächtiger, und die soeben erstarkte Opposition brach in sich zusammen. »Fußball in Kamerun ist der reinste Wahnsinn«, staunte Finkes Vorgänger Winnie Schäfer (geb. 1950) später: »Er hält das Volk zusammen.«

Dass sich Politiker gerne im Erfolg ihrer Sportler sonnen, ist nicht ungewöhnlich. Auch Bundeskanzlerin Angela Merkel (geb. 1954) ließ es sich nicht nehmen, mit Jogis Jungs und dem frisch gewonnenen WM-Pokal zu posieren. »Der Fußball hilft, kollektive Depressionen zu überwinden«, weiß Andreas Mehler. Und gerade die Deutschen können davon ein Lied singen: »Den-

Fußball im Zentralen Afrika

Kamerun-Fans beim Africa Cup of Nations in Kairo, 2006.

ken Sie nur an das Wunder von Bern« von 1954. In Afrika komme aber hinzu, dass es neben dem Fußball kaum andere »Exportartikel« gebe, auf die man stolz sein könne. In Deutschland habe man immerhin noch Mercedes-Benz und Siemens oder Michael Schumacher und Boris Becker. Afrikaner aber haben wenig mehr als ihre Fußballer, die weltweite Achtung genießen. »Volkswirtschaftlich mag der Fußballglanz wenig Bedeutung haben«, so Mehler, »für die kollektive Seele ist er unbezahlbar.«

Bisweilen übertreiben es die afrikanischen Herrscher natürlich mit ihrer Hingabe zum Ballsport. Kongoherrscher Mobutu Sese Seko (inoffiziell verballhornter Titel: »Der Hahn, der alle Hennen deckt«) versprach jedem seiner Spieler vor der Tip- und Tap-WM in Deutschland 1974 20 000 US-Dollar, allerhand andere Reichtümer und Frauen. Dabei scheiterten seine Leoparden ähnlich kläglich wie zuletzt Finkes Kameruner: mit null Punkten und 0:14 Toren. Dabei hatte Mobutu sogar die Trikotfarbe bestimmt. »Gelb steht euch gut. Das kommt gut auf schwarzer Haut«, befand er.

Auch außerhalb des Zentralen Afrika besitzt Fußball eine bizarre Faszination. Guineas Diktator Sékou Touré (1922–1984) nahm Fußball so ernst, dass er Sportgerichten vorstand, in denen erfolglose Fußballer abgeurteilt wurden. Und Ugandas »Blutsäufer« Idi Amin Dada (1925–2003, offizieller Titel: »Herr über alle Tiere der Erde und Fische des Meeres und Eroberer des britischen Reiches in Afrika im Allgemeinen und Uganda im Besonderen«) engagierte sogar den deutschen Fußballlehrer Burkhard Pape (geb. 1932) und verkündete, er werde »nicht eher seine Augen schließen, bis der World Cup hier auf diesem Tisch liegt«. Gelegentlich soll Idi Amin auch seine Minister zu

Pape auf den Fußballplatz geschickt haben. »Einmal trieb ihm Big Daddy fast sein gesamtes Kabinett auf den Rasen und befahl ihm, die schwarzen Exzellenzen frischzumachen«, erinnert sich Spiegel-Reporter Erich Wiedemann (geb. 1943).

Fußball ist jedenfalls unumstritten die Nummer Eins unter allen Sportarten in Afrika. Es gibt dort kaum ein Stück Erde, das nicht von einem Haufen hinter dem Ball herjagender Jungen bevölkert wird. Aber genaugenommen handelt es sich meist gar nicht um Bälle im herkömmlichen Sinn. Es sind oft bloß Bündel verknoteter Plastiktüten oder Zeitungen, die ins Tor befördert werden. Wer hat hier schon Geld für einen Original-WM-Ball? Not macht erfinderisch. Und das dürfte auch der Grund für die ungewöhnliche Beliebtheit des Fußballsports auf dem afrikanischen Kontinent sein. Man kann dafür nicht nur auf einen »echten« Ball verzichten, das Tor benötigt auch kein Netz, sondern kann mit zwei Kokosnüssen markiert werden, und eine Spielfeldmarkierung ist auch überflüssig. Fußball kann an jedem Ort gespielt werden. Man braucht nur ein paar Kinder dafür und ein wenig Phantasie und Platz. Afrikanische Kinder, die reiten, Basketball, Feldhockey oder Wasserball spielen, sind definitiv sehr selten. »Wir wachen morgens auf und atmen Fußball«, behauptete der kongolesische Stürmer Pierre Kalala (1939–2015) dazu einmal: »Fußball ist der Grund, warum wir Füße haben.« Der ehemalige ghanaische Nationalspieler Abide Pele (geb. 1964) meinte dazu: »Fußball ist ein Teil von uns. Wir spielen hinter Häusern, auf der Straße, auf jedem kleinen Fleckchen, das wir finden können. Daraus schaffen wir unseren Fußballplatz«. Kameruns Spieler François Oman-Biyik (geb. 1966), »der hochgewachsene, grazile Angreifer« (Harry Valérien, 1923–2012), wollte nach der WM 1990 festgestellt wissen: »Es wird Zeit, dass die Leute begreifen, dass wir keine Gorillas sind, die an einem Baum hängen und Bananen fressen.«

Kamerun – der Stolz des Zentralen Afrika

Fußball wird in Kamerun immerhin schon seit 1922 gespielt. Damals soll ein Wanderarbeiter aus Sierra Leone einen Ball aus Kautschuk in die ehemalige deutsche Kolonie mitgenommen haben.

Fußball im Zentralen Afrika

Am Strand der Hafenstadt Douala kickte er dann mit seinem Cousin herum und zog die Aufmerksamkeit der Anwesenden auf sich. Der Legende nach hieß der Mann mit dem Ball George Goethe (1897–1977) – »eine Idee seines Großvaters, dessen Begeisterung für deutsche Literatur sich sogar im Nachnamen der Familie niederschlug«. So beschreibt es der Journalist Oliver G. Becker in seinem Buch »Voodoo im Strafraum«. Bei seinen Recherchen fand Becker im Archiv der FIFA ein handschriftliches Manuskript vom 12. September 1966, das die skurrile Geschichte belegt. Am Tag von Georges Geburt soll sein Großvater ein Goethegedicht gelesen und daraufhin beschlossen haben, seinen Nachnamen zu ändern.

Das erste Länderspiel im Jahr 1960 gewann Kamerun jedenfalls gleich mit 9:2. Gegner war damals die Mannschaft aus Somalia. Auch einige internationale Erfolge haben die afrikanischen Fußballnationen schon erzielt. Jugendmeisterschaften gewannen sie auf allen Ebenen, und bei den Olympischen Spielen in Atlanta von 1996 und 2000 in Sydney holten zunächst Nigeria und dann Kamerun die Goldmedaille. Nun wartet die Welt darauf, dass endlich einmal ein afrikanisches Team Weltmeister wird. Der damalige Trainer der englischen Nationalmannschaft, Walter Winterbottom (1913–2002), hatte das bereits im Jahr 1962 für das zwanzigste Jahrhundert prognostiziert.

Wie wir wissen, wurde daraus nichts. Doch warum scheitern die hochgelobten afrikanischen Mannschaften, allen voran die aus Kamerun, oft bei den wichtigen Turnieren mit schöner Regelmäßigkeit? Auch vor der Weltmeisterschaft in Brasilien hatte es einen Streit zwischen Kameruns Verband und der Mannschaft um die versprochenen Prämien für die Spieler gegeben, und erst im letzten Moment hatte sich das Team schließlich auf den Weg nach Lateinamerika gemacht. Das erinnerte stark an vergangene Auftritte des Fußballverbands aus Zentralafrika. Bereits bei der Weltmeisterschaft in Japan und Südkorea war der Streit zwischen Spielern und Funktionären eskaliert. Die misstrauischen Stars schleppten ihr Geld schließlich in Plastiktüten aus dem Hotel. So wenig vertrauten sie dem Wort ihrer eigenen Leute. Auch unter Trainer Winnie Schäfer waren sie als Favoriten gehandelt worden und schieden dann doch schon in der Vorrunde, unter anderem gegen Deutschland, aus.

II. Strukturen und Lebenswelten

Korruption und Misswirtschaft

»Es ist ein Elend«, klagt der Weltenbummler und Fußballtrainer Rudi Gutendorf (geb. 1926), der in seiner langen Laufbahn unter anderem in den afrikanischen Ländern Botswana, Simbabwe, Tansania, São Tomé und Príncipe, Ghana, Mauritius, Tunesien und Ruanda tätig war: »Die Afrikaner sind tolle Fußballer, voller Herz und Leidenschaft und mit einer umwerfenden Technik, doch ihre Länder sind so korrupt und ihre Funktionäre verkommen, dass sie immer wieder scheitern müssen.« Gutendorf hatte damals in Simbabwe mit dem »roten« Diktator Robert Mugabe (geb. 1924) zu tun. Dessen »versoffener« Neffe Leo Mugabe (geb. 1962) war Präsident des simbabwischen Fußballverbandes. »Der Mann mischte sich in alles ein«, erinnert sich Gutendorf: »Dabei hatte er von Fußball nicht die geringste Ahnung. Er war ein junger Faulpelz von vielleicht 24 Jahren und machte alles kaputt.« Aber so sei es überall auf dem Kontinent, besonders in der krisengebeutelten Region des Zentralen Afrika: »Die Posten werden an Leute aus der eigenen Sippe vergeben, und das Geld wird verprasst. Systematische Arbeit bleibt da auf der Strecke.«

Wie soll das auch funktionieren? Der ehemalige Diktator der Zentralafrikanischen Republik, Jean-Bédel Bokassa (1921–1996), der Oppositionelle aus fliegenden Flugzeugen werfen ließ, angeblich Kinderleichen verspeist haben soll und sich im Urwald zum Kaiser krönte, gab der Nationalmannschaft die taktische Marschroute vor: »Ihr seid elf. Die sind elf. Also sucht sich jeder seinen Gegenspieler und los!« Die Bilanz der »Les Fauves« (Wilde Tiere) ist deshalb auch ernüchternd. Nicht ein einziges Mal konnten sie sich für die Endrunde des Africa Cups qualifizieren: Entweder schafften sie es sportlich nicht, zogen die Teilnahme zurück oder wurden gar disqualifiziert.

»Es macht mich wirklich traurig, wenn ich den Fußball südlich der Sahara mit dem im Norden vergleiche«, meint der Ungar Csaba László (geb. 1964), ehemaliger Trainer der ugandischen Nationalmannschaft, »es gibt keine vernünftige Liga, keine Organisation, keine Struktur. Die Spieler sind phantastisch, aber alle hauen ab, so schnell sie können. Dann kommen sie nur noch gelegentlich in die Heimat und lassen sich feiern.« Deshalb ist die große Euphorie mittlerweile auch verflogen, und man hört immer mehr pessimistische Töne. »Die Schere zwischen dem europäischen und dem afrikanischen Fußball wird sich noch weiter öffnen«, glaubt zum Beispiel Joachim Fickert (geb. 1967), der früher technischer Manager der kongolesischen Nationalmannschaft war: »Fußball ist keine Insel. Hinsichtlich medizinischer Versorgung und Ernährung werden diese Länder immer größere Nachteile haben.« Fickert traut allenfalls besser organisierten Nationen aus dem nördlichen Afrika nennenswerte Erfolge zu. Ganz ähnlich sieht das Fußballautor Simon Kuper (geb. 1969): »Ein afrikanisches Land, das sich nicht im Krieg befand, das sich die Meldung zur WM-Qualifikation leisten konnte, das diese Meldung nicht vergaß und schließlich alle angesetzten Spiele mit mindestens elf körperlich geeigneten Männern absolvierte – so ein Land hatte bereits eine gute Chance, die WM-Endrunde zu erreichen.« So einfach ist das. Aber so ein Land muss man in Zentralafrika erst einmal finden. In der Zentralafrikanischen Republik tobt ein blutiger Bürgerkrieg, der Tschad taumelt von einer Krise zur nächsten. Von der Republik Kongo und Äquatorialguinea ganz zu schweigen. Immerhin konnten in der Vergangenheit mit der damaligen Volksrepublik Kongo (Republik Kongo, 1971) und Kamerun (1984, 1988, 2000, 2002) zwei Nationalmannschaften aus dem Zentralen Afrika die Afrikameisterschaft (Africa Cup of Nations) gewinnen, und mit Gabun und Äquatorialguinea schafften es zwei weitere Verbände immerhin bis ins Viertel- beziehungsweise Halbfinale der kontinentalen Meisterschaft.

Africa Cup im Folterstaat

Äquatorialguinea durfte 2015 das Turnier sogar alleine ausrichten, nachdem es 2012 gemeinsam mit Gabun Gastgeber gespielt hatte. Grund war die Weigerung Marokkos, die Spiele zu veranstalten – die Nordafrikaner hatten Sorge, Teilnehmer aus dem Westen des Kontinents könnten das tödliche Ebola-Virus einschleppen. Unumstritten war diese Entscheidung allerdings nicht. Äquatorialguinea wird seit 1979 vom Diktator Teodoro Obiang Nguema (geb. 1942) regiert. Viel hat ein Fremder nicht zu erwarten in Äquatorialguineas Hauptstadt Malabo und deren

II. Strukturen und Lebenswelten

Samuel Eto'o – Der Weltklassefußballer aus Kamerun

Fast ein Jahrzehnt lang war der kamerunische Nationalspieler Samuel Eto'o (geb. 10. März 1981) der Schrecken der Abwehrreihen europäischer Fußballmannschaften. Zwischen 1999 und 2015 erzielte er als Profispieler für spanische, italienische, russische und englische Mannschaften über 200 Tore. Aber auch seine elegante Spielweise ließen ihn zum Liebling der Fußballanhänger insbesondere in Afrika werden. Der kicker-Sportjournalist Harald Irnberger (1949–2010) rühmte Eto'o noch 2006 als Vereinigung »der Eleganz und Schnelligkeit einer Gazelle« mit »der Kraft und Kampfeslust eines Löwen«. Neben seiner Torgefährlichkeit war er äußerst mannschaftsdienlich: Stets war er bereit, defensive Aufgaben wahrzunehmen und sich den Ball im Mittelfeld zu erobern. Entdeckt wurde Eto'o durch das Scoutingsystem von Real Madrid. Kurioserweise konnte er sich bei den »Königlichen« nie durchsetzen und wurde erst einige Jahre später bei deren katalanischen Erzfeind, dem FC Barcelona, zum Weltstar. Er bereitete mit seiner Spielweise der sehr erfolgreichen »Tiki-Taka-Taktik« von »Barça« unter Pep Guardiola (geb. 1971) den Weg und war der legitime Vorgänger von Lionel Messi (geb. 1987). Neben unzähligen nationalen Meisterschaften und Pokalsiegen mit dem FC Barcelona und Inter Mailand gewann er drei Mal die UEFA-Champions-League und wurde vier Mal zu Afrikas Fußballer des Jahres gewählt. Seine größten Erfolge mit der kamerunischen Nationalmannschaft, für die er 118 Mal auflief, feierte er zu Beginn seiner Karriere, als er mit den »unbezähmbaren Löwen« im Jahr 2000 die olympische Goldmedaille sowie die Afrikameisterschaft gewann und diesen Titel 2002 sogar verteidigen konnte. Bis heute ist er mit 56 Toren ihr Rekordtorschütze.

DHK

Umgebung. Die einstige spanische Kolonie, flächenmäßig fast so groß wie Brandenburg und so einwohnerstark wie Hannover: Das Telefonbuch hatte zwei Seiten, zwei Autos auf der Straße waren ein Stau, und das einzige Hotel verfügte weder über Strom noch fließend Wasser. Laut »Guardian« waren die damaligen Machthaber gar bereit, die Regierungsgewalt für das verarmte Staatsgebilde – ein paar Inseln und ein Streifen Festland zwischen Kamerun und Gabun – für 559 000 britische Pfund an Kamerun zu verscherbeln.

Doch seit Anfang der 1990er-Jahre riesige Ölfelder gefunden wurden, ist Äquatorialguinea zum drittgrößten Ölproduzenten Subsahara-Afrikas aufgestiegen; große US-amerikanische Fördergesellschaften geben sich in Malabo die Klinke in die Hand. 80 Prozent der Einkünfte aus dem einträglichen Geschäft sollen nach Schätzung der Vereinten Nationen freilich in die Taschen des Diktators Obiang Nguema (geb. 1942) und seiner Entourage fließen. Während des Africa Cups 2012 schützte eine zweihundertköpfige Leibgarde den paranoiden Präsidenten, der 1979 durch einen Putsch an die Macht kam und seinen Onkel hinrichten ließ. Seitdem fürchtet er nichts so sehr wie einen Umsturz. Immerhin hatte schon der Schriftsteller Frederick Forsyth (geb. 1938) das kleine Fleckchen als Ort für seinen Roman »Hunde des Krieges« gewählt, in welchem er einen Haufen Söldner die Regierung einer rohstoffreichen Bananenrepublik stürzen lässt.

Das Turnier musste bei aller Kritik dennoch im Januar 2015 stattfinden. »Für den Mann auf der Straße ist der Cup populärer als die Weltmeisterschaft, er hat ein unglaubliches Prestige«, erklärte der renommierte deutsche Fußballtrainer Otto Pfister (geb. 1937), der mit diversen afrikanischen Nationalmannschaften viermal an dem Turnier teilnahm: »Alle sitzen vor dem Fernseher oder dem Radio, keiner ist dann auf der Straße.« Eine Absage hätte zur Revolte führen können. Am Ende blieben die westafrikanischen Mannschaften wieder einmal unter sich. Den Pokal gewannen die »Elefanten« von der Elfenbeinküste durch ein 1:0-Sieg gegen Ghanas »Black Stars«. Immerhin: Das Team des Gastgebers mit dem Spitznamen »Nzalang Nacional«, Nationaler Donner, schaffte es bis ins Halbfinale. So erfolgreich wie im eigenen Land war Äquatorialguinea zuvor noch nie gewesen.

Thilo Thielke

Auch im Zentralen Afrika widerspiegeln die Lebenswelten ihrer Hauptstädte die geschichtliche Entwicklung der Staaten und in mancher Hinsicht auch der gesamten Region. So wurde die spätere Hauptstadt des Tschad im Jahr 1900 als französischer Außenposten Fort Lamy gegründet und von hier aus die weiter nördlich liegende Region einem – stets prekär bleibenden – Prozess der militärischen Erschließung unterworfen. Die Umbenennung der Stadt in N'Djamena im Jahr 1973 bezeugte das Streben nach afrikanischer »Authentizität«. Manche der kolonialen und postkolonialen Folgekonflikte wurden von der Hauptstadt aus gesteuert oder kehrten aus der Peripherie gewaltsam dorthin zurück. Auch in der hier abgebildeten Hauptstadt der Zentralafrikanischen Republik Bangui hat die koloniale Präsenz bis heute Spuren hinterlassen. Die ab 2013 in der Stadt eskalierenden Konflikte führten zur Intervention der internationalen Staatengemeinschaft. Dass Afrika nicht nur als krisenbelasteter Kontinent wahrgenommen werden sollte, verdeutlichen die Ausführungen zu den Menschen und ihren Lebenswelten in Kamerun. Im Bild: Menschen warten auf die Auszahlung ihres Gehalts vor einer Bank in Bangui.

»Ganz Afrika im Kleinen«: Fort Lamy/N'Djamena, Bangui, Kamerun

In der Geschichte seiner Hauptstadt fokussiert sich die vor- und nachkoloniale Geschichte des Tschad. N'Djamena liegt rund 100 Kilometer südlich des Tschadsees an der Einmündung des Logone-Flusses in den Chari gegenüber der zu Kamerun gehörigen Stadt Kousseri. Im Sahelgebiet, der Übergangszone zwischen der südlichen regenreichen und der nördlichen ariden Zone, befanden sich wichtige Durchgangsrouten für den Transsaharahandel und für die Durchquerung Afrikas von Westen nach Osten, etwa zur Pilgerreise nach Mekka. Heute kreuzen sich in N'Djamena der Trans-Sahelian Highway und der Tripoli-Cape Town Highway. Die seit den 1990er-Jahren rasant angestiegene Einwohnerzahl der Stadt wurde im Jahr 2005 auf 1,2 Mio. Menschen geschätzt, rund ein Zehntel der Landesbevölkerung. Bei defizitär bleibender Infrastruktur führte dieser Bevölkerungszuwachs zu erheblichen Problemen bei der Wasserversorgung und der Müllentsorgung. Die Stadt existiert erst seit und infolge der französischen Kolonialpräsenz. Ihre in der Regenzeit überschwemmungsgefährdete Lage ist eigentlich ungünstig für die Gründung einer Großstadt mit zentralen Verwaltungsfunktionen.

Bis Ende des 19. Jahrhunderts war das nördliche Zentrale Afrika für Europäer nahezu unbekannt. Der ab 1890 eingeleitete Wettlauf der Kolonialmächte zum Tschadsee führte bis 1900 zur Vereinigung dreier französischer Militärexpeditionen, die sich in der Seeregion trafen – in Konkurrenz zum Ausgriff der britischen und deutschen Kolonialmächte dorthin. In der Schlacht von Kousseri wurden die Truppen des lokalen Herrschers Rabeh az-Zubayr ibn Fadl Allah (1842–1900) am 21. April 1900 geschlagen und dessen Reich zerstört. Um dem deutschen Anspruch auf das westliche Chariufer Rechnung zu tragen, entstand ein kleiner französischer Stützpunkt am östlichen Ufer. Der am 29. Mai 1900 vom französischen Militäradministrator Émile Gentil (1866–1914) gegründete Ort erhielt den Namen Fort Lamy zu Ehren des französischen Majors François Lamy (1858–1900), der in der Schlacht von Kousseri gefallen war.

II. Strukturen und Lebenswelten

In den ersten Jahrzehnten seines Bestehens war der Ort ein Außenposten, von dem aus mobile Kolonnen der französischen Kolonialarmee die ariden Nordregionen des heutigen Tschad unterwarfen. Noch bis 1917 tobten hier teils heftige Gefechte. Die Kolonialadministration konzentrierte sich auf den Süden des Tschad. Von hier stammte auch eine große Zahl afrikanischer Soldaten (Tirailleurs Sénégalais), Träger sowie später auch niedere Chargen der Kolonialadministration. Die nördlichen Ethnien blieben dagegen von staatlich-kolonialer Durchdringung weitgehend unberührt – mit Folgen für die Geschichte des Landes und seiner Hauptstadt. Eine Telegraphenlinie von Fort Lamy in den Süden bestand seit 1912, erst zehn Jahre später existierte ein öffentliches Telefonnetz. Zur selben Zeit zählte das militärische oder zivile französische Verwaltungspersonal nur 70 Personen. All dies ist ein Zeichen dafür, dass es sich um einen von den französischen Kolonialadministratoren wenig geliebten Ort handelte, der zudem als Exilort für unliebsame afrikanische Opponenten genutzt wurde. In Fort Lamy siedelten sich Afrikaner aus unterschiedlichen Ethnien an. Nicht wenige unter ihnen waren zur Ruhe gesetzte Soldaten, wodurch der Ort gewissermaßen den Charakter einer Militärstadt erhielt. Die Siedlungsstrukturen der Stadt folgten ethnischen Linien, sodass sich hier die vielfältige Bevölkerungsstruktur des heutigen Tschad widerspiegelt. Am 1. November 1921 wurde das Gebiet als Teil von Französisch-Äquatorialafrika aus der Militäradministration herausgenommen und vom fernen Brazzaville aus regiert. Fort Lamy blieb aber Hauptort des nördlichen Kolonialgebiets.

In der Altstadt wurden die administrativen Zentren angesiedelt, wovon heute der Präsidentenpalast und die katholische Kathedrale zeugen. Ferner bestanden hier umfangreiche militärische Liegenschaften, die nach 2011 abgerissen wurden. Nach dem Zweiten Weltkrieg hießen sie »Camp Koufra«, nach dem Staatsstreich 1975 gegen den Präsidenten François (Ngarta) Tombalbaye »Camp du 13 Avril« und ab 1980 »Camp des Martyrs«. Weiter nordwestlich entstand eine europäische Stadt, die sich in großzügig aufgelockerter Bauweise konzentrisch um einen Platz gruppierte. Ostwärts der Altstadt, ausgehend von der Großen Moschee, entstand ein afrikanisches Viertel, das mit regelmäßigen Straßenzügen nach Norden weiter erschlossen wurde. Weiter östlich und nördlich hiervon entstanden weitere Siedlungsgebiete, während der ab 1930 im Nordosten der »europäischen« Stadt angelegte Flugplatz bis heute eine Barriere für das Stadtwachstum bildet. Der daraus erwachsene Flughafen machte die Stadt ab dem Zweiten Weltkrieg zur Drehscheibe für Handel, Migration und militärische Einsätze. Er blieb für die Beherrschung des Landes auch für die französische Ex-Kolonialmacht Frankreich von strategischer Bedeutung.

Bei Ausbruch des Zweiten Weltkrieges zählte die Bevölkerung der Stadt 14 000 Einwohner, darunter rund 400 Franzosen, mehrheitlich Soldaten und Verwaltungspersonal. Im März 1941 wurde Fort Lamy durch einen vereinzelten deutschen Luftangriff heimgesucht. Ein Jahr zuvor hatte sich die Stadt bereits als wichtiger Stützpunkt des von General de Gaulle (1890–1970) proklamierten Freien Frankreichs profiliert: Der französische Administrator des Tschad, Félix Éboué (1884–1944) – einer der wenigen Schwarzen in der französischen Verwaltungselite – optierte selbständig für de Gaulle, woraufhin ihn die Vichy-Regierung in Abwesenheit zum Tode verurteilte. Nach dem Eintreffen de Gaulles in Afrika avancierte Éboué zum Gouverneur Französisch-Äquatorialafrikas, das eine Stütze der Forces Françaises Libres (FFL) wurde. Von Fort Lamy aus begann der für die französische Erinnerung wichtige Zug des Generals Leclercq in das südliche Libyen zur Oase Kufra (vgl. Beitrag Schmidl). Eine große Zahl der Tirailleurs Sénégalais waren Männer aus dem Tschad, vorzugsweise aus der Ethnie der Sara. Im Dezember 1950 würdigte der französische Verteidigungsminister die Rolle Fort Lamys im Krieg und zeichnete die Gemeinde mit einem militärischen Orden aus.

Nach dem Zweiten Weltkrieg wuchs die Bevölkerung von 16 000 Einwohnern (1945) auf 45 000 (1954). Ihre wirtschaftliche Entwicklung prägte unter anderem eine Großschlachterei, die eine Versorgung von Tiefkühlfleisch per Lufttransport in den Süden ermöglichte. Anhand ethnischer Linien wurden den Bevölkerungsgruppen der Stadt Bezirksbürgermeister (»Chef de quartiers«) sowie ethnische Führungspersönlichkeiten (»Chef de race«) mit konsultativen Befugnissen vorgesetzt. Auch erhielten die afrikanischen Veteranen sowie die Handelskammer je einen Sprecher.

II. Strukturen und Lebenswelten

Nach der Unabhängigkeit des Tschad am 11. August 1960 blieb Fort Lamy Hauptstadt. Der zuvor in der Demokratisierungsbewegung aktive Verwaltungsbeamte Gabriel Lisette (1919–2000) amtierte 1956 bis 1961 als Bürgermeister der Stadt, bis er auf einem Auslandsbesuch vom Staatspräsidenten François (Ngarta) Tombalbaye (1918–1975) abgesetzt wurde. Die Politik des aus der nicht-muslimischen Ethnie der Sara stammenden Präsidenten beinhaltete zwar ein Reformprogramm, das auch die Stadt betraf, etwa durch die Gründung der Universität im Jahr 1970. Ab Beginn der 1970er-Jahre forcierte Tombalbaye (nun mit dem afrikanischen Vornamen Ngarta) das Konzept der Authentizität (»authenticité«), die zu einer Entfremdung der Bevölkerung aus dem Norden führte. So betrieb der Präsident ab 1973 eine Reinigung des Staatsapparats, sodass beispielsweise der Zugang zu Staatsämtern mit teils folterähnlichen Initiationsriten (»yondo«) verbunden wurde. Am 6. November desselben Jahres wurde Fort Lamy in N'Djamena, »Platz der Ruhe«, umbenannt – den Namen eines früheren arabischen Dorfes in der Nähe.

Der Staatsstreich durch die Getreuen des Generals Félix Malloum (1932–2009) kostete Tombalbaye am 13. April 1975 das Leben, beendete aber nicht die Unruhen im Norden und Osten des Landes. Im August 1978 wurde der muslimische Rebellenführer Hissène Habré (geb. 1942) aus der nördlichen Ethnie der Tubu Premierminister, wodurch die politischen Spannungen entlang ethnischer Linien auch in der Hauptstadt zum offenen Bürgerkrieg eskalierten. Die Erste Schlacht um N'Djamena begann am 12. Februar 1979, als muslimische Demonstranten auf eine nicht-muslimische Gegenveranstaltung stießen. Der Versuch der regierungstreuen Gendarmerie, mit Warnschüssen die Ordnung aufrechtzuerhalten, führte zur bewaffneten Eskalation durch Habrés Armee »Forces armées du nord« (FAN). Nach einer internationalen Einigung und dem Rücktritt Malloums, wurde Goukouni Oueddei der ebenfalls aus der Ethnie der Tubu stammte, zum Präsidenten und Habré zum Verteidigungsminister ernannt. Hierauf folgte ein Lagerkampf, bei dem sich die jeweiligen Gefolgsleute Habrés und Oueddeis in der Hauptstadt gewalttätig entgegentraten. Ab dem 20. März 1980 weiteten sich die Auseinandersetzungen zur Zweiten Schlacht von N'Djamena aus,

»Ganz Afrika im Kleinen«

die zwischen Oktober und November 1980 geschlagen wurde. Weite Teile der Stadt wurden zerstört; die Truppen Habrés unterlagen, wurden aber weitgehend geordnet von dessen Stellvertreter, dem heutigen Präsidenten Idris Déby Itno (geb. 1952) aus der Stadt abgezogen. Als Staatspräsident Oueddei am 6. Februar 1981 die Fusion des Tschad mit der Schutzmacht Libyen bekanntgab und N'Djamena daraufhin durch libysche Truppen besetzt wurde, schwang sich Habré zum Führer eines ethnien- und religionsübergreifenden Widerstandes auf. Seine Rebellion gipfelte am 7. Juni 1982 in der Machtübernahme in N'Djamena, die – mit der Unterstützung Frankreichs – einen langwierigen Krieg gegen Libyen im Norden des Landes zur Folge hatte. Mit einer weiteren Rebellion und der beinahe kampflosen Einnahme N'Djamenas gelangte Idris Déby Itno am 1. Dezember 1990 an die Macht.

Viele Gebäude in N'Djamena, der Hauptstadt des Tschad, wurden in den Kämpfen Anfang der 1980er-Jahre fast vollständig zerstört.

Die gewaltsamen Auseinandersetzungen der verschiedenen ethnisch codierten, aber flexibel umformbaren Gruppierungen traten erneut in den Auseinandersetzungen im April 2006 hervor, als der Angriff einer Rebellenallianz zurückgeschlagen

II. Strukturen und Lebenswelten

wurde. Diese hatte sich im Zusammenhang mit dem sudanesischen Darfur-Konflikt formiert. Erneut wurde die Hauptstadt vom 2. bis 4. Februar 2008 zum Kampfgebiet. Bei dieser vorläufig letzten Schlacht um N'Djamena wurde das komplexe Gefüge der Rebellengruppen durch die reguläre Armee zurückgeschlagen. Die in der Stadt befindlichen französischen Truppen griffen nicht ein, sicherten aber den Flughafen und unterstützten die tschadischen Streitkräfte indirekt. Diese wiederholten Kämpfe zeigen, dass trotz der vielfältigen ethnischen, religiösen und politischen Gruppierungen mit paramilitärischem Charakter die Hauptstadt des Tschad eine integrierende Funktion behielt: als Legitimationsbasis für die jeweiligen Machthaber, deren Kräfte sich von Rebellen zur regulären Soldaten wandelten – oft unter komplexen Aushandlungs- und Integrationsmechanismen mit den vorherigen Gegnern.

Mittlerweile hat sich der Tschad zum regionalen Exporteur militärischer Sicherheit gewandelt. Eine Unterstützung durch tschadische Truppen an der Seite Frankreichs erfolgte im Jahr 2013 in Mali; derzeit (2015) läuft eine Intervention tschadischer Truppen in die durch »Boko Haram« bedrohte Grenzregion des Nachbarlandes Nigeria am Tschadsee. Auch dies unterstreicht die letztlich doch günstige militär- und verkehrsstrategische Lage N'Djamenas.

Blutige Unruhen entstanden auch abseits ethnisch-religiöser Patronagenetzwerke angesichts von brüsken Administrationsmaßnahmen der Staatsmacht. So eskalierten Mitte März 2015 Proteste zu Ausschreitungen anlässlich der kurz zuvor eingeführten Helmpflicht für Motorradfahrer. Der daraufhin rasant um das Dreifache angestiegen Preis für Helme seitens der möglicherweise regierungsnahen Händler drohte die Nutzung des für viele Menschen unverzichtbaren Verkehrsmittels unmöglich zu machen, sodass bei Protesten am 16. März zahlreiche Autos in Brand gesteckt wurden. Das Einschreiten der Ordnungskräfte führte vermutlich zu mindestens drei Toten. Das unverhältnismäßige Vorgehen der Sicherheitskräfte verweist auf die allgemein menschenrechtlich problematische Lage im Tschad. Gewalt ist ein Teil des Lebens, wie auch der Selbstmordanschlag vom 16. Juni 2015 zeigt. Dieser richtete sich gegen die Polizei in N'Djamena und forderte über 20 Tote. Er steht möglicherweise im Zusammenhang mit dem Kampf der tschadischen Sicherheitskräfte gegen »Boko Haram«. Viele junge Männer erfahren eine Sozialisation in einer Welt zwischen »Krieg und Zwischenkrieg« (Marielle Debos). Die zeitlich und regional begrenzt auftreten sind so vielgestaltig wie die Akteure, denen sie vielfältige Möglichkeiten für Profit oder Verlust bieten.

Bangui – der Handelsknotenpunkt im Herzen Afrikas

Zu Beginn der Kolonialzeit war Bangui, die heutige Hauptstadt der Zentralafrikanischen Republik (ZAR), einmal bekannt als die abgelegenste Radiostation Afrikas. Tief im Inneren des Kontinents gelegen, wurde die Stadt als Außenposten des Französischen Kongo 1889 am nördlichen Ufer des Ubangi-Flusses errichtet. Dort, wo zu Regenzeiten die Stromschnellen so heftig wurden, dass sie kaum mehr mit dem Boot zu passieren waren und wo zu Trockenzeiten der Wasserpegel so niedrig war, dass jeglicher Schiffverkehr trockenlag. Die Kolonialherren mussten von hier aus auf dem Landweg weiter reisen.

Dieser Nullpunkt der Geschichte ist auch heute noch im Stadtbild deutlich erkennbar. »PK-0« (Kilometer Null) heißt er im Volksmund. Er liegt inmitten des Kreisverkehrs südlich des Präsidentenpalastes nahe dem Ubangi-Ufer, an dem sich die Stadt entlang erstreckt. Von hier aus führt die Avenue de l'Indépendance fast kerzengerade nach Norden – quer durch die ZAR, in den Tschad und weiter nach Libyen bis zum Mittelmeer. Sie wurde einst von den Franzosen errichtet, um die Sahelzone mit Subsahara-Afrika zu verbinden. Darüber werden bis heute Waren in den Kontinent hinein und Rohstoffe hinaus transportiert. Noch immer ist Bangui ein Handelsknotenpunkt mitten im Herzen des Kontinents. Hier werden Gold und Diamanten in großen Mengen umgeschlagen.

Über diese Straße sind aber auch stets Rebellen und Putschisten in Bangui eingefallen. Wie zuletzt im Jahr 2013, als die Séléka-Rebellen von Norden aus kommend in die Stadt einmarschierten und Präsident François Bozizé (geb. 1946) stürzten.

II. Strukturen und Lebenswelten

Wenige Monate später stürmten die Milizen der Anti-Balaka die Straße von Süden kommend entlang, um die Séléka aus Bangui zu vertreiben. Entlang dieser Straße hat es schon unzählige Tote gegeben. »PK-12« (Kilometer 12) heißt im Volksmund derjenige Stadtteil, wo sich der Bürgerkrieg 2013 und 2014 besonders heftig entlud. Hier franst das urbane Bangui in den tropischen Regenwald aus. Hier lebten einst Muslime und Christen eng nebeneinander, meist diejenigen Randgruppen der Bevölkerung, die zur städtischen Unterschicht zählten.

Schon oft galt Bangui als eine der gefährlichsten Hauptstädte der Welt. Zuletzt war dies zu Beginn 2014 der Fall, als die Anti-Balaka-Milizen durch die muslimischen Viertel bei PK-12 und PK-5 zogen und nur verbrannte Erde und verstümmelte Leichen hinterließen. Quasi die ganze Bevölkerung Banguis – Muslime und Christen gleichermaßen – floh in jenen Monaten an den Flughafen Bangui-M'Poko im Nordwesten der Stadt und campierte monatelang auf der Landebahn sowie dem umliegenden Gelände zwischen alten Flugzeugwracks.

Doch trotz dieser blutigen Geschichte hat Bangui viel Leben zu bieten. Es ist ein schmuckes kleines Städtchen von nicht einmal einer Million Einwohnern. Die Hauptverkehrsstraßen sind geteert und haben nur wenige

Straßenansicht von Bangui im Jahre 2004.

»Ganz Afrika im Kleinen«

Schlaglöcher. Es gab vor dem Krieg eine funktionierende Infrastruktur in Form von Straßenlaternen und Stromnetzen, die von der Séléka im großen Stil demontiert wurden. Im Vergleich zu anderen afrikanischen Hauptstädten staut sich in Bangui der Verkehr nur wenig, es gibt ein gut funktionierendes Taxi-System mit festen Preisen. Die Stadt ist sehr grün, überall stehen die für Zentralafrika berühmten Mango-Bäume, die Schatten spenden.

In Restaurants und Kneipen wird gegessen und getrunken, getanzt und es werden Geschäfte abgewickelt. Wer den Boulevard oder die Uferstraße entlang schlendert, bekommt durch die Architektur den Eindruck, im mediterranen Frankreich spazieren zu gehen, wo seit vielen Jahrzehnten die Zeit stillsteht. Die Häuser und Villen im französischen Baustil sind etwas heruntergekommen, doch spiegeln sie nach wie vor eine glorreiche Zeit wider: vor allem das Außenministerium mit seiner futuristisch anmutenden Architektur. Markante Punkte und wichtige gesellschaftliche Begegnungsstätten sind in Bangui die Handvoll Hotels, die einmal als Luxus-Unterkünfte für Händler und Kolonialherren gebaut worden waren. Das berühmteste ist noch immer das direkt am Fluss gelegene Ubangi-Hotel mit seinen elf Stockwerken, die den Fluss überragen, unweit der französischen Botschaft und der Tennisplätze am Boulevard du Général de Gaulle. 2013 wurde es als die erste Adresse des Landes vom Ledger-Hotel an der Avenue de l'Indépendance im Zentrum der Stadt gelegen abgelöst: einem Fünf-Sterne-Palast mit Präsidenten-Suite und Swimming-Pool. Das Ledger war eine der letzten größeren Investitionen der Laica-Group, dem Hotelunternehmen von Libyens Ex-Präsident Muammar al-Gaddafi (1944–2011), bevor er 2011 gestürzt und getötet wurde. Hier manifestierte sich die Ironie der Geschichte, hatten doch die Franzosen maßgeblich zum Sturz Gaddafis beigetragen und die Séléka-Rebellen enge Verbindungen nach Libyen unterhalten. Das Ledger hatte noch kein halbes Jahr geöffnet, der Pool war noch eine Baustelle, als die Séléka-Rebellen die Macht im Herzen Afrikas an sich rissen und sich wie Fürsten in dem 5-Sterne-Bunker einquartierten. Ihre Leibwächter schliefen schwer bewaffnet im leeren Swimmingpool.

II. Strukturen und Lebenswelten

Kamerun – »ganz Afrika« im Kleinen

Im Herzen Afrikas – zwischen dem Atlantik und dem Tschad gelegen, von unruhigen Nachbarn wie Nigeria und der Zentralafrikanischen Republik flankiert und im Süden von der Republik Kongo, Gabun und Äquatorialguinea begrenzt, liegt Kamerun. Die Fläche des Landes ist 30 Prozent größer als Deutschland, doch leben hier nur etwas mehr als 22 Mio. Menschen. Es wird »Afrique en miniature« genannt, weil das Land das ganze afrikanische Klimaspektrum vom feuchten Tropenklima der Regenwälder im Süden bis zur Trockensavanne im Norden aufweist und durch große ethnische Vielfalt geprägt ist. In Kamerun gibt es an die 300 Volks- und Sprachgruppen. In der am dichtesten besiedelten Küstenprovinz mit der Hauptstadt Yaoundé und im Süden leben überwiegend Bantu-Völker. Das westliche und nordwestliche Grasland wird hauptsächlich von Semibantu und sudanesischen Völkern wie den Fulbe (auch Fulani/Peul) besiedelt.

Von der Küstenebene im Süden bis zur Tschadebene im Norden ist Kamerun ein hügeliges bis bergiges Land. Der Kamerunberg im Westen ist 4070 Meter hoch. An der Grenze zu Nigeria erstreckt sich das Mandara-Gebirge vulkanischen Ursprungs. Das Adamaoua-Hochland zieht sich mit 2700 Meter hohen Gipfeln durch die Mitte des Landes. Auch im Glauben ist Kamerun vielfältig. Etwa 70 Prozent der Bevölkerung bekennt sich zum Christentum, während im Norden überwiegend Muslime anzutreffen sind. Doch überall ist zugleich der alte lokal überlieferte Glaube stark ausgeprägt, in dem die Mittlerrolle der Ahnen zentral ist. Im nördlichen Kamerun findet man sogar noch den alten Schädelkult, bei dem die Schädel Verstorbener ausgegraben und an geweihten Kultstätten auf Bergen, an Flüssen und an Weggabelungen aufbewahrt als Mittler zu den Ahnen dienen. Wahrsager sind in den Dörfern angesehene und mächtige Männer.

Seinen Namen verdankt Kamerun portugiesischen Seefahrern, die 1472 an der Küste landeten und den Fluss Wouri wegen seiner vielen Krabben Rio de Camarões tauften. Aus Camarões wurde ein Gebiets- und während der deutschen Kolonialzeit (1884–1919) der Landesname Kamerun. 1919/22 gelangte das Territorium unter französische und britische Mandatsverwal-

»Ganz Afrika im Kleinen«

tung, wobei Frankreich vier Fünftel des Landes erhielt. Heute gibt es, nach der Unabhängigkeit von 1960 und dem Anschluss eines Teils des ehemals britisch verwalteten Kameruns 1961, zehn Regionen (bis 2008 Provinzen), von denen zwei die englische Amtssprache führen. Die Unterschiede zwischen der französisch- und der englischsprachigen Region sind immer noch gravierend. Nicht nur, dass mancher Kameruner nicht beide Amtssprachen beherrscht, auch mit der deutschen Vergangenheit sind die Mandatsmächte sehr unterschiedlich umgegangen. In den französischen Regionen existieren offenbar kaum noch bauliche Zeugnisse der deutschen Kolonialzeit, wohl aber in den britischen. Um es zuzuspitzen – alle Häuser mit einem Ziegeldach und einem Schornstein, sind Relikt der deutschen Vergangenheit. Ansonsten herrschen in den Städten Beton und Wellblech vor, während man auf dem Land überwiegend die regional sehr unterschiedlichen Holz- und lehmverputzten Mattenhäuser vorfindet. Überall wird die Kunst des Flechtens von Raphiapalmblättermatten für die Wände und Dächer der Häuser gepflegt. Nur wer Geld hat, kann sich Steinbauten leisten.

Kamerun ist ein armes, aber faszinierendes Land. Während vor der Küste Erdöl gefördert wird, gibt es im Südosten riesige Regenwälder. Leider werden diese im großen Stil abgeholzt, einerseits wegen des Rohstoffes Holz, andererseits um Palmölplantagen anzulegen: Kamerun ist der drittgrößte Palmölproduzent der Welt. In den abgelegenen Dörfern betreiben die Bewohner Subsistenzwirtschaft. Eine Überproduktion lohnt kaum, da es nur wenige überregionale Handelswege gibt. Fortschritt und Traditionelles sind hier nebeneinander zu erleben, so eine Bäuerin, die mit einer Kurzstielhacke in der einen und einem Handy in der anderen Hand ihre Arbeit verrichtet. Ist das Tagewerk geschafft, vertreibt man sich die Zeit mit Ruhen oder Gesprächen, letztere oft traditionell unter Bäumen (»Palaverbäume«), säuberlich nach Geschlechtern getrennt.

Wer reisen will, dem stehen in den Städten Autos, Busse und die Bahn zur Verfügung. Autos dokumentieren den Lebensstandard und es gibt teilweise sehr noble Fahrzeuge. In der Mehrzahl sind sie aber aller überflüssigen Verkleidung beraubt. Wer ein Fahrzeug finanzieren kann, bietet seine Dienste als »Taxifahrer« an und da stört jeglicher Ballast, wenn bis zu zwölf Leute

II. Strukturen und Lebenswelten

Zweiräder sind ein wichtiges Transportmittel in Afrika – sowohl für Menschen als auch für Güter, Kamerun 2014.

oder alternativ bis zu fünf Personen auf dem Moped transportiert werden sollen. Insbesondere in entlegeneren Gebieten sind solche Transportmittel unerlässlich. 20 lebende Hühner, zwei Schafe oder eine geschlachtete zweigeteilte Kuh können dagegen bequem auf dem Moped oder Fahrrad transportiert werden. Lastkraftwagen prägen das Verkehrsbild insbesondere zwischen Kamerun und Nigeria, das als Warenproduzent für Afrika die Rolle spielt, die China für Europa ausfüllt. Beladen ist ein Lkw, wenn wirklich gar nichts mehr drauf passt. Oft erreichen die Warenstapel die vierfache Höhe und die doppelte Breite des Fahrzeugs. Im Vergleich zu Deutschland ist die Verkehrsdichte gering, die Unfallzahlen sind aber immens hoch. Sehr häufig bleiben Fahrzeuge liegen, aber die Fahrer sind großartige Tüftler und Erfinder.

Auch Handwerk kann man in Kamerun sehr ursprünglich erleben. Hochangesehen ist das Gerberhandwerk, das noch in Kloake-Kuhlen betrieben wird und sprichwörtlich zum Himmel stinkt. Schwerer haben es die Schmiede, die zumeist aus gesammeltem Schrott, oft europäischen Elektrogeräten, alles herstellen was gebraucht wird – vom Messer über Werkzeug bis hin zu Behältern und Käfigen. Die in Europa früher hochangesehen Metallverarbeiter haben hier wenig Ansehen, waren sie es doch, die

»Ganz Afrika im Kleinen«

lange Zeit zusätzlich als Totengräber fungierten. Das Handwerk wird nach alter Tradition von Generation zu Generation »vererbt«. Trotz Schulpflicht sieht man schon Kinder von drei Jahren fleißig auf Blechen hämmern. Auch technische Hilfsmittel werden genutzt. So wird ein Blasebalg schon mal mit dem Fahrrad angetrieben, eine Palmölmühle mit einem ausgedienten Auto.

Kamerun ist eine Präsidialrepublik mit einem Mehrparteiensystem, regelmäßigen Wahlen und einer gültigen Verfassung. Dennoch sind der Einfluss der Lamidate (Sultane) und Fons (Könige) allgegenwärtig spürbar. Das liegt auch daran, dass Kleinkriminalität, Land- oder Nachbarschaftsstreitigkeiten immer noch durch lokales, mündlich überliefertes Recht entschieden wird, bei dem die traditionellen Autoritäten ebenso wie bei der Vergabe von Land großen Einfluss haben. Sie leben von Einkünften und Geschenken aus der Region sowie zunehmend von Touristen. Nicht selten sind sie polygam, wobei ihre Frauen die Feldarbeit verrichten und der Lamido, Fon oder Sultan Audienzen gewährt und Einfluss auf die Politik nimmt. In der Hierarchie folgen ihnen die ebenfalls einflussreichen Schichten der Notabeln mit Weisen, Sehern, Alten und derer, die sich in die entsprechenden Kreise einkaufen konnten.

Ein buntes Erlebnis in Kamerun sind wie fast überall in Afrika die Märkte. Hier gibt es so ziemlich alles, was man zum Leben braucht, zahlreiche Obst- und Gemüsesorten und unzählige Gewürze. Märkte sind aber nicht nur zum Einkaufen da – sie bringen Abwechslung in den Alltag, man erfährt Neuigkeiten und es ist eine Kontaktbörse. Hier beschauen sich die jungen Menschen aus den umliegenden Dörfern und wenn es klappt, wechselt die Frau gegen ein ordentliches Brautgeld als Arbeitskraft in die Familie des Mannes.

In den Städten wie Yaoundé, Douala, Garoua oder Bamenda ähnelt das Leben eher dem in Europa. Hier wird in Stein und Beton gebaut, es gibt Banken, Hotels, Geldautomaten, Restaurants und an jeder Ecke Stände mit frisch bereiteten Fleisch- und Fischgerichten. Auch Maniok, Kochbanane und vieles mehr sollten probiert werden – ebenso Palmwein und Hirsebier. »Europa hat das Geld und Afrika die Zeit« sagt ein afrikanisches Sprichwort – und so läuft hier alles etwas ruhiger.

Martin Rink, Simone Schlindwein, Angelika Diedrich

▼ Zeittafel

Dieser chronologische Überblick beinhaltet eine Auswahl der wichtigsten politischen und sicherheitspolitischen Ereignisse. Bezüglich der Daten variieren die Angaben je nach Quelle. Nicht immer kann daher eine völlige Zuverlässigkeit garantiert werden.

Überregionale Ereignisse

Ab ca. 1000 v.Chr.	Ausbreitung der Bantu-Ethnien südlich und östlich vom heutigen Kamerun. Zwischen 500 und 1000 n.Chr. Aufspaltung in die heutigen Sprachgruppen.
9.–15. Jh. n.Chr.	Entfaltung und Höhepunkt der Sao-Zivilisation in der Region des Tschadsees.
872	Erste Erwähnung des Kanem-Reichs der Zaghawa, nördlich des Tschadsees. Ende des 11. Jh. Aufstieg und Beginn der Islamisierung. Ende des 14. Jh. Verlegung der Herrscherresidenz und Umbenennung zum Reich Kanem-Bornu. Ende des 16. Jh. größte Machtausdehnung.
um 1350	Gründung des Kongo-Königreichs unter Nimi a Nzima an der Atlantikküste (heute DR Kongo, Nord-Angola).
um 1420	Gründung des Königreichs der Luba.
Mitte 15. Jh.	Beginn des europäischen Sklavenhandels in Afrika.
1472–1474	Portugiesische Seefahrer im Golf von Guinea. Entdeckung der Inseln Annobón und Fernando Póo (heute Äquatorialguinea). São Tomé und Príncipe werden in den folgenden Jahrzehnten mit portugiesischen Sträflingen und Sklaven besiedelt.
1482	Der portugiesische Seefahrer Diogo Cão erkundet als erster Europäer die Mündung des Kongo.
1491	König Nzinga a Nkuwu im Kongo konvertiert zum Christentum und nimmt den Namen João I. an.
1512	Gründung von Massenya als Hauptstadt des Königreichs Baguirmi (heute Nordostnigeria/Tschad).
1515	Erste französische Handelsschiffe an der Küste des heutigen Gabun.

Überregionale Ereignisse

1568	Zerstörung der Hauptstadt des Kongo-Königreichs São Salvador (Mbanza Kongo) durch die Invasion der Jaga. Portugiesische Intervention zugunsten des Kongo-Reichs.
1575	Portugiesen gründen das heutige Luanda (Angola) als Ausgangspunkt für den expandierenden Sklavenhandel.
Um 1600	In der heutigen Zentralafrikanischen Republik (ZAR) Entwicklung der Reiche der Nzakara und Ngbandi, südlich der Regenwaldzone im Kongobecken des Lunda-Reichs. Gründung des Königreichs Wadai (Ouaddai, heute Tschad).
1665	Okt.: Schlacht von Mbwila (Ambuila) zwischen dem Königreich Kongo und Portugal. Niedergang des Kongo-Königreichs.
1778	Vertrag von El Pardo: Portugal überträgt Spanien Annobón und Fernando Póo.
1804	Usman dan Fodio gründet das Kalifat von Sokoto (heute nordöstliches Nigeria).
1807	Das britische Parlament stimmt für die Abschaffung des transatlantischen Sklavenhandels. Zu dessen Unterbindung wird anschließend die britische Marine eingesetzt.
1839	9. Febr.: Französischer Stützpunkt im heutigen Gabun durch ein Abkommen mit König Denis (Antchouwé Kowe Rapontchombo).
1849	Französische Gründung von Libreville nach der Ansiedelung von freigelassenen Sklaven (heute Gabun).
1849–1855	Afrikaexpedition des deutschen Historikers und Geografen Heinrich Barth. 1851 Reise durch die Reiche Kanem, Bornu und Baguirmi in der Tschadsee-Region.
1858	Generelles Verbot des Sklavenhandels durch europäische Mächte.
1869–1874	Expedition des deutschen Afrikaforschers Gustav Nachtigal durch die Sahara und die Sudan-Region, dabei Reise durch die Reiche Bornu und Wadai.

Überregionale Ereignisse

1874–1877	Expedition des walisisch/US-amerikanischen Journalisten Henry Morton Stanley von Sansibar bis zur Kongomündung.
1875–1878	Erste, dreijährige Expedition des französischen Offiziers Pierre Savorgnan de Brazza im heutigen Gabun und in der heutigen Republik Kongo.
1879–1884	Stanley-Expedition im Auftrag des belgischen Königs Leopold II. zur Kolonialisierung des Kongo.
Ab 1880	Brazza schließt Verträge mit lokalen Herrschern und erwirbt Gebiete für Frankreich.
1880–1882	Kongo-Expedition der deutschen Afrikaforscher Paul Pogge und Hermann von Wissmann.
1884	11. bis 14. Juli: Deutscher Protektoratsvertrag mit lokalen Autoritäten in Kamerun. Erklärung Kameruns zum deutschen Schutzgebiet. Gustav Nachtigal wird kaiserlicher Kommissar für die Westküste Afrikas.
1884/85	15. Nov. bis 26. Febr.: Die Berliner Afrikakonferenz bestimmt die Aufteilungsrechte der zu kolonisierenden Gebiete unter Großbritannien, Frankreich, dem Deutschen Reich, Portugal, Italien und Spanien. Der Kongo-Freistaat wird persönlicher Besitz des belgischen Königs.
1889	Gründung des französischen Außenpostens in Bangui.
1897	Okt.: Schutzvertrag zwischen Baguirmi und Frankreich.
1899	Nov.: Schutzvertrag zwischen Frankreich und Kanem.
1900	22. April: Schlacht bei Kousseri (heute Kamerun) zwischen den französischen Truppen unter François Lamy und dem Herrscher Rabeh az-Zubayr ibn Fadl Allah. 29. Mai: Gründung der Stadt Fort Lamy (heute N'Djamena).
1903	Unterwerfung des Kalifats von Sokoto durch Großbritannien. Borno folgt 1904.
1908	15. Nov.: Der Kongo-Freistaat wird belgische Kolonie.
1909–1911	Unterwerfung des Wadai-Königreichs durch Frankreich.

Überregionale Ereignisse

1910	**15. Jan.:** Gründung der Föderation Französisch-Äquatorialafrika (Afrique Équatoriale Française, AEF) bestehend aus den Gebieten Moyen Congo (heute Rep. Kongo), Oubangui-Chari-Tchad (ZAR/Tschad) und Gabun.
1913	Der elsässische Arzt Dr. Albert Schweitzer beginnt seine medizinische Mission in Lambaréné (heute Gabun).
1914	**Aug.:** Ausbruch des Ersten Weltkriegs.
1919 und 1922	Die deutschen Schutzgebiete gehen als Mandatsgebiete des Völkerbundes an Großbritannien, Frankreich und Belgien.
1921–1934	Bau der Eisenbahn »Congo-Océan« von Brazzaville nach Pointe-Noire. Tausende zwangsrekrutierte afrikanische Arbeiter sterben.
1925/26	Der französische Journalist André Gide berichtet auf seiner Reise durch das Gebiet der AEF über die Ausplünderungen durch französische Privatfirmen.
1926	Spanien kontrolliert das Kontinentalterritorium Río Muni und verwaltet es zusammen mit der Insel Fernando Póo (Bioko) als Kolonie (heute Äquatorialguinea).
1928–1931	»Kongo-Wara-Krieg« bzw. »Baya-Krieg«: auf dem Gebiet der heutigen ZAR, des südlichen Tschad, der Rep. Kongo sowie in Ostkamerun gegen die französische Kolonialherrschaft.
1940	**26. Aug.:** Gouverneur Félix Eboué stellt Tschad als erste Kolonie hinter das Freie Frankreich von Charles de Gaulle. In der Folge Anschluss Kameruns und Progaullistischer Putsch in Brazzaville.
1944	**30. Jan. bis 8. Febr.:** Konferenz von Brazzaville: Charles de Gaulle verspricht den französischen Kolonien mehr Eigenverantwortung.
1958	**Sept.:** Referendum in den französischen Kolonien zur »Communauté Française«. Umwandlung Französisch-Äquatorialafrikas in die vier autonomen Administrationsbezirke Gabun, Rep. Kongo, Tschad und die ZAR.

Überregionale Ereignisse

1959	Gründung der Zollunion »Union Douanière Équatoriale« (UDE) durch die vier ehemaligen AEF-Gebiete.
1960	Unabhängigkeit der meisten französischen Kolonien.
	30. Juni: Belgisch-Kongo wird unabhängig. In der Folge kommt es zur politischen Krise, zur Sezessionsbestrebung Katangas und zum ersten Einsatz der Vereinten Nationen (VN) in Subsahara-Afrika.
1963	25. Mai: Gründung der Organisation für Afrikanische Einheit (OAU).
1964	22. Mai: Gründung der »Lake Chad Basin Commission« (LCBC) durch den Tschad, Kamerun, Nigeria und Niger. 1996 Beitritt der ZAR und 2008 Libyen der LCBC.
1966	1. Jan.: Offizielles Inkrafttreten der zentralafrikanischen Wirtschaftsgemeinschaft »Union Douanière et Économique d'Afrique« (UDEAC) mit Gabun, Kamerun, der Rep. Kongo, Tschad und der ZAR. Die Gründung geht auf den Vertrag von Brazzaville vom 8. Dez. 1964 zurück.
1967–1970	30. Mai: Der Südosten Nigerias (Biafra) erklärt sich für unabhängig. Ausbruch des Bürgerkrieges mit einer halben bis zwei Millionen Toten.
1975	12. Juli: Unabhängigkeit von São Tomé und Príncipes. 11. Nov.: Unabhängigkeit Angolas. Ausbruch des Bürgerkrieges, der bis 2002 andauert.
1976	In Zaïre tritt erstmals das Ebola-Virus auf.
1983	18. Okt.: Gründung der zentralafrikanischen Wirtschaftsgemeinschaft »Communauté Économique des États de l'Afrique Centrale/ Economic Community of Central African States« (CEEAC/ECCAS) mit den UDEAC-Mitgliedern sowie Burundi, Ruanda, Zaïre und São Tomé und Príncipe.
1987	Gründung einer ugandischen Rebellengruppe durch Joseph Kony. Später Umbenennung in »Lord's Resistance Army« (LRA).

Überregionale Ereignisse

1990	**Juni:** Franco-Africa-Gipfel in La Baule: Frankreichs Präsident François Mitterrand fordert die frankophonen Staaten zu demokratischen Reformen auf.
1994	**12. Jan.:** Die 50-prozentige Abwertung des CFA-Franc durch Frankreich verstärkt in vielen frankophonen Ländern die Wirtschaftsprobleme. **16. März:** Gründung der Wirtschafts- und Währungsunion »Communauté Économique et Monétaire de l'Afrique Centrale« (CEMAC) durch die sechs UDEAC-Staaten. 1999 wird die UDEAC mit der Arbeitsaufnahme der CEMAC aufgelöst. **6./7. April:** Beginn des 100-tägigen Genozids an Tutsi und moderaten Hutu mit geschätzten 800 000 Toten in Ruanda. Fast zwei Millionen Flüchtlinge.
1995	Im Osten von Zaïre bildet sich die ugandische Rebellengruppe »Allied Democratic Forces« (ADF).
1996	**Okt.:** Die Rebellengruppe AFDL unter Laurent-Désiré Kabila beginnt mit Unterstützung Ruandas und Ugandas den ersten »Kongo-Krieg« im Osten von Zaïre.
1997	**17. Mai:** Die AFDL nimmt Kinshasa ein. Kabila macht sich zum Präsidenten. Zaïre wird in Demokratische Republik Kongo (DR Kongo) umbenannt.
1998	**2./3. Aug.:** Meuternde Soldaten rebellieren mit ruandischer Unterstützung im Osten der DR Kongo. Der »Erste Afrikanische Weltkrieg« bricht aus. Bis 2002/03 kämpfen bis zu acht afrikanische Staaten um die politische Macht in der DR Kongo. Zwischen 2,5 und fünf Mio. Menschen sterben.
2000	**30. Sept.:** Ruandische Rebellen und Täter des ruandischen Genozids (»Génocidaires«) schließen sich im Osten der DR Kongo formell zur Gruppe FDLR zusammen.
2001	**16. Jan.:** Ermordung von Laurent-Désiré Kabila. Zehn Tage später Amtsnachfolge durch seinen Sohn Joseph.
2002	Im Nordosten Nigerias entsteht die islamistische Terrorgruppe »Boko Haram«.

Überregionale Ereignisse

	9. bis 11. Juli: Gründungszeremonie der Afrikanischen Union (AU) als Nachfolge der OAU in Durban (Südafrika).
2003	Frühjahr: Im Westen des Sudans, Darfur, bricht ein Bürgerkrieg aus. Hunderttausende Menschen fliehen in den Tschad und in die ZAR. 12. Juni bis 1. Sept.: EU-Überbrückungsmission Operation »Artemis« im Osten der DR Kongo.
2006	30. Juni bis 30. Nov.: EU-Einsatz in der DR Kongo zur Durchführung von Wahlen (EUFOR RD Congo), Wahlsieg von Joseph Kabila.
2007	Transparency International fordert von Frankreich strafrechtliche Ermittlungen gegen die Präsidenten Omar Bongo (Gabun), Denis Sassou-Nguesso (Rep. Kongo) und Teodoro Obiang Nguema Mbasogo (Äquatorialguinea) wegen Veruntreuung und Korruption. Am 9. Nov. 2010 erkennt ein französisches Gericht die Verfahren an und lässt die Ermittlungen zu (»Biens Mal Acquis«-Verfahren).
2008	14. Dez.: Operation »Lightning Thunder« der kongolesischen und ugandischen Armee gegen die LRA im Osten der DR Kongo. Als Vergeltung ermordet die LRA über 850 Zivilisten, bevor sie in mehrere Gruppen zerbricht.
2009	26. bis 31. Juli: Im Norden Nigerias kommen bei Unruhen rund 800 Menschen ums Leben. Der Anführer von »Boko Haram«, Mohammed Yusuf, stirbt im Polizeigewahrsam. Die restlichen Anhänger fliehen ins Ausland oder gehen in den Untergrund.
2010	Sept./Okt.: »Boko Haram« beginnt im Nordosten Nigerias ihre Terrorkampagne. Bis 2015 sterben geschätzte 15 000 Menschen.
2012	März/April: Die AU autorisiert eine »Regional Task Force« (RTF) mit bis zu 5000 Soldaten zur Jagd von Joseph Kony. Die VN und die EU unterstützen die RTF finanziell.

April/Mai: Im Osten der DR Kongo formiert sich die Rebellengruppe M23.
Im Nov. nimmt sie kurzzeitig die Millionenstadt Goma an der Grenze zu Ruanda ein.
10. Juli: Mit dem kongolesischen Warlord Thomas Lubanga wird erstmals ein Verantwortlicher wegen der Rekrutierung Minderjähriger in bewaffneten Konflikten verurteilt.

2013 28. März: Der VN-Sicherheitsrat autorisiert in Resolution 2098 die Aufstellung einer »Force Intervention Brigade« (FIB) als Teil der VN-Mission MONUSCO. Mit rund 3000 Soldaten aus Malawi, Südafrika und Tansania erhält sie das Mandat, die bewaffneten Gruppen im Osten der DR Kongo zu neutralisieren.
5. Nov.: Militärischer Sieg der kongolesischen Armee und der FIB gegen die M23-Rebellen.
12. Dez.: Vertrag zwischen M23 und der kongolesischen Regierung über die Amnestierung der M23-Kämpfer und die Umwandlung der M23 in eine politische Partei.
15./16. Dez.: Nach einem angeblichen Putschversuch bricht in Juba (Südsudan) ein Bürgerkrieg zwischen Anhängern des Präsidenten Salva Kiir Mayardit und seinem ehemaligen Vizepräsidenten Riek Machar aus.

2014 16. Jan.: Die kongolesische Armee startet eine Operation gegen die ugandische Rebellengruppe ADF und nimmt deren wichtigsten Stützpunkte ein.
14. April: »Boko Haram« entführt über 250 Schulkinder aus der Stadt Chibok in Nordnigeria. Über »Twitter« erhält der Konflikt durch die Kampagne »#BringBackOurGirls« globale Aufmerksamkeit.
Aug.: Nach der Einnahme der Stadt Gwoza ruft »Boko Haram« ein Kalifat aus. Rückeroberung Gwozas durch die nigerianische Armee am 27. März 2015.

2015 29. Jan.: Die kongolesische Armee verkündet den offiziellen Beginn einer Operation gegen die FDLR-Rebellen. Beginn der Operation am 24. Febr.
29. Jan./3. März: Die AU autorisiert die Staaten der Lake Chad Basin Commission und Benin zur Aufstellung

> einer »Multinational Joint Task Force« (MNJTF) gegen »Boko Haram«.
> **7. März:** Per Audiobotschaft schwört »Boko Haram«-Anführer Abubakar Shekau Loyalität gegenüber der Terrorgruppe »ISIS« in Syrien und Irak.
> **April:** Festnahme des ADF-Anführers Jamil Mukulu in Tansania.

Äquatorialguinea (ÄG) (1959–2015)

1959	Gründung der Unabhängigkeitsbewegung »Movimiento Nacional de Liberación de Guinea Ecuatorial« (MONALIGE) in Libreville (Gabun).
1968	**12. Okt.:** Unabhängigkeit von Spanien. Beginn der Diktatur unter Macías Nguema mit zehntausenden Toten. Laut Geheimvertrag bleiben spanische Truppen im Land.
1969	**Febr. bis April:** Nach dem Tod eines Spaniers entsendet Spanien Soldaten. In der Folge verlassen rund 7000 Spanier und alle spanischen Truppen das Land. **5. März:** Angeblicher Putschversuch und Tod des Außenministers Atanasio Ndongo Miyone.
1970	Macías Nguema gründet den »Partido Único Nacional« (PUN). Später Umbenennung in »Partido Único Nacional de los Trabajadores« (PUNT).
1972	Gabun besetzt die von ÄG beanspruchten Inseln Congas, Mbañe und Cocotiers in der Bucht von Corisco. Der Grenzdisput geht 2004 zur Vermittlung an die VN. **14. Juli:** Nguema wird Präsident auf Lebenszeit.
1973	**Juli/Aug.:** Umbenennung der Hauptstadt Santa Isabel in Malabo. Fernando Póo wird Isla Macías Nguema. **4. Aug.:** Neue Verfassung. Ausrufung der Demokratischen Volksrepublik Äquatorialguinea als Einparteienstaat.
1977	Vertrag über Militärkooperation mit der UdSSR.
1978	**Juni:** Macías Nguema verbietet die Ausübung des katholischen Glaubens.

Äquatorialguinea (ÄG) (1959–2015)

1979 3. Aug.: Putsch von Macías Nguemas Neffen Oberstleutnant Teodoro Obiang Nguema Mbasogo. Der flüchtige Macías Nguema wird festgenommen. Das Verbot der katholischen Kirche wird aufgehoben und die Isla Macías Nguema in Bioko umbenannt. Wichtige Positionen im Staat werden mit Gefolgsleuten Obiangs besetzt.
Mitte Sept.: Marokko entsendet 600 Soldaten, darunter Obiangs Leibwache. Abzug 2000.
24. bis 29. Sept.: Prozess gegen Macías Nguema und Hinrichtung.

1983 23. Aug.: Alle 41 Sitze gehen in den Parlamentswahlen an Obiang-Unterstützer.
Dez.: Beitritt zur zentralafrikanischen Wirtschaftsgemeinschaft (CEEAC).

1985 1. Jan.: Beitritt zur frankophonen Währungsunion CFA-Franc und zur Wirtschaftsgemeinschaft UDEAC.

1986 18. bis 19. Juli: Putschversuch um den Verteidigungsminister und Onkel Obiangs, Oberstleutnant Fructuoso Mbá Oñana Nchama.

1987 11./12. Okt.: Gründung der Regierungspartei »Partido Democrático de Guinea Ecuatorial« (PDGE).

1989 25. Juni: Ohne Gegenkandidat wird Obiang mit angeblich 99 Prozent der Stimmen zum Staatspräsidenten gewählt.

1991 17. Nov.: Über 98 Prozent der Wähler stimmen per Referendum für ein Mehrparteiensystems.

1992 April: Der Export von Erdöl beginnt.

1993 21. Nov.: PDGE gewinnt bei den Parlamentswahlen 68 von 80 Sitzen. Die Opposition boykottiert die Wahlen.

1996 25. Febr.: Obiang gewinnt bei den Präsidentschaftswahlen fast 98 Prozent der Stimmen. Die meisten Oppositionspolitiker boykottieren die Wahl.
Juli: 27 Soldaten, darunter ein Cousin Obiangs, werden wegen angeblicher Verschwörung festgenommen und verurteilt.

1997 September: Obiang kündigt an, Französisch zur Amtssprache zu machen.

Äquatorialguinea (ÄG) (1959–2015)

1999	7. März: PDGE gewinnt bei den Parlamentswahlen 75 von 80 Sitzen.
2002	Juni: 68 Oppositionelle werden aufgrund einer Verschwörung zu langjährigen Haftstrafen verurteilt. 15. Dez.: Obiang erhält über 97 Prozent der Stimmen, die klare Mehrheit für eine weitere Amtszeit. Die Gegenkandidaten ziehen ihre Kandidatur am Wahltag zurück.
2003	29. Aug.: Exilpolitiker um Severo Moto Nsá bilden in Madrid (Spanien) eine Exilregierung.
2004	März: Ein Putschkomplott endet mit der Verhaftung mehrerer Söldner in Simbabwe und ÄG. Die Söldner und der abwesende Severo Moto werden zu langjährigen Haftstrafen verurteilt. 25. April: Bei den Parlamentswahlen gewinnt PDGE und ihre Verbündeten 98 von 100 Sitzen.
2005	Die Erdölförderung erreicht mit 375 000 Barrel pro Tag den Höchststand. ÄG ist drittgrößter Erdölproduzent Subsahara-Afrikas.
2008	4. Mai: Bei den Parlamentswahlen gewinnen die PDGE und ihre Verbündeten 99 von 100 Sitzen.
2009	3. Nov.: Obiang entlässt die noch inhaftierten Söldner. 29. Nov.: Wiederwahl Obiangs mit über 95 Prozent der Stimmen.
2011	31. Jan.: Präsident Obiang übernimmt den einjährigen Vorsitz der AU. Sept.: Frankreich beschlagnahmt mehrere Luxusautos von Obiangs Sohn Teodoro Nguema Obiang (Teodorín). 13. Nov.: Verfassungsreferendum über die Limitierung des Präsidialamtes auf zwei siebenjährige Amtszeiten und die Schaffung eines Vizepräsidenten wird mit fast 98 Prozent angenommen.
2012	21. Jan./12. Febr.: Zusammen mit Gabun richtet ÄG die afrikanischen Fußballmeisterschaften »Africa Cup of Nations« aus.

Äquatorialguinea (ÄG) (1959–2015)

2013	26. Mai: PDGE gewinnt 99 der 100 Sitze bei Parlamentswahlen. Dez.: Der ehemalige Oberst Cipriano Nguema Mba wird wegen angeblicher Putschpläne aus Nigeria nach ÄG verschleppt und später verurteilt.
2014	10. Okt.: Ein US-Gericht fordert »Teodorín« auf, Wertgegenstände von über 30 Mio. US-Dollar wegen Geldwäsche und Korruption zu verkaufen.
2015	17. Jan. bis 8. Febr.: Marokko verweigert die Austragung des »Africa Cup of Nations« aufgrund des Ebola-Ausbruchs, ÄG richtet erneut die Spiele aus als Gastgeber.

Gabun (1946–2015)

1946	Léon M'ba gründet die Partei »Comité Mixte Gabonais« (CMG).
1953	CMG geht im »Bloc Démocratique Gabonais« (BDG) auf.
1960	17. Aug.: Unabhängigkeit von Frankreich unter Führung Leon M'bas. Verteidigungsabkommen und Militärkooperation mit Frankreich. 16. Nov.: M'ba verhängt nach einem Misstrauensvotum den Notstand und lässt einige Minister verhaften.
1961	12. Febr.: Sieg von M'ba und seiner Regierungskoalition bei Wahlen ohne Gegenkandidaten.
1964	21. Jan.: Wegen politischer Opposition löst M'ba das Parlament auf. 17. bis 20. Febr.: M'ba wird in einem Militärputsch gestürzt. Frankreich schickt Fallschirmjäger, die ihn gegen den Protest der Bevölkerung wieder ins Amt bringen. 12. April: Bei der Parlamentswahl gewinnen die BDG und ihre Verbündeten 31 von 47 Sitzen.
1965	4. Sept.: In Lambaréné stirbt Albert Schweitzer.
1966	11. Nov.: M'ba wird zur medizinischen Behandlung nach Paris gebracht. Albert Bernard Bongo wird Vizepräsident.

Gabun (1946–2015)

1967 19. März: M'ba und seine BDG gewinnen ohne Gegner die Parlaments- und Präsidentschaftswahlen.
27. Nov.: M'ba stirbt in Paris. Bongo wird Nachfolger.

1968 12. März: Gründung von Bongos Einheitspartei »Parti Démocratique Gabonais« (PDG).
8. Mai: Nach Tansania ist Gabun das zweite Land, das Biafra im nigerianischen Bürgerkrieg anerkennt. Über Gabun liefert Frankreich Waffen dorthin.

1972 Gabun besetzt die von Äquatorialguinea beanspruchten Inseln Congas, Mbañe und Cocotiers in der Bucht von Corisco. Der Grenzdisput wird 2004 zur Vermittlung an die VN überstellt.

1973 25. Febr.: Wahlsiege von Bongo und der PDG ohne Gegenkandidaten.
Sept.: Bongo und sein Sohn Alain konvertieren zum Islam. Der Präsident nimmt den Namen El Hadj Omar Bongo, sein Sohn den Namen Ali an.

1975 Gabun tritt der Organisation erdölexportierender Länder (OPEC) bei. Austritt 1994.

1977 2. Juli: Präsident Bongo übernimmt den einjährigen Vorsitz der OAU.

1978 Erstmalige Mitgliedschaft als nicht-ständiges Mitglied im VN-Sicherheitsrat (1978 bis 1979).

1979 30. Dez.: Bongo wird ohne Gegenkandidat im Amt bestätigt.

1980 24. Febr.: PDG gewinnt als einzige Partei bei den Parlamentswahlen alle Sitze.

1985 17. Febr./3. März: PDG gewinnt als einzige Partei bei den Parlamentswahlen alle Sitze.

1986 9. Nov.: Bongo wird ohne Gegenkandidat im Amt bestätigt.

1990 Jan./Febr.: Studentenproteste in Libreville. Dutzende Verletzte.
27. März bis 21. April: Nationalkonferenz zur Reform des staatlichen Systems.

Gabun (1946–2015)

	Mai: Massendemonstrationen in Port-Gentil gegen Bongo. Die in Libreville stationierten französischen Soldaten schützen französische Bürger. Verfassungsänderung und Rückkehr zum Mehrparteiensystem. **4. Aug.:** Omar Bongo heiratet die Tochter des Präsidenten der Rep. Kongo, Édith Sassou-Nguesso. **Sept. bis Nov.:** Die Partei Omar Bongos gewinnt bei der chaotischen Parlamentswahl 63 von 120 Sitzen.
1993	**5. Dez.:** Omar Bongo wird mit 51 Prozent der abgegebenen Stimmen als Präsident bestätigt. Die Opposition wirft ihm Betrug vor.
1994	Bei einem Ebola-Ausbruch im dünn besiedelten Nordosten sterben über 50 Menschen. **Februar:** Nach der Abwertung des CFA-Franc steigen die Lebenshaltungskosten. Blutig eskalierende Streiks und Proteste, auch wegen der vorherigen Wahlergebnisse in Libreville. Im Oktober Einigung zwischen Bongo und der Opposition unter Vermittlung Frankreichs.
1996	In zwei separaten Ebola-Ausbrüchen sterben fast 100 Menschen. **15. und 29. Dez.:** PDG gewinnt bei den Parlamentswahlen 85 von 120 Sitzen.
1997	Mit über 370 000 Barrel pro Tag wird das Maximum der Erdölproduktion erreicht.
1998/99	Zweite nicht-ständige Mitgliedschaft im VN-Sicherheitsrat. **6. Dez.:** Bongo gewinnt fast 67 Prozent der Stimmen bei den Präsidentschaftswahlen.
2001	**9. Dez.:** PDG gewinnt bei den Parlamentswahlen 86 von 120 Sitzen.
2003	**Juli:** Per Verfassungsänderung wird die Amtszeitbegrenzung für Präsidenten aufgehoben.
2005	**27. Nov.:** Bongo gewinnt über 79 Prozent der Stimmen. Die Opposition wirft ihm Betrug vor.

Gabun (1946–2015)

2006 — 17. Dez.: PDG und Verbündete gewinnen bei Parlamentswahlen 99 von 120 Sitzen.

2009 — 8. Juni: Nach 41 Jahren im Amt stirbt Omar Bongo nach schwerer Krankheit in Spanien. Rose Rogombé wird als erste Frau Gabuns Interimspräsidentin.
30. Aug.: Bongos Sohn Ali Bongo Ondimba wird vor André Mba Obame zum Präsidenten gewählt.
Die Opposition erkennt die Wahl nicht an. Anfang September Unruhen in Port Gentil, daraufhin Sicherung französischer Firmen durch französische Truppen.
16. Okt.: Vereidigung Ali Bongos. Angélique Ngoma wird erste weibliche Verteidigungsministerin.

2010/11 — Dritte nicht-ständige Mitgliedschaft im VN-Sicherheitsrat.

2011 — Jan.: Der Oppositionspolitiker André Mba Obame erklärt sich zum rechtmäßigen Sieger der Präsidentschaftswahl, verkündet die Aufstellung einer Gegenregierung, wird aber zur Flucht in einen VN-Stützpunkt gezwungen.
17. Dez.: Sieg von Bongos PDG bei den Parlamentswahlen. Boykott der Wahlen durch die Opposition.

2012 — 21. Jan./12. Febr.: Gabun richtet zusammen mit Äquatorialguinea den »Africa Cup of Nations« aus.

2015 — 4. Febr.: Aufhebung des Verbots von André Mba Obames Oppositionspartei »Union Nationale«.
12. April: Tod des Oppositionsführers Obame in einem Krankenhaus in Yaounde (Kamerun).

Kamerun (1911–2015)

1911	4. Nov.: Marokko-Kongo-Abkommen zwischen dem Deutschen Reich und Frankreich zum Gebietsaustausch im heutigen Kamerun (Neukamerun).
1913	11. März: Vertrag zwischen Großbritannien und dem Deutschen Reich. Die Bakassi-Inseln gehen an Kamerun.
1914	1. bis 5. Aug.: Erklärung des Ausnahme-, dann des Kriegszustands im deutschen Schutzgebiet. 6. Aug.: Französischer Angriff im Südosten. 8. Aug.: Das legitime Oberhaupt der Douala-Ethnie, Rudolf Duala Manga Bell, wird wegen angeblichen Hochverrats von der deutschen Kolonialmacht gehängt. 27. Sept.: Alliierte Einnahme der Hafenstadt Duala.
1916	1. Jan.: Die Alliierten nehmen Jaunde (Yaoundé) ein. Anfang bis Mitte Febr.: Ein Großteil der deutschen Schutztruppe lässt sich in der spanischen Kolonie Río Muni (heute Äquatorialguinea) internieren. 18. Febr.: Ende letzter Kampfhandlungen.
1919 und 1922	Im Versailler Vertrag und durch ein Mandat des Völkerbundes verliert das Deutsche Reich die Kolonie an Frankreich und Großbritannien.
1946	Die VN bestätigen das französische und britische Treuhandmandat über Kamerun.
1948	10. April: Gewerkschafter bilden die UPC für die Aufhebung der Treuhandschaft und den Zusammenschluss der britischen und französischen Teile Kameruns.
1955	22. bis 30. Mai: Bei Unruhen sterben UPC-Aktivisten. 13. Juli: Verbot der UPC durch Frankreich. 1956 Dez.: Sabotageakte und Guerillakrieg.
1958	18./19. Febr.: Ahmadou Ahidjo von der Partei »Union Camerounaise« (UC) wird Premierminister. 13. Sept.: Der UPC-Anführer Ruben Um Nyobé wird von Polizisten getötet. Rund 2000 UPC-Kämpfer ergeben sich bis Ende Dezember.

Kamerun (1911–2015)

1960	1. Jan.: Politische Unabhängigkeit von Französisch-Kamerun. 10. April: Parlamentswahlen. 5. Mai: Das Parlament wählt Ahidjo zum Präsidenten. 3. Nov.: UPC-Anführer Félix-Roland Moumié wird von französischen Agenten in Genf ermordet. 13. Nov.: Vertrag zur Militärkooperation mit Frankreich.
1961	11. Febr.: Volksabstimmung in Britisch-Kamerun. Der nördliche Teil stimmt für die Angliederung an Nigeria, der südliche Teil an Kamerun. 1. Okt.: Unabhängigkeit von Britisch-Kamerun und Vereinigung mit Kamerun zur Föderation.
1965	23. März: Präsident Ahidjo wird als einziger Kandidat mit 100 Prozent der Stimmen gewählt.
1966	1. Sept.: Gründung der Einheitspartei »Union Nationale Camerounaise« (UNC).
1969	6. Sept.: Präsident Ahidjo übernimmt den einjährigen Vorsitz der OAU.
1970	7. Juni: UNC gewinnt bei Parlamentswahlen alle Sitze. 18./19. Aug.: UPC-Führer Ernest Ouandié wird verhaftet und am 15. Jan. 1971 hingerichtet.
1972	23. Febr. bis 5. März: Austragung der ersten afrikanischen Fußballmeisterschaften im Zentralen Afrika. 20. Mai: Verfassungsreferendum, wonach sich die föderativen Teile Kameruns am 2. Juni zur Vereinigten Republik Kamerun zusammenschließen. Einparteiensystem.
1973	18. Mai: UNC gewinnt bei Parlamentswahlen alle Sitze.
1974	Nicht-ständige Mitgliedschaft im VN-Sicherheitsrat. 21. Febr.: Militärisches Kooperationsabkommen mit Frankreich.
1975	5. April: Wiederwahl Ahidjos mit offiziell 99 Prozent der Stimmen.

Kamerun (1911–2015)

	1. Juni: »Maroua Declaration«. Nigeria erkennt Kameruns Anspruch auf die Bakassi-Halbinsel an. Durch einen Putsch in Nigeria wird der Vertrag nie ratifiziert. 30. Juni: Paul Biya wird Premierminister.
1978	29. Mai: UNC gewinnt bei den Parlamentswahlen alle Sitze.
1980	5. April: Wiederwahl Ahidjos mit 99 Prozent der Stimmen.
1981	Mai: Feuergefecht zwischen kamerunischen und nigerianischen Soldaten in der Nähe der Bakassi-Halbinsel.
1982	4. bis 6. Nov.: Rücktritt Ahidjos als Präsident aus gesundheitlichen Gründen; er bleibt bis zum 27. Aug. 1983 Vorsitzender der UNC. Biya wird Präsident.
1983	28. Mai: UNC gewinnt bei Parlamentswahlen alle Sitze. 22. Aug.: Angebliche Putschverschwörung um Ahidjo. Dieser flieht nach Frankreich und wird im Februar 1984 mit anderen Verschwörern in Abwesenheit zum Tode verurteilt.
1984	14. Jan.: Ohne Gegenkandidat wird Biya mit über 99 Prozent der Stimmen zum Präsidenten gewählt. Abschaffung des Amtes des Premierministers. Umbenennung in Republik Kamerun. 6. bis 9. April: Regierungstruppen schlagen einen Putschversuch der überwiegend aus dem Norden stammenden Präsidialgarde blutig nieder.
1985	Förderungshöchststand mit 185 000 Barrel Öl pro Tag. 24. März: Umbenennung der Einheitspartei UNC in »Rassemblement Démocratique du Peuple Camerounais« (RDPC).
1986	Wiederaufnahme der diplomatischen Beziehungen zu Israel und militärische Kooperation (nach Aussetzen 1973).
1988	24. April: Wiederwahl Biyas mit fast 100 Prozent der Stimmen.

Kamerun (1911–2015)

1990 Mai: Mehrere zehntausend Menschen fordern bei Protesten in Douala politische Reformen.
5./6. Dez.: Das Parlament beschließt Mehrparteiensystem.

1991 April/Mai: Bei landesweiten Protesten gegen die Regierung sterben dutzende Menschen.
Ende des Jahres: Einigung zwischen Oppositionsführern und Biya.

1992 1. März: RDPC gewinnt bei Parlamentswahlen trotz Boykotts der Oppositionspartei SDF nur 88 von 180 Sitzen.
11. Okt.: Erste Präsidentschaftswahlen mit mehreren Kandidaten. Paul Biya gewinnt durch angebliche Manipulation 39,9 Prozent der Stimmen. Die Opposition klagt vergeblich vor Gericht.
27. Okt.: Wegen anhaltender Unruhen verhängt Biya kurzzeitig das Kriegsrecht in den Heimatbezirken der Oppositionsführer im Nordwesten des Landes.

1993 Dez./Jan. 1994: Nigeria besetzt die angeblich ölreiche Bakassi-Halbinsel. In der Folge Gefechte zwischen kamerunischen und nigerianischen Truppen.

1994 März: Klage Kameruns beim Internationalen Gerichtshof (ICJ) in Den Haag wegen des Bakassi-Konflikts.

1995 13. Nov.: Beitritt zum britischen Commonwealth.

1996 8. Juli: Präsident Biya übernimmt den einjährigen Vorsitz der OAU.

1997 März/April: Nach der Verhaftung hunderter Oppositioneller im Nordwesten Tote bei Angriffen auf Sicherheitskräfte.
17. Mai: Bei umstrittenen Parlamentswahlen gewinnt RDPC 109 von 180 Sitzen.
12. Okt.: Paul Biya wird mit über 92 Prozent der Stimmen im Amt bestätigt. Die Opposition boykottiert die Wahl.

Kamerun (1911–2015)

2002 — Kamerun wird zum zweiten Mal nicht-ständiges Mitglied des VN-Sicherheitsrates.

2002/03 — 30. Juni/15. Sept.: RDPC gewinnt bei den Parlamentswahlen 149 der 180 Sitze. Die Opposition wirft der RDPC Betrug vor.
10. Okt.: Der Internationale Gerichtshof spricht Kamerun die Bakassi-Halbinsel zu.

2004 — 11. Okt.: Biya wird mit fast 71 Prozent der Stimmen wiedergewählt.

2006 — 12. Juni: »Green Tree Accord« in New York: Nigeria stimmt Truppenabzug von der Bakassi-Halbinsel zu.

2007 — 22. Juli/30. Sept.: Die RDPC gewinnt in einer von der Oppositionen mit vielen Unregelmäßigkeiten beklagten Parlamentswahl 153 von 180 Sitzen.
12./13. Nov.: Bewaffnete Zusammenstöße auf der Bakassi-Halbinsel.

2008 — Febr.: Unruhen wegen geplanter Verfassungsänderung und Preissteigerungen. Möglicherweise über 100 Tote.
14. April: Das Parlament hebt per Verfassungsänderung die Amtszeitbegrenzung für das Präsidialamt auf.
Mai: Mit der Entsendung von über 100 Soldaten zur FOMAC-Mission in der ZAR nimmt Kamerun erstmals mit Truppen an einer Peacekeeping-Mission teil.
Juni/Juli: Kämpfe auf der Bakassi-Halbinsel.
14. Aug.: Vollständiger Abzug der nigerianischen Beamten und Polizisten von der Bakassi-Halbinsel.

2009 — Aufgrund anhaltender Kriminalität im Grenzgebiet zur ZAR werden Teile der Eliteeinheit »Bataillon d'Intervention Rapide« (BIR) in den Norden verlegt.
Mai: Neues Militärabkommen mit Frankreich.

2011 — 9. Okt.: Paul Biya wird mit fast 78 Prozent der Stimmen wiedergewählt. Die Opposition beklagt erfolglos Unregelmäßigkeiten bei der Wahl.

Kamerun (1911–2015)

2013 14. April: Bei den Senatswahlen gewinnt die RDPC 56 von 70 Sitzen.
14. Aug.: Kamerun übernimmt die vollständige Administration der Bakassi-Halbinsel.
16. Sept.: Kamerunische Sicherheitskräfte nehmen den Rebellenführer »General« Abdoulaye Miskine aus der ZAR fest.
30. Sept.: Bei den Parlamentswahlen gewinnt Biyas RDPC 148 von 180 Sitzen.
Mitte Dez.: Einsatz der Eliteeinheit BIR an der Grenze zur ZAR gegen ehemalige Séléka-Kämpfer, später auch gegen »Boko Haram« im Nordwesten.

2014 Jan.: Aufnahme Kameruns in die US-geführte »Trans-Sahara Counterterrorism Partnership« (TSCTP).
Ab März: Gefechte zwischen Armee und »Boko Haram« im Grenzgebiet zu Nigeria. Zwischen Mai und November sollen offiziell über 1000 »Boko Haram«-Kämpfer und 33 Soldaten getötet worden sein.
Sept.-Nov.: Im Grenzgebiet zur ZAR nehmen Anhänger der Rebellengruppe FDPC kamerunische Geiseln. In der Folge Austausch gegen FDPC-Anführer Abdoulaye Miskine.
Ende Dez.: Rund 1000 »Boko Haram«-Kämpfer greifen Dörfer in Nordkamerun an und nehmen kurzzeitig den Militärstützpunkt in Achigachia ein. Zurückschlagen der Terrorgruppe durch kamerunisches Militär.

2015 Jan./Febr.: Wiederholte, massive Angriffe von »Boko Haram« gegen kamerunische Streitkräfte und Zivilisten.
Mitte Jan. Präsident Biya bittet den Tschad um militärische Unterstützung. Gemeinsame Antiterrorgruppe.

Republik Kongo (1958–2014)

1958	28. Sept.: Das Gebiet Moyen Congo wird autonomer Staat in der Communauté Française. 28. Nov.: Die Republik Kongo wird proklamiert. 8. Dez.: Der katholische Priester und Bürgermeister von Brazzaville, Fulbert Youlou, wird Premierminister.
1960	15. Aug.: Unabhängigkeit von Frankreich.
1961	26. März: Youlou wird ohne Gegenkandidat zum Präsidenten gewählt.
1963	13. bis 15. Aug.: Unruhen gegen Youlous Politik (Les Trois Glorieuses). Machtübernahme von Alphonse Massamba-Débat. Youlou wird verhaftet. 8. Dez.: Verfassungsreferendum zur Einführung eines Einparteiensystem unter dem marxistisch-leninistischen »Mouvement National de la Révolution« (MNR). 11. Dez.: MNR gewinnt bei den Parlamentswahlen ohne Gegner alle 55 Parlamentssitze. Pascal Lissouba wird Premierminister. Entlassung im April 1966.
1964	16. März: Aufnahme diplomatischer Beziehungen zur UdSSR und Beginn der Wirtschaftsunterstützung durch die UdSSR und China. Frankreich bleibt wichtigster Partner. 20. Juli: Das MNR wird die einzig zugelassene Partei.
1966	Juni: Putschversuch um Hauptmann Marien Ngouabi.
1968	Juli-Sept.: Armeemeuterei nach der Verhaftung von Hauptmann Ngouabi. 3. Aug.: Erzwungener Rücktritt des Präsidenten durch Ngouabi. Premierminister Hauptmann Alfred Raoul wird Übergangspräsident.
1969	1. Jan.: Übergabe des Präsidialamtes an Ngouabi. 29. bis 31. Dez.: Gründung der marxistisch-leninistischen Einheitspartei »Parti Congolais du Travail« (PCT).
1970	3. Jan.: Umbenennung des Landes in Volksrepublik (VR) Kongo. PCT wird einzige Partei. 22./23. März: Putschversuch um den pro-Youlou Hauptmann Pierre Kikanga.

Republik Kongo (1958–2014)

1972	22. Febr.: Putschversuch des linksideologischen Leutnants Ange Diawara.
1973	24. Juni: PCT gewinnt bei den Parlamentswahlen als einzige Partei alle Sitze.
1974	Jan.: Verstaatlichung der Ölgesellschaften. 1. Jan.: Militärkooperation mit Frankreich.
1977	März: Lebenslange Haft für den ehemaligen Premierminister Lissouba wegen einer angeblichen Verschwörung. Entlassung und Exil 1979. 18. März: Ermordung Ngouabis unter ungeklärten Umständen. 19. März: Machtübernahme durch Oberst Yhombi-Opango, ab 3. April Präsident. 25. März: Hinrichtung von Ex-Präsident Massamba-Débat wegen angeblicher Schuld am Tod Ngouabis.
1979	Febr./ März: Yhombi-Opango tritt als Vorsitzender des Militärkomitees zurück, später wird er verhaftet. Oberst Denis Sassou-Nguesso wird neuer Staatsführer. 12. Mai: Wiederaufnahme diplomatischer Beziehungen mit den USA. 8. Juli: PCT gewinnt bei den Parlamentswahlen ohne Opposition alle Sitze.
1981	Mai: Gegenseitiger Freundschafts- und Beistandsvertrag mit der UdSSR.
1984	23. Sept.: PCT gewinnt bei den Parlamentswahlen alle 153 Sitze.
1986	28. Juli: Präsident Sassou-Nguesso übernimmt den einjährigen Vorsitz der OAU.
1986/87	Erste nichtständige Mitgliedschaft im VN-Sicherheitsrat.
1987	Juli: Rebellion um Ngouabis ehemaligen Adjutanten Hauptmann Pierre Anga, der im Juli 1988 ermordet wird.
1989	24. Sept.: PCT gewinnt bei den Parlamentswahlen ohne Opposition alle Sitze.

Republik Kongo (1958–2014)

1990	**4. Aug.:** Sassou-Nguessos Tochter Édith heiratet Gabuns Präsidenten Omar Bongo. **Sept./Okt.:** Generalstreik für die Einberufung einer Nationalversammlung und gegen die Sparmaßnahmen der Regierung. **Dez.:** PCT distanziert sich vom Marxismus-Leninismus.
1991	**25. Febr.:** Einberufung einer Nationalversammlung. **10. Juni:** Die Volksrepublik Kongo wird in Republik Kongo umbenannt. Die Nationalversammlung wählt André Milonge zum Premierminister. Sassou-Nguesso bleibt Präsident.
1992	Aufbau von privaten Milizen durch die politische Elite. **15. Jan.:** Armeemeuterei im Zuge der angekündigten Reform. **8. Febr.:** Rückkehr des ehemaligen Premierministers Pascal Lissouba aus dem Exil. **16. Aug.:** Lissouba setzt sich in der zweiten Wahlrunde gegen Bernard Kolélas zum ersten frei gewählten Präsidenten durch. **Okt./Nov.:** Die Regierungskoalition zerbricht. Am **17. Nov.** Auflösung des Parlaments. Gegenregierung Kolélas und Ausschreitungen in Brazzaville. **Dez.:** Einigung zur Gemeinschaftsregierung.
1993	**2. Mai/6. Juni:** Bei den Parlamentswahlen erringt die Koalition um Lissouba 65 von 125 Sitzen. Kolélas erkennt den Wahlausgang nicht an. Bürgerkrieg in Brazzaville zwischen den Milizen Kolélas und Lissoubas. Rund 2000 Menschen sterben. Sassou-Nguesso bleibt neutral.
1994	**30. Jan.:** »Libreville Accord«: Waffenstillstandsvertrag zwischen den Konfliktparteien. **16. Juli:** Kolélas wird Bürgermeister von Brazzaville.
1995	**Dez.:** Vereinbarung zur Entwaffnung der Konfliktparteien.
1997	**5. Juni:** Lissouba versucht Sassou-Nguesso festzunehmen und seine Milizen zu entwaffnen. Erneuter Bürgerkrieg zwischen den Milizen Lissoubas und Sassou-Nguessos. Kolélas Milizen bleiben neutral. **9./10. Sept.:** Lissouba ernennt Kolélas zum Premierminister. Eingreifen von dessen Milizen für Lissouba.

> Republik Kongo (1958–2014)

	15. Okt.: Sassou-Nguessos Anhänger und angolanische Truppen nehmen den Präsidentenpalast und Pointe-Noire ein. Lissouba und Kolélas fliehen ins Ausland. **25. Okt.:** Sassou-Nguesso wird als Präsident vereidigt.
1998	Im Südosten des Landes wiederholt Zusammenstöße verfeindeter Milizen. **Dez.:** Kolélas Milizen greifen Vororte von Brazzaville an. Die Armee setzt schwere Waffen ein. Es kommt zu Massenflucht und Plünderungen.
1999	**16. Nov.:** Waffenstillstandsvertrag zwischen Rebellen und Regierung. **29. Dez.:** Friedensvertrag auf Vermittlung des gabunischen Präsidenten Omar Bongo. Amnestie für Rebellenführer. Der Bürgerkrieg fordert über 12 000 Menschenleben und Hunderttausende von Vertriebenen.
2000	Frankreich erneuert seine Militärkooperation. **Mai:** Wegen Kriegsverbrechen wird Kolélas in Abwesenheit zum Tode verurteilt, 2005 aber begnadigt.
2001	**Okt.:** Bei drei separaten Ebola-Ausbrüchen zwischen Okt. 2001 und Dez. 2003 sterben über 200 Menschen. **Dez.:** Ex-Präsident Lissouba wird in Abwesenheit zu 30 Jahren Gefängnis und Zwangsarbeit verurteilt. Im Dez. 2009 wird er begnadigt.
2002	**20. Jan.:** Annahme des Verfassungsreferendum, das die Amtszeit des Präsidenten auf sieben Jahre verlängert. **10. März:** Sassou-Nguesso wird mit über 89 Prozent der Stimmen zum Präsidenten gewählt. **Ab März:** Rebellen um Pasteur Ntoumi nehmen den Konflikt in der Pool Region wieder auf. **26. Mai/23. Juni:** Trotz Milizaktivitäten im Südosten gewinnt die PCT-FDU bei den Parlamentswahlen 83 von 137 Sitzen. **14. Juni:** Ehemalige Milizen Kolélas greifen den Flughafen in Brazzaville an. Es sterben bis zu 100 Menschen.
2003	**17. März:** Friedensvereinbarung mit Milizen um Pasteur Ntoumi.

Republik Kongo (1958–2014)

2004	**9. Juli:** Suspendierung des Kimberly-Prozesses aufgrund illegalen Diamantenhandels aus der DR Kongo. Wiederaufnahme des Prozesses am 8. Nov. 2007.
2005	**26. April:** Neues Abkommen zur Militärkooperation mit Frankreich.
2006	**24. Jan.:** Sassou-Nguesso übernimmt als erster Präsident des Zentralen Afrika den einjährigen AU-Vorsitz.
2006/07	Zweite nicht-ständige Mitgliedschaft im VN-Sicherheitsrat.
2007	**18. Mai:** Die Regierung bestätigt eine Amnestie für Ex-Präsident Yhombi-Opango. **24. Juni/5. Aug.:** Die PCT und ihre Verbündete gewinnen die Mehrheit bei den Parlamentswahlen.
2009	**18. Juni:** Das Verfassungsgericht verweigert Ex-Premierminister Ange Édouard Poungui und drei weiteren Kandidaten die Registrierung zur Präsidentschaftswahl. Gewaltsame Zusammenstöße in der Pool-Region. **12. Juli:** Sassou-Nguesso wird mit fast 79 Prozent der Stimmen im Amt bestätigt. Einige Oppositionelle boykottieren die Wahl.
2010	Neuer Höchststand der Ölproduktion mit über 311 000 Barrel pro Tag.
2012	**4. März:** Bei einer Explosion in einem Munitionslager in Brazzaville sterben über 280 Menschen, mehr als 2500 werden verletzt. Der ehemalige stellvertretende Geheimdienstchef Oberst Marcel Ntsourou wird festgenommen und nach weiterem bewaffneten Zwischenfall im Dez. 2013 im Sept. 2014 zu lebenslanger Haft verurteilt. **15. Juli/5. Aug.:** Bei den Parlamentswahlen gewinnt die PCT 89 von 139 Sitzen.
2014	**24. März:** Laut HRW sollen kongolesische Peacekeeping-Soldaten in der ZAR zwischen elf und 18 Milizen und Zivilisten nach der Ermordung eines Kameraden in Boali erschossen haben. **21. bis 23. Juli:** Dreitägiges Forum zur Beendigung des Bürgerkriegs in der ZAR unter Vermittlung von Sassou-Nguesso in Brazzaville.

Tschad (1935–2015)

1935 7. Jan.: Grenzvertrag zwischen Italien und Frankreich. Der Aouzou-Streifen wird der italienischen Kolonie Libyen zugesprochen. Der Vertrag wird nie ratifiziert.

1946 Gründung des »Parti Progressiste Tchadien« (PPT) unter dem in Guadeloupe geborenen Gabriel Lisette.

1954 Libysche Truppen dringen in den Aouzou-Streifen ein und werden durch französische Kräfte zurückgedrängt.

1955 Vertrag zwischen Frankreich und Libyen über die Grenzen Französisch-Äquatorialafrikas.

1958 28. Nov.: Proklamation der autonomen Republik Tschad in der Communauté Française.

1959 März: François Tombalbaye, der aus der im Süden ansässigen Sara-Ethnie stammt, setzt sich nach Machtkampf gegen Lisette an die Spitze der Regierung.

1960 11. Aug.: Unabhängigkeit von Frankreich unter Führung Tombalbayes.
August: Tombalbaye verwehrt Lisette die Rückkehr von einer Auslandsreise und baut seine Machtstellung aus.

1962 Jan.: Einführung einer Einparteienherrschaft der PPT. In der Folge werden Oppositionelle verhaftet.
4. März: Bei den Parlamentswahlen gewinnt die PPT als einzige Partei alle 85 Sitze.
16. April: Neue Verfassung mit Präsidialsystem.
23. April: Wahl Tombalbayes zum Präsidenten.

1963 26. März: Tombalbaye löst das Parlament auf und geht gegen Oppositionelle vor.
Sept.: Aufgrund der Unterdrückung von Muslimen und Nicht-Sara Unruhen in N'Djamena und Am Timan (Salamat).
22. Dez.: Bei den Parlamentswahlen gewinnt die PPT alle 75 Sitze.

1965 Abzug der letzten französischen Truppen aus der Region Borkou, Ennedi und Tibesti (BET) im Norden des Landes.
Okt./ Nov.: Unruhen wegen Steuererhebungen in der Stadt Mangalmé im Osten. 500 Menschen sterben. Weitere Rebellionen gegen das Tombalbaye-Regime.

Tschad (1935–2015)

1966 22. Juni: Gründung der später in Frolinat umbenannten Rebellengruppe in der sudanesischen Stadt Nyala. Ab 1969 Unterstützung durch den libyschen Machthaber Muammar al-Gaddafi.

1968 Ab Aug.: Militärintervention Frankreichs gegen die Rebellionen im Norden auf Ersuchen Tombalbayes. Französische Kampfeinheiten bleiben bis 1972 im Tschad.

1969 15. Juni: Als einziger Kandidat gewinnt Tombalbaye die Präsidentschaftswahlen.
14. Dez.: Bei den Parlamentswahlen gewinnt die PPT alle 105 Sitze.

1971 27. Aug.: Putschverschwörung mit libyscher Unterstützung. In der Folge unterstützt Tombalbaye Dissidenten gegen Gaddafi, Libyen und Frolinat.

1972 Dez.: Geheime Absprache zwischen Gaddafi und Tombalbaye: Für die Einstellung der Unterstützung für Frolinat bricht Tschad seine diplomatischen Beziehungen zu Israel ab und gewährt libysche Teilhabe an der Sicherung des Aouzou-Streifens.

1973 Mai: Libysche Truppen besetzen den angeblich uranreichen Aouzou-Streifen.
Juni: Verschwörung gegen Tombalbaye: Verhaftung des Generals Félix Malloum.
Aug.: Umwandlung von Tombablayes PPT in »Mouvement National pour la Révolution Culturelle et Sociale« (MNRCS).
6. Nov.: Umbenennung der Hauptstadt Fort Lamy in N'Djamena im Rahmen der Politik der »Authentizität«.

1974 21. April: Entführung einer Gruppe Europäer durch eine Rebellengruppe unter Führung von Hissène Habré in der nordöstlichen Stadt Bardaï. Unter ihnen ist Christoph Staewen, der Neffe des Bundespräsidenten Gustav Heinemann. Freilassung der Entführten nach Zahlung von angeblich 2,2 Mio. DM.

1975 13. April: Präsident Tombalbaye wird bei einem Militärputsch erschossen. Neuer Staatsführer wird Félix

Malloum. Trotz Angebot zur Regierungsbeteiligung setzt Frolinat die Rebellion fort.

1976	**6. März:** Vertrag zur militärischen Zusammenarbeit mit Frankreich. **18. Okt.:** Bruch der Rebellenkoalition im Norden zwischen den pro-libyschen Truppen Goukouni Oueddeis und den anti-libyschen Truppen Hissène Habrés.
1977	**31. März/1. April:** Putschversuch.
1978	**Jan./Febr.:** Die sudanesische Regierung vermittelt Waffenstillstandsabkommen zwischen der tschadischen Regierung und Habrés. Libyen unterstützt eine Frolinat-Großoffensive. Auf Anfrage Malloums interveniert Frankreich Ende Februar. Französische Truppen bleiben bis Mai 1980. **August:** Nach geheimen Gesprächen wird Habré Premierminister unter Malloum.
1979	**12. Febr.:** Habré überwirft sich mit Malloum. Es folgen Kämpfe. Goukounis Truppen nutzen die Zerschlagung der Armee, um im Norden Gebiete zu gewinnen. **März/April:** Rücktritt und Exil Malloums. **18. Aug.:** Verhandlung zwischen elf Konfliktparteien in Lagos (Nigeria) zur Bildung einer Übergangsregierung GUNT. Goukouni wird Staatschef, Habré Verteidigungsminister.
1980	**März:** Habré überwirft sich mit Goukouni: neunmonatige Schlacht um N'Djamena und massive Zerstörung der Stadt. Hunderttausende Menschen fliehen nach Kamerun. **15. Juni:** Goukouni unterzeichnet einen Freundschaftsvertrag mit Libyen. Eine Klausel legitimiert eine libysche Intervention, die im Okt. mit einigen tausend Soldaten und schweren Waffen erfolgt. **15. Dez.:** N'Djamena fällt durch Libyens Hilfe an Goukouni. Habré reorganisiert seine Truppen in Darfur, Sudan.
1981	**6. Jan.:** Präsident Goukouni verkündet die Union des Tschad mit Libyen. Der Entschluss wird von der OAU und Frankreich kritisiert und nie umgesetzt.

Tschad (1935–2015)

29. Okt.: Auf internationalen Druck fordert Goukouni den libyschen Truppenabzug, der ab November erfolgt. Der Aouzou-Streifen bleibt von Libyen besetzt.
14. Nov.: Beginn einer OAU-Mission mit über 3000 Soldaten aus Zaïre, Nigeria und Senegal.

1982 Mai: Einfall von Habrés Truppen aus dem Sudan im Osten des Tschad.
Mai: Truppenabzug Nigerias als erstes OAU-Kontingent. Am 30. Juni endet der OAU-Einsatz.
5. Juni: Goukounis Truppen werden bei Massaguet vernichtend von Habrés Kräften geschlagen.
7. Juni: Habré erobert N'Djamena. Goukouni flieht nach Kamerun, dann Libyen. Idriss Déby Itno wird Chef des Stabes der Streitkräfte.
21. Okt.: Habré wird zum Präsidenten vereidigt.

1983 Juni: Gegenoffensive Goukounis im Norden mit libyscher Luftunterstützung. Frankreich und die USA stützen Habré logistisch.
Juli: Zaïres Präsident Mobutu Sese Seko sendet rund 2000 Soldaten zur Entlastung Habrés.
Aug.: Frankreich interveniert auf Seiten Habrés mit rund 3500 Soldaten. Goukounis Vormarsch wird gestoppt und das Land faktisch am 16. Breitengrad geteilt.

1984 Verheerende Dürre im Tschad bis 1985.
Aug.: Guerillakämpfe zwischen Habrés Truppen und Anhängern von Oberst Alphonse Kotiga Guerina im Süden.
17. Sept.: Frankreich und Libyen einigen sich auf den Abzug aller ausländischen Soldaten. Bis zum 10. Nov. französischer Abzug. Dennoch weiterhin libysche Soldaten südlich des Aouzou-Streifens.

1986 Febr.: Frühjahrsoffensive Goukounis mit Unterstützung Libyens südlich des 16. Breitengrads. Die USA versprechen Habré zusätzliche Militärhilfe. Französische Soldaten stützen Habré mit über 3000 Soldaten (Operation »Épervier«) und bleiben permanent im Tschad stationiert.

1987 2. Jan.: Beginn des »Toyota-Krieges«. Ausrüstungshilfe für Habré durch Frankreich und den USA.
5. Sept.: Tschadische Truppen greifen die Luftwaffenbasis Ma'tan-as-Sarra in Südlibyen an.

Tschad (1935–2015)

11. Sept.: Waffenstillstand zwischen Libyen und Tschad. Libysche Truppen bleiben im Aouzou-Streifen.

1989 **1. April:** Angeblicher Putschversuch und anschließende Flucht der beschuldigten Urheber in den Sudan. Nur Idriss Déby Itno überlebt. Gegen das Versprechen, alle libyschen Kriegsgefangenen freizulassen, erhält er libysche Unterstützung.
31. Aug.: Friedensvertrag zwischen Libyen und Tschad in Algier. Der Aouzou-Konflikt wird am 1. Sept. an den Internationalen Gerichtshof übergeben.

1990 **8. Juli:** Erste Parlamentswahlen seit Einführung des Einparteienstaats.
Sept.: Habré schickt seine Armee zur Zerschlagung der Déby-Rebellion in den Sudan. Vernichtende Niederlage Ende November und Flucht Habrés ins Ausland.
2. bis 4. Dez.: Déby nimmt N'Djamena ein und wird zum Präsidenten ernannt. In der Folge Freilassung aller libyschen Kriegsgefangenen und Schließung aller antilibyschen Basen.

1991 **Sept.:** Pro-Habré Anhänger greifen wiederholt die Stadt Bardai im Nordwesten an.
1. Okt.: Abschaffung des Einparteiensystems.
13. Okt.: Angeblicher Putschversuch und Verhaftung des Innenministers Maldoum Bada Abbas. Abbas bleibt bis 1995 in Gefangenschaft und wird dann erneut in Débys Kabinett aufgenommen.
Dez.: Pro-Habré-Truppen (MDD) nehmen kurzzeitig die Provinzhauptstadt Bol in der Nähe des Tschadsees ein.

1992 **Jan.:** Politische Parteien werden zugelassen.
Mai: Eine Untersuchungskommission beziffert die Toten des Habré-Regimes auf 40 000.
18. Juni: Angeblicher Putschversuch unter Oberst Abbas Yacoub Kotti.

1993 **Jan.:** Angriff des »Comité de Sursaut National pour la Paix et la Démocratie« (CSNPD) von Leutnant Moïse Nodji Ketté aus der ZAR. In der Folge geht die Garde Républicaine gegen die Zivilbevölkerung im Süden vor.

Tschad (1935–2015)

1994 Jan.: Wegen nicht erfüllter Integration in die Armee greift der »Front National Tchadien« (FNT) die Garnison in Abéché an. Vergeltungsaktionen der Garde Républicaine.
3. Febr.: Der Internationale Gerichtshof in den Haag spricht dem Tschad den Aouzou-Streifen zu. Libyen zieht seine Truppen bis zum 30. Mai vollständig ab.
Aug.: Die CSNPD stimmt in Verhandlungen dem Ende ihrer Rebellion zu. Weitere Friedensverträge mit anderen Rebellengruppen folgen Ende 1994 und 1995.

1995 22. Nov.: Waffenstillstandsvertrag zwischen der MDD und der Regierung.

1996 3. Juli: Déby gewinnt mit fast 70 Prozent der Stimmen die zweite Runde der Präsidentschaftswahlen.

1997 5. Jan./23. Febr.: Bei den Parlamentswahlen wird Débys PSM mit 65 von 125 Sitzen die stärkste Fraktion.

1998 Sept.: Präsident Déby schickt mit Hilfe Libyens rund 2000 Soldaten zum Schutz des Präsidenten Laurent-Désiré Kabila in die DR Kongo.
Okt.: Gründung und Rebellion des »Mouvement pour la Democratie et la Justice au Tchad« (MDJT) durch den ehemaligen Verteidigungsministers Youssouf Togoimi in der Tibesti-Region.

1999 17. April: Auf Vermittlung von Libyen unterzeichnen die Präsidenten der DR Kongo und Uganda einen Friedensvertrag. Die tschadischen Truppen ziehen sich aus der DR Kongo ab.

2000 Juni: Die Weltbank stimmt der Unterstützung der Tschad-Kamerun-Pipeline zu, die insgesamt 3,7 Mrd. US-Dollar kosten soll. Über zwei Mrd. US-Dollar investiert das Betreiberkonsortium der Firmen Exxon Mobil, Petronas und Chevron Texaco. Der Baubeginn im Oktober.

2001 20. Mai: Déby gewinnt die erste Runde der Präsidentschaftswahlen mit weit über 60 Prozent der Stimmen.

2002 7. Jan.: Waffenstillstandsvertrag zwischen der Regierung und der MDJT durch libysche Vermittlung in Tripolis.

Tschad (1935–2015)

21. April: Bei den Parlamentswahlen gewinnt Débys MPS 113 von 155 Sitzen.
Nov.: Tschad wird einer von vier afrikanischen Staaten, die in der US-»Pan-Sahel Initiative« (PSI) militärische Ausbildung und Unterstützung im Kampf gegen Terroristen erhalten.

2003 **Frühjahr:** Konflikt in der Darfur-Region im Westen des Sudan. Hunderttausende Menschen fliehen in den Tschad. Die zwei sudanesischen Rebellengruppen JEM und SLA rekrutieren im Osten des Tschad Kämpfer aus der Ethnie der Zaghawa.
März: Rund 400 tschadische Soldaten intervenieren in der ZAR und sichern die Hauptstadt nach der Machtübernahme von François Bozizé.
Juli: Fertigstellung der Pipeline zwischen dem Tschad und Kamerun und Beginn des Erdölexports im Okt.
14. Dez.: Friedensvertrag zwischen der Regierung und MDJT-General Adoum Togoi Abbo.

2004 **Jan.:** Sudanesische Truppen greifen Grenzstädte an und dringen auf tschadisches Gebiet vor.
März: Tschadische Soldaten sollen mit US-Unterstützung 43 algerische Islamisten bei Kämpfen in Wour getötet haben.
Mai: Meuterei von Débys Bideyat-Soldaten wegen ausbleibender Löhne, vor allem aber wegen mangelnder Unterstützung der Zaghawa-Rebellen im Sudan. In der Folge gehäufte Desertion von Soldaten, um im Darfur gegen Déby zu kämpfen.
Mai: Die Nationalversammlung billigt eine Verfassungsänderung zur Aufhebung der Amtszeitbegrenzung des Präsidenten. Im Juli 2005 erfolgt trotz Protesten ein zustimmendes Referendum der Amtszeitlimitierung.

2005 **Aug./Okt.:** Ehemalige Soldaten gründen die Rebellengruppe »Rassemblement pour la Democratie et la Liberté« (RDL) unter Mahamat Nour Abdelkarim.
Okt.: Militante Dissidenten um Yaya Dilo Djerou gründen die Rebellengruppe »Socle pour le Changement, l'Unité et la Démocratie« (SCUD). Beide erhalten Unterstützung von der sudanesischen Regierung.

Tschad (1935–2015)

Okt./Nov.: Infolge der Zaghawa-Desertionen löst Déby seine Präsidialgarde auf.

Dez.: Aufgrund der innenpolitischen Situation Abbruch des Kontrakts mit der Weltbank und Nutzung der Öleinnahmen für den militärischen Sektor.

Dez.: Gründung der mehrheitlich aus Bideyat-Zaghawa bestehenden Rebellenkoalition »Rassemblement des forces démocratiques« (RAFD) unter Débys Neffen Tom und Timan Erdimi. Im Febr. 2007 Umbenennung in »Rassemblement des forces pour le changement« (RFC).

28. Dez.: Verschiedene Rebellengruppen, darunter die RDL, gründen die Rebellenkoalition »Front Uni pour le Changement (Démocratique)« (FUC bzw. FUCD) unter Yaya Dilo Jerou und Mahamat Nour Abdelkarim.

2006 8. Febr.: Tripolis-Friedensvertrag zwischen Tschad und Sudan auf Vermittlung Libyens. Die Unterstützung für Rebellen hält jedoch an.

1. April: Gründung der Rebellengruppe »Rassemblement des Forces Democratiques« (RFD).

13. April: FUC-(FUCD)-Rebellen greifen mit mehreren tausend Kämpfern N'Djamena an. Sie werden von französischen Truppen zurückgeschlagen.

3. Mai: Bei Präsidentschaftswahlen wird Déby mit über 64 Prozent der Stimmen im Amt bestätigt.

26. Juli: Vereinbarung zwischen Sudan und Tschad, bewaffneten Gruppen keine Rückzugsräume auf ihrem Staatsgebiet zur Verfügung zu stellen.

5./6. Aug.: Diplomatische Anerkennung der Volksrepublik China, die verstärkt ins Ölgeschäft einsteigt. Daraufhin Abbruch der Beziehungen Taiwans zum Tschad.

22. Okt.: Gründung der Rebellenkoalition »Union des Forces pour la Démocratie et le Développment« (UFDD) unter Mahamat Nouri.

24. Dez.: Friedensvertrag zwischen der Regierung und den FUC-(FUCD)-Rebellen. Mahamat Nour Abdelkarim wird im März 2007 Verteidigungsminister. Andere Gruppen führen den Kampf fort.

2007 9. Mai: Auf internationalen Druck unterzeichnet die tschadische Regierung eine Vereinbarung mit UNICEF,

alle Kindersoldaten in den Streitkräften und bewaffneten Gruppen zu demobilisieren.
25. Sept.: Der Sicherheitsrat der VN autorisiert mit Resolution 1778 zum Schutz von Flüchtlingen aus Darfur eine Mission im Tschad und in der ZAR (MINURCAT). Parallel wird die EU mandatiert, eine Brückenmission mit bis zu 3700 Soldaten aufzustellen.
25. Okt.: Durch Libyen vermittelter Friedensvertrag zwischen der Regierung und mehreren Rebellengruppen (u.a. RFC und UFDD). Nur die »Concorde nationale du Tchad« (CNT) setzt die Vereinbarungen um und tritt den Regierungstruppen bei.
Dez.: Mahamat Nour Abdelkarim wird als Verteidigungsminister entlassen. Zahlreiche seiner Anhänger desertieren aus der Armee.

2008
28. Jan.: Beginn der EU-Militärmission EUFOR-Chad/RCA.
31. Jan.: Offensive der UFDD um Mahamat Nouri und der RFC um Timan und Tom Erdimi.
2.–3. Febr.: Einige tausend Rebellen belagern den Präsidentenpalast in N'Djamena. Déby übersteht die Belagerung mit Unterstützung sudanesischer JEM-Rebellen.
25. Febr.: Mahamat Nouri gründet die Rebellenkoalition »Alliance Nationale«.
13. März: Nichtangriffspakt zwischen Tschad und Sudan auf Vermittlung von Libyen und Senegal.
15. Aug.: Der im Senegal im Exil lebende Ex-Präsident Hissène Habré wird mit zehn weiteren Rebellenführern (u.a. Tom und Timan Erdimi) von einem tschadischen Gericht zum Tode verurteilt.

2009
18. Jan.: Zusammenschluss verschiedener Rebellengruppen (u.a. UFDD und RFC) zur »Union des Forces de la Résistance« (UFR). Timan Erdimi wird ihr Anführer. Sudan leistet angeblich Unterstützung.
15. März: Die EU-Mission EUFOR-Chad/RCA übergibt ihre Aufgaben an MINURCAT.
25. Juli: In Tripolis unterzeichnet die Regierung des Tschad ein Friedensabkommen mit drei Rebellengruppen.

Tschad (1935–2015)

2010 15. Jan.: Vereinbarung zwischen Tschad und Sudan über die Normalisierung der Beziehungen, die Einstellung sämtlicher Unterstützung für Rebellengruppen und die gemeinsame Grenzkontrolle.
22. April: Friedensvertrag zwischen Regierung und dem »Mouvement pour la Démocratie et Justice au Tchad« (MDJT) in Tripolis. Amnestie für alle Rebellen.
Mai: Tschad weist sudanesische Rebellengruppe JEM aus.
Mai: Gründung der Rebellenkoalition »Alliance Nationale pour le Changement Démocratique« (ANCD) unter Mahamat Nouri.
20. Juli: Ausweisung verschiedener Rebellenführer (u.a. der Erdimi-Brüder) aus dem Sudan.
15. Okt.: Abzug der VN-Soldaten nach Verhandlungen mit der tschadischen Regierung.
31. Dez.: Offizielles Ende der VN-Mission MINURCAT.

2011 13. Febr.: Débys PSM wird bei Wahlen stärkste Kraft.
25. April: Déby gewinnt bei den Präsidentschaftswahlen weit über 80 Prozent für eine vierte Amtszeit. Viele Oppositionsführer boykottieren die Wahl.
Juni: Unterzeichnung eines Aktionsplans zwischen der Regierung und den VN zur Beendigung der Rekrutierung von Kindersoldaten.
24. Aug.: Die tschadische Regierung erkennt die libysche Übergangsregierung an und bricht mit ihrem Langzeitverbündeten Gaddafi.

2012 18. Dez.: Auf Anfrage des Präsidenten François Bozizé aus der ZAR Entsendung von bis zu 2000 tschadischen Soldaten dorthin. Später werden diese von Bozizé beschuldigt, den Vormarsch der Rebellen unterstützt zu haben.

2013 Jan.: Auf Veranlassung des französischen Präsidenten Entsendung von 2000 tschadischen Soldaten nach Mali.
30. Juni: Ex-Präsident Habré wird im Senegal festgenommen. Im Februar 2015 bezichtigt ihn ein Sondertribunal seiner Verantwortlichkeit für Kriegsverbrechen, für Verbrechen gegen die Menschlichkeit und Folter.

Tschad (1935–2015)

	5. Dez.: Nach der Eskalation der Gewalt in der ZAR beginnen tschadische Soldaten mit der Evakuierung von bis zu 100 000 Muslimen.
2014	**Febr./März:** Wiederholt wird tschadischen Soldaten vorgeworfen, Zivilisten in der ZAR getötet zu haben. **3.–12./13. April:** Abzug aller tschadischen Truppen aus der ZAR. **1. Aug.:** Frankreichs Militärmission für die Sahelzone (Operation »Barkhane«) errichtet ihr Hauptquartier in N'Djamena.
2014/15	Der Tschad wird zum ersten Mal zum nicht-ständigen Mitglied des VN-Sicherheitsrates gewählt.
2015	**16. Jan.:** Auf Anfrage des kamerunischen Präsidenten autorisiert das Parlament einen Militäreinsatz gegen »Boko Haram«. Beginn der Stationierung von ca. 2500 Soldaten in Kamerun, später auch in Niger. **Ende Jan./Anfang Feb.:** Tschadische Luftangriffe gegen »Boko Haram« beiderseits der Grenze zwischen Kamerun und Nigeria; Einsatz von Bodentruppen auch in Nigeria. **12./13. Febr.:** »Boko Haram«-Kämpfer greifen erstmals tschadisches Territorium an und töten mindestens fünf Menschen in Ngouboua. **16. Febr. bis 9. März:** Im Tschad findet das US-geführte Manöver »Flintlock« statt. **März:** Boden- und Luftoffensive von Tschad und Niger gegen von »Boko Haram« besetzte Dörfer in Nigeria. **15. Juni:** Selbstmordattentat auf Einrichtungen der Polizei in N'Djamena mit über 20 Toten.

Zentralafrikanische Republik (ZAR) (1949–2015)

1949 28. Sept.: Gründung des MESAN durch den katholischen Priester Barthélmy Boganda.

1958 28. Sept.: Annahme des französischen Verfassungsreferendums. Oubangui-Chari wird autonomer Teil der Communauté Française.
1. Dez.: Umbenennung in Zentralafrikanische Republik.

1959 29. März: Tödlicher Flugzeugabsturz Bogandas. Sein Vetter David Dacko führt den Unabhängigkeitsprozess fort.

1960 13. Aug.: Unabhängigkeit von Frankreich. Dacko wird Präsident. Abkommen über Militärkooperation mit Frankreich.

1962 28. Juli bis 1. Aug.: Dackos MESAN wird einzig zugelassene Partei.

1964 5. Jan.: Ohne Gegenkandidaten wird Dacko im Amt bestätigt.
19. März: MESAN erhält alle Parlamentssitze.

1965/66 31. Dez./1. Jan.: Putsch von Oberst Jean-Bédel Bokassa, dem Chef des Stabes der Streitkräfte. Sein Cousin Dacko wird unter Hausarrest gestellt, die Verfassung annulliert, das Parlament aufgelöst.

1969 10./11. April: Putschversuch um Oberst Alexandre Banza.

1972 4. März: Bokassa lässt sich zum Präsidenten auf Lebenszeiten ernennen.

1974 7. Dez.: Putschversuch um den Kommandeur der Gendarmerie General Martin Lingoupou. Dessen Hinrichtung erfolgt am 27. Dezember.

1975 2. Jan.: Mit Elisabeth Domitien wird erstmals in einem afrikanischen Staat eine Frau Premierministerin. Entlassung im April 1976.
7.-8. März: Bangui ist der erste afrikanische Tagungsort des Frankreich-Afrika-Gipfels.

1976 1./3. Febr.: Verschwörung um Bokassas Schwiegersohn und Kommandeur der Luftwaffe, Fidèle Obru.

Zentralafrikanische Republik (ZAR) (1949–2015)

	5. Sept.: Ange-Félix Patassé wird Premierminister, am 14. Juli 1978 wird er entlassen. 20. Okt.: Bokassa konvertiert zum Islam und nennt sich Salah Eddine Ahmed Bou-Kassa. 4. Dez.: Bokassa lässt das Zentralafrikanische Kaiserreich proklamieren. Rückkehr zum Christentum.
1977	4. Dez.: Bokassa lässt sich zum Kaiser Bokassa I. krönen.
1979	Jan.: Nach der verpflichtenden Einführung von Schuluniformen kommt es zu blutig niedergeschlagenen Schüler- und Studentenprotesten. 17.–19. April: Einige hundert Kinder werden aufgrund der anhaltenden Proteste festgenommen. Rund 100 sind vermutlich im Gefängnis an Folter gestorben. Frankreich verhängt Sanktionen. 19. Sept.: Bokassa fliegt zu geheimen Verhandlungen über finanzielle Hilfe nach Libyen. 20./21. Sept.: In Abwesenheit von Bokassa installieren französische Fallschirmjäger Ex-Präsident Dacko als neuen Staatschef (Operation »Barracuda«). Das Kaiserreich wird aufgelöst. Bokassa geht im Ausland ins Exil.
1980	Februar: Gründung der Einheitspartei »Union démocratique centrafricaine« (UDC). 19.–24. Dez.: In Abwesenheit wird Bokassa zum Tode verurteilt.
1981	1. Febr.: Annahme eines Referendums über die Einführung eines Mehrparteiensystems. März: Dacko gewinnt die erste Runde der Präsidentschaftswahlen. Wegen Betrugsvorwürfen Krawalle in Bangui. 1. Sept.: Unblutiger Putsch des Chefs des Stabes der Streitkräfte, André Kolingba. Alle Parteien werden aufgelöst und das »Comité militaire de redressement national« (CMRN) eingesetzt.
1982	3. März: Gescheiterter Putsch um Oppositionsführer Ange-Félix Patassé und Informationsminister, Brigadier François Bozizé. Patassé flieht nach Togo, Bozizé nach Benin.
1986	23. Okt.: Bokassa kehrt in die ZAR zurück. Er wird verhaftet und vor Gericht gestellt.

Zentralafrikanische Republik (ZAR) (1949–2015)

21. Nov.: Per Verfassungsreferendum wird das neu gegründete »Rassemblement démocratique centrafricain« (RDC) einzig zugelassene Partei und Kolingba für weitere sechs Jahre Präsident.

1987 12. Juni: Bokassa wird zum Tode verurteilt. Später Umwandlung der Strafe in lebenslange Haft.
31. Juli: RDC gewinnt als einzige Partei bei den Parlamentswahlen alle Sitze.

1992 Oktober: Die auf internationalen Druck erzwungenen Mehrparteienparlaments- und Präsidentschaftswahlen verlaufen unorganisiert, werden gestoppt und die Ergebnisse vom Obersten Gerichtshof annulliert.

1993 1. Sept.: Per Dekret entlässt Kolingba Bokassa aus der Haft.
19. Sept.: Ange-Felix Patassé gewinnt die zweite Runde der Präsidentschaftswahlen und wird erster frei gewählter Präsident. Seine Partei wird mit 34 von 85 Sitzen stärkste Kraft im Parlament.
28. Dez.: Erfolgreiches Verfassungsreferendum u.a. über die einmalige Wiederwahl des Präsidenten.

1996 18. April, 18. Mai und 15. Nov. Teile der Armee meutern aufgrund unbezahlter Gehälter und schlechter Lebenssituation. Frankreich interveniert, evakuiert tausende Ausländer und geht im Jan. 1997 nach dem Tod von zwei seiner Soldaten gegen die Aufständischen vor.
3. Nov.: Tod von Bokassa in Bangui. 2010 wird er von Präsident François Bozizé rehabilitiert.

1997 25. Jan.: »Bangui-Agreement« u.a. mit Amnestie für Meuterer.
8. Febr.: Stationierung von 800 afrikanischen Soldaten nach Anfrage von Patassé und Zustimmung der afrikanischen Staatsführer des Internationalen Vermittlungskomitees (IMC).
Mai/Juni: Zusammenstöße zwischen MISAB-Truppen und rebellierenden Einheiten
2. Juli: Waffenstillstandsvertrag zwischen den Konfliktparteien.

Zentralafrikanische Republik (ZAR) (1949–2015)

	31 Juli: Im Zuge der französischen Militärreform wird der französische Stützpunkt in der ZAR aufgegeben. Bis zum Febr. 1999 ziehen alle französischen Truppen ab.
1998	**15. April:** Die VN übernehmen den Peacekeeping-Auftrag mit maximal 1350 Soldaten. **22. Nov./23. Dez.:** Das Oppositionsbündnis »Union des forces acquises à la paix« (UFAP) gewinnt bei den Parlamentswahlen 55 von 109 Sitzen. Ein Überläufer beschert der Regierungskoalition die Mehrheit.
1999	**19. Sept.:** Die Opposition ficht Patassés Wahlsieg in der ersten Wahlrunde erfolglos an.
2000	**15. Febr.:** Ende des MINURCA-Einsatzes.
2001	**28. Mai:** Putschversuch durch André Kolingba. Libyen entsendet 100 Soldaten zu Patassés Schutz. **26. Okt.:** Der Chef des Stabes der Streitkräfte, François Bozizé, wird der Beteiligung des Putsches beschuldigt und entlassen. Bozizé flieht mit rund hundert Anhängern in den Tschad. **3. Dez.:** Die Community of Sahel-Saharan States (CENSAD) unter Führung Libyens entsendet 300 Peacekeeping-Soldaten.
2002	**Aug.:** Aus dem Tschad beginnen Bozizé-Rebellen mit Angriffen auf Patassés Regierungstruppen. **25. Okt.:** Angriff Bozizés auf Bangui. Libysche Truppen und rund tausend Kämpfer des kongolesischen Rebellenführers Jean-Pierre Bemba verhindern die Einnahme der Hauptstadt. Frankreich sendet 300 Soldaten zum Schutz von Ausländern (Operation »Boali«). **Dez.:** Die libyschen Truppen werden durch 380 Soldaten der regionalen CEMAC-Militärmission FOMAC abgelöst.
2003	**Febr.:** Gegenoffensive der Patassé-Koalition. **15. März:** Bozizé erobert Bangui und erklärt sich zum Präsidenten. In der Folge Plünderungen durch tschadische Söldner, die für Bozizé kämpften und Entlohnung fordern. **16. März:** Die AU suspendiert die Mitgliedschaft der ZAR (bis 27. Juni 2005).

Zentralafrikanische Republik (ZAR) (1949–2015)

19. März: Entsendung von 400 tschadischen Soldaten zur Aufrechterhaltung der Ordnung in Bangui.

2004 **5. Dez.:** Verfassungsreferendum: Begrenzung auf zwei fünfjährige Amtszeiten des Präsidenten.

2005 **13. März/8. Mai:** Bozizé wird mit fast 65 Prozent der Stimmen zum Präsidenten gewählt. Patassé war von der Kandidatur ausgeschlossen. Die Opposition erkennt das Ergebnis nicht an. Als Reaktion gründet sich die Rebellengruppe »Armée Populaire pour la restauration de la démocratie« (APRD).

2006 **29. Aug.:** Verurteilung Patassés in Abwesenheit zu 20 Jahren Haft.
Sept.: Beginn der überwiegend aus muslimischen Gula bestehenden Rebellion der UFDR im Nordosten der ZAR.
Nov.: Französische Unterstützung auf Bitten Bozizés gegen die Rebellen.

2007 Bozizé schließt mit Südafrika einen Vertrag zur Militärkooperation. Bis Ende 2012 sind zwischen 20 und 46 südafrikanische Soldaten in der ZAR. Verlängerung im Dez. 2012.
2. Febr.: Friedensvertrag zwischen der Regierung und dem »Front Démocratique du Peuple Centrafricain« (FDPC) unter Abdoulaye Miskine in Sirte (Libyen).
13. April: Friedensvertrag zwischen Bozizé und der UFDR unter Zacharia Damane in Birao.
25. Sept.: Zum Schutz von Hunderttausenden von Flüchtlingen aus Darfur beschließt der VN-Sicherheitsrat mit Resolution 1778 den Einsatz von MINURCAT im Tschad und in der ZAR. Gleichzeitig wird die EU für die Brückenmission EUFOR Chad/RCA autorisiert.

2008 **28. Jan.:** Beginn EUFOR Chad/RCA mit maximal bis zu 3700 Soldaten.
9. Mai: Waffenstillstand zwischen der Regierung und der Rebellengruppe APRD.
21. Juni: Friedensvereinbarung von Libreville (Gabun) zwischen der Regierung Bozizés, der APRD und der

UFDR. FDPC-Führer Abdoulaye Miskine unterzeichnet den Vertrag nicht. Nach Unstimmigkeiten über ein Amnestiegesetz brechen die Kämpfe im Aug. erneut aus. Ende Sept. wird ein Amnestiegesetz rückwirkend für alle Vergehen von Regierungs- und Rebellentruppen seit 15. März 2003 erlassen.

12. Juli: FOMAC wird durch die Peacekeeping-Mission MICOPAX von der Wirtschaftsgemeinschaft ECCAS mit über 500 Soldaten abgelöst.

Okt.: Im Nordosten des Landes bildet sich die CPJP um den selbsternannten »General« Noureddine Adam.

Dez.: Die MLCJ um Abakar Sabone und die UFR von Florian Ndjadder-Bedaya treten den Libreville-Vereinbarungen bei.

2009 **15. März:** EUFOR Chad/RCA übergibt ihre Aufgaben an MINURCAT.

2010 **Anfang Jan.:** Der politische Führer der CPJP, Charles Massi, stirbt vermutlich in der Haft an Folter, nachdem er von der tschadischen Armee festgenommen und an die ZAR ausgeliefert worden war.

15. Nov.: Die letzten VN-Soldaten verlassen die ZAR.

22. Nov.: Vor dem Internationalen Strafgerichtshof in Den Haag (ICC) beginnt der Prozess gegen den kongolesischen Rebellenführer Jean-Pierre Bemba wegen des Vorwurfs der Verbrechen gegen die Menschlichkeit und Kriegsverbrechen in der ZAR.

2011 **23. Jan.:** Bozizé gewinnt die Präsidentenwahlen mit rund 64 Prozent der Stimmen. Die Opposition erkennt die Wahl nicht an. Bozizés »Kwa Na Kwa« (KNK) gewinnt 61 von 105 Sitzen bei Parlamentswahlen.

12. Juni: Nach Gefechten unterzeichnen Offizielle der CPJP ein Waffenstillstandsabkommen mit der Regierung. Konflikte zwischen bewaffneten Gruppen, u.a. um die Kontrolle von Rohstoffgebieten, bestehen dennoch fort.

2012 **25. Juni:** Nach Rebellenangriff auf das Firmengelände in Bakouma erklärt die französische Firma Areva im Sept. die vollständige Einstellung der Uranförderung in der ZAR.

> **Zentralafrikanische Republik (ZAR) (1949 – 2015)**

> 25. Aug.: Friedensvertrag zwischen Bozizé und der CPJP um Abdoulaye Issène. Noureddine Adam und Mohammed Moussa Dhaffane führen den Kampf fort.
> Spätsommer/Herbst: Zusammenschluss mehrerer Rebellengruppen zur späteren Séléka-Rebellenkoalition.
> 10. Dez.: Beginn einer Großoffensive der Séléka im Nordosten mit der Einnahme von Ndélé.
> 18. Dez.: Der tschadische Präsident Déby schickt auf Bitten Bozizés bis zu 2000 tschadische Soldaten, um den Vormarsch der Séléka zu stoppen.

2013
> 6. Jan.: Der südafrikanische Präsident autorisiert die Stationierung von 400 südafrikanischen Soldaten in der ZAR.
> 11. Jan.: Power-Sharing-Vereinbarung zwischen Bozizé und den Séléka-Milizen in Libreville (Gabun). Bozizé soll bis 2016 im Amt bleiben. Djotodia und Daffane erhalten Posten in der neuen Regierung. Der Oppositionspolitiker Nicolas Tiangaye wird Premierminister. Die Séléka-Kommandeure fordern vergeblich den sofortigen Abzug der südafrikanischen Truppen.
> 11. bis 22. März: Séléka-Rebellen nehmen die Städte Bangassou und Gambo ein und marschieren bis auf 30 km vor Bangui vor.
> 24. März: Bei Gefechten in Bangui sterben mindestens 13 südafrikanische Soldaten. Bozizé flieht nach Kamerun. Séléka-Rebellen erobern die Hauptstadt. Michel Djotodia erklärt sich zum neuen Präsidenten. Die französischen Truppen bleiben unbeteiligt. In der Folge Ausschreitungen von Séléka-Rebellen.
> 25. März: Die AU suspendiert die Mitgliedschaft der ZAR.
> 27./31. März: Djotodia setzt die Verfassung außer Kraft und löst das Parlament auf. Premierminister Tiangaye bleibt im Amt und gilt international als einzig legitimer Vertreter der neuen Regierung.
> Anfang April: Südafrikanischer Truppenabzug.
> Ende Aug./Anfang Sept.: Auftreten der christlichen Selbstverteidigungsmiliz Anti-Balaka. Neben Zusammenstößen mit Séléka-Kämpfern greifen sie überwiegend muslimische Zivilisten an.
> 12. Sept.: Djotodia löst die Séléka offiziell auf. Die Gewalt geht weiter.

Zentralafrikanische Republik (ZAR) (1949–2015)

10. Okt.: Mit Resolution 2121 autorisiert der VN-Sicherheitsrat die AU zum militärischen Eingriff in den Konflikt.
Nov.: Der Sonderberater des Generalsekretärs der VN für die Verhütung von Völkermord, Adama Dieng, warnt vor einem möglichen Genozid.
22. Nov.: Djotodia erlässt eine landesweite Ausgangssperre. Ende Nov. bittet er Frankreich und die VN um militärische Unterstützung.
5. Dez.: Angriff der Anti-Balaka auf Bangui mit über 700 Toten und Beginn der Vertreibung zehntausender Muslime in die Nachbarländer, vor allem in den Tschad.
5. Dez.: Der VN-Sicherheitsrat autorisiert mit Resolution 2127 Militäreinsätze der AU und Frankreichs.
6. Dez.: Frankreich beginnt die Operation »Sangaris« mit bis zu 2000 Soldaten.
19. Dez.: Die AU-Mission MISCA löst den MICOPAX-Einsatz ab.
22. Dez.: Abakar Sabone, ein ehemaliger Vertrauter von Djotodia, spricht erstmals öffentlich über die mögliche Teilung des Landes.

2014
3. Jan.: Das VN-Flüchtlingswerk UNHCR spricht bei einer Bevölkerung von rund 4,6 Mio. von über 900 000 Binnenvertriebenen. Über 240 000 Menschen sind ins Ausland geflohen.
10. Jan.: Auf Druck des tschadischen Präsidenten Déby tritt Djotodia auf einer Sitzung der Übergangsregierung in N'Djamena zurück und geht nach Benin ins Exil.
20. Jan.: Die Bürgermeisterin von Bangui, Catherine Samba-Panza, wird Übergangspräsidentin. Die EU beschließt die Entsendung einer Militärmission.
28. Jan.: Der VN-Sicherheitsrat mandatiert eine EU-Mission durch die Resolution 2134.
29. März: Tschadische Soldaten erschießen mindestens 28 Zivilisten auf einem Markt in Bangui.
Ende März: Von vormals 150 000 Muslimen leben nur noch 10 000–15 000 in Bangui.
1. April: Offizieller Beginn der EU-Mission EUFOR RCA.
10. April: Der VN-Sicherheitsrat autorisiert mit Resolution 2149 einen VN-Militäreinsatz mit bis zu 10 000 Soldaten.

Zentralafrikanische Republik (ZAR) (1949–2015)

30. April: Die Soldaten der europäischen Mission EUFOR RCA übernehmen die Sicherung des Flughafens in Bangui. Die VN-Expertenkommission schätzt, dass seit dem 5. Dez. über 2400 Menschen getötet worden sind.
9. Mai: Die VN verurteilen den Ex-Präsidenten François Bozizé, den Ex-Séléka-Kommandeur Nourredine Adam und einen Führer der Anti-Balaka, Levy Yakété, aufgrund der anhaltenden Gewalt.
9./10. Mai: Neuorganisation der Ex-Séléka-Rebellen auf einem Kongress in Ndélé. Neues militärisches Hauptquartier um »General« Joseph Zoundeiko in Bambari.
15. Juni: EUFOR RCA erreicht volle Operationsfähigkeit. Georgien, Serbien und die Türkei beteiligen sich als Nicht-EU-Staaten.
6.–10. Juli: Auf einem Séléka-Kongress in Birao wird Djotodia im Exil erneut zum Anführer gewählt. Ihm unterstehen Noureddine Adam und Mohammed Dhaffane als Vizepräsidenten. Umbenennung der Séléka in FPRC.
23. Juli: Zehn verschiedene Konfliktparteien und zahlreiche Gruppen der Zivilgesellschaft unterzeichnen in Brazzaville ein Waffenstillstandsabkommen.
4. Aug.: Bruch der Ex-Séléka. Adam entlässt Vizepräsident Dhaffane, der im Namen der FPRC (Ex-Séléka) den Waffenstillstand in Brazzaville unterzeichnet.
Aug.: Rücktritt der Regierung als Teil des Waffenstillstandsabkommens. Mit Mahamat Kamoun wird erstmals ein Muslim Premierminister. Von 31 neuen Ministern sind drei Ex-Séléka- und zwei Anti-Balaka-Repräsentanten. Die Auswahl der Séléka-Mitglieder wird von der FPRC abgelehnt und alle Ex-Séléka-Angehörigen, die mit der Regierung kooperieren von Adam suspendiert.
15. Sept.: Die VN lösen mit MINUSCA die AU-Mission MISCA ab.
25. Okt.: Gründung der Ex-Séléka-Splitterpartei »Union pour la paix en Centrafrique« (UPC).
7. Nov.: Die EU beschließt die Verlängerung der EUFOR RCA bis zum 15. März 2015.
21. Nov.: Gründung der Ex-Séléka-Splitterpartei »Rassemblement pour la réconciliation des Centrafricains« (RPRC).

	29. Nov.: Der selbsternannte Anti-Balaka-Kommandeur Patrice Édouard Ngaïssona kündigt die Niederlegung der Waffen der Anti-Balaka und die Umbenennung der Bewegung zum politischen »Parti Centrafricain de l'Un-ité et du développement« (PCUD) an. **22. Dez.:** Der Abschlussbericht der VN-Untersuchungskommission wirft allen Konfliktparteien Kriegsverbrechen und gravierende Menschenrechtsverstöße vor; den Anti-Balaka auch Fälle von ethnischer Säuberung.
2015	**17. Jan.:** VN-Truppen nehmen den Anti-Balaka-Kommandeur Rodrigue Ngaïbona alias »General Andjilo« fest. **27. Jan.:** In Nairobi unterzeichnen Vertreter der Ex-Séléka und der Anti-Balaka ein Waffenstillstandsabkommen, das eine neue Übergangsregierung und eine Amnestie vorsieht. Die Regierung ist kein Verhandlungspartner und lehnt den Vertrag ab. **8. April:** In Nairobi unterzeichnen Joachim Kokaté (Anti-Balaka) und Michel Djotodia (Ex-Séléka) u.a. ein Waffenstillstandsabkommen. **14. April:** In Nairobi unterzeichnen Bozizé und Djotodia einen Vertrag und erkennen den letztjährigen Waffenstillstand an. **4.–11. Mai:** »Bangui-Forum«: Konferenz verschiedener Konfliktparteien und Gruppen der Zivilgesellschaft zur Beendigung der Krise. Unterzeichnung einer Entwaffnungsvereinbarung.

Quellen: U.a. Historical Dictionaries of Africa; University of Central Arkansas – Political Science; Africa Yearbook; AFP; Jeune Afrique; Reuters; RFI; Vereinte Nationen.

Abkürzungen

A2R	Alliance pour la Renaissance et la Refondation
ADF	Allied Democratic Forces
AEF	Afrique Équatoriale Française, Französisch-Äquatorialafrika
AFDL	Alliance des Forces démocratiques pour la libération du Congo-Zaïre
AFRICOM	United States Africa Command
AliR	Rwandan Liberation Army
ANC	Afrikanischer Nationalkongress, African National Congres
APF	African Peace Facility/Afrikanische Friedensfazilität
APSA	African Peace and Security Architecture
AQIM	Al-Qaeda im Islamischen Maghreb
ASF	African Standby Force
ATR	afrikanische traditionelle Religionen
AU	Afrikanische Union/African Union
AURTF	African Union Regional Task Force
BAMOSD	Bakassi Movement for Self Determination
BEAC	Banque des États de l'Afrique Centrale
BIP	Bruttoinlandsprodukt
BNE	Bruttonationaleinkommen
BSDF	Bakassi Self Determination Front
CBLT	Commission du bassin du lac Tchad = LCBC
CCT	Convention collective de travail
CEEAC/ECCAS	Communauté Économique des États de l'Afrique Centrale/ Economic Community of Central African States
CEMAC	Communauté Économique et Monétaire de l'Afrique Centrale, Zentralafrikanische Wirtschafts- und Währungsgemeinschaft
CEN-SAD	Communauté des États Sahélo-Sahariens, Community of Sahel-Saharan-States
CEWS	Continental Early Warning System
CIA	Central Intelligence Agency
CNDP	Congrès National pour la Défense du Peuple
CNPCIC	China National Petroleum Corporation International Chad
CPJP	Convention des patriotes pour la justice et la paix
CPSK	Convention Patriotique du Salut du Kodro
DAG	Deutsche Afrikanische Gesellschaft

Anhang

DDR	Deutsche Demokratische Republik
DDRRR	Disarmament, Demobilization, Repatriation, Reintegration and Resettlement
DR Kongo	Demokratische Republik Kongo
EAC	East African Community
ECCAS	Economic Community of Central African States
EEF	Europäischer Entwicklungsfonds
EITI	Extractive Industries Transparency Initiative
EO	Executive Outcomes
EU	Europäische Union/European Union
EUFOR RCA	European Union Forces République Centrafricaine
EUMAM RCA	European Union Military Advisory Mission en Republique Centralafricaine
EUSEC RD Congo	European Union Security Sector Reform Mission in the Democratic Republic of Congo
EUTM	European Union Training Mission
FACA	Forces Armées centrafriquaine
FAN	Forces Armées du Nord
FAR	Forces armées rwandaises
FARDC	Forces Armées de la République Démocratique du Congo
FCFA	Franc des Communautés Financières d'Afrique
FDLR	Forces Démocratiques de Libération du Rwanda
FIB	Force Intervention Brigade
FIFA	Fédération Internationale de Football Association
FOMAC	Force multinationale de l'Afrique Centrale
FPRC	Front populaire pour la renaissance de Centrafrique
FROLINAT	Front de Libération Nationale du Tchad
GSVP	Gemeinsame Sicherheits- und Verteidigungspolitik = Common Security and Defence Policy (CSDP) = Politique commune de sécurité et de défense]
HDI	Human Development Index
ICG	International Crisis Group
ICGLR	International Conference on the Great Lakes Region
IGH	Internationaler Gerichtshof
IPI	International Peace Institute
IPU	Integrated Police Unit
ISIS	Islamischer Staat im Irak und in Syrien = IS

Abkürzungen

JEM	Justice and Equality Movement
KPCS	Kimberley Process Certification Scheme
KPdSU	Kommunistische Partei der Sowjetunion
LCBC	Lake Chad Basin Commission = CBLT
LLDC	landlocked developing countries
LRA	Lord's Resistance Army
LRDG	Long Range Desert Group
M23	Mouvement du 23-Mars
MESAN	Mouvement pour l'évolution sociale de l'Afrique noire
MICOPAX	Mission de consolidation de la paix en Centrafrique
MINURCA	Mission des Nations Unies en République Centrafricaine
MINURCAT	Mission des Nations Unies en République Centrafricaine et au Tchad
MINUSCA	Mission intégrée multidimensionnelle de stabilisation des Nations Unies en République Centrafricaine
MISCA	Mission internationale de soutien à la République Centrafricaine sous conduite africaine
MLC	Mouvement de Libération du Congo
MONUC	Mission des Nations Unies en République démocratique du Congo
MONUSCO	Mission de l'Organisation des Nations Unies en République démocratique du Congo
MUJAO	Mouvement pour l'unicité et le jihad en Afrique de l'Ouest
NATO	North Atlantic Treaty Organization
NGO	Nichtregierungsorganisation
OAU	Organisation of African Unity/ Organisation für Afrikanische Einheit
ODA	Official Development Assistance
PSC	Peace and Security Council
RCD	Rassemblement Congolais pour la Démocratie
SADC	Southern African Development Community
SDF	Social Democratic Front
SED	Sozialistische Einheitspartei Deutschlands
SLA	Sudan Liberation Army
SLA-AW	Sudan Liberation Army-Abdul Wahid
SLA-MM	Sudan Liberation Army-Minni Minawi
SPLM/A	Sudan People's Liberation Movement/Army

Anhang

SPLM/A-IO	Sudan People's Liberation Movement/Army-In Opposition
SPLM-N	Sudan People's Liberation Movement-North
SRF	Sudan Revolutionary Front
UFDR	Union des Forces Démocratiques pour le Rassemblement
UFR	Union des Forces Républicaines
UNDP	United Nations Development Programme
UNESCO	United Nations Educational, Scientific and Cultural Organization
UNHCR	United Nations High Commissioner for Refugees
UNICEF	United Nations Children's Fund
UNITA	União Nacional para a Independência Total de Angola
UPC	Union des Populations du Cameroun
USA	United States of America
USCC	Union des syndicats confédérés du Cameroun
VN	Vereinte Nationen/United Nations
WFP	World Food Programm
WHO	World Health Organization
ZAR	Zentralafrikanische Republik

Soweit vorhanden, sind bei Buchtiteln die deutschen Übersetzungen aufgeführt. Die genannten Werke sind zum Teil im Buchhandel vergriffen. Bitte wenden Sie sich in diesem Fall an Bibliotheken oder suchen Sie nach antiquarischen Ausgaben (www.zvab.com).

Wissenschaftliche Literatur
1. Literatur zur Gesamtregion

Alemazung, Joy Asongazoh, State constitutions without essence in post-independence Africa. Governance along a failure-success continuum with illustrations from Benin, Cameroon, and the DRC, Frankfurt a.M. 2013

Allen, Tim, and Koen Vlassenroot, The Lord's Resistance Army. Myth and reality, London, New York 2010

Azumah, John, Boko Haram in Retrospect. In: Islam and Christian-Muslim Relations, 26 (2015), 1, S. 33–52

Basedau, Matthias, and Andreas Mehler (Eds.), Resource Politics in Sub-Saharan Africa, Institut für Afrika-Kunde, Hamburg 2005

Bayart, Jean-François, The State in Africa. The Politics of the Belly, 2nd ed., Cambridge 2010

Becker, Oliver G., Voodoo im Strafraum. Fußball und Magie in Afrika, München 2010

Berenson, Eduard, Heroes of Empire. Fire charismatic men and the conquest of Africa, Berkeley 2011

Berg, Patrick, The Dynamics of Conflict in the Tri-Border Region of the Sudan, Chad and the Central African Republic, Country conflict-analysis studies, Friedrich Ebert Foundation, Bonn 2008, http://library.fes.de/pdf-files/iez/05423.pdf

Birmingham, David, and Martin Phyllis, History of Central Africa, 3. Vols., London 1983–1998

Bollig, Michael, und Doris Bünnagel (Hrsg.), Der zentralafrikanische Regenwald. Ökologie, Geschichte, Gesellschaft, Wirtschaft, Münster 1993

Bono, Giovanna, The EU's Military Operation in Chad and the Central African Republic: An Operation to Save Lives?. In: Journal of Intervention and Statebuilding, 5 (2011), 1, S. 23–42

Boutellis, Arthur, Chad and the Central African Republic. In: Jane Boulden (Ed.), Responding to Conflict in Africa. The United Nations and Regional Organizations, 2nd ed., New York 2013

Bujo, Bénézet, Die ethische Dimension der Gemeinschaft. Das afrikanische Modell im Nord-Süd-Dialog. Studien zur theologischen Ethik, Freiburg u.a. 1993

Cambell, Kelly, Central African Republic, Chad, and Sudan: Triangle of Instability?, USI Peace Briefing, 1. Dezember 2006, http://www.usip.org/publications/central-african-republic-chad-and-sudan-triangle-of-instability

Chafer, Tony, and Amanda Sackur (Eds.), French Colonial Empire and the Popular Front. Hope and Disillusion, Basingstoke et al. 1999

Chiari, Bernhard, und Dieter H. Kollmer (Hrsg.), Wegweiser zur Geschichte. Demokratische Republik Kongo. Im Auftrag des Militärgeschichtlichen Forschungsamtes, 3. überarb. Aufl., Paderborn u.a. 2008

Chiari, Bernhard, und Dieter H. Kollmer (Hrsg.), Wegweiser zur Geschichte. Sudan. Im Auftrag des Militärgeschichtlichen Forschungsamtes, Paderborn u.a. 2008

Clark, John F. (Ed.), The African Stakes of the Congo War, New York 2002

Clark, John F., and David E. Gardinier, Political Reform in Francophone Africa, Boulder 1997

Collier, Paul, The Plundered Planet. How to Reconcile Prosperity with Nature, London et al. 2010

Colom-Jaén, Artur, and Alicia Campos-Serrano, Oil in Chad and Equatorial Guinea: Widening the Focus of the Resource Curse. In: European Journal of Development Research, 25 (2013), 4, S. 584–599

Curtin, Philip, et al., African History. From Earliest Times to Independence, 2nd ed., London et al. 1995

de Oliveira, Ricardo Soares, Oil and Politics in the Gulf of Guinea, New York 2007

Decalo, Samuel, African Personal Dictatorships. In: The Journal of Modern African Studies, 23 (1985), 2, S. 209–237

Dijkstra, Hylke, The Military Operation of the EU in Chad and the Central African Republic: Good Policy, Bad Politics. In: International Peacekeeping, 17 (2010), 3, S. 395–407

Ehret, Christopher, The Civilizations of Africa. A History to 1800, Charlottesville 2002

Erdmann, Gero, Neopatrimoniale Herrschaft – oder: Warum es in Afrika so viele Hybridregime gibt. In: Petra Bendel u.a. (Hrsg.) Hybride Regime. Zur Konzeption und Empirie demokratischer Grauzonen, Opladen 2002, S. 323–342

Essner, Cornelia, Deutsche Afrikareisende im neunzehnten Jahrhundert. Zur Sozialgeschichte des Reisens, Stuttgart 1985

Fabian, Johannes, Im Tropenfieber. Wissenschaft und Wahn in der Erforschung Zentralafrikas, München 2001

Feichtinger, Walter, und Gerhard Hainzl (Hrsg.), Krisenmanagement in Afrika. Erwartungen, Möglichkeiten, Grenzen, Wien 2009

Giroux, Jennifer, u.a., The Tormented Triangle: The Regionalisation of Conflict in Sudan, Chad and the Central African Republic. Working Paper Nr. 47 – Regional and Global Axes of Conflict, Crisis States Research Centre, London 2009, http://eprints.lse.ac.uk/28497/1/WP47.2.pdf

Harding, Leonhard, Geschichte Afrikas im 19. und 20. Jahrhundert, 3. Aufl., München 2013 (= Oldenbourg Grundriss der Geschichte, 27)

Harris, Nathaniel Joseph, War and Pestilence: Conflict, Refugees, and the Immunodeficiency Virus in Sub-Saharan Africa, Durham 2014

Heilbrunn, John R., Oil, Democracy and Development in Africa, New York 2014

Iliffe, John, Geschichte Afrikas, München 2003

International Crisis Group, The Gulf of Guinea: The New Danger Zone, Africa Report N°195, 12 December 2012, Dakar, 2012, http://www.crisisgroup.org/~/media/Files/africa/central-africa/195-the-gulf-of-guinea-the-new-danger-zone-english.pdf

International Crisis Group, Curbing Violence in Nigeria (II): The Boko Haram Insurgency, Africa Report N°216 – 3 April 2014, Brüssel 2014, http://www.crisisgroup.org/~/media/Files/africa/west-africa/nigeria/216-curbing-violence-in-nigeria-ii-the-boko-haram-insurgency.pdf

Kelly, Saul, The Hunt for Zerzura. The Lost Oasis and the Desert War, London 2002

Künzler, Daniel, Fußball in Afrika: Hintergründe zu »Elefanten«, »Leoparden« und »Löwen«, Frankfurt a.M. 2010

Le Vine, Victor T., Politics in Francophone Africa, Boulder, London 2004

Loimeier, Roman (Hrsg.), Seuchen in der Geschichte Afrikas. Jahrbuch für außereuropäische Geschichte, Münster 2011

Magesa, Laurenti, Ethik des Lebens. Die afrikanische Kultur der Gemeinschaft, Freiburg u.a. 2007

Marx, Christoph, Geschichte Afrikas. Von 1800 bis zur Gegenwart, Paderborn 2004

Mbiti, John, Afrikanische Religion und Weltanschauung, Berlin, New York 1974

McKenny, Amy (Ed.), The History of Central and Eastern Africa (The Britannica Guide to Africa), New York 2011.

McMahon, Robert J. (Ed.), The Cold War in the Third World, New York 2013.

Mehler, Andreas, et al., Africa Yearbook. Politics, Economy and Society South of the Sahara, Leiden, Boston 2005–2014

Merkel, Wolfgang, Systemtransformation: Eine Einführung in die Theorie und Empirie der Transformationsforschung, 2. Aufl., Wiesbaden 2010

Moerschbacher, Marco, Leben in Fülle – Traditionelle Religionen in Afrika als Partner im interreligiösen Dialog. In: Klaus Beurle (Hrsg.), Gott – einzig und vielfältig. Religionen im Dialog, Bd 2: Gott überschreitet Grenzen, Würzburg 2014, S. 161–174

Morlang, Thomas, Askari und FitaFita. »Farbige« Söldner in den deutschen Kolonien, Berlin 2008

Oermann, Nils Ole, Albert Schweitzer. Eine Biographie, 1875–1965, München 2013

Olupona, Jakob K., African Religions. A very short introduction, New York 2014

Page, Melvin E. (Ed.), Africa and the First World War, London 1987

Pérouse de Montclos, and Marc-Antoine (Eds.), Boko Haram: Islamism, politics, security and the state in Nigeria, Leiden 2014 (= West African Politics and Society Series, 2)

Petter, Wolfgang, Der Kampf um die deutschen Kolonien. In: Wolfgang Michalka (Hrsg.), Der Erste Weltkrieg. Wirkung, Wahrnehmung, Analyse, München 1994, S. 392–411

Prunier, Gérard, From Genocide to Continental War. The ›Congolese‹ Conflict and the Crisis of Contemporary Africa, London 2009

Reefe, Thomas Q., The Rainbow and the Kings: A History of the Luba Empire to 1981, Berkeley 1981

Reybrouck, David van, Kongo. Eine Geschichte, Berlin 2012

Reyntjens, Filip, The great African war. Congo and regional geopolitics, 1996–2006, Cambridge 2009

Schicho, Walter, Handbuch Afrika. In drei Bänden, Bd 1: Zentralafrika, Südliches Afrika und die Staaten im Indischen Ozean, Frankfurt a.M. 2001

Schmidl, Erwin A., Die »Takoradi Air Route« – eine strategisch bedeutsame Nachschubroute der Alliierten im Zweiten Weltkrieg. In: Österreichische Militärische Zeitschrift, 51 (2013), 6, S. 640–653

Schmidt, Siegmar, Demokratisierungsprozesse in Afrika. In: Wolfgang Merkel (Hrsg.) Systemwechsel, Bd 1. Theorien, Ansätze und Konzeptionen, 2. Aufl., Opladen 1996, S. 229–271

Schubert, Gunter, und Rainer Tetzlaff (Hrsg.), Blockierte Demokratien in der Dritten Welt, Opladen 1998

Shaxson, Nicholas, Poisoned wells. The dirty politics of African oil, Basingstoke 2007

Speitkamp, Winfried, Kleine Geschichte Afrikas, Stuttgart 2007

Springhall, John, Decolonization since 1945. The Collapse of European Overseas Empires, Basingstoke 2001

Stearns, Jason K., Dancing in the Glory of Monsters. The Collapse of the Congo and the Great War of Africa, New York 2011

Strachan, Hew, The First World War in Africa, Oxford 2004

Stroux, Daniel, Zaires sabotierter Systemwechsel: das Mobutu-Regime zwischen Despotie und Demokratie, Hamburg 1996

Tetzlaff, Rainer, Afrika in der Globalisierungsfalle, Wiesbaden 2008

Tetzlaff, Rainer, u.a. (Hrsg), Afrika zwischen Dekolonisation, Staatsversagen und Demokratisierung, Hamburg 1995

Tetzlaff, Rainer, und Cord Jakobeit, Das nachkoloniale Afrika. Politik, Wirtschaft, Gesellschaft, Wiesbaden 2005 (= Grundwissen Politik, 35)

Thielke, Thilo, Traumfußball. Geschichten aus Afrika, Göttingen 2009

Vansina, Jan, How Societies Are Born. Governance in West Central Africa before 1600, Charlottesville 2004

Vansina, Jan, Kingdoms of the Savanna. A History of Central African States until European Occupation, Reprint, Madison 1975

Vansina, Jan, Paths in the Rainforest. Towards a History of Political Tradition in Equatorial Africa, Madison 1990

Villalón, Leonardo, and Peter Von Doepp (Eds.), The fate of Africa's democratic experiments, Bloomington 2005

Westad, Odd Arne, The Global Cold War – Third World Interventions and the Making of Our Times, Cambridge 2005

Yates, Douglas A., The Scramble for African Oil. Oppression, Corruption and War for Control of Africa's Natural Resources, London 2012

2. Literatur zu Äquatorialguinea

Amnesty International, Equatorial Guinea. Continued institutional and key human rights concerns in Equatorial Guinea. Amnesty International Submission to the UN Universal Periodic Review, May 2014, AFR 24/013/2013, London 2013, https://www.amnesty.org/en/documents/AFR24/013/2013/en/

Campos, Alicia, Oil, Sovereignty & Self-Determination: Equatorial Guinea & Western Sahara. In: Review of African Political Economy, 35 (2008), 117, S. 435–447

Fegley, Randall, Equatorial Guinea. An African Tragedy, New York u.a. 1989 (= American University Studies, 11, Anthropology and Sociology, 39)

Frynas, Jędrzej George, The Oil Boom in Equatorial Guinea. In: African Affairs, 103 (2004), 413, S. 527–546

Human Rights Watch (HRW), Well Oiled. Oil and Human Rights in Equatorial Guinea, New York 2009, http://www.hrw.org/sites/default/files/reports/bhr0709web_0.pdf

Liniger-Goumaz, Max, Äquatorialguinea. 30 Jahre nguemistischer Verbrecherstaat, Leipzig 1999 (= University of Leipzig papers on Africa / Politics and economics, 21)

Liniger-Goumaz, Max, À l'aune de la Guinée Équatoriale. Colonisation, néocolonisation, démocratisation, corruption, Genf 2003

Liniger-Goumaz, Max, Guinée Équatoriale. Un demi siècle de terreur et de pillage. Mémorandum, Paris 2013

Liniger-Goumaz, Max, Historical Dictionary of Equatorial Guinea, 3rd ed., Lanham 2000 (= Historical Dictionaries of Africa, 21)

Liniger-Goumaz, Max, Small is not always beautiful. The Story of Equatorial Guinea, London, Hurst 1988

Liniger-Goumaz, Max, United States, France and Equatorial Guinea, the Dubious ›Friendships‹, Genf 1997

Roberts Adam, The Wonga Coup. Simon Mann's Plot to Seize Oil Billions in Africa, London 2009

Same, Achille Toto, Mineral-Rich Countries and Dutch Disease: Understanding the Macroeconomic Implications of Windfalls and the Development Prospects. The Case of Equatorial Guinea, Policy Research Working Paper 4595, The World Bank Africa Region Economic Management Department, April 2008, Washington 2008, http://elibrary.worldbank.org/doi/pdf/10.1596/1813-9450-4595

Wood, Geoffrey, Business and Politics in a Criminal State: The Case of Equatorial Guinea. In: African Affairs, 103 (2004), 413, S. 547–567

3. Literatur zu Gabun

Auge, Axel Eric, Le recrutement des élites politiques en Afrique subsaharienne: une sociologie du pouvoir au Gabon, Paris 2005

Auzanneau, Michelle, Rap in Libreville, Gabon: An Urban Sociolinguistic Space. In: Alain-Philippe Durand, Black, Blanc, Beur: Rap Music and Hip-Hop Culture in the Francophone World, Lanham 2002, S. 106–123

Cadet, Xavier, Histoire des Fang, peuple gabonais, Paris 2009 (= Les tropiques entre mythe et réalité)

Fricke, Christine, Erinnern, Vergessen und die Politik des Schweigens. Das Cinquantenaire in Gabun. In: Carola Lentz und Godwin Kornes (Hrsg.). Staatsinszenierung, Erinnerungsmarathon und Volksfest. Afrika feiert 50 Jahre Unabhängigkeit, Frankfurt a.M. 2011, S. 140–157

Gardinier, David E., The development of a petroleum-dominated economy in Gabon. In: Essays in Economic and Business History, 17 (1999), S. 1–15

Gardinier, David E., France and Gabon since 1993: The reshaping of a neo-colonial relationship. In: Journal of Contemporary African Studies, 18 (2000), 2, S. 225–242

Gardinier, David E., and Douglas A. Yates, Historical Dictionary of Gabon, 3rd ed., Lanham 2006 (= Historical Dictionary of Africa, Nr. 101)

Gray, Christopher John, Colonial Rule and Crisis in Equatorial Africa. Southern Gabon, ca. 1850–1940, Rochester 2002

Hillebrand, Ernest, Demokratisierung als Eliten-Recycling: Das Beispiel Gabuns. In: Africa Spectrum, 28 (1993), 1, S. 73–92

Ndombet, Wilson-André, La transmission de l'État colonial au Gabon (1946–1966). Institutions, élites et crises, Paris 2009

Nguiabama-Makaya, Fabrice, Colonisation et Colonisés au Gabon, Paris 2007

Nze-Nguema, Fidèle-Pierre, L'État au Gabon. De 1929 à 1990. Le partage institutionnel du pouvoir, Paris 1998 (= Collection Études africaines)

Owaye, Jean-François, Système de défense et de sécurité du Gabon de 1960 à nos jours, Montpellier 1997

Reed, Michael C., Gabon: a Neo-Colonial Enclave of Enduring French Interest. In: The Journal of Modern African Studies, 25 (1987), 2, S. 283–320

Reed, Michael C., and James F. Barnes (Eds.), Culture, Ecology, and Politics in Gabon's rainforest, Lewiston et al. 2003 (= African Studies, 65)

Yates, Douglas Andrew, The Rentier State in Africa. Oil Rent Dependency and Neocolonialism in the Republic of Gabon, Trenton, Asmara 1996

4. Literatur zu Kamerun

Awasom, Nico Fru, Language and Citizenship in Anglophone Cameroon. In: Sara Dorman et al. (Eds.), Making nations, creating strangers. States and citizenship in Africa, Leiden 2007, S. 145–160

Bayart, Jean-François, Cameroon. In: Donal B. Cruise et al. (Eds.), Contemporary West African states, Reprint, Cambridge 1995, S. 31–48

Bayart, Jean-François, L'État au Cameroun, 2ème ed., Paris 1985

Baye, Francis Menjo, Implications of the Bakassi Conflict Resolution for Cameroon. In: AJCR, 10 (2010), 1, S. 9–34, http://mercury.ethz.ch/serviceengine/Files/ISN/119860/ichaptersection_singledocument/4738db64-392c-483d-a4a4-3899b12e4fe7/en/ch_1.pdf

Chiabi, Emmanuel, The Making of Modern Cameroon. A History of Substate Nationalism and Disparate Union, 1914–1961, Lanham 1997

Cornwell, Richard, Nigeria and Cameroon: Diplomacy in the Delta. In: African Security Review, 15 (2006), 4, S. 48–55

DeLancey, Mark Dike et al., Historical Dictionary of the Republic of Cameroon, 4th ed., Lanham 2010 (= Historical Dictionaries of Africa, 113)

Deltombe, Thomas et al., Kamerun! – Une Guerre cachée aux origines de la Françafrique (1948–1971), Paris 2011

Eckert, Andreas, Die Duala und die Kolonialmächte. Eine Untersuchung zu Widerstand, Protest und Protonationalismus in Kamerun vor dem Zweiten Weltkrieg, 2. Aufl., Münster, Hamburg 2003 (= Hamburger Studien zur afrikanischen Geschichte, 2)

Enoh, Richard Agbor Ayukndang, Interactions between the government and Diasporas: the West-African case of Cameroon. In: Diaspora Studies, 7 (2014), 2, S. 75–87

Gabriel, Jürg Martin, Cameroon's Neopatrimonial dilemma. In: Journal of Contemporary African Studies, 17 (1999), 2, S. 173–196

Harnischfeger, Johannes, Die Bakassi-Boys in Nigeria. Vom Aufstieg der Milizen und dem Niedergang des Staates. In: KAS-AI: Konrad-Adenauer-Stiftung Auslandsinformationen, 12

(2001), S. 13–46, http://www.kas.de/wf/doc/kas_240-544-1-30.pdf?020311141310

Hickey, Sam, Caught at the Crossroads: Citizenship, Marginality and the Mbororo Fulani in Northwest Cameroon. In: Sara Dorman et al. (Eds.) Making nations, creating strangers. States and citizenship in Africa, Leiden 2007, S. 83–104

International Crisis Group (ICG), Cameroon: Fragile State? Africa Report N°160 – 25 May 2010, Dakar et al. 2010 http://www.crisisgroup.org/~/media/files/africa/west-africa/cameroon/160cameroon%20fragile%20state.ashx

International Crisis Group (ICG), Cameroon: The Danger of a Fracturing Regime. Africa Report N°161 – 24 June 2010, Dakar, Brüssel 2010 http://www.crisisgroup.org/~/media/Files/africa/west-africa/cameroon/161%20CAMEROON%20dangers%20of%20a%20fracturing%20regime%20ENGLISH.pdf

Kini-Yan Kinni, Fongot, Bakassi: Or the Politics of Exclusion and Occupation?, Mankon, Bamenda 2013

Konings, Piet, The Anglophone Cameroon-Nigeria boundary: Opportunities and conflicts. In: African Affairs, 104 (2005), 415, S. 275–301

Konings, Piet, The Anglophone problem in Cameroon. In: The Journal of Modern African Studies, 35 (1997), 2, S. 207–229

Konings, Piet, Neoliberal bandwagonism. Civil society and the politics of belonging in Anglophone Cameroon, Bamenda, Leiden 2009

Konings, Piet, The Politics of Neoliberal Reforms in Africa. State and Civil Society in Cameroon, Bamenda 2011

Kum'a N'dumbe, Alexandre, Das deutsche Kaiserreich in Kamerun. Wie Deutschland in Kamerun seine Kolonialmacht aufbauen konnte, 1840–1910, Berlin 2008

Le Vine, Victor T., The Cameroon Federal Republic, Ithaca 1971

Le Vine, Victor T., The Cameroons. From mandate to independence, Berkley 1964

Mbaku, John Mukum and Joseph Takougang (Eds.), The Leadership Challenge in Africa. Cameroon under Paul Biya, Trenton, Asmara 2004

Mehler, Andreas, Biya. Kamerun in der Ära Biya. Bedingungen, erste Schritte und Blockaden einer demokratischen Transition, Hamburg 1993

Michels, Stefanie (Ed.), Imagined Power Contested. Germans and Africans in the Upper Cross River Area of Cameroon, Münster 2004

Mveng, Engelbert, Histoire du Cameroun, 2 Vols., Yaoundé 1984/85

Ouvanguiga, Dominique, La »guerre froide« entre le Congo et le Cameroun (1963–1973). In: Guerres mondiales et conflits contemporains, 181 (1996), S. 53–88

Schulte-Varendorff, Uwe, Krieg in Kamerun. Die deutsche Kolonie im Ersten Weltkrieg, Berlin 2011

Takougang, Joseph, Nationalism, democratisation and political opportunism in Cameroon. In: Journal of Contemporary African Studies, 21 (2003), 3, S. 427–445

Takougang, Joseph, Democracy and Democratization in Cameroon: Living with the Dual Heritage. In: John Mukum Mbaku and Julius Omozuanvbo Ihonvbere (Eds.), Multiparty Democracy and Political Change. Constraints to Democratization in Africa, Trenton, Asmara 2006, S. 203–228

Teretta, Meredith, Nation of Outlaws, State of Violence. Nationalism, Grassfields Tradition, and State Building in Cameroon, Athens 2014

Tiewa Ngninzégha, Kathrin, Umstrittene Nationalfeiertage. Das Cinquantenaire in Kamerun. In: Carola Lentz und Godwin Kornes (Hrsg.), Staatsinszenierung, Erinnerungsmarathon und Volksfest. Afrika feiert 50 Jahre Unabhängigkeit, Frankfurt a.M. 2011, S. 59–74

Vidacs, Bea, Visions of a better world. Football in the Cameroonian social imagination, Berlin 2010

Werthmann, Katja, und Gerald Schmitt (Hrsg.), Staatliche Herrschaft und kommunale Selbstverwaltung: Dezentralisierung in Kamerun, Frankfurt a.M. 2008

5. Literatur zur DR Kongo

Siehe dazu Literaturangaben in: Bernhard Chiari, und Dieter H. Kollmer (Hrsg.), Wegweiser zur Geschichte. Demokratische Republik Kongo, 3. überarb. Aufl., Paderborn u.a. 2008, S. 207–210

6. Literatur zur Republik Kongo

Amphas, Mbow M., Political Transformations of the Congo, Edinburgh et al. 2000

Baudouin, Jacques, Congo-Brazzaville. An Avoidable War? In: African Geopolitics, (2001), 1, S. 151–165

Bazenguissa-Ganga, Rémy, The Spread of Political Violence in Congo-Brazzaville. In: African Affairs, 98 (1999), 390, S. 37–54

Clark, John F., The failure of democracy in the Republic of Congo, Boulder, London 2008

Clark, John F., Foreign Intervention in the Civil War of the Congo Republic. In: Issues. A Journal of Opinion, 26 (1998), 1, S. 31–36

Clark, John F., and Samuel Decalo, Historical Dictionary of Republic of the Congo, 4th ed., Lanham 2012 (= Historical Dictionaries of Africa)

Clark, John F., The Neo-Colonial Context of the Democratic Experiment of Congo-Brazzaville. In: African Affairs, 101 (2002), 403, S. 171–192

Eaton, David, Diagnosing the Crisis in the Republic of Congo. In: The Journal of the International African Institute, 76 (2006), 1, S. 44–69

Englebert, Pierre, and James Ron, Primary Commodities and War: Congo-Brazzaville's Ambivalent Resource Curse. In: Comparative Politics, 37 (2004), 1, S. 61–81

Gouemo, Régis, Le Congo-Brazzaville. De l'état postcolonial à l'état multinational, Paris 2004

Knight, Cassie, Brazzaville Charms. Magic and Rebellion in the Republic of Congo, London 2007

Koudissa, Jonas, Sind zentralafrikanische Staaten zur Demokratie unfähig? Eine Fallstudie zur Republik Kongo, Marburg 1999 (= Universität Münster Dissertation 1998)

Lebi, Simplice Euloge, Pour une histoire militaire du Congo-Brazzaville. 1882–1992. Problèmes et perspectives de l'administration militaire, Paris 2009

Le Vine, Victor T., Military Rule in the People's Republic of Congo. In: John Harbeson (Ed.), The Military in African Politics, New York 1987, S. 123–140

Martin, Phyllis M., Catholic Women of Congo-Brazzaville. Mothers and Sisters in Troubled Times, Bloomington 2009

Massamba-Makoumbou, Jean-Serge, Identité ethnique et conflicts civils au Congo-Brazzaville, Paris 2013

Moudileno Massengo, Aloyse, Genealogie d'un Chaos. Congo-Brazzaville, Paris 2001

Muggah, Robbert, The anatomy of disarmament, demobilization and reintegration in the Republic of Congo. In: Conflict, Security & Development, 4 (2004), 1, S. 21–37

Obenga, Théophile (Éd.), Histoire générale du Congo des origines à nos jours, 4 Vols., Paris 2010/11

Ollandet, Jérôme, Brazzaville, capitale de la France libre. Histoire de la résistance française en Afrique. 1940–1944, Paris 2013

Radu, Michael S., and Keith Somerville, People's Republic of Congo. In: Chris Allen Benin et al. (Ed.), The Congo, and Burkina Faso, London 1989, S. 145–233

Wamba-dia-Wamba, Ernest, The Experience of Struggle in the P.R. of Congo. In: Peter Anyang Nyong'o (Ed.), Popular Struggles for Democracy in Africa, London 1987, S. 103–131

Yengo, Patrice, La guerre civile du Congo-Brazzaville. 1993–2002 »Chacun aura sa part«, Paris 2006

7. Literatur zum Tschad

Amnesty International, A Compromised Future. Children Recruited by Armed Forces and Groups in Eastern Chad, London 2011, http://www.amnesty.org/en/library/asset/AFR20/001/2011/en/1cf0816b-12e1-4c15-b055-26f18b5d5201/afr200012011en.pdf

Azevedo, Mario Joaquim, Foreign Assistance and Dependence. Post-colonial Chad (1960–1985). In: Journal of African Studies, 13 (1985), S. 102–110

Azevedo, Mario Joaquim, Roots of Violence. A History of war in Chad, Amsterdam et al. 1998 (= War and Society, 4)

Azevedo, Mario Joaquim, and Emmanuel U. Nnadozie, Chad. A Nation in Search of its Future, Boulder 1998

Bah, Thierno, Soldiers and ›Combatants‹: The Conquest of Political Power in Chad 1965–1990. In: Eboe Hutchful (Ed.), The Military and Militarism in Africa, Abdoulaye Bathily, Dakar 1998, S. 429–470

Behrends, Andrea, The Darfur conflict and the Chad / Sudan border – regional context and local re-configuration. In: Sociologus, 57 (2007), 1, S. 99–131

Boggero, Marco, Darfur and Chad: A fragmented ethnic mosaic. In: Journal of Contemporary African Studies, 27 (2009), 1, S. 21–35

Bono, Giovanna, The EU's military operation in Chad and the Central African Republic: an operation to save lives? In: Journal of Intervention and Statebuilding, 5 (2011), 1, S. 1–21

Bono, Giovanna, The Impact of the Discourse of the »Politics of Protection«: The Case of the EU and UN Policing and Military Missions to Chad (2007–2010). In: African Security, 5 (2012), 3–4, S. 179–198

Buijtenhuijs, Robert, Le Frolinat et les révoltes populaires du Tchad, 1965–1976, Den Haag, New York 1978

Buijtenhuijs, Robert, Chad: The narrow escape of an African state, 1965–1987. In: Donal B. Cruise O'Brien et al. (Eds.), Contemporary West African states, Reprint, Cambridge 1995, S. 49–58

Burr, Millard, and Robert O. Collins, Africa's thirty years war. Libya, Chad, and the Sudan, 1963–1993, Boulder 1999

Burr, Millard, and Robert O. Collins, Darfur. The long road to disaster, enl. and updated ed., Princeton 2008

Debos, Marielle, Living by the gun in Chad: armed violence as a practical occupation. In: The Journal of Modern African Studies, 49 (2011), 3, S. 409–428

Debos Marielle, Le métier des armes au Tchad. Le gouvernement de l'entre-guerres, Paris 2013

Decalo, Samuel, Historical Dictionary of Chad, 3rd ed., London, Lanham 1997 (= Historical Dictionaries of Africa, 13)

De Waal, Alex, Chad in the firing line. In: Index on Censorship, 35 (2006), 1, S. 58–65

Dickow, Helga und Petra Bauerle, Democrats without democracy. Attitudes and opinions on society, religion and politics in Chad, Byblos 2005 (= Letters from Byblos, 10)

Erikson, Hans, and Björn Hagströmer, Chad – towards democratisation or Petro-dictatorship? Uppsala 2005

Feichtinger, Walter, and Gerald Hainzl (Eds.), EUFOR TCHAD/RCA revisited, Wien 2011 (Schriftenreihe der Landesverteidigungsakademie: Sonderpublikation; 3/2011/S), http://www.bmlv.gv.at/pdf_pool/publikationen/eufor_tchad_revisited.pdf

Foltz, William J., Reconstructing the State of Chad. In: I. William Zartman (Ed.), Collapsed States. The Disintegration and restoration of Legitimate Authority, Boulder, London 1995, S. 15–31

Gary, Ian, and Nikki Reisch, Chad's Oil: Miracle or Mirage? Following the Money in Africa's Newest Petro-State, Catholic Relief Service, Bank Information Center, February 2005, Washington 2005, http://internationalbudget.org/wp-content/uploads/Chads-Oil-Miracle-or-Mirage.pdf

Grawert, Elke, Cross-border Dynamics of Violent Conflict. The Case of Sudan and Chad. In: Journal of Asian and African Studies, 43 (2008), 6, S. 595–614

Human Rights Watch, Chad. Early to War. Child Soldiers in the Chad Conflict, Vol. 19, No. 9(A), June 2007, New York 2007, http://www.hrw.org/sites/default/files/reports/chad0707webwcover_0.pdf

Human Rights Watch, The Risk of Return. Repatriating the Displaced in the Context of Conflict in Eastern Chad, June 2009, New York 2009, http://www.hrw.org/sites/default/files/reports/chad0609web.pdf

Human Rights Watch, State of Anarchy. Rebellion and Abuses against Civilians, Vol. 19, No. 14(A), September 2007, New York 2007, http://www.hrw.org/sites/default/files/reports/car-0907webwcover_0.pdf

Hansen, Ketil Fred, A democratic dictator's success: how Chad's President Deby defeated the military opposition in three years (2008–2011). In: Journal of Contemporary African Studies, 31 (2013), S. 1–17

Mattes, Hanspeter, Tschad: Antagonismus vom Wüstenbewohnern und tropischen Ackerbauern, Warlords und externe Interventionen. In: Rolf Hofmeier und Volker Matthies (Hrsg.) Vergessene Kriege in Afrika, Göttingen 1992, S. 251–275

Marchal, Roland, Chad/Darfur: How two crises merge. In: Review of African Political Economy, 33 (2006), 109, S. 467–482

Marchal, Roland, The Unseen Regional Implications of the Crisis in Darfur. In: Alex de Waal (Ed.), War in Darfur and the Search for Peace, Cambridge 2007, S. 173–198

Marchal, Roland, The Roots of the Darfur Conflict and the Chadian Civil War. In: Public Culture, 20 (2008), 3, S. 429–436

Massey, Simon, and Roy May, Dallas to Doba: Oil and Chad, external controls and internal politics. In: Journal of Contemporary African Studies, 23 (2005), 2, S. 253–276

Massey, Simon, and Roy May, Commentary. The Crisis in Chad. In: African Affairs, 105 (2006), 420, S. 443–449

Massey, Simon, and Roy May, Oil and War in Chad. In: Roger Southall and Henning Melber (Eds.), A New Scramble for Africa? Imperialism, Investment and Development, Scottsville 2009, S. 213–239

Mays, Terry M., Africa's First Peacekeeping Operation. The OAU in Chad, 1981–1982, Westport et al. 2002

Nolutshungu, Sam C., Limits of Anarchy. Intervention and State Formation in Chad, Charlottesville, London 1996

International Crisis Group, Africa Without Qaddafi: The Case of Chad. Africa Report N°180 – 21 October 2011, N'Djamena u.a. 2011, http://www.crisisgroup.org/~/media/Files/africa/central-africa/chad/180%20LAfrique%20sans%20Kadhafi%20-%20le%20cas%20du%20Tchad%20ENGLISH.pdf

International Crisis Group, Chad: Escaping from the Oil Trap, Policy Briefing, Africa Briefing N°65 – 26 August 2009, Nairobi, Brüssel 2009, http://www.crisisgroup.org/~/media/Files/africa/central-africa/chad/B065%20Chad%20Escaping%20from%20the%20Oil%20Trap.pdf

International Crisis Group, Chad: Powder Keg in the East. Africa Report N°149 – 15 April 2009, Nairobi, Brüssel 2009, http://www.crisisgroup.org/~/media/Files/africa/central-africa/chad/Chad%20Powder%20Keg%20in%20the%20East.pdf

Pegg, Scott, Can Policy Intervention beat the Resource Curse? Evidence from the Chad-Cameroon Pipeline Project. In: African Affairs, 105 (2006), 418, S. 1–25

Pollack, Kenneth M., Arabs at War. Military Effectiveness, 1948–1991, Lincoln, London 2002

Prunier, Gérard, Darfur. Der »uneindeutige« Genozid, Hamburg 2006

Reyna, Stephen P., The Traveling Model That Would Not Travel: Oil, Empire, and Patrimonialism in Contemporary Chad. In: Social Analysis, 51 (2007), 3, S. 78–102

Ronen, Yehudit, Qaddafi's Libya in World Politics, Boulder, London 2008

Seibert, Björn, Operation EUFOR TCHAD/RCA and the European Union's Common Security and Defense Policy, Carlisle Barracks 2010, http://www.strategicstudiesinstitute.army.mil/pdffiles/PUB1026.pdf

Sesay, Amadu, The Limits of Peace-Keeping by a Regional Organization: The OAU Peace-Keeping Force in Chad. In: Conflict Quarterly, 11 (1991), S. 7–26

Tubiana, Jérôme, The Chad-Sudan Proxy War and the ›Dafurization‹ of Chad: Myths and Reality, HSBA for Sudan and South Sudan Working Papers, Nr. 12, Genf 2008, http://www.smallarmssurveysudan.org/fileadmin/docs/working-papers/HSBA-WP-12-Chad-Sudan-Proxy-War.pdf

Tubiana, Jérôme, Renouncing the Rebels: Local and Regional Dimensions of Chad-Sudan Rapprochement, HSBA for Sudan and South Sudan Working Papers, 26, Genf 2011, http://www.smallarmssurveysudan.org/fileadmin/docs/working-papers/HSBA-WP-25-Local-and-Regional-Dimensions-Chad-Sudan-Rapprochement.pdf

Vivien, Alain, N´Djamena, naguère Fort-Lamy. Histoire dune capital africaine, Saint-Maur-des-Fossés 2006

8. Literatur zur Zentralafrikanischen Republik

Amnesty International, Central African Republic. Human Rights Crisis Spiraling out of Control, AFR 19/003/2013, London 2013, http://www.amnesty.org/en/library/asset/AFR19/003/2013/en/7cb18014-e52a-4ab6-a879-4ac73d98c8af/afr190032013en.pdf

Amnesty International, Central African Republic: Time for Accountability, AFR19/06/2014, London 2014, http://www.amnesty.org/en/library/asset/AFR19/006/2014/en/04291c70-7427-4d9e-b1b0-4bc639e50bd3/afr190062014en.pdf

Amnesty International, Ethnic cleansing and sectarian killings in the Central African Republic, AFR 19/004/2014, London 2014, http://www.amnesty.org/en/library/asset/AFR19/004/2014/en/5d24015d-fb4e-4bdb-85f8-687e7751872b/afr190042014en.pdf

Berman Eric G., and Louisa Nicolaysen Lombard, The Central African Republic and Small Arms. A Regional Tinderbox. A Small Arms Survey publication, Genf 2008, http://www.smallarmssurvey.org/fileadmin/docs/D-Book-series/book-07-CAR/SAS-Central-African-Republic-and-Small-Arms.pdf

Bierschenk, Thomas, and Jean-Pierre de Sardan, Local Powers and a Distant State in Rural Central African Republic. In: Journal of Modern African Studies, 35 (1997), 3, S. 441–468

Debos, Marielle, Fluid Loyalties in a Regional Crisis: Chadian ›Ex-Liberators‹ in the Central African Republic. In: African Affairs, 107 (2008), 427, S. 225–241

Herbert, Siân, et al., State fragility in the Central African Republic: What prompted the 2013 coup? Rapid literature review July 2013, GSDRC Applied Knowledge Services, Birmingham 2013, http://www.gsdrc.org/docs/open/CAR_GSDRC2013.pdf

Human Rights Watch, Central African Republic. State of Anarchy. Rebellion and Abuses against Civilians, Vol. 19, No. 14(A), September 2007, New York 2007, http://www.hrw.org/sites/default/files/reports/car0907webwcover_0.pdf

Human Rights Watch, »I Can Still Smell the Dead«. The Forgotten Human Rights Crisis in the Central African Republic, New York 2013, http://www.hrw.org/sites/default/files/reports/car0913_ForUpload.pdf

Human Rights Watch, »They Came to Kill«. Escalating Atrocities in the Central African Republic, Washington 2013, http://www.hrw.org/sites/default/files/reports/car1213_web.pdf

International Crisis Group, Central African Republic. Anatomy of a Phantom State, Africa Report N°136 – 13 December 2007, Nairobi, Brüssel 2007, http://www.crisisgroup.org/~/media/Files/africa/central-africa/central-african-republic/Central%20African%20Republic%20Anatomy%20of%20a%20Phantom%20State.pdf

International Crisis Group, Central African Republic: Priorities of the Transition, Nairobi, Brüssel 2013, http://www.crisisgroup.org/~/media/Files/africa/central-africa/central-african-republic/203-central-african-republic-priorities-of-the-transition.pdf

International Crisis Group, Central African Republic: Better Late Than Never, Policy Briefing, Africa Briefing N°96 – 2 December 2013, Nairobi, Brüssel 2013, http://www.crisisgroup.org/~/

media/Files/africa/central-africa/B096-central-african-republic-better-late-than-never.pdf

International Crisis Group, The Central African Crisis: From Predation to Stabilisation, Africa Report N°219 – 17 June 2014, Brüssel 2014, http://www.crisisgroup.org/~/media/Files/africa/central-africa/central-african-republic/219-la-crise-centrafricaine-de-la-predation-a-la-stabilisation-english.pdf

International Crisis Group, The Central African Republic's Hidden Conflict, Policy Briefing, Africa Briefing N°105 – 12 December 2014, Nairobi, Brüssel 2014, http://www.crisisgroup.org/~/media/Files/africa/central-africa/central-african-republic/b105-la-face-cachee-du-conflit-centrafricain-english.pdf

International Crisis Group, Dangerous Little Stones: Diamonds in the Central African Republic, Africa Report N°167 – 16 December 2010, Nairobi, Brüssel 2010, http://www.crisisgroup.org/~/media/Files/africa/central-africa/central-african-republic/167%20Dangerous%20Little%20Stones%20-%20Diamonds%20in%20the%20Central%20African%20Republic.pdf

Kalck, Pierre, Historical Dictionary of the Central African Republic, 3rd ed., Lanham 2005 (= Historical Dictionaries of Africa, Nr. 93)

Käihkö, Ilmari, and Mats Utas, The Crisis in CAR: Navigating Myths and Interests. In: Africa Spectrum, 49 (2014), S. 27–54

Lombard, Louisa Nicolaysen, Raiding sovereignty in Central African borderlands, Durham/N.C. 2012, http://dukespace.lib.duke.edu/dspace/bitstream/handle/10161/5861/Lombard_duke_0066D_11603.pdf?sequence=1 (= Universität Durham/N.C. Dissertation 2012)

Lombard, Louisa Nicolaysen, Rébellion et les limites de la consolidation de la paix en RCA. In: Politique Africaine, 125 (2012), S. 189–208

Lombard, Louisa Nicolaysen, Navigational tools for Central African roadblocks. In: PoLAR: Political and Legal Anthropology Review, 36 (2013), 1, S. 157–173

Lombard, Louisa Nicolaysen (Ed.), The Central African Republic (CAR) in a Hot Spot, Fieldsights – Hot Spots, Cultural Anthropology Online, June 11, 2014, http://www.culanth.org/fieldsights/538-the-central-african-republic-car-in-a-hot-spot

Lombard, Louisa, and Sylvain Batianga-Kinzi, Violence, popular punishment, and war in the Central African Republic. In: African Affairs, 114 (2015), 454, S. 52–71

Mehler, Andreas, Meuterei der Armee und Tribalisierung von Politik in der ›demokratisierten Neokolonie‹ Zentralafrikanische Republik (ZAR). In: Heidrun Zinecker (Hrsg.), Unvollendete Demokratisierung in Nichtmarktökonomien. Die Blackbox zwischen Staat und Wirtschaft in den Transitionsländern des Südens und Ostens, Amsterdam 1999, S. 193–211

Mehler, Andreas Pathways to Elite Insecurity. In: Fieldsights – Hot Spots (Central African Republic), Cultural Anthropology Online, June 11, 2014, http://culanth.org/fieldsights/549-pathways-to-elite-insecurity

Mehler, Andreas, Rebels and parties: the impact of armed insurgency on representation in the Central African Republic. In: The Journal of Modern African Studies, 49 (2011), 1, S. 115–139

Mehler, Andreas, Why Security Forces do not deliver Security. Evidence from Liberia and the Central African Republic. In: Armed Forces & Society, 38 (2012), 1, S. 49–69

Meyer, Angela, Regional conflict management in Central Africa: from FOMUC to MICOPAX. In: African Security, 2 (2009), 2–3, S. 158–174

Ngoupandé, Jean-Paul, Chronique de la crise centrafricaine 1996/97. Le syndrome Barracuda, Paris 1997

Téné-Koyzoa, Auguste, Histoire économique et sociale du Centrafrique au XXème siècle, Paris 2006

Titley, Brian, Dark Age. The Political Odyssey of Emperor Bokassa, Montreal et al. 1997

Venter, Denis, The Central African Republic. Political patrimonialism and economic malaise. In: Africa Insight, 29 (1999), 1–2, S. 17–28

Welz, Martin: Briefing: Crisis in the Central African Republic and the international response. In: African Affairs, 113 (2014), 453, S. 601–610

Weyns, Yannick, et al., Mapping Conflict Motives: The Central African Republic, International Peace Information Service (IPIS), November 2014, Antwerpen 2014, http://ipisresearch.be/wp-content/uploads/2014/11/IPIS-CAR-Conflict-Mapping-November-2014.pdf

Zoctizoum, Yarisse Histoire de la Centrafrique. Violence du développement, domination et inégalités, Vol. 2: 1959–1979, Paris 1983

Dokumente

Africa Progress Panel, Equity in Extractives. Stewarding Africa's natural resources for all. Africa Progress Report 2013, Accra, New York 2013, http://www.africaprogresspanel.org/wp-content/uploads/2013/08/2013_APR_Equity_in_Extractives_25062013_ENG_HR.pdf

Bundesministerium für Bildung und Forschung, Die Afrika-Strategie 2014–2018, http://www.bmbf.de/pub/Afrika-Strategie_2014-2018.pdf

European Commission, Annual report. The African Peace Facility 2010, Luxembourg 2010, https://ec.europa.eu/europeaid/sites/devco/files/annual-report-2010-african-peace-facility_en.pdf

European Commission, The Joint Africa-EU-Strategy, MEMO/11/351, Brussels, 27 Mai 2011, http://europa.eu/rapid/press-release_MEMO-11-351_en.htm

United Nations: Letter dated 26 June 2014 from the Panel of Experts on the Central African Republic established pursuant to Security Council resolution 2127 (2013) addressed to the President of the Security Council, vom 26. Juni 2014, S/2014/452, http://www.un.org/ga/search/view_doc.asp?symbol=S/2014/452 [VN-Expertenbericht zur Lage in der ZAR]

United Nations: Letter dated 28 October 2014 from the Panel of Experts on the Central African Republic established pursuant to Security Council resolution 2127 (2013) addressed to the President of the Security Council, vom 29. Oktober 2014, S/2014/762, http://www.un.org/ga/search/view_doc.asp?symbol=S/2014/762&referer=http://www.un.org/sc/committees/2127/panelofexperts.shtml&Lang=E

Zeitschriften

Africa Research Bulletin. Political Series – Economic Series, Exeter
African Affairs. The Journal of the Royal African Society, London
African Security Review. Hrsg. vom Institute for Security Studies (ISS), Pretoria

Afrika Spectrum. Deutsche Zeitschrift für Gegenwartsbezogene Afrikaforschung/Deutsche Zeitschrift für moderne Afrikaforschung. Hrsg. vom Institut für Afrika-Kunde Hamburg, Hamburg

Cahiers d'études africaines. École pratique des hautes études, Paris

Guerres mondiales et conflits contemporains

The Journal of African History, Cambridge

Journal of Contemporary African Studies, Cambridge

The International Journal of African Historical Studies. Hrsg. von African Studies Center, Boston

The Journal of Modern African Studies. A Quarterly Survey of Politics, Economics and Related Topics in Contemporary Africa, Cambridge

Belletristik, Erinnerungsliteratur, Reiseberichte, Bildbände

Brabazon, James, My Friend the Mercenary. A Memoir, Edinburgh 2010 [Dokumentarfilmer Brabazon über seine Freundschaft zum südafrikanischen Söldner Nick du Toit; u.a. über dessen Rolle im Putschversuch von 2004 in Äquatorialguinea]

Braun, Meinrad, Gabun, Roman, Hamburg 2013.

Conrad, Joseph, Herz der Finsternis, München 2005 [Ein »Reisebericht« über die Gräuel im Kongofreistaat]

Forsyth, Frederick, Die Hunde des Krieges, München 1974 [Geschichte über einen Söldnerputsch im fiktiven afrikanischen Staat Zangaro, der angeblich auf realen Putschplänen 1973 in Äquatorialguinea basieren soll]

Gide, André, Kongo und Tschad, Übers. von Gertrud Müller, Hildesheim 2008 [Nach der Ausgabe von 1930, Auseinandersetzung mit der Kolonialherrschaft; Literaturnobelpreis 1947]

Jungraithmayr, Hermann (Hrsg.), Märchen aus dem Tschad, Düsseldorf u.a. 1981 (= Die Märchen der Weltliteratur)

Kapúsciński, Ryszard, Afrikanisches Fieber. Erfahrungen aus vierzig Jahren, München 2007

Kolonie und Heimat (Hrsg.), Eine Reise durch die Deutschen Kolonien, Kamerun, Wolfenbüttel 2009 (= Reprint der Originalausgabe von 1910)

Kyaw, Dietrich von, Auf der Suche nach Deutschland – Erlebnisse und Begegnungen eines deutschen Diplomaten und Europäers, Berlin 2009

Missamou, Tchicaya, In the shadow of freedom. A heroic journey to liberation, manhood, and America, New York 2010

Seitz, Volker, Afrika wird armregiert oder wie man Afrika wirklich helfen kann, München 2014

Surén, Hans, Kampf um Kamerun, Wolfenbüttel 2011 (= Reprint der Originalausgabe von 1934)

Tavares, Miguel Sousa, Am Äquator, München 2008 [Roman vor dem Hintergrund der portugiesischen Kolonialzeit in São Tomé e Príncipe]

Vogel, Eduard, [Reise in Centralafrika] Ed. Vogel's Reise in Centralafrika: eine Darstellung seiner Forschung und Erlebnisse nach den hinterlassenen Papieren des Reisenden, Berlin 1863

Filme

Afrique, je te plumerai – Die Macht der Wörter, Kamerun 1993, Regie: Jean-Marie Téno [Dokumentation]

Bokassa 1er, Empereur de Françafrique, Frankreich 2011, Regie: Emmanuel Blanchard [Dokumentation]

Die Hunde des Krieges – The Dogs of War, USA/GB 1981, Regie: John Irvin [Film über einen Söldnerputsch im fiktiven afrikanischen Staat Zangaro, der angeblich auf realen Putschplänen 1973 in Äquatorialguinea basieren soll]

Echos aus einem düsteren Reich – Echoes from a sombre empire, Deutschland/Frankreich 1990, Regie: Werner Herzog. [Dokumentation über die Herrschaft Kaiser Bokassas in der ZAR]

Grigris, Tschad/Frankreich 2013, Regie: Mahamat Saleh Haroun. [Tschadisch/Französischer Spielfilm über den jungen Grisgris, der trotz eines gelähmten Beines Tänzer werden will, aber aus Geldnot im Benzinschmuggel einsteigt]

Lost Children, Deutschland 2005, Regie: Ali Samadi Ahadi, Oliver Stoltz [Dokumentarfilm über Kindersoldaten der Lord's Resistance Army (LRA) in Uganda]

The Ambassador – Der gekaufte Konsul, Regie: Mads Brügger, Dänemark 2011 [Dokumentation über Blutdiamanten und Korruption in der ZAR]

The Devil Tried to Divide Us – Vice News, März 2014, http://www.vice.com/video/the-devil-tried-to-divide-us-full-length [Reportage über den Bürgerkrieg in der ZAR]

The Peacekeepers – Der Preis für den Frieden, Frankreich/Kanada 2005, Regie: Paul Cowan [Dokumentarfilm über die VN-Mission MONUC in der DR Kongo]

Un homme qui crie – Ein Mann der schreit, Frankreich/Belgien/Tschad, Regie: Mahamat Saleh Haroun [2010 beim Filmfest in Cannes ausgezeichnetes Drama über einen tschadischen Mann, der seinen Sohn in den Krieg schickt, um seinen Beruf in einem Hotel in N'Djamena zu behalten]

Verschollene Filmschätze – Mystères d'Archives: 1977. Die Krönung von Kaiser Bokassa I, Frankreich 2012, Leiter: Serge Viallet [26-minütige Arte-Dokumentation]

Virunga, Großbritannien/DR Kongo 2014, Regie: Orlando von Einsiedel [Oskar-nominierte Dokumentation über den Schutz der letzten Berggorillas im Osten der DR Kongo in den Wirren des Konflikts von 2012]

Viva Riva – Zu viel ist nie genug, DR Kongo/Frankreich/Belgien 2010, Regie: Djo Tunda Wa Munga

Internet

http://af.reuters.com/ [Reuters Agenturmeldungen über Afrika]

http://www.africaneconomicoutlook.org/en/ [Offizieller Online-Auftritt der African Development Bank, der OECD und der UNDP]

http://www.afrik.com/afrique-centrale [Nachrichten aus den Ländern des Zentralen Afrika]

http://allafrica.com/centralafrica/ [Aktuelle Nachrichten aus der Region des Zentralen Afrika]

http://www.camerounexpress.com/ [Französischsprachige Onlinezeitung aus Kamerun]

https://www.cameroon-tribune.cm/ [Staatliche, französischsprachige Tageszeitung aus Kamerun]

https://www.cia.gov/library/publications/the-world-factbook/ [Offizielle Faktengrundlage der CIA]

http://www.giga-hamburg.de/ [German Institute of Global and Area Studies. Leibniz-Institut für Globale und Regionale Studien]

Literaturverzeichnis

http://ipisresearch.be/weekly-briefings.php [Wöchentlich ausgewählte Nachrichten zu den Ländern der Großen Seen]

http://www.irinnews.org/africa [Aktuelle Berichte zu humanitären und sicherheitspolitischen Aspekten]

http://www.issafrica.org/ [Institute for Security Studies. Analysen zu sicherheitspolitischen Themen in Afrika]

http://www.jeuneafrique.com/ [Aktuelle Nachrichten über den afrikanischen Kontinent]

http://www.lanouvellecentrafrique.org/ [Französischsprachige Medienseite für die ZAR]

http://www.lanouvelleexpression.info/ [Französischsprachige, private Medienseite aus Kamerun]

http://www.lepotentielonline.com/ [Private Tageszeitung in der DR Kongo]

http://news.yahoo.com/africa/ [Aktuelle Agenturmeldungen über den afrikanischen Kontinent]

http://www.panapress.com/ [Afrikanische Nachrichtenagentur]

http://www.presidence.cg/congo/psb031006.php [Eintrag zum Memorial zu Pierre Savorgnan de Brazza in Brazzaville auf dem offiziellen Onlineauftritt des Präsidenten der Republik Kongo]

http://radiookapi.net/ [VN-gestützter, unabhängiger Radiosender in der DR Kongo]

http://www.radiondekeluka.org/ [Größter, von den VN-gestützter unabhängiger Radiosender in der ZAR]

http://www.rfi.fr/afrique/ [Aktuelle Nachrichten mit dem Fokus auf das französischsprachige Afrika]

http://uca.edu/politicalscience/dadm-project/sub-saharan-africa-region/ [University of Central Arkansas; Chronik zu allen afrikanischen Staaten]

http://unoca.unmissions.org/Default.aspx?tabid=3760 [United Nations Regional Office for Central Africa]

Anhang

Nicht enthalten sind die Namen der zentralafrikanischen Staaten: Äquatorialguinea, Demokratische Republik Kongo, Gabun, Kamerun, Republik Kongo, São Tomé und Príncipe, Tschad und die Zentralafrikanische Republik. Ferner wurde auf die Aufnahme von Afrika, Zentralafrika, Europa, Frankreich und Deutschland (einschließlich der Bundesrepublik sowie des Deutschen Reichs) verzichtet, um eine Überfrachtung des Registers zu vermeiden. Die alphabetische Ordnung der aus dem islamischen Kulturkreis stammenden Personennamen richtet sich teilweise nicht nach dem in Deutschland üblichen Alphabetisierungsmuster. Zudem bestehen hier unterschiedliche Möglichkeiten der Transkription.

A2R 207
Abrou, Abel 230
Abubakar Tafawa Balewa 259
Accra 56, 94
Acholi 203 f.
Adam, Nourredine 176, 180
ADF 152 f.
AEF 14, 64 f., 78, 88, 90, 97, 110, 117, 122, 187, 310 f., 325
Afrika-Korps 92
APSA 159
ASF 160
APF 159, 168
afrikanische Religion 17, 249–262
Afrikanische Union (AU) 15, 159 f., 162, 168–173, 179, 182 f., 185
Agadès 36
Agrarsektor *siehe* Land- und Forstwirtschaft
Ägypten, Ägypter 20, 25, 41, 90–92, 94, 96, 172, 193
Ahidjo, Ahmadou 110, 114, 130, 138
Ahmadu Bello (Abu Bakr Atiku Muhammed Bello) 36
AIDS, HIV 214–222, 224 f.
Akili, Mundoz 153
al-Bashir, Omar 195
al-Gaddafi, Muammar 110–112, 120, 138, 170–172, 194, 205, 259, 317
Algerien 69, 96, 98, 110, 119, 191
Algier 63
ALiR 211
al-Kanami, Muhammad bin Amin bin Muhammad 40
Almásy, László von 91
al-Qaida, al Qa'ida, al Quaeda 142
al-Shabaab-Miliz 157
Alvaro II. 49
al-Ya'qubi, Ahmad 25
Amin Dada, Idi 301
ANC 181
Angola 13–15, 26, 32 f., 43, 45–49, 51, 73, 108, 110, 113, 122, 149, 187, 196, 221
Animisten 178
Annan, Kofi 9
Anti-Balaka 142, 177, 178–180, 182 f., 198, 208, 253, 277, 316
Aouzou-Streifen 111, 170
AQIM 142, 209
AREVA 144
Ascension 94
ASF 156
Atlantischer Ozean 13, 188, 192
ATR 239
AU 157, 187, 235
Aufbauarbeit *siehe* Entwicklungshilfe
Australien 267
Avungara-Klan 40
Aymérich, Joseph Georges 78
Azande 40 f.
Bach, Johann Sebastian 223
Bagnold, Ralph A. 91
Baguirmi 38 f., 42

Register

Bahr, Egon 118
Bakassi 241, 247
Bakongo *siehe* Kongo (Kgr.)
Bamenda 321
BAMOSD 241
Bangui 13, 18, 118, 121, 157, 168, 171 f., 174, 176, 179 f., 182 f., 193, 196–198, 200, 207 f., 230, 233, 308, 315–317
Bantu 23, 26, 318
Barth, Heinrich 69 f., 72 f.
Bastian, Adolf 69
Batéké (Teke) 60, 62, 273
Becker, Boris 301
Becker, Oliver G. 303
Bedaya, Njadder 230
Behaim, Martin 48, 68
Belgien 55, 78, 107, 110, 116, 266, 287, 294
Belgisch-Kongo 77 f., 95, 102
Bell, Antoine 300
Bemba, Jean-Pierre 196 f.
Bemba Polity (Staatswesen) 43
Benguela 47, 51
Beni 152 f.
Benin 93
Berlin 109, 118
Berliner Kongo-Konferenz 1884/85 52, 54–56, 58, 64, 98, 256
Biafra 241, 288, 293
Biafra-Krieg 287, 291, 293
BiAka (Aka), Babenzele 27, 237 f.

Bioko 46, 82, 84 f.
Birao 140
Bismarck, Otto von 56
Biya, Paul 130 f., 136, 226, 245, 300
Boda 277
Boganda, Barthélemy 117, 121, 190 f.
Bokassa, Jean-Bédel 117–121, 138, 192, 228, 231, 304
Boko Haram 13–15, 144 f., 147, 163 f., 201, 209–211, 245 f., 259, 289, 294, 314
Bonga 78
Bongo, Ali Ben 283
Bongo, Édith Lucie 192
Bongo, Omar (Albert-Bernard) 112, 129, 192, 226, 283
Bongo Ondimba, Ali-Ben 128, 192
Bonn 120
Bornu (Reich) *siehe* Kanem-Bornu 25, 37 f., 40, 69
Bossangoa 179
Botswana 43, 239, 304
Bouar 193
Bourdieu, Pierre 236
Bozizé, François 13, 120, 140, 142 f., 171, 174–182, 184, 197–199, 207 f., 228, 230 f., 233, 315
Brandenburg 306
Brandt, Willy 118
Brasilien 46, 94, 268, 299, 303
Brazza, Pierre Savorgnan de 60, 62 f.
Brazzaville 63, 73, 89 f., 98–100, 115, 121, 187–191, 196, 284
Brehm, Alfred 70
Britisch-Guyana 94
Brüssel 116
Brüssel-Konferenz (1876) 56, 71
BSDF 241
Buchner, Max 72
Buhari Muhammadu 201
Bujo, Bénézet 255
Bundesheer, österreichisches 11, 19
Bundeswehr 8, 10–12, 19, 152, 214, 242
Bunia 161, 164
Burkina Faso 142, 226
Burundi 15, 29, 77, 183, 187, 238
Cabinda 47, 241
Caillié, René 69
Cão, Diogo 26, 48, 68
CEEAC/ECCAS 187, 235
CEMAC 14 f., 140, 162, 176, 182, 184, 187, 189, 226, 265
CEN-SAD 15, 162, 171
CEWS 159 f.
Chari 14, 309
China, chinesisch 18, 26, 77, 94, 97, 107, 113, 115, 119, 140, 143, 264–268, 280, 284, 294
Chirac, Jacques 226
Chokwe 32, 45
Christentum, christlich 17, 25, 42, 110, 168, 178, 198, 204, 208, 227, 239,

399

247–250, 256, 260 f., 277, 315 f., 318
CNDP 199, 212
Cole, Théophile Sonny 229
Collier, Paul 277
Conseil de Défense de l'Empire 90
CPJP 207, 231
CPSK 207
Cwa (BaCwa) 238
Dacko, David 117, 119, 120 f., 191, 231
da Gama, Vasco 46
Dahomey *siehe* Benin
Dakar 63, 90
Damay, Christian 165
Dänemark 154
Darfur 38, 175 f., 180, 194, 195, 205 f., 289 f., 314
DDR 118, 120, 125
Debos, Marielle 315
Déby Itno, Idriss 132, 136, 140, 143, 179, 181, 183, 194 f., 206, 231, 313
Dekolonialisierung, postkolonial 52, 63, 67, 98, 99, 104 f., 113, 202, 218
Demokratisierung 17, 125–136
Deutsch-Ostafrika 74, 76 f., 85
Deutsch-Südwestafrika *siehe* Namibia 77
Dhaffane, Mohammed Moussa 176, 207
Dieng, Adama 179
Dinka 247
Diogo I. 48

Djamous, Hassan 111
Djotodia, Michel 176, 178–180, 182, 184, 198
Djouguela, Steve 299
Dodd-Frank Act 296
Dom Henrique 48
dos Santos Cruz, Carlos 151
Douala (Duala, Stadt) 79–81, 113, 245, 321
Dschang 81
Duala (Ethnie) 60, 79
Dume 81
du Toit, Nick 293
EAC 151
Ebola-Fieber 214–217, 219, 221 f., 225
Ebola (Fluss) 221
Eboué, Félix 88–91, 311
ECCAS 162 f., 182
EITI 295
Elf Aquitaine *siehe* Total 139, 192
England 300
Erdöl 280–284, 286–289, 291, 294
Eritrea 241
Erster Weltkrieg 17, 54, 66, 76 f., 79, 82, 97 f., 105, 223
Eto'o, Samuel 306
EU 8, 13 f., 16 f., 142, 158–161, 163 f., 166–168, 173, 183, 265, 267, 295, 297
EUFOR 143
EUFOR Artemis 161
EUFOR RCA 13, 158, 168, 172, 183
EUFOR RD Congo 161, 165

EUFOR Tschad/RCA 142, 167
EUMAM RCA 172, 184
EUPOL Kinshasa 164, 166
EUPOL RD Congo 161, 166
Europäischer Entwicklungsfonds (EEF) 159
EUTM 184
EUSEC RD Congo 161, 164, 166
Fabian, Johannes 75
FACA 175, 178, 181
Fada 111
Failing States 17
Falb, Walter 76
FAR 152
FARDC 149 f., 153–156
Faya, Faya-Largeau 39
FDLR 152–155, 211 f.
Fernando Póo *siehe* Bioko
Fezzan 25
FFL 88–90, 97, 99, 121, 311
FIB 151, 153
Fickert, Joachim 305
Finke, Volker 299–301
FOMAC 168
FOMUC/FOMAC 233
Forces Armées du Nord (FAN) 194, 312
Forsyth, Frederick 307
Fort Lamy *siehe* N'Djamena
Französisch-Äquatorialafrika *siehe* AEF

Register

Französisch-Guayana 89
FPRC 180
Fulbe, Fulani, Peul 36, 289, 318
Fußball 298, 300–307
Gabun 110, 112, 117
Garoua 76, 321
Gaulle, Charles de 88–90, 98 f., 120 f., 311, 317
Gbadolite 196
Gemeinsame Strategie Afrika-EU 159 f.
Gentil, Émile 309
Germa 25 f.
Ghana (Reich) 42, 104
Ghana (Republik) 67, 88, 93 f., 97, 304, 307
Gide, André 66
Giscard d'Estaing, Valéry 119
Gobir 36
Goethe, George 303
Goldküste *siehe* Ghana
Golf von Biafra 33
Golf von Guinea 13, 54, 69, 139, 242, 262, 264, 294
Goma 149 f.
Gorou, Ahmed 111
Goula (Gula) 176
Grelombe, Christophe 228
gris-gris 177, 253, 321
Gröner, Walter L. 118
Großbritannien 33 f., 55, 76–78, 82, 85, 95, 98, 139, 168
GSVP 158
Guardiola, Pep 306

Guinea 102, 222
Gutendorf, Rudi 304
Habré, Hissène 10 f., 192, 194, 294, 312 f.
Habyarimana, Juvénal 139
Hallstein-Doktrin 118
Hamburg 152, 267
Hannover 306
Hausa (Haussa, Haoussa) 36 f.
Hegel, Georg Wilhelm Friedrich 26 f.
Herodot 22
Hissène Habré 162
HIV, HI-Virus *siehe* AIDS
Hon (Hun) 96
Horn von Afrika 108, 195
Huntington, Samuel 124
Hutu 139, 196, 200, 211
IAF 162
Ibo, Igbo 287
ICGLR 151, 162
Idriss Alooma 38
Iloo I. (Makoko de Mbe) 62
Imbangala 51
Indien 26, 94, 137
Indochina 119, 121, 191
Internationaler Gerichtshof 171, 241
IPI 154
IPU 164
Iran (Persien) 93
Irnberger, Harald 306
Islam (auch Muslime) 17, 25, 29, 36–38, 41, 168, 170, 179, 197 f., 208, 227, 239, 247–250, 253, 258–261, 315–317
Israel 172
Issaka, Aubin Issa 176
Italien 55
Ituri 161, 164
Izamo, Jean-Henri 119
Jaga 49
Janjaweed 206
Japan 267
JEM 194, 205 f.
Jihad 36 f., 40
Johannes (Priesterkönig) 48
Juba 199 f.
Kabila, Joseph 151, 156, 199
Kabila, Laurent-Désiré 129, 171, 196, 199
Kairo 91, 93–95, 193
Kalala, Ilunga 35
Kalala, Pierre 302
Kalter Krieg 10, 17, 106–109, 113, 115 f., 120–123, 128, 137, 139, 162, 291, 294
Kamerun 33
Kampala 95
Kanada 143
Kanem, Kanem-Bornu 24 f., 37–40, 42, 69
Kano 93 f.
Kanuri 246
Kapuściński, Ryszard 235, 261
Kasai 30, 43, 47
Katanga (Shaba) 44, 51, 116, 241, 287, 292
Kayugi 91
Kazembe 43

401

Anhang

Kenia 187
Khartum 39–41, 93, 116, 190, 194 f., 206 f.
Khoisan 23
Kiepert, Richard 73
Kiesinger, Kurt Georg 118
Kigali 152
Kiir Mayardit, Salva 157
Kilwa 50
Kimberley Process 296
Kindersoldaten 205
Kinshasa 73, 95, 129, 165, 167, 190, 196 f., 199
Kisangani 193
Kivu-See 150
Kleptokratie 283, 285
Klientelismus 278, 283, 298
Kobler, Martin 151, 154
Kohl, Michael 120
Kolingba, André 121, 228, 230 f.
Kolingbas, André 133
Kolonialismus, Kolonialisierung 10 f., 16, 38, 43, 52, 54–56, 58–67, 71 f., 74, 76–81, 84–89, 93, 95, 97–105, 107, 110, 112–115, 119, 121–123, 126, 189, 201, 231, 286 f., 293 f., 309–311, 315, 317 f.
Konaré, Alpha Oumar 35, 142, 156, 165
Kongoakte 77
Kongo (Fluss) 26, 30, 35, 42 f., 45–48, 68, 70, 95
Kongo-Freistaat 29, 51, 64 f., 71, 73, 95
Kongo (Kgr.) 25, 42–44, 46–52, 71–73
Kony, Joseph 163, 203, 205, 294
Korruption 276 f., 282, 285 f., 293
Kousseri 39, 309
Koyambounou, Gabriel Jean-Edouard 230
KPCS 295
Kribi 81, 265
Kroatien 299
Kuba 108 f., 115
Künzler, Daniel 300
Kufra 91 f., 96, 311
Kuka 69
Kuper, Simon 305
Kyaw, Dietrich von 118
La Baule 126
Lagos 93, 190
Lamy, François 309
Largeau, Étienne 39
Larissa 13
Larminat, Edgar de 89
László, Csaba 304
LCBC 162
Lébéné, Thierry 178
Leclerc, François (= Philippe de Hauteclocque) 89, 92, 96
Lelé (Fluss) 115
Leopold II. von Belgien 29, 52, 54, 62–64, 71 f., 256
Léopoldville, *siehe* Kinshasa
Lettow-Vorbeck, Paul von 76
Liberia 94, 222
Libreville 90, 137, 176, 188, 283
Libyen 20, 23, 25 f., 90–92, 96, 110–112, 120 f., 170 f., 185, 188, 193 f., 197, 259, 311, 313, 315, 317
Lisette, Gabriel 312
Lissabon 49
Lissouba, Pascal 132
Livingstone, David 70
LLDC 264, 277
Löw, Joachim 300
Loi-cadre Defferre 126
Lord's Resistance Army (LRA) 164, 195, 203–205, 247, 277, 294
Lozi 43
Luanda 43–47, 49, 51
Luba-Reich 35, 43
Lumumba, Patrice 101, 116, 128
Lunda, Lunda-Reich 30, 32, 43–45, 47
Lusaka 149
M23 149–152, 154 f., 200
Macías Nguema, Francisco 192
Magie *siehe* gris-gris
Mahdi-Aufstand 41
Maiduguri 145
Maigumeri, Chari 81
Malabo 84, 266, 305, 307
Malaria 216–218, 225
Malawi 32, 43, 151, 187

Register

Malebo-Pool (Stanley-Pool) 48, 63
Mali (Großreich) 42
Mali (Republik) 15, 19, 69, 142 f., 145, 185, 314
Malloum, Félix 170, 312
Mandaba, Hervé 229
Mandaba, Jean-Luc 229
Manga Bell, Rudolf Duala 79
Mangbetu 30, 41
Manikongo 48
Mann, Simon 292
Manyika 51
Marokko 69, 80, 305
Massemba-Débat, Alphonse 113 f., 138
Massenya 39
Massi, Charles 231
Masson, Georges Pierre 90
Matadi 95
Maternus, Iulius 26
Mauretanien 142
Mauritius 304
M'ba, Léon 138, 191 f.
Mbanza-Kongo 26
Mbenga 21, 27, 238
Mbiti, John 250, 254
Mbuti 21, 238
Mekka 309
Merkel, Angela 300
Mers-el-Kébir 90
MESAN 117
Messi, Lionel 306
Mexiko 299
MICOPAX 168
Milla, Roger 300
MINURCA 229, 233
MINURCAT 167
MINUSCA 172, 183

MISCA 13, 157, 163 f., 168, 183
Mitterrand, François 126
MLC 196 f.
MNJTF 163
Mobutu, Joseph-Désiré (ab 1971 Mobutu Sese Seko Kuku Ngbendu wa Zabanga) 108, 116, 120, 128 f., 193, 196, 199, 283, 294, 301
MONUC 149, 160, 165 f.
MONUSCO 149–156, 166 f.
Mora 82
Mosambik 13, 46, 50, 108
Moto Nsá, Severo 293
Moyo, Dambisa 270
Mudacumura, Sylvestre 152
Müller, Gerd 268
Mugabe, Leo 304
Mugabe, Robert 304
Muhammad Ahmad ibn as-Sayyid Abdallah (der »Mahdi«) 41
Muhammad Ali (Khediven) 40
MUJAO 142
Murwanashyaka, Ignace 152
Murzuk 91
Muslime *siehe* Islam
Musoni, Straton 152
Mutapa-Reich 50
Mwenda Msiri Ngelengwa Shitambi 51

Mziri 51
Nachtigal, Gustav 69, 72, 74
Nairobi 178
Namibia 77, 108, 149
Napoleon I. 119 f.
Nash, Patrick 167
Ndala, Mamadou 152
Ndi, John Fru 130
N'Djamena 91, 93, 96, 142, 144, 170, 193 f., 245, 289, 308–314
Nepotismus *siehe* Klientelismus
Neukamerun 80
Ngaïbona, Rodrigue alias »General Andilo« 178
Ngaïssona, Pierre-Édouard 178
Ngouabi, Marien 113 f.
Niederlande 49, 266, 281
Niger 23, 25, 36, 69, 91, 142, 144, 188, 190, 201, 210 f., 242, 246, 290
Nigeria 14 f., 23–25, 37–39, 69, 80, 85, 87, 89, 91, 93, 144, 146 f., 162, 188, 190, 201–203, 209–211, 241 f., 245–247, 249, 258 f., 261, 267, 282 f., 288 f., 294, 314, 317–320
Nil 38 f., 41, 91 f., 188, 190, 192 f., 195
Nixon, Richard 101
Njangwe 72
Nkrumah, Kwame 104

Nkuna 63
Nord-Kivu 149, 200
Nuer 247
Nyobé, Ruben Um 114
Nzinga a Nkuwu 48
Nzinga Mbemba/ Afonso I. 48
OAU 104, 111, 162, 240
Obiang Nguema Mangue, Teodoro 276, 278
Obiang Nguema Mbasogo, Teodoro 127, 192, 276, 278, 292, 305, 307
Ogoué 62
Oman 51
Oman-Biyik, François 302
Omdurman 195
Omisse, Sylvestre 230
Operation »Almandin« 139
Operation »Artemis« 161
Operation »Barkhane« 136, 142 f., 147
Operation »Barracuda« 120, 138
Operation »Boali« 140, 182
Operation »Épervier« 140, 142
Operation »Sangaris« 136, 142 f., 168, 172, 182 f.
Operation »Sukola I« 152 f.
Opération »Turquoise« 193
Osmanisches Reich (Osmanen) 40, 58

Österreich, Österreich-Ungarn 8, 11, 19, 77, 167
Ost-West-Konflikt *siehe* Kalter Krieg
Oubangi (Fluss) 14
Oubangui-Chari 89, 117, 190
Oueddei, Goukouni 110, 170, 312 f.
Ovimbundu 51
Oyo 284
Page, Melvin E. 85
Pape, Burkhard 301
Paris 78, 108, 112, 114, 117 f., 120 f., 137–140, 142, 144, 147, 167, 187, 190–192, 283
Patassé, Ange-Félix 133, 139, 196 f., 228–231, 233
Pechuël-Loesche, Eduard 73 f.
Pele, Abide 302
Pétain, Henri Philippe 90
Petermann, August 70
Pfister, Otto 307
Piraterie 13, 242
Pleven, René 89
PMC00 *siehe* Söldner
Pogge, Paul 72
Pointe Noire 95, 284
Polen 266
Portugal, Portugiesen 25 f., 30, 33, 42, 47–51, 55, 98
Potsdam 165
Prendergast, Guy L. 91
PSC 159

Pygmäen (mythisch, *siehe* auch BiAka) 22, 27, 237
Quelimane 50
Rabeh az-Zubayr ibn Fadl Allah (Rabih, Rabah) 39 f., 309
RCD 199 f.
Reif, Marcel 300
Rendjambé, Joseph 129
Río Muni 81 f., 84
Rohlfs, Gerhard 69–72, 74
Rom 62
Rommel, Erwin 92
Roosevelt, Franklin D. 94
Rozwi 51
Ruanda 14, 21, 29, 77, 135, 139, 149–152, 154, 156 f., 183, 187, 193, 196, 199, 202, 211 f., 237 f., 287, 304
Rundu *siehe* Lunda
Russland 266, 294
Ruwenzori-Gebirge 152
SADC 151, 162
Sahara 20, 22 f., 25 f., 38, 85, 98, 101
Said, Seyyid 35
Samba-Panza, Catherine 179, 184
Sambesi 43, 50
Sambia 43 f., 51, 149, 187
Sango 177
Sansibar 34 f., 37, 51, 74
Santa Isabel *siehe* Malabo
Sanussiya 37, 40

Register

São Tomé 24, 46, 48 f., 54
Sarkozy, Nicolas 136
Sassou-Nguesso, Denis 63, 113, 131 f., 192, 284
Schäfer, Winnie 300, 303
Scheel, Walter 118
Schütt, Otto Henrik 72 f.
Schumacher, Michael 301
Schutztruppe, deutsche 81, 84 f.
Schweinfurth, Georg 26, 69–71
Schweitzer, Albert 223
Schweitzer, Helene 223
SDF 130
Sefuwa-Dynastie 25, 38
Séléka (auch ex-Séléka) 142, 163 f., 175–178, 180–183, 198, 200, 202, 207 f., 233, 315–317
Sena 50
Senegal 162
Shaba *siehe* Katanga
Shankly, Bill 300
Shekau, Abubakar 145
Shikwati, James 270
Sierra Leone 222
Simbabwe 43, 50, 108, 149, 187, 196, 304
Simbabwe (Reich) 44
Sklaverei, Sklaven, Sklavenhandel 20, 25, 29 f., 32–41, 43, 45–49, 51–54, 58, 60, 63, 71, 86 f., 89, 102, 190, 193
SLA, SLA-AW, SLA-MM 206
Sokoto, Kalifat von 36 f., 40
Söldner, PMC 37, 292
Solf, Wilhelm 77
Somalia 242, 276, 303
Songhay 42
Southampton 93
Sowjetunion 93, 97, 107–110, 113 f.
Spanien 56, 82, 84, 267, 293
Spanisch-Guinea 81 f.
SPLA 200
SPLM/A 195 f., 204
SPLM-N 206
SRF 205 f.
Stanley, Henry Morton (= John Rowlands) 62 f., 70, 72, 74
Straßburg 92
Straßenbanditen 177
Südafrika (Republik Südafrika) 93, 95, 108, 151, 176, 181 f., 187, 233, 293
Sudan (Großlandschaft, Sahel) 38, 93–96, 188, 190, 193–195, 197
Sudan (Republik Sudan) 14, 25, 38–41, 109 f., 115, 118, 122, 175 f., 180, 185, 202–207, 247, 276, 288–290, 294
Süd-Kasai 241
Südsudan 14, 39, 115, 151, 163 f., 195 f., 199 f., 204 f., 237, 239, 241, 247, 249, 276, 288, 290, 294
Swahili (Suaheli) 35
Syrien 93
Takoradi 88, 92–94, 97
Tanganjikasee 35, 43
Tansania 77, 151, 196, 304
Tekro 91
Tete 50
Têtu, Marcel 90
Thatcher, Mark 293
Théophile Touba 230
Tibesti 91
Tijaniyya 37
Tiko 89
Timbuktu 69
Tippu Tip 37, 41, 51
Tirailleurs Sénégalais 310 f.
Togo 74, 77
Tombalbaye, François (ab 1973 Ngarta) 170, 191, 194, 310, 312
Total 139, 192
Touré, Amadou Toumani 170
Touré, Sékou 102, 301
Toyota-Krieg 111
Tripolis 40, 69, 92, 96, 172
Tschadsee 20, 23–26, 38 f., 69, 188, 309, 314
Tschechoslowakei 115
Tshisekedi, Étienne 129
Tubu 312
Türkei 173

Tunesien 96, 304
Tunis 74
Tunner, William Henry 94
Tutsi 139, 152, 196, 199 f.
Twa (BaTwa) 21, 238
Tylor, Edward Burnett 236
Ubangi-Chari 317
Ubangi, Oubangui (Fluss) 196, 231, 315
UdSSR *siehe* Sowjetunion
UFDR 207
UFR 207
Uganda 14, 29, 149–152, 156, 163 f., 195 f., 199 f., 202, 203 f., 221, 247, 287, 294, 301
Ukraine 294
Ulm 79
UNDP 167
UNESCO 21
Ungarn 125
UNHCR 154
Union Française 99
UPC 101, 114 f.
USA, Vereinigte Staaten von Amerika 52, 58, 96, 101, 104, 107–111, 116, 133, 137, 139 f., 143, 173, 184, 205, 211, 223, 243, 265, 267 f., 276, 293 f., 296
Usman dan Fodio 36 f., 40
Valérien, Harry 302
Vereinte Nationen (VN) 13, 17, 100, 105, 128, 148–151, 154 f., 157, 160–168, 172, 178–180, 183 f., 219
Versailles, Versailler Vertrag 81
Vichy 90, 93, 311
Viereck, Karlheinz 165
VN-Resolution 219, 224
Vogel, Eduard 69
Völkerbund 82
Wadai (Ouaddai) 38 f., 69
Wadi Doum 111
Wadi Halfa 92
Wahabismus 37
Warschauer Pakt, Warschauer Vertragsorganisation 109, 115
Washington 107 f., 116, 120
Wehrmacht 152, 311
Wénézoui, Sébastien 178
Wiedemann, Erich 302
Winterbottom, Walter 303
Wissmann, Hermann von 72, 74
Wonga-Coup 293
World Food Programme, WFP 154
Wouri 318
Yaka 43
Yakoma 133, 228, 230
Yambinga 95
Yaounde (Jaunde) 115, 318, 321
Yeke 32
Youlou, Fulbert 113, 138, 191
Yusuf, Mohammed 145
Zaghawa 25, 194
Zaïre 108, 110, 118, 120, 122, 128, 162, 193, 196, 294
Zimmermann, Carl 82
Zubayr az-Zubayr Rahma Mansur (al Zubayr Rahmah) 39 f.
Zuma, Jacob 181
Zweiter Weltkrieg 17, 88 f., 93, 97–99, 118 f., 189, 191, 310 f.